高等职业教育“十一五”精品规划教材
国家示范性高职院校重点建设专业精品规划教材(土建大类)
——国家高职高专土建大类高技能应用型人才培养解决方案

桥 梁 工 程

主 编 高兴元

天津大学出版社
TIANJIN UNIVERSITY PRESS

内容提要

本书为高等职业教育"十一五"规划教材，按原交通部颁布的最新技术标准和技术规范编写。全书内容分为5篇，即总论篇，混凝土梁式桥篇，圬工和钢筋混凝土拱桥篇，其他体系桥梁、墩台及涵洞篇和桥梁施工篇，具体分为19个实训。本教材最大的特色是对每一实训都是先介绍预习内容、重点、难点、考点及学习指导；然后通过提问引导学习，介绍知识背景、名词解释和知识点；最后安排形式多样的小测验，对本知识点内容进行巩固和应用，学习效果极佳。本教材图文并茂地详述基本知识、构造，注重桥梁施工，引入桥梁领域施工的新技术及新进展，成为本书的另一大特色，这样更易于增强学生的实际应用能力。

本书可作为高职高专院校道路与桥梁工程及相关专业的教材，也可作为自学考试、函授学生教材，还可供从事桥梁工程建设的设计、施工、监理及管理等工程技术人员学习参考。

图书在版编目(CIP)数据

桥梁工程/高兴元主编. —天津：天津大学出版社，2010.2（2015.2重印）
高等职业教育"十一五"精品规划教材
ISBN 978-7-5618-3350-6

Ⅰ.①桥… Ⅱ.①高… Ⅲ.①桥梁工程－高等学校：技术学校－教材 Ⅳ.①U44

中国版本图书馆CIP数据核字(2010)第018427号

出版发行 天津大学出版社
出 版 人 杨欢
地　　址 天津市卫津路92号天津大学内（邮编：300072）
电　　话 发行部：022-27403647
网　　址 publish.tju.edu.cn
印　　刷 天津泰宇印务有限公司
经　　销 全国各地新华书店
开　　本 185mm×260mm
印　　张 19
字　　数 475千
版　　次 2010年2月第1版
印　　次 2015年2月第3次
印　　数 4 001—6 000
定　　价 39.00元

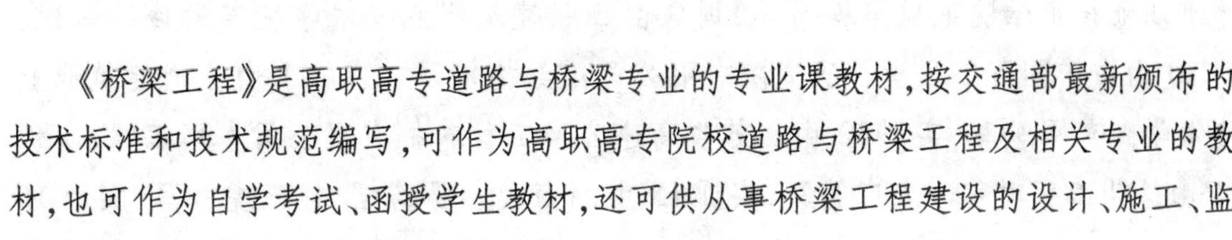

前言

《桥梁工程》是高职高专道路与桥梁专业的专业课教材，按交通部最新颁布的技术标准和技术规范编写，可作为高职高专院校道路与桥梁工程及相关专业的教材，也可作为自学考试、函授学生教材，还可供从事桥梁工程建设的设计、施工、监理及管理等工程技术人员学习参考。

本教材的编写着重于使学生掌握桥梁工程的基本设计理论、桥梁设计与构造以及施工方法。随着科学技术的进步与桥梁建设的发展，对一些现在较少使用的、老的桥型及相关的知识仅作简单介绍或不作介绍，如双曲拱桥、悬臂梁桥、T形刚构桥等的构造设计及基于力法原理计算拱桥内力等。本书切合高职高专桥梁科目的大纲要求，重点介绍简支梁桥的计算，对于其他体系桥梁的内力计算均不作介绍。

考虑到预应力混凝土连续梁与刚构桥在目前我国公路建设中已是广泛使用的桥型，本教材对于此类桥梁的构造作了一定的介绍。实际工程中，涵洞往往多于桥梁数量，本教材也增设涵洞设计、构造、施工的内容。目前桥梁教材大多比较注重基本知识技能，忽略了施工技术培养，故本教材在章节安排上增加桥梁施工篇，详细介绍目前最常用的施工方法、施工设备、施工技术和施工控制等内容。

全书内容共有五篇，包括：总论篇，混凝土梁式桥篇，圬工和钢筋混凝土拱桥篇，其他体系桥梁、墩台及涵洞篇和桥梁施工篇，具体分为19个实训。第一篇总论，介绍桥梁的基本组成与分类、桥梁的总体规划设计、桥梁设计作用和桥面布置与构造；第二篇混凝土梁式桥，介绍混凝土梁桥与刚构桥的设计、构造，简支梁桥的计算；第三篇圬工和钢筋混凝土拱桥，介绍拱桥的特点、组成及主要类型，拱桥的设计与构造；第四篇其他体系桥梁、墩台及涵洞，介绍支座、斜拉桥、悬索桥、桥梁墩台、涵洞的构造与设计；第五篇桥梁施工，介绍桥梁施工概述、装配式梁桥的构件制作与安装、拱桥的施工、涵洞与墩台施工、悬臂施工、顶推施工技术等。

本教材的最大特色是对每一实训都是先介绍预习内容、重点、难点、考点及学习指导；然后通过提问引导学习，介绍知识背景、名词解释和知识点；最后安排形式多样的小测验,对本知识点内容进行巩固和应用,学习效果极佳。本教材图文并茂地详述基本知识、构造,注重桥梁施工,引入桥梁领域施工的新技术及新进展,成为本书的另一大特色,这样更易于增强学生的实际应用能力。

本教材由徐州工程学院高兴元主编,其中实训1至6和实训13、17由徐州工程学院高兴元编写,实训7由日照建筑职业技术学院李颖颖编写,实训8由日照建筑职业技术学院毛凤华编写,实训9由日照建筑职业技术学院姜爱玲编写,实训10由中矿国际工程设计研究院有限公司渠红梅编写,实训11由徐州建筑职业技术学院芦军编写,实训12由江苏省高速公路工程养护有限公司牛军编写,实训14由徐州工程学院李文广编写,实训15由湖南大学易笃韬、彭旺虎编写,实训16由湖南大学建设监理有限公司邬曙光编写,实训18、19由九州职业技术学院武静编写。

全书由徐州工程学院高兴元统编、修改定稿,南京工业大学罗韧教授担任主审。

由于编写时间仓促,书中难免有不妥之处,请广大读者批评指正。

编者

2010年1月

目　　录

第一篇　总　论

实训1　认识桥梁的组成、分类与发展

预习内容	桥梁的组成及有关的名称术语，桥梁的分类，桥梁的发展概况。
重　　点	桥梁的组成，有关名称、尺寸及桥梁的分类。
难　　点	桥梁各种体系的基本特点。
考　　点	(1)桥梁的组成及各部分的作用； (2)桥梁的结构体系。
学习指导	本实训的内容是对桥梁工程课程作一个总体的介绍。由于初学者对本课程还很生疏，因此要求学员努力领会所介绍的内容，特别是一些基本概念，以便于后面的学习。

桥梁是一种具有承载能力的架空建筑物，它的主要作用是供铁路、公路、渠道、管线和人群等跨越江河、山谷或其他障碍，它是交通线的重要组成部分。在公路建设中，桥梁和涵洞的造价占公路总造价的10%～20%。由于桥梁修建任务很艰巨，它往往是公路工程中的关键工程。

随着科学技术的进步，桥梁设计理论和建造技术不断发展，人们建造了许多高大的立交桥、城市高架桥、跨越江河和海湾（或海峡）的大桥，这些实体工程常常给人们带来美的感受，激发人们的自豪感，成为人们生活环境中印象深刻的标志性建筑物。因此，桥梁建筑也常作为一种空间艺术结构存在于社会中。

在国防上，桥梁还是交通运输的咽喉，在需要快速、机动的现代战争中，它具有非常重要的地位。

1.1　桥梁的组成与分类

【知识点1】桥梁的组成

【问题】桥梁由哪几部分组成？什么叫桥梁的上部结构和下部结构？它们的作用分别是什么？

桥梁主要由桥跨结构（superstructure）、支座（bearing）、桥墩（pier）、桥台（abutmen）和基础（foundation）等组成，如图1.1所示。桥跨结构也称上部结构，是跨越结构；支座的作用是支撑上部结构，并传递荷载至桥梁墩台上，保证桥跨结构具有预计的位移功能；桥墩和桥台是支撑桥跨的结构，桥台又是桥梁与路堤衔接的结构物，其两侧一般做成填土或填石锥体并在表面加以铺砌，用来保证桥台与路堤很好地衔接，并保证桥头路堤的稳定；基础是将荷载传至地基的结构。通常将桥墩、桥台及基础合称为下部结构。

此外，桥梁还有一些附属设施（accessory），主要包括桥面铺装、排水防水系统、栏杆（或防

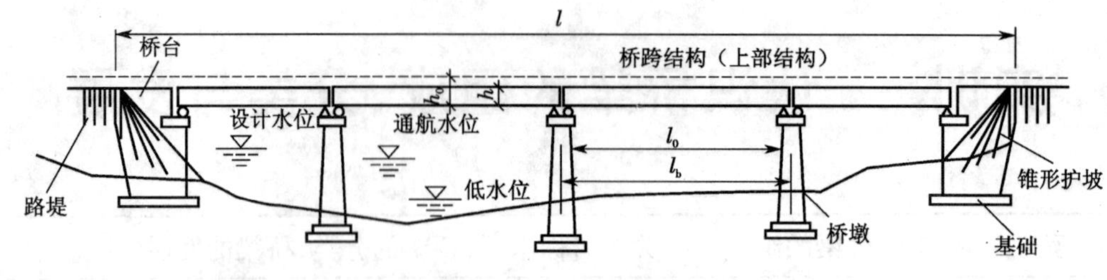

图 1.1 梁式桥概貌

撞栏杆)、伸缩缝及灯光照明等。附属设施的主要作用是提高桥梁的服务功能。

图 1.1 中还标明了低水位(low water level)、设计水位(design water level)和通航水位(navigable water level)。枯水季节的最低水位称为低水位;设计桥梁的洪水水位称为设计水位;在各级航道中,能保持船舶正常航行的水位称为通航水位。

【名词解释】桥梁建筑高度 计算跨径(梁式桥) 标准跨径(梁式桥) 桥梁全长 净跨径

桥梁结构相邻两个支座中心之间的距离称为计算跨径(computed span)。

两桥墩中线间的距离或桥墩中线与台背前缘间距称为标准跨径(standard span)。

对于梁式桥,两桥台侧墙或八字墙尾端间的距离(无桥台的桥梁为桥面系长度)称为桥梁全长(total length of bridge),简称桥长。

设计水位上相邻两个桥墩(或桥墩与桥台)之间的净距称为桥梁的净跨径(clear span)。各孔净跨径的总和称为桥梁的总跨径,它反映了桥下宣泄洪水的能力。

桥面至桥跨结构最下缘之间的高差称为桥梁建筑高度(construction height of bridge)。

设计水位或通航水位与桥跨结构最下缘之间的高差称为桥下净空高度(clearance height of span),它应能满足排洪和通航所规定的净空要求。

桥面与低水位之间的高差或桥面与桥下线路路面之间的距离称为桥梁高度(height of bridge),它在某种意义上体现了桥梁施工的难易性。

【小测验】

一、单选题

1. 桥跨结构为桥梁的(　　)。

A. 上部结构　　B. 中部结构　　C. 下部结构　　D. 基础结构

2. 桥梁总跨径是指多孔桥梁中各孔(　　)的总和。

A. 净跨径　　B. 计算跨径　　C. 标准跨径　　D. 经济跨径

3. 桥跨结构相邻两支座中心之间的距离为(　　)。

A. 标准跨径　　B. 理论跨径　　C. 计算跨径　　D. 经济跨径

4. 桥面与低水位之间的高差称为(　　)。

A. 桥梁建筑高度　　B. 桥梁高度　　C. 桥下净空高度　　D. 桥梁通航高度

5. 桥下净空高度应(　　)。

A. 小于通航规定的净空高度　　B. 大于通航规定的净空高度

C. 小于泄洪的净空高度　　D. 大于泄洪的净空高度

6. 桥梁容许建筑高度指公路(或铁路)定线中所确定的(　　)。

A. 桥面标高与设计洪水位之高差

B. 桥面标高与通航净空顶部之高差

C. 桥跨结构最下缘与设计洪水位之高差

D. 桥跨结构最下缘与通航净空顶部之高差

二、多选题

1. 桥梁的组成部分包括(　　)。

A. 桥跨结构　　B. 支座体系　　C. 附属结构　　D. 基础

E. 上部结构

2. 桥下净空高度是(　　)至桥跨结构最下缘的距离。

A. 设计洪水位　　B. 低水位　　C. 计算通航水位　　D. 高水位

3. 桥梁的建筑高度(　　)。

A. 小于桥梁的容许建筑高度　　B. 等于桥梁的容许建筑高度

C. 大于桥梁的容许建筑高度　　D. 与桥梁的容许建筑高度无关

【知识点 2】桥梁的分类

【问题】按受力体系划分,桥梁可分为哪几类?各有哪些特点?各适用于哪些场合?

无论是从外观、使用功能、服务对象还是从结构受力特点等来看,桥梁的种类都是非常多的,为了便于区分,一般将桥梁划分为若干类型。

按用途划分,有公路桥、铁路桥、公铁两用桥、农用桥、人行桥、水运桥(渡槽)和管线桥等。

按桥梁长度和跨径的不同,分为特大桥、大桥、中桥、小桥和涵洞。表 1.1 为现行公路工程技术标准(JTG B01—2003)关于桥涵分类的规定,其中单孔跨径 l_K 反映桥梁技术的复杂程度,多孔跨径总长 l_1 反映桥梁建设规模的大小,符合其中一个指标即可归类。

表 1.1　桥涵分类

桥涵分类	多孔跨径总长 l_1(m)	单孔跨径 l_K/m
特大桥	$l_1 > 1\ 000$	$l_K > 150$
大桥	$100 \leqslant l_1 \leqslant 1\ 000$	$40 \leqslant l_K \leqslant 150$
中桥	$30 < l_1 < 100$	$20 \leqslant l_K < 40$
小桥	$8 \leqslant l_1 \leqslant 30$	$5 \leqslant l_K < 20$
涵洞	—	$l_K < 5$

注:(1)单孔跨径是指标准跨径;

(2)梁式桥、板式桥的多孔跨径总长为多孔标准跨径的总长,拱式桥的多孔跨径总长为两岸桥台内起拱线间的距离,其他形式桥梁的多孔跨径总长为桥面系车道长度。

按梁(拱)跨结构使用的建材划分,桥梁有木桥、圬工桥(包括砖、石、混凝土桥)、钢筋混凝土桥、预应力混凝土桥、钢桥和结合梁桥。木桥一般只用作临时性桥梁;圬工桥多用作小跨度桥(<20 m);结合梁桥指钢梁和混凝土桥面板共同受力的一种梁桥。

按跨越障碍的性质,桥梁通常分为跨河桥、跨线桥(立交桥)和高架桥。高架桥一般指跨越深沟峡谷以替代高路堤的桥梁,以及城市桥梁中跨越道路的桥梁。

按上部结构的行车道位置划分，桥梁有上承式、中承式和下承式桥。

按桥梁是否固定，又分为固定桥、活动桥（又称开启桥或开合桥）和浮桥。浮桥随水位升降，多为临时性桥梁；当河道两岸不容许修建较高的路堤，而桥下通航又需要保持必要的净空高度时，可建造活动桥。活动桥水陆交通互相干扰，养护又困难，只在特殊情况下采用，其开启方式可以是平转、立转或升降。

根据桥梁的受力情况，一般又分为梁式桥（beam-type bridge）、拱桥（arch bridge）、刚架桥（rigid frame bridge）、悬索桥（suspension bridge）、斜拉桥（cable-stayed bridge）和组合桥（combined system bridge）。

【问题】请阐述梁桥、拱桥、刚架桥、悬索桥、斜拉桥和吊桥等的主要受力特点。

1）梁式桥（简称梁桥）

梁式桥在竖向荷载作用下，支座只产生竖向反力，桥跨结构承受弯矩和剪力，以受弯为主。梁式桥又分为简支梁桥、连续梁桥和悬臂梁桥，其示意图分别如图 1.2 中(a)、(b)、(c)和(d)所示。简支梁桥受力简单，施工方便，在小跨度桥梁中应用最为广泛。连续梁桥受力较合理，行车平顺，是大跨度桥梁常采用的桥式。将简支梁梁体加长至支点外就成为悬臂梁桥，悬臂梁桥的跨中弯矩比简支梁桥小，但构造较复杂，行车不够平顺，目前已较少采用。

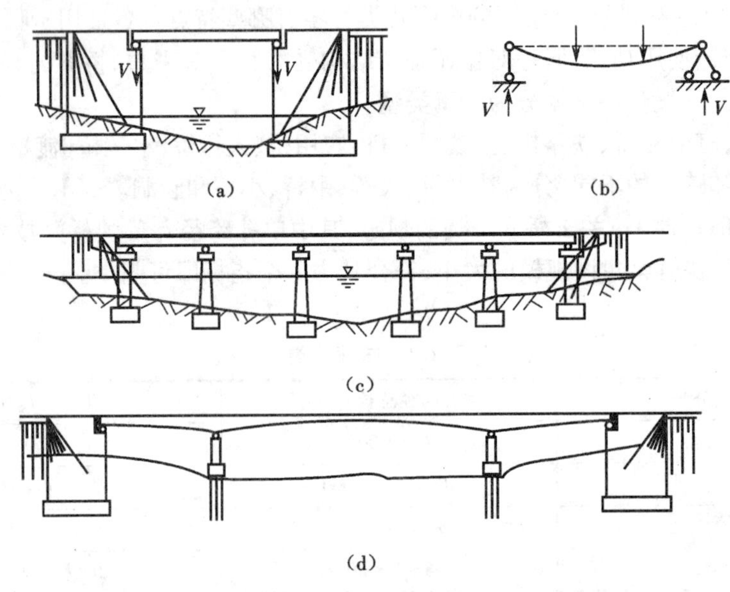

图 1.2 梁式桥

(a),(b)简支梁桥 (c)连续梁桥 (d)悬臂梁桥

2）拱式桥（简称拱桥）

图 1.3 所示为拱式桥的基本示意图和力学示意图。拱式桥最大的特点是在竖向荷载作用下存在水平反力（拱脚推力）。拱式桥的桥跨结构简称主拱，以受压为主，同时也承受弯矩和剪力，常用抗力强的圬工材料（如砖、石、混凝土）和钢筋混凝土来建造。由于拱桥跨越能力强，造型美观，当地基较好、一般跨径在 500 m 以内时可作为比选方案。

3）刚架桥（亦称刚构桥）

刚架桥是一种梁（或板）与墩台（立柱或竖墙）刚性连接成整体的结构，在竖向荷载作用

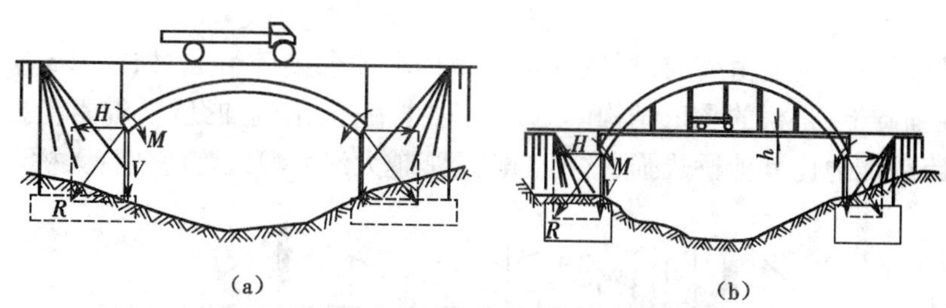

图 1.3　拱式桥

(a)上承式两铰拱　(b)中承式无铰拱

下,柱脚处具有水平反力和支撑弯矩。梁部主要受弯,但弯矩较同跨径的简支梁小,跨中建筑高度可做得较小。普通钢筋混凝土刚架桥的梁柱刚结处一般较易产生裂缝。

图 1.4 为刚架桥示意图,(a)为门式刚架桥,其在温度变化时易产生较大附加内力;(b)为门式刚架桥力学示意图;(c)为 T 形刚构桥;(d)为连续刚构桥,为使温度变化时结构内不产生较大的附加内力,一般将连续刚构桥墩柱做得很柔,在竖直荷载下墩顶基本上只存在竖直反力,因此人们也常把它归纳在梁桥范畴,且比较适合用在大跨高墩桥中;(e)为斜腿刚架桥,其跨越能力比门式刚架桥要强很多,但斜腿刚架桥的施工难度较大,可用于跨越陡峭河岸、深谷和道路等障碍。

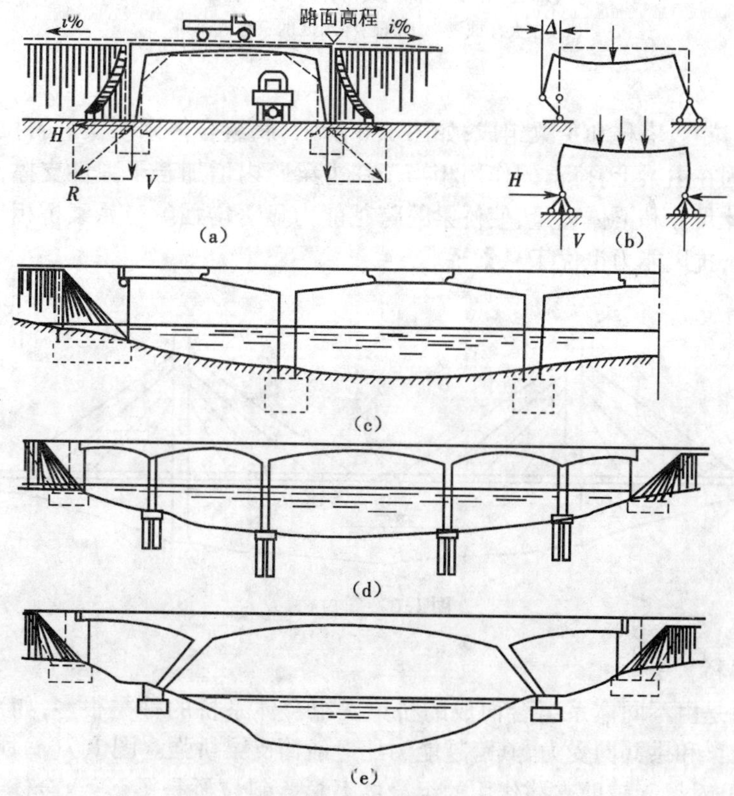

图 1.4　刚架桥

(a)门式刚架桥　(b)门式刚架桥力学示意图　(c)T 形刚构桥

(d)连续刚构桥　(e)斜腿刚架桥

4)悬索桥

悬索桥又称吊桥,主要由缆索、桥塔、锚碇、吊杆和加劲梁等组成,如图 1.5 所示。缆索跨过塔顶锚固在锚碇上,是桥的承重结构。缆索上悬挂吊杆,吊着加劲梁,缆索受拉。悬索桥结构自重较轻,跨越能力比其他桥式强,常用于建造跨越大江大河或跨海的特大桥。

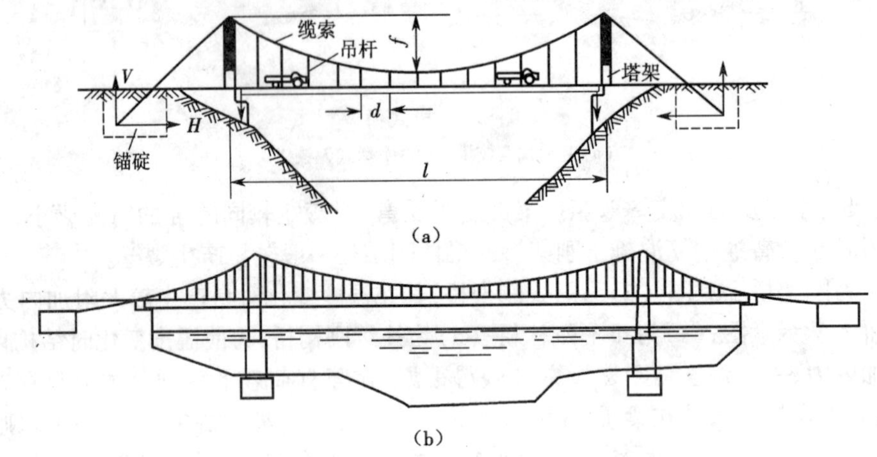

图 1.5　悬索桥

(a)在山区跨越深沟或河谷的单跨式吊桥

(b)在大江或湖海上跨越深水区的三跨式吊桥

5)斜拉桥

斜拉桥由斜拉索、塔柱和主梁组成,如图 1.6 所示,属组合体系桥梁。斜拉索一端锚固在塔柱上,一端锚固在主梁上,拉索的作用相当于在主梁跨内增加若干弹性支撑,从而大大减小了梁内弯矩、梁体尺寸和梁体重量,使桥梁的跨越能力显著增强。与悬索桥相比,斜拉桥不需笨重的锚固装置,抗风能力也优于悬索桥。

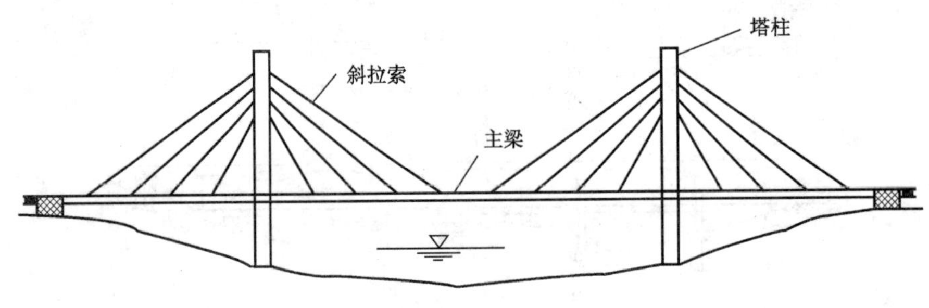

图 1.6　斜拉桥

6)组合体系桥

组合体系桥是由不同体系组合而成的桥梁。组合体系桥的种类很多,如系杆拱桥,即为梁、拱组合体系,梁和拱共同受力,其跨越能力比一般简支梁桥强。图 1.7(a)所示为拱置于梁的下方,通过立柱对梁起辅助支撑作用的组合体系桥。斜拉桥是梁、索组合体系,梁和索共同承受荷载,斜拉索使主梁像多点弹性支撑的连续梁一样工作,能跨越很大的跨径。图 1.7(b)所示为刚构 - 连续组合体系桥。刚构 - 连续组合体系桥是在连续刚构桥的某些墩上设置滑动支座,在温度降低情况下,结构内产生较大的附加内力,它适合于很大的跨径。

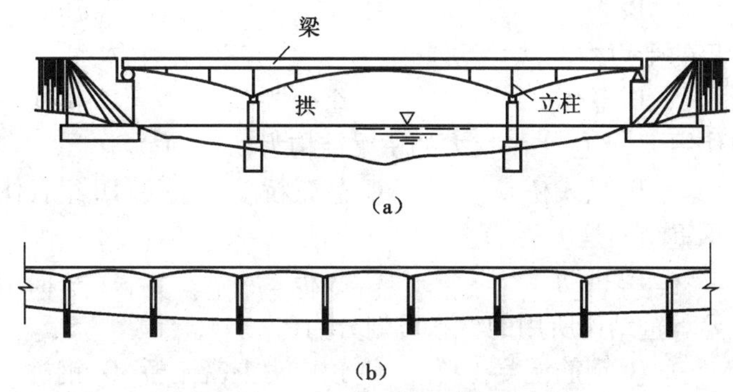

(a)

(b)

图 1.7 组合体系桥

(a)梁、拱组合体系桥 (b)刚构－连续组合体系桥

【小测验】

一、单选题

1. 在竖向荷载作用下无水平推力的是(　　)。

A. 钢筋混凝土拱桥　B. 连续梁桥　C. 悬索桥　D. 斜拉桥

2. 在承受相同竖向荷载且跨径相同的各种桥梁结构体系中,(　　)产生的弯矩最大。

A. 梁式桥　B. 拱式桥　C. 悬索桥　D. 组合体系桥

3. 拱桥的承重结构以(　　)为主。

A. 受拉　B. 受压　C. 受弯　D. 受扭

4. 斜拉桥属于(　　)。

A. 梁式桥　B. 组合体系桥　C. 拱式桥　D. 悬索桥

5. 桥梁按体系划分可分为(　　)。

A. 梁桥、拱桥、刚构桥、缆索承重桥以及组合体系桥

B. 简支梁桥、悬臂梁桥、连续梁桥和连续刚构桥

C. 木桥、钢桥、圬工桥、钢筋混凝土桥和预应力混凝土桥

D. 公路桥、铁路桥、人行桥和农用桥

6. 涵洞区别于桥梁的规定是(　　)。

A. 涵洞多孔全长≤8 m 和单孔跨径≤5 m

B. 涵洞多孔全长≤8 m 和单孔跨径≤4 m

C. 涵洞多孔全长＜8 m 和单孔跨径＜5 m

D. 涵洞多孔全长＜8 m 和单孔跨径＜4 m

7. 下列哪种桥主要利用自重来承受向上的竖向力(　　)。

A. 斜拉桥　B. 连续吊桥

C. 斜交板桥　D. 装配式钢筋混凝土简支 T 形梁

8. 某桥为四孔等跨径简支梁桥,跨径为 20 m,该桥属于(　　)。

A. 小桥　B. 中桥　C. 大桥　D. 特大桥

二、多选题

1. 桥梁工程的受力构件总离不开(　　)这几种基本受力方式。

A. 弯　B. 剪　C. 拉　D. 压

2. 根据桥梁工程的受力构件，桥梁可归纳为(　　)三种基本体系。

A. 梁式　B. 悬索式　C. 组合式　D. 拱式

3. 在竖向荷载作用下，产生水平反力的桥梁结构为(　　)。

A. 梁式桥　B. 拱式桥　C. 悬索桥　D. 组合体系桥

4. 拱桥的主要承重结构是(　　)。

A. 拱圈　B. 拱肋　C. 腹板　D. 桥面结构

5. 桥梁按其主要承重结构所用的材料可划分为(　　)。

A. 圬工桥　B. 钢筋混凝土桥　C. 预应力混凝土桥　D. 钢桥

6. 桥梁按其上部结构的行车道位置可划分为(　　)。

A. 上承式桥　B. 中承式桥　C. 下承式桥　D. 底承式桥

7. 钢管混凝土中承式拱桥是根据(　　)命名的。

A. 承重结构的材料　B. 跨越障碍的性质　C. 行车道的位置　D. 桥梁的用途

1.2 国内外桥梁建设成就与展望

【知识点 1】国内外桥梁建设成就

【问题】我国是桥梁建设的大国，取得了哪些桥梁建设成就？我国在分类跨度排名第一的是什么桥梁？

【名词解释】赵州桥　虎门大桥　巫山长江大桥　苏通大桥　明石海峡大桥

人们为克服自然界江、河、湖泊等出行障碍物而修建的桥梁是人类创造的最杰出建筑之一，它不仅是人类生活、生产不可缺少的实用结构物，同时也常常成为令人们印象深刻的标志性建筑物。在人类的发展史上，我们的祖先已修建了大量的桥梁。早在罗马时代，欧洲的石拱桥艺术已在世界桥梁史上谱写过光辉的篇章。18 世纪的工业革命促使生产力大幅增长，推动了工业的发展。19 世纪中叶出现了钢材，促进了桥梁建筑技术方面的空前发展。20 世纪 30 年代预应力混凝土技术的出现，为桥梁建设提供了廉价、耐久且刚度和承载力均很大的建筑材料，从而推动了桥梁技术的又一次飞跃。20 世纪 50 年代以后，随着计算机和有限元技术的迅速发展，使得桥梁设计工程师能进行复杂的结构计算，桥梁工程的发展再次获得了飞跃。

我国是文明古国，在桥梁建设史上也写下了光辉灿烂的篇章。古代桥梁不但数量惊人，而且类型也丰富多彩，几乎包含了所有近代桥梁建筑中的主要形式。据史料记载，在 3000 年前我国就有了木梁桥和浮桥，稍后有了石梁桥。世界公认最早的悬索桥出现在中国，公元前 3 世纪四川已有竹索桥，公元前 2 世纪陕西已有铁链桥，而欧洲迟至 16 世纪才开始建造铁链吊桥。举世文明的河北省赵县的赵州桥（又称安济桥）是由石匠李春于公元 591—599 年所建造的（见图 1.8），它净跨 37.02 m，桥面净宽 9 m，拱矢高 7.23 m，是世界上第一座敞肩石拱桥。像这样的敞肩石拱桥，欧洲到 19 世纪才出现，比我国晚了 1 200 多年。建于 1053—1059 年的福建泉州万安桥（也称洛阳桥）是世界上现有工程中最艰巨、最长的梁桥（见图 1.9），原桥全长 834 m，经过 1996 年修缮后长 731.29 m，共有 47 孔，每孔用 7 根跨度 11.8 m 的石梁组成，宽约 4.9 m。该桥在基础工程上首创筏形基础，在抛石堆中繁殖牡砺，把桥基和桥墩石块牢固胶合成整体。公元 1170—1192 年建成的广东潮州湘子桥（又称广济桥）全长 517.95 m，东西浅滩部分各建一段石桥，中间深水部分以浮桥衔接。浮桥可开可合，是世界上活动桥的先导。

图 1.8　赵州桥

图 1.9　万安桥

然而，由于我国长期处于封建制度统治下，大大制约了生产力的发展。进入 19 世纪以后，我国在综合国力、科学技术等方面，已远远落后于西方国家。至解放前，公路桥梁绝大多数为木桥，1934—1937 年由茅以升先生主持修建的钱塘江大桥是解放前由我国技术人员完成的唯一一座大桥工程。该桥为双层公铁两用钢桁梁桥，正桥 16 孔，全长 1 400 m。

解放后，特别是 1978 年改革开放以来，我国交通事业得到了快速发展，尤其是 20 世纪 90 年代以来，国家对高等级公路的大力投入，使得我国的桥梁事业得到了空前的大发展，在世界桥梁建设中异军突起，取得了举世瞩目的成就。目前我国在大跨径桥梁方面，已经跻身于世界先进行列。

下面介绍几种主要桥梁体系的中外建设成就。

1）混凝土梁桥

桥梁建设中，中小跨径的桥梁占了大多数，中小跨径桥梁一般采用简支体系。在我国，跨径 30 m 以下的桥多采用标准跨径。我国跨径最大的简支梁桥是 1997 年建成的昆明南过境干道高架桥，其跨径 63 m。

大跨度混凝土梁桥的主要桥型有预应力混凝土连续梁桥和预应力混凝土连续刚构桥。近年来，各国修建了许多大跨度混凝土梁桥（见表 1.2），1998 年挪威建成了世界第一大跨斯托尔马桥（主跨 301 m）和世界第二大跨拉脱圣德桥（主跨 298 m），两桥均为连续刚构桥。我国于 1988 年建成的广东洛溪大桥（主跨 180 m），开创了我国修建大跨径预应力混凝土连续刚构桥的先例。1997 年建成的虎门大桥辅航道桥（主跨 270 m）为当时预应力混凝土连续刚构桥世界第一大跨（见图 1.10）。近几年我国又相继建成了多座大跨径混凝土梁桥，我国的大跨径混凝土梁桥的建桥技术已达到世界先进水平。

表 1.2　世界大跨度混凝土梁桥

序号	桥名	主跨/m	桥址	建成年份
1	斯托尔马桥（Stolma）	301	挪威艾于斯特沃尔	1998
2	拉脱圣德桥（Raftsundet）	298	挪威洛福坦	1998
3	虎门大桥辅航道桥	270	中国广东	1997
4	门道桥（Gateway）	260	澳大利亚布里斯班	1986
5	瓦罗德 2 号桥（Varodd-2）	260	挪威克里斯蒂安桑德	1994

图 1.10 虎门大桥辅航道桥

2)拱桥

在古代,欧洲和我国均建造了许多石拱桥,其中以我国的赵州桥最为著名。新中国成立前,我国修建的拱桥大多为石拱桥。2001 年建成的山西晋城的丹河大桥跨径 146 m,是目前世界上跨度最大的石拱桥。

由于拱桥造型优美,跨越能力强,长期以来一直是大跨桥梁的主要形式之一。近年来,各国修建了许多大跨度混凝土拱桥(见表 1.3)。1980 年,在当时的南斯拉夫(位于现在的克罗地亚)建成了克尔克桥,该桥为混凝土拱桥,主跨 390 m,边跨 244 m(见图 1.11)。当时,在大跨混凝土拱桥修建技术上,我国与国外尚有不小的差距。

图 1.11 克尔克桥

图 1.12 重庆万县长江公路大桥

20 世纪 90 年代后,我国在拱桥施工方法上发展了劲性骨架法,它是将钢拱架分段吊装合拢,做成劲性骨架,再在其上挂模板和浇筑混凝土,使得大跨径拱桥的建造能力得到提高。1990 年,我国首先采用劲性骨架法建成宜宾南门金沙江大桥,主跨 240 m。1996 年建成的广西邕宁邕江大桥,主跨 312 m。1997 年建成的重庆万县长江公路大桥,采用钢管拱为劲性骨架,主跨 420 m,是当时世界上跨度最大的混凝土拱桥。与此同时,1995 年我国用悬臂施工法建成了贵州江界河大桥,它以主跨 330 m 跨越乌江,桥下通航净空高达惊人的 270 m,是目前世界上最大跨度的混凝土桁架拱桥。

钢管混凝土拱桥是一种采用内注高强混凝土的钢管作为主拱圈的拱桥,它具有经济、省料、安装方便等特点，近年来在我国发展迅猛。2000 年建成的广州丫髻沙大桥(见图 1.13)，主跨 360 m，为当时世界上跨度最大的钢管混凝土拱桥。2005 年建成的巫山长江大桥主跨 460 m(见图 1.14)，是目前世界上第一大跨径钢管混凝土拱桥。

表 1.3 世界大跨度混凝土拱桥

排序号	桥名	主跨/m	桥址	建成年份
1	巫山长江大桥	460	中国巫山	2005
2	万县长江大桥	420	中国万县	1997
3	克尔克桥	390	前南斯拉夫克尔克岛	1980
4	丫髻沙大桥	360	中国广州	2000
5	江界河大桥	330	中国贵州	1995

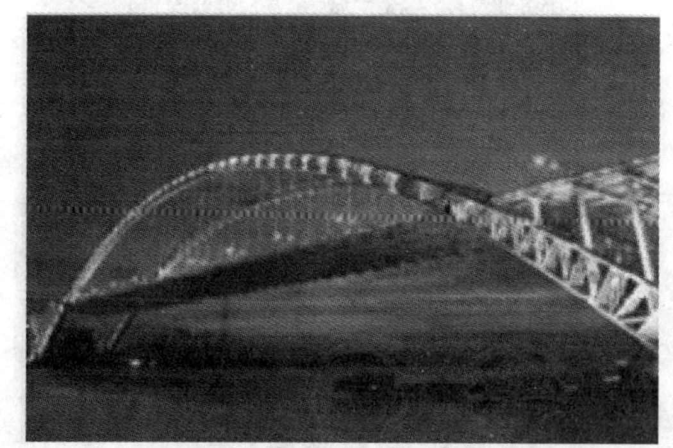

图 1.13 丫髻沙大桥

图 1.14 巫山长江大桥

3)斜拉桥

斜拉桥是一种拉索体系，它具有优美的外形、良好的力学性能和经济指标，比梁桥有更强的跨越能力，是大跨度桥梁最主要的桥型。

1956 年在瑞典建成的斯特伦松德桥(主跨 183 m)是第一座现代斜拉桥。半个世纪以来，斜拉桥建造技术不断发展。桥梁跨度从 300 m 发展到 500 m，历经了 30 多年的时间(1959—1991 年)，而主跨从 500 m 发展到 900 m 只用了不到 10 年的时间(1991—1999 年)。在 20 世纪 90 年代，大跨度斜拉桥如雨后春笋般发展起来，著名的有挪威斯卡圣德脱混凝土斜拉桥(主跨 530 m)、法国诺曼底斜拉桥(主跨 856 m，见图 1.15)、南京长江二桥(主跨 628 m，见图 1.16)、日本多多罗大桥(主跨 890 m，见图 1.17)等。1998 年建成的日本多多罗大桥在斜拉桥跨径上有重大突破，是世界斜拉桥建设史上的一个里程碑。

自我国于 1975 年在四川云阳建成了第一座斜拉桥(主跨 76 m)以来，至今已建成各种类型斜拉桥 100 多座。1991 年建成的上海南浦结合梁斜拉桥(主跨 423 m)，开创了我国修建 400 m 以上大跨度斜拉桥的先河。此后又相继修建了许多斜拉桥，我国已成为拥有斜拉桥最多的国家。目前我国有两座跨度超过 1 000 m 的斜拉桥，一座是香港昂船洲大桥，其主跨 1 018 m；另一座是苏通长江大桥，其主跨 1 088 m(见图 1.18)，是一座跨度世界第一的斜拉桥。据统计，跨度 600 m 以上的斜拉桥世界上共有 10 座，中国就占了 8 座(见表 1.4)。

图 1.15　诺曼底斜拉桥

图 1.16　南京长江二桥

图 1.17　多多罗大桥

图 1.18　苏通长江大桥

表 1.4　世界大跨度斜拉桥

序号	桥名	主跨/m	桥址	建成年份
1	苏通长江大桥	1 088	中国南通	2008
2	香港昂船洲大桥	1 018	中国香港	2008
3	多多罗大桥	890	日本	1998
4	诺曼底桥	856	法国	1994
5	荆岳长江大桥	816	中国	建设中
6	南京三桥	648	中国南京	2005

4)悬索桥

悬索桥造型优美,规模宏大,是特大跨径桥梁的主要形式之一。当跨径大于 800 m时,悬索桥具有很大的竞争力。目前已建成的跨度超过 1 000 m 的桥梁,其桥型均为悬索桥。

从 1883 年美国建成布鲁克林桥(主跨 486 m)开始,悬索桥至今已有 120 多年历史。20 世纪 30 年代,相继建成的美国乔治华盛顿桥(主跨 1 067 m)和旧金山金门大桥(主跨 1 280 m,见图 1.19)使悬索桥的跨度超过了 1 000 m。从 20 世纪 80 年代起,世界上修建悬索桥开始进入鼎盛期,在此期间,世界建成的著名悬索桥有 20 世纪 80 年代英国建成的亨伯桥(主跨 1 410 m)、20 世纪 90 年代丹麦建成的大贝尔特东桥(主跨 1 624 m)、瑞典建成的滨海高大桥(主跨

1 210 m)、日本建成的南备赞濑户大桥(主跨1 100 m)及目前世界上跨度最大的明石海峡大桥(主跨1 991 m，见图1.20)。

图1.19 金门大桥

图1.20 明石海峡大桥

我国修建现代大跨度悬索桥起步较晚，然而在20世纪90年代就已取得了巨大的建设成就，相继建成了多座悬索桥，其中著名的有汕头海湾大桥(主跨452 m)、西陵长江大桥(主跨900 m)、虎门大桥(主跨888 m)、宜昌长江大桥(主跨960 m)、香港青马大桥(主跨1 377 m)和江阴长江大桥(主跨1 385 m)。2004年，我国又建成了润扬长江大桥南汊桥，主跨1 490 m，位居世界第四(见表1.5)。

表1.5 世界大跨度悬索桥

排序号	桥名	主跨/m	桥址	建成年份
1	明石海峡大桥	1 991	日本	1998
2	浙江西堠门大桥	1 650	中国	建设中
3	大贝尔特东桥	1 624	丹麦	1997
4	润扬长江大桥南汊桥	1 490	中国	2004
5	亨伯桥	1 410	英国	1981
6	江阴长江大桥	1 385	中国	1999

正在建设中的浙江西堠门大桥将是世界上跨度最大的钢箱梁悬索桥，其全长在悬索桥中居世界第二、中国第一，主跨1 650 m。

【知识点2】桥梁工程前景展望

【问题】要建造大跨径的桥梁，主要的影响因素有哪些？我国在21世纪初拟建的五个跨海工程可能要建设哪些桥梁？

随着世界经济的发展，必将迎来更大规模的建桥高潮。21世纪桥梁界的梦想是沟通全球交通。国外计划修建多个海峡桥梁工程，如意大利与西西里岛之间的墨西拿海峡大桥，主跨3 300 m，最大水深300 m；日本的五大海峡工程。我国在21世纪初拟完成五个跨海工程：渤海海峡工程、长江口越江工程、杭州湾跨海工程、珠江口伶仃洋跨海工程和琼州海峡工程。此外，我国将在长江、珠江和黄河等河流上修建更多的桥梁。可以预见，大跨度桥梁将向更长、更大、更柔的方向发展。

从现代桥梁发展趋势来看,21 世纪桥梁技术发展主要集中在以下几个方向。

(1)在结构上研究适合应用于更大跨度的结构形式。

(2)研究在气动、地震和行车动力作用下,大跨度桥梁结构的安全性和稳定性。

(3)研究更符合实际状态的力学分析方法与新的设计理论。

(4)开发和应用具有高强、高弹模、轻质特点的新材料,进行 100 ~ 300 m 深海大型基础工程的实践。

(5)开发和应用桥梁自动监测和管理系统。

(6)重视桥梁美学和环境保护。

【小测验】

一、单选题

1. 从跨越能力和经济性两方面考虑,以下哪种桥型最适合于 500 ~ 1 000 m 的桥梁(　　)。

A. 悬索桥　　B. 预应力混凝土连续刚构桥

C. 斜拉桥　　D. 钢管混凝土拱桥

2. 从跨越能力和经济性两方面考虑,以下哪种桥型最适合于 1 000 m 左右的桥梁(　　)。

A. 悬索桥　　B. 预应力混凝土连续刚构桥

C. 斜拉桥　　D. 钢管混凝土拱桥

二、绘图题

1. 中国古代桥梁赵州桥是一种什么结构的桥梁,试画出其结构简图。

2. 香港青马大桥是一种什么结构的桥梁,试画出其结构简图。

实训2 学习桥梁的总体规划设计

预习内容	桥梁的总体规划原则和基本设计资料;桥梁的纵横断面设计和平面布置;桥梁设计方案的比较。
重 点	桥梁的纵横断面设计和平面布置。
难 点	桥梁总跨径的确定和桥梁的分孔。
考 点	桥梁纵横断面设计的内容,分孔的原则。
学习指导	熟悉桥梁总体布置的基本原则,掌握桥梁纵横断面设计的方法,熟悉桥梁设计方案比较的过程及内容。

2.1 桥梁设计的原则、程序和基本资料

【知识点1】桥梁设计的基本原则

【问题】桥梁设计中应遵循哪些基本原则?

(1)安全。所设计的桥梁结构,在制造、运输、安装和使用过程中应有足够的强度、刚度、稳定性和耐久性,并有安全储备。根据桥上交通和行人情况,桥面应考虑设置人行道(或安全带)、缘石、护栏、栏杆等设备,以保证行人和行车安全。桥上还应设有照明设施,引桥纵坡不宜过陡。地震区桥梁,应按抗震要求采取防震措施。

(2)适用。桥梁宽度应能满足车辆和人群的交通流量要求,并应满足今后规划年限内交通量增长的需要。桥下应满足泄洪、通航(跨河桥)或通车(旱桥)等要求。桥梁两端方便车辆进出,以防止出现交通堵塞。此外,还要便于今后检查和维修。

(3)经济。在桥梁设计中,经济性一般是首先要考虑的因素。桥梁设计应遵循因地制宜、就地取材和方便施工的原则,综合考虑发展远景和将来的养护维修,使其造价和养护费用综合最省。

(4)美观。一座桥梁,尤其是城市桥梁和游览地区的桥梁,应具有优美的外形,结构布置精练,空间比例和谐,与周围环境相协调。合理的结构布局和轮廓是美观的主要因素,此外,施工质量也会影响桥梁的美观性。

此外,桥梁设计应积极采用新结构、新材料、新工艺和新设备,学习和利用国际最新科学技术成果,以提高我国桥梁建设水平,赶超世界先进水平。

【知识点2】我国桥梁设计程序(design procedure of bridge)

【问题】我国桥梁设计的程序是什么?各阶段设计达到的目的、内容、要求和深度是什么?

【名词解释】"预可" "工可" 初步设计 技术设计 施工图设计

桥梁设计是一个分阶段、循序渐进的工作过程。根据国家基本建设程序要求,我国大型桥梁的设计程序分为前期工作和设计阶段(见图2.1)。前期工作包括编制预可行性研究报告和

可行性研究报告;设计阶段按“三阶段设计”进行,即初步设计(preliminary design)、技术设计(technical design)和施工图设计(constructional drawing design/execution design)。各阶段的设计目的、内容、要求和深度均不同,分述如下。

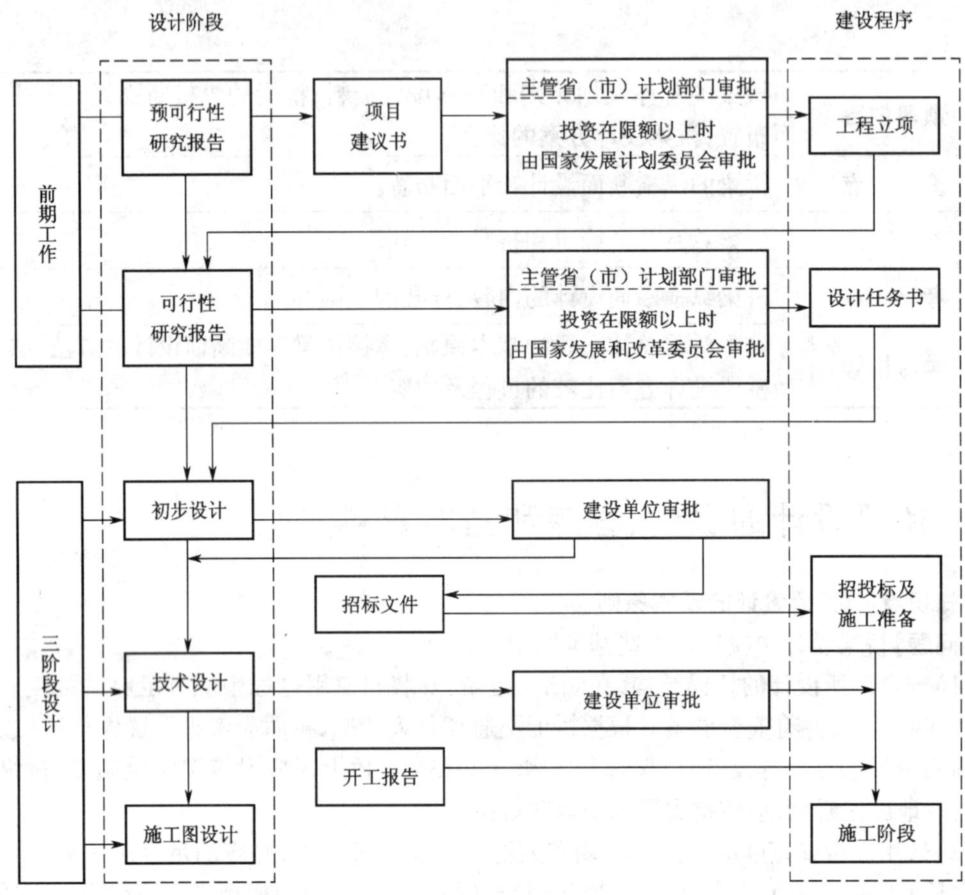

图 2.1　设计阶段与建设程序关系

1)预可行性研究报告的编制,简称为“预可”阶段

预可行性研究报告是在工程可行的基础上,着重研究建设上的必要性和经济上的合理性,解决要不要修建桥梁的问题。对于区域性桥梁,应通过对准备建桥地点附近的渡口车辆流量调查,并以发展的观点预测桥梁修建后可能引入的车流,科学分析和确定通过桥梁的可能车流量,论证工程的必要性。在预可行性研究报告中,应编制几个可能的桥型方案,对工程造价、投资回报、社会效益、政治意义和国防意义等进行分析,论述经济上的合理性,并对资金来源有所设想。设计方将预可行性研究报告交业主后,由业主据此编制“项目建议书”报主管上级审批。

2)可行性研究报告的编制,简称为“工可”阶段

“工可”阶段与“预可”阶段的内容和目的基本一致,只是研究的深度不同,可行性研究报告是在预可行性研究报告审批后,着重研究工程上和投资上的可行性。在本阶段,要研究和制定桥梁的技术标准,包括设计荷载、允许车速、桥梁坡度和曲线半径等,同时,还应与河道、航

运、城市规划等部门共同研究和协商来确定相关技术标准。此阶段应提出多个桥型方案,并按原交通部《公路建设工程投资估算编制办法》估算造价,基本落实资金来源和投资回报等问题。

3)初步设计

可行性研究报告批复后,即可进行初步设计。首先要进一步开展水文、勘测工作,以获取更详细的水文资料、地形图和工程地质资料。还应拟定桥梁结构的主要尺寸,估算工程数量和主要材料的用量,提出施工方案的意见和编制设计概算。初步设计的概算是控制建设项目投资的依据。初步设计的目的是确定最优设计方案,因此应拟定几个桥型方案,综合分析每个方案的优缺点,通过对每个方案的主要材料用量、总造价、劳动力数量、工期、施工难易程度、养护费用等各种技术经济指标以及美观性进行比较,选定一个最佳的推荐方案,报建设单位审批。

4)技术设计

技术设计的主要内容是对选定的桥型方案中重大、复杂的技术问题通过科学试验、专题研究、加深勘探调查及分析比较等,进一步完善批复的桥型方案总体和细部的各种技术问题,作出详尽的设计图纸,包括结构断面、配筋、细节处理、材料清单及工程量等,并修正工程概算。

5)施工图设计

施工图设计是在批复的技术设计(三阶段设计)或初步设计(二阶段设计)所有技术文件基础之上,进一步进行具体设计。此阶段工作包括详细的结构分析计算、配筋计算、验算,并确保各构件强度、刚度、稳定和裂缝等各种技术指标满足规范要求,绘制施工详图、编制施工组织设计和施工图预算。目前,国内一般的(常规的)桥梁采用二阶段设计,即初步设计和施工图设计;对于技术上复杂的特大桥、互通式立交桥或新型桥梁结构,需增加技术设计,即三阶段设计;对于技术简单、方案明确的小桥,也可采用一阶段设计,即施工图设计。

【知识点3】野外勘测、调查研究和基本资料

【问题】调查研究中需要收集的资料有哪些?

一座桥梁的规划设计涉及的因素很多,必须充分地调查研究,收集以下资料,从客观实际出发,提出合理的设计建议及计划任务书。

1)调查研究桥梁交通要求

对于公路或城市桥梁,需要调查研究桥上交通的种类及其要求,如汽车荷载等级、实际交通量和增长率、需要的车道数目或行车道宽度、人行道的要求等。

2)选择桥位

各级公路上的小桥及其与公路的衔接,一般应符合路线布设的要求,桥中线与洪水流向应尽量正交。各级公路上的特大桥、大桥、中桥的桥位,原则上应服从路线上的总方向,应将路桥综合考虑。对于特大桥、大桥、中桥,一般选择2~5个可能的桥位,对每个可能的桥位进行相应的调查、勘测工作,包括搜集洪水、地形和地质资料,实地调查历史洪水位,做必要的地形、地貌和地质测绘等工作,经综合分析比较,选择出最合理的桥位。

3)桥位的详细勘测和调查

对确定的桥位要进一步搜集资料,为设计和施工提供可靠依据。这时的勘测和调查工作包括绘制桥位附近的大比例地形图、进行桥位地质钻探并绘制地质剖面图、实地水文勘测调查等。为使地质资料更接近实际,宜将钻孔布置在拟定的桥孔方案墩台附近。

4)调查其他有关情况

调查了解地震资料、当地建筑材料来源及供应情况、运输条件、是否需要拆迁建筑物或占用农田、桥上是否需要铺设电缆或各种管线等。

【小测验】

一、填空题

1. 公路桥涵设计的基本要求之一是整个桥梁结构及其各部分构件在制造、安装和使用过程中应具有足够的________、________、________和________。

2. 桥梁设计应满足、遵循的原则：________、________、________、________。

二、思考题

1. 简述桥梁设计的程序和每一设计阶段的主要内容。
2. 可行性研究报告的编制内容包括哪些？
3. 简述施工图设计的主要内容。
4. 桥梁规划、调查研究中需要收集的资料有哪些？

2.2 桥梁平、纵、横断面设计

【知识点 1】桥梁纵断面设计(vertical-sectional design of bridge)

【问题】桥梁纵断面设计包括哪些内容？各有哪些要求？

桥梁纵断面设计包括确定桥梁总跨径、桥梁分孔、桥面标高和桥下净空、桥梁纵坡及基础埋置深度等。

【名词解释】分孔　桥下净空　桥面标高

1)桥梁总跨径的确定

桥梁总跨径一般根据水文计算确定。桥梁墩台和桥头路堤压缩河床,使桥下过水断面减少,水流速度增大,引起河床冲刷和桥上游壅水。因此,桥梁总跨径必须保证桥下有足够的排洪面积,对河床不产生过大的冲刷,并注意壅水可能淹没耕地和建筑物等危害。此外,应注意河床地形,不宜过分压缩河道、改变水流的天然状态。

2)桥梁分孔的确定

桥梁总跨径确定后,下一步是分孔布置,即解决一座桥分成几孔和各孔的跨径多大的问题。桥梁分孔是一个较复杂的问题,需因时因地制宜,综合比较后确定。对于通航河流,首先根据通航净空要求,确定通航孔跨径,并布置在稳定的主河槽位置,对于变迁性河流,还需加设通航孔;桥基位置尽量避开复杂的地质和地形区段;分孔布置还要考虑上部结构采用的结构体系类型,有些结构体系各桥孔的跨径应有适宜的比例,以保证结构受力合理;要考虑基础施工因素,若基础施工困难,航运繁忙,则宜加大孔径;从经济上考虑,一般来说,采用大跨度时上部结构造价高,而下部结构造价则比采用小跨度时低。在满足通航前提下,通过经济、技术比较,最后确定分孔布置。

跨径选择还与施工能力有关,有时选用较大跨径虽然在技术上和经济上是合理的,但由于缺乏所需的施工技术能力和机械设备,也不得不改用较小跨径。此外,要注意确定桥梁孔径时应考虑桥位上下游已建或拟建桥涵和水工建筑物的状况及其对河床演变的影响。

3)桥面标高的确定

桥面标高的确定主要考虑三个因素:路线纵断面设计要求、排洪要求和通航要求。对于中、小桥梁,桥面标高一般由路线纵断面设计确定;对于跨河桥,为保证结构不受毁坏,桥梁主体结构必须比计算水位（设计水位计入壅水、浪高等）或最高流冰水位高出一定距离，满足“公路桥涵设计通用规范”（JTG D60—2004）（以下简称“桥规”（JTG D60））对非通航河流桥下净空的要求（见表1.6）；对于通航河流桥，通航孔还必须满足通航净空要求，通航净空尺寸按“内河通航标准”（GBJ 139—90）确定（见图2.2，表2.1）；对于跨越铁路或公路的桥梁，应满足相应的铁路或公路的建筑界限规定。

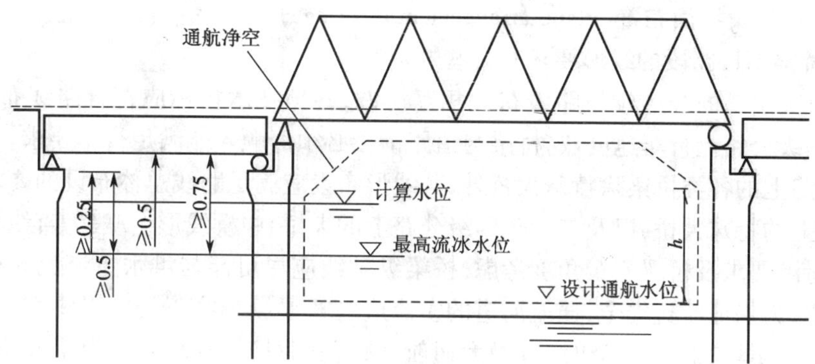

图2.2　梁桥桥下净空（长度单位：m）

表2.1　非通航河流桥下净空

桥梁的部位	高出计算水位/m	高出最高流冰面/m
梁底	0.50	0.75
支座垫石顶面	0.25	0.50
拱脚	0.25	0.25

4）桥梁纵坡布置

桥梁标高确定后，就可根据两端桥头的地形和线路要求来设计桥梁的纵断面线形。按照“公路工程技术标准”（JTG B01—2003）规定，公路桥梁的桥上纵坡不宜大于4%，桥头引道纵坡不宜大于5%，位于市镇混合交通繁忙处的桥上纵坡和桥头引道纵坡均不得大于3%，桥头两端引道线形应与桥上线型相配合。

【知识点2】桥梁横断面设计（cross-sectional design of bridge）

【问题】桥面宽度是如何确定的？

桥梁横断面的设计，主要是决定桥面的宽度和桥跨结构横截面的布置。桥面宽度由行车和行人的交通需要决定。桥面净空应符合“桥规”（JTG D60）第3.3.1条公路建筑界限的规定，在规定的界限内，不得有任何结构部件等侵入。在选择车道宽度、中间带宽度和路肩宽度及其一般值和最小值时，应首先考虑与桥梁相连的公路路段的路基宽度，保持桥面净宽与路肩宽度相等，使桥梁与公路更好地衔接，公路上的车辆可维持原速通过桥梁，以满足使车辆在公路上无障碍行驶这一现代交通的最基本要求。

行车道宽度为车道数乘以车道宽度，车道宽度与设计车速有关，车速越高，车道宽度越大，其值在3～3.75 m之间。自行车道和人行道的设置，应根据需要而定，与前后路线布置协调。一个自行车道的宽度为1.0 m，单独设置自行车道时，一般不宜小于两个自行车道的宽度。人行道的宽度一般为0.75 m或1.0 m，大于1.0 m时，按0.5 m的级差增加。高速公路上的桥梁,不宜设人行道,漫水桥和过水路面可不设人行道。

高速公路、一级公路上的桥梁必须设置护栏;二、三、四级公路上特大桥、大桥、中桥应设护栏或栏杆、安全带;小桥和涵洞可仅设缘石或栏杆;不设人行道的漫水桥和过水路面应设护栏或栏杆。

在弯道上的桥梁应按路线要求予以加宽。

【知识点3】桥梁平面布置(plane arrangement of bridge)

【问题】桥梁衔接路段的线形要求有哪些规定?

桥梁及桥头引道的线形应与路线布设相互协调,各项技术指标应符合路线布设的规定。高速公路和一级公路上行车速度快,桥梁与道路衔接必须舒顺才能满足行车要求。因此,高速公路、一级公路上的各类桥梁除特殊大桥外,其线形布设应满足路线总体布设的要求。高速公路、一级公路上的特殊大桥,以及二、三、四级公路上的大桥、中桥线形,一般为直线。

从桥下泄洪要求及桥梁安全角度考虑,桥梁纵轴线应尽可能与洪水主流流向正交。通航河流上的桥梁,为保证航行安全,通航河道的主流应与桥梁纵轴线正交。当斜交不能避免时,交角不宜大于5°;当交角大于5°时,应增大通航孔跨径。对于一般小桥,为了改善路线线形,或城市桥梁受原有街道的制约时,也允许修建斜交桥,但从桥梁本身的经济性和施工方便来说,斜交角通常不宜大于45°。

【小测验】

一、填空题

1. 桥面标高的确定主要考虑:________、________和________三个因素。

2. 按照《公路工程技术标准》的规定,公路桥梁的桥上纵坡不宜大于________,桥头引道纵坡不宜大于________。

3. 位于市镇混合交通繁忙处时,桥上纵坡和桥头引道纵坡均不得大于______。

4. 总跨径确定的原则为________________________________。

5. “工可”阶段的任务是________________________________。

二、思考题

1. 桥梁设计应满足哪些基本要求? 请简要叙述各项要求的基本内容。
2. 对于跨河桥梁,如何确定桥梁的总跨径并进行分孔? 桥梁分孔应考虑哪些因素?
3. 桥梁纵断面设计应考虑哪些问题?
4. 如何确定桥面标高?
5. 桥位平面图上应反映哪些内容? 桥梁总体布置图应反映哪些内容?
6. 为什么大、中跨桥梁的两端要设置桥头引道?
7. 确定桥面总宽时应考虑哪些因素? 试述各级公路桥面行车道净宽标准。

2.3 桥梁设计方案的比选

【知识点】方案比选的方法

【问题】请简述桥梁设计方案比选的过程,其成果应包含的主要内容。

【名词解释】技术比较　经济比较

为了获得经济、适用和美观的桥梁，设计者需要运用丰富的桥梁建筑理论和实践知识，对拟定的桥梁设计方案进行深入细致的分析研究。对于一定的建桥条件，可能做出满足基本要求的多种设计方案，只有通过技术、经济等方面的综合比较，才能科学地得出最佳的设计方案。

1）拟定桥型图式

桥梁设计方案比较，通常是从桥梁分孔和拟定桥型图式开始。根据前述分孔原则做出分孔后，可对所设计的桥梁拟定出一系列各具特点且切实可行的桥型图式。拟定图式时，设计思路要宽广，不要遗漏可能的桥型和布置，并且把每一图式均按大致相同的比例，画在同样大小的桥址河床断面及地质剖面图上。然后经过综合分析和判断，剔除一些在技术、经济上不占优势的图式，选出几个（通常为 2 ~4个）构思好、各具优点，但还难以判定优劣的图式，作为进一步详细研究比较的方案。

2）编制方案

编制方案的目的在于提供各个中选图式的技术经济指标，以便经过相互比较，科学地从中选定最佳方案。这些指标包括：主要材料（钢、木、水泥，简称三材）用量、劳动力（包括专业技术工种）数量、全桥总造价（分上、下部结构列出）、工期、养护费用、运营条件、美观、有无困难工程、是否需要特种机具等。为了获得上述的前三项指标，通常可充分利用已有资料或通过一些简便的近似验算，拟定每一方案结构的主要尺寸，并计算主要工程数量。有了工程数量，乘以相应的材料和劳动定额以及扩大单价，就不难得出每个方案所需的材料和劳动力数量，并估算全桥造价。其他的一些问题，虽难以得到数量指标，也应进行适当的概略评价。

3）技术经济比较和最佳方案的确定

设计方案的评价和比较是要全面考虑上述各项指标，综合分析每一方案的优缺点，最后选定一个符合当前条件的最佳方案。有时，占优势的方案还可吸取其他方案的优点做进一步改善，如果改动较多，最后中选的方案可能是集聚各方案长处的另一新方案。

一般来说，造价低、材料省、劳动力少、桥型美观的方案应是优秀方案，但实际上并不尽然，因为有时当其他技术因素或使用要求上升成为设计的主要矛盾时，就不得不放弃较为经济的方案。所以，在比较时必须从任务书提出的要求、所给的原始资料以及施工等条件中，找出所面临问题的关键所在，分清主次，才能选定适合具体情况的最佳方案。

在方案比较中，除了编制方案外，还应编写方案比较说明书。在说明书中应阐明编制方案的主要原则、拟定图式和从中选出比较方案的理由、方案比较的综合评述、对于推荐方案的较详细说明等。有关为拟定结构主要尺寸所做的各种计算资料，以及为估算主要材料指标和造价等所依据的文件名称（如概算定额、各种费率标准）等，均应作为附件载入。

例如，某总跨径 250 m 左右的桥梁初步设计提出三个方案：预应力混凝土连续梁桥、预应力混凝土刚构桥和斜拉桥。预应力混凝土连续梁桥的跨径组合为 70 m + 112 m + 70 m，边中跨比值为 0.63，桥下为三级通航，纵坡 1%，桥总长 252 m。预应力混凝土刚构桥，桥孔布置也为 70 m + 112 m + 70 m。斜拉桥主跨为单塔，跨度为 124 m + 124 m。经过比选，桥型最终定为预应力混凝土连续梁桥，比选的过程如表 2.2 所示。

表2.2 方案比选表

	方案	一	二	三
	桥型名称	预应力混凝土连续梁桥	预应力混凝土刚构桥	斜拉桥
1	跨径布置/m	70+112+70	70+112+70	124+124
2	通航净空/m	10	10	10
3	纵向坡度	1%	1%	1%
4	截面形式	两个单箱双室箱形截面	两个单箱单室箱形截面	单箱四室箱形截面
5	跨中梁高/m	3.0	3.0	3.2
6	支点梁高/m	6.0	6.0	3.2
7	工艺技术要求	工艺要求较严格,需要的施工设备少,技术先进,占用施工场地少,施工中利用临时墩,有体系转换	主墩无支座,施工体系转换方便,施工技术易,但工艺复杂,所需设备较少	高度机械化,施工作业周期进行,需一整套机械动力设备,施工速度快,占用场地少
8	上部结构施工方法	悬臂浇注法	悬臂浇注法	悬臂拼装法
9	使用效果	属超静定结构,有较好的强度、刚度及抗裂性能,伸缩缝小,行车舒适,易养护	抗扭刚度大,受力性能好,双肢薄壁墩有一定的联合强度	造型新颖美观,为提高抗风稳定性,要采取复杂的措施
10	工程量	钢绞线:453.33 t 普通钢筋:617.5 t 混凝土:5 837 m	钢绞线:313.2 t 普通钢筋:726.33 t 混凝土:6 308.2 m^3	钢绞线:285.2 t 普通钢筋:515.7 t 混凝土:5 012 m^3

从表2.2可以看出,预应力混凝土刚构桥虽然抗扭强度较大,但施工复杂;斜拉桥虽然桥型美观,但适用于较大跨度,小跨度采用斜拉桥不经济;预应力混凝土连续梁桥受力性能较好,且施工方便,养护工程量小,造价相对较低。所以本设计最终确定选择预应力混凝土连续梁桥方案。

图2.3为西陵长江大桥桥型方案比较图,该桥位于三峡大坝前沿,在大坝施工期间要历经三次河道改造,第二与第三方案桥墩布置对河道的调整均有干扰,最后决定采用不影响河道调整的一跨过江的第一方案。

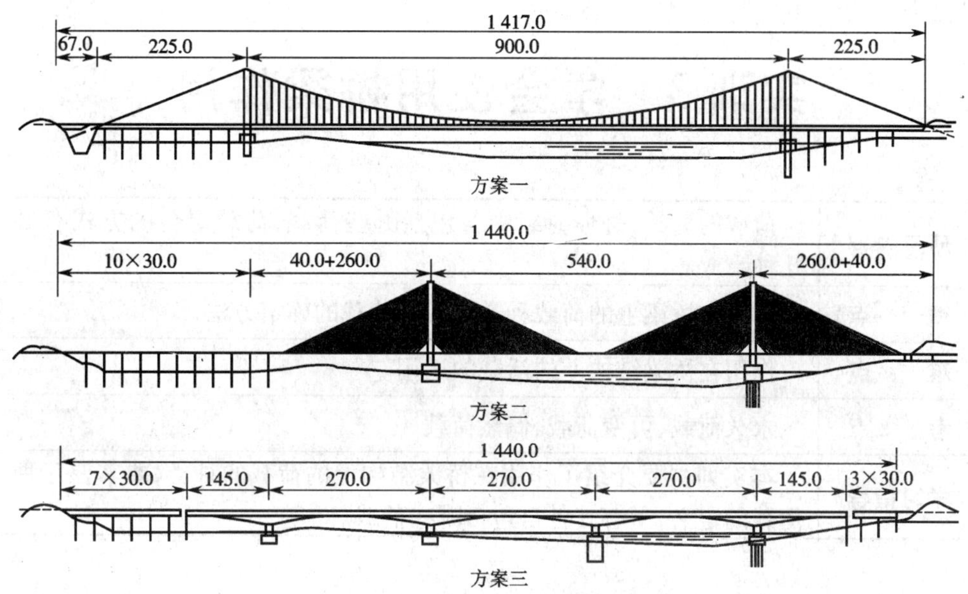

图 2.3　西陵长江大桥桥型比选方案(长度单位:m)

【小测验】

思考题

1. 方案比选的技术经济指标有哪些?
2. 请简述桥梁设计方案比选的过程。
3. 阐述西陵长江大桥桥型比选方案图中三个方案的优缺点。
4. 设计方案的桥面标高是怎么确定的? 谈谈计算过程。
5. 确定桥梁设计方案的总跨径需要考虑哪些要求?
6. 桥梁分孔是如何考虑的? 选择的跨径必须是标准跨径吗?
7. 桥梁设计主要对哪些方面进行综合考虑?

实训3 学会使用桥梁作用

预习内容	荷载的种类，每种荷载中各包括哪些荷载，荷载组合的方式有哪几种。
重　　点	作用在桥梁上的荷载种类及各种荷载的确定方法。
难　　点	作用在桥梁结构上的活载的运用。
考　　点	永久荷载、可变荷载、偶然荷载。
学习指导	本实训主要介绍了作用在桥梁结构上的荷载的种类，要掌握三种荷载的定义，了解其各自包括哪些荷载。

3.1 作用分类和代表值

【知识点】桥梁作用分类

【问题】桥梁作用有哪些？是如何分类的？

【名词解释】作用　作用效应　标准值　频遇值　准永久值

桥梁结构在施工和使用过程中要受到自身和外部各种因素的作用，如结构的自重、人群荷载、汽车荷载、汽车冲击力、土压力、温度变化、风荷载和地震等。为了统一，将所有引起结构反应的原因统称为作用(action)，作用使结构产生的内力(轴向力、弯矩、剪力、扭矩)、变形和裂缝等称为作用效应(effect of an action)。

作用可以根据不同的标准分类。我国现行的《桥规》(JTG D60)按照作用随时间的变化特点，将作用分为永久作用(permanent action)、可变作用(variable action)和偶然作用(accidental action)三类。各类作用所包含的具体作用见表3.1。

作用具有变异性，但在结构设计时，不可能直接引用作用随机变量或随机过程的各种统计参数通过复杂的计算进行设计，因此必须为结构设计时的作用给定一个量值，这个作用量值称为作用代表值(representative value of an action)。公路桥梁设计中对不同的设计状况、不同的极限状态有不同的设计要求，采用的作用代表值也不同，这样能更确切、合理地反映作用对结构不同的设计要求下的特点。作用的代表值有标准值(characteristic value of an action)、频遇值(frequent value of an action)和准永久值(quasi-permanent value of an action)。标准值是作用的基本代表值，其量值是结构设计规定期限内可能出现的最不利取值，按作用在设计基准期(公路桥梁结构的设计基准期为100年)内最大值概率分布的某一分位值确定；频遇值是结构上出现的较频繁且量值较大的作用取值，其值比作用标准值小，由标准值乘以小于1的频遇系数ψ_1得到；准永久值是结构上经常出现的作用取值，其值比频遇值又要小些，由标准值乘以小于1的准永久值系数ψ_2得到。ψ_1和ψ_2的取值见本节作用组合的有关说明。作用的设计值规定为作用标准值乘以相应的作用分项系数。

表 3.1　作用分类

序号	作用分类	作用名称	序号	作用分类	作用名称
1	永久作用	结构重力(包括结构附加重力)	12	可变作用	人群荷载
2		预加力	13		汽车制动力
3		土的重力	14		风荷载
4		土侧压力	15		流水压力
5		混凝土收缩及徐变作用	16		冰压力
6		水的浮力	17		温度作用
7		基础变位作用	18		支座摩擦力
8	可变作用	汽车荷载	19	偶然作用	地震作用
9		汽车冲击力	20		船舶或漂流物的撞击作用
10		汽车离心力	21		汽车撞击作用
11		汽车引起的土侧压力			

【小测验】

一、单选题

1. 公路桥梁中的荷载和外力可归纳为永久作用、可变作用和(　　)三类。

A. 车辆荷载　B. 人群荷载　C. 汽车制动力　D. 偶然作用

2. 公路桥梁中的基本可变作用包括(　　)和人群荷载。

A. 车辆荷载　B. 支座摩擦力　C. 风力　D. 温度影响力

3. 公路桥梁中的其他可变作用包括汽车制动力、支座摩擦力和(　　)等。

A. 人群荷载　B. 漂浮物的撞击力　C. 风力　D. 地震力

4. 公路桥梁中的偶然作用包括地震力和(　　)。

A. 风力　B. 温度影响力

C. 漂浮物的撞击力　D. 车辆荷载引起的土侧压力

5. 基础变位的影响力属于(　　)。

A. 永久作用　B. 基本可变作用　C. 其他可变作用　D. 偶然作用

6. 下列作用中,属于偶然作用的是(　　)。

A. 结构物自重　B. 地震力　C. 水浮力　D. 风力

E. 车辆荷载

二、多选题

1. 通常将作用在公路桥梁上的各种作用和外力归纳成(　　)。

A. 永久作用　B. 临时作用　C. 可变作用　D. 偶然作用

2. 下列作用中,属于可变作用的有(　　)。

A. 结构物自重　B. 车辆荷载　C. 水浮力　D. 风力

3. 公路桥梁的基本可变作用包括(　　)。

A. 车辆荷载　B. 温度影响力　C. 人群荷载　D. 支座摩擦力

4. 汽车荷载的影响力中，属基本可变作用的有(　　)。

A. 汽车荷载的冲击力　　B. 汽车荷载的离心力

C. 车辆荷载引起的土侧压力　　D. 汽车制动力

5. 公路桥梁中的偶然作用包括(　　)。

A. 地震力　　B. 温度影响力

C. 风力　　D. 漂浮物的撞击力

3.2　永久作用

【知识点】永久作用

【问题】永久作用的定义是什么？永久作用包含哪些作用？

永久作用是指在结构设计基准期内，其值不随时间变化，或其变化与平均值相比可以忽略不计的作用，亦称恒载。如结构自重、桥面铺装及附属设备的重量、作用于结构上的土重及土侧压力、基础变位作用、水浮力、长期作用于结构上的预加力、混凝土收缩及徐变作用等。

永久作用采用标准值作为代表值。结构自重包括桥面铺装和附属设备等附加重力，它们的标准值按结构设计规定的设计尺寸和材料的重力密度计算确定。各种常用材料的重力密度可查阅《桥规》(JTG D60)表4.2.1。

对于预应力混凝土桥梁结构，在进行结构正常使用极限状态设计和使用阶段构件应力计算时，预加力应作为永久作用计算其主效应和次效应，并计入相应阶段的预应力损失，但不计由于预加力偏心距增大引起的附加效应。在进行结构承载能力极限状态设计时，预加力不作为作用，而将预应力作为结构抗力的一部分，但在连续梁等超静定结构中，仍需考虑预加力引起的次效应。

混凝土收缩及徐变作用在外部超静定的混凝土结构及复合桥梁等结构中是必然存在的，而且是长期作用的。混凝土收缩应变和徐变系数可按《公路钢筋混凝土及预应力混凝土桥涵设计规范》(JTG D62—2004)(以下简称《桥规》(JTG D62))附录F的规定计算。考虑混凝土徐变作用时，可假定徐变与混凝土应力呈线性关系。

其他永久作用可按规范的有关规定计算。

【小测验】

一、单选题

1. 公路桥梁中的永久作用包括桥梁自重、土侧压力和(　　)等。

A. 支座摩擦力　　B. 水浮力

C. 风力　　D. 漂浮物的撞击力

2. 由车辆荷载引起的土侧压力属于(　　)。

A. 永久作用　　B. 基本可变作用

C. 其他可变作用　　D. 偶然作用

二、多选题

下列属于永久作用的有(　　)。

A. 结构物自重　　B. 桥面铺装

C. 基础变位影响力　　　　　　　　　　　D. 速度影响力

3.3 可变作用

【知识点】可变作用

【问题】可变作用的定义是什么？可变作用包含哪些作用？它们是如何计算的？

【名词解释】车道荷载　车辆荷载　人群荷载　横向分布系数　纵向折减系数　汽车荷载冲击力　汽车离心力　人群荷载标准值

可变作用是指在结构设计基准期内，其值随时间变化，且变化与平均值相比不可忽略的作用。桥梁设计中考虑的可变作用有汽车荷载、汽车荷载冲击力、汽车离心力、汽车引起的土侧压力和人群荷载等基本可变作用（亦称活载），以及汽车制动力、支座摩擦力、温度作用、风荷载、流水压力和冰压力等。

下面介绍桥梁设计中常见的汽车荷载及其影响力和人群荷载等可变作用，有关其他可变作用的详细计算方法，可查阅《桥规》的相应条文。

1. 汽车荷载

桥梁上行驶的车辆种类繁多，每种车辆又有许多不同的型号和载重等级，而且随着我国国民经济和交通事业的不断发展，车辆的载重量不断增大，因此需要拟定一种既能满足目前车辆情况和将来发展需要，又便于设计中应用的汽车荷载标准。我国在对车辆的轮轴数目、轴间距、轴重力等情况进行分析、综合和概括后，制定了适用于公路桥涵设计的汽车荷载标准。《桥规》(JTG D60)对汽车荷载规定如下。

1）汽车荷载等级和组成

汽车荷载等级分为公路—Ⅰ级和公路—Ⅱ级两个等级。在进行公路桥涵设计时，汽车荷载等级的选用与公路等级有关。对于高速公路和一级公路，应按公路—Ⅰ级汽车荷载设计桥涵；对于二级、三级和四级公路，则按公路—Ⅱ级汽车荷载设计桥涵。二级公路作为干线公路且重型车辆多时，其桥涵设计可采用公路—Ⅰ级汽车荷载。四级公路重型车辆少时，其桥涵设计可采用公路—Ⅱ级车道荷载的0.8倍，车辆荷载可用0.7倍。

汽车荷载分为车道荷载和车辆荷载。车道荷载由均布荷载和集中荷载组成，车辆荷载则为单车荷载。桥梁结构的整体计算采用车道荷载；桥梁结构的局部加载、涵洞、桥台和挡土墙土压力等的计算采用车辆荷载。车辆荷载与车道荷载的作用不得叠加。

2）汽车荷载的计算图式及标准值

车道荷载的计算图式见图3.1。车道荷载是个虚拟荷载，它的荷载标准值 q_k 和 P_k 是通过对实际汽车车队（车重和车间距）测定和效应分析得到的。q_k 和 P_k 分别按表3.2和表3.3中的数值取用。车道荷载的均布荷载应满布于使结构产生最不利效应的同号影响线上，集中荷载标准值只作用于相应影响线中的最大影响线峰值处。

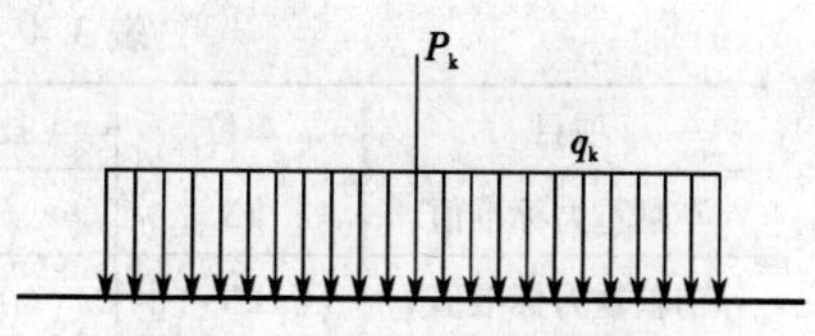

图3.1　车道荷载计算图式

表 3.2 均布荷载标准值 q_k

汽车荷载等级	公路—Ⅰ级	公路—Ⅱ级
q_k/(kN/m)	10.5	0.75 × 10.5 = 7.875

表 3.3 集中荷载标准值 P_k

计算跨径 l/m	P_k/kN	
	汽车荷载为公路—Ⅰ级	汽车荷载为公路—Ⅱ级
$l \leqslant 5$	180	0.75 × 180 = 135
$l \geqslant 50$	360	0.75 × 360 = 270

注:(1)桥梁计算跨径在 5 ~ 50 m 之间时,P_k值采用直线内插求得;
(2)计算剪力效应时,表中 P_k值应乘以 1.2。

车辆荷载布置如图 3.2 所示,其主要技术指标规定如表 3.4 所示。公路—Ⅰ级和公路—Ⅱ级汽车荷载采用相同的车辆荷载标准值。

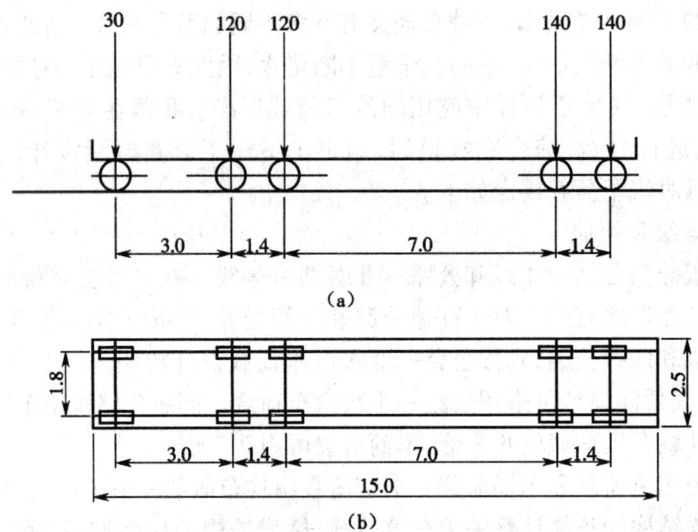

图 3.2 车辆荷载布置(荷载单位:kN,长度单位:m)

(a)立面 (b)平面

表 3.4 车辆荷载的主要技术指标

项目	单位	技术指标	项目	单位	技术指标
车辆重力标准值	kN	550	轮距	m	1.8
前轴重力标准值	kN	30	前轮着地宽度及长度	m	0.3 × 0.2
中轴重力标准值	kN	2 × 120	中、后轮着地宽度及长度	m	0.6 × 0.2
后轴重力标准值	kN	2 × 140	车辆外形尺寸(长 × 宽)	m	15 × 2.5
轴距	m	3 + 1.4 + 7 + 1.4			

3）横桥向设计车道布置及车道荷载横向分布系数

在横向布置车道时，既要考虑桥梁可能获得的最大荷载效应，还要考虑到车辆实际行驶需要的行车道宽度，桥涵设计车道数应符合表3.5的规定。

表3.5　桥涵设计车道数

桥面宽度 W/m		桥涵设计车道数
车辆单向行驶时	车辆双向行驶时	
$W<7.0$	—	1
$7.0\leqslant W<10.5$	$6.0\leqslant W<14.0$	2
$10.5\leqslant W<14.0$	—	3
$14.0\leqslant W<17.5$	$14.0\leqslant W<21.0$	4
$17.5\leqslant W<21.0$	—	5
$21.0\leqslant W<24.5$	$21.0\leqslant W<28.0$	6
$24.5\leqslant W<28.0$	—	7
$28.0\leqslant W<31.5$	$28.0\leqslant W<35.0$	8

车道荷载横向分布系数，应按设计车道数布置车辆荷载进行计算。对于车道荷载，最外车轮距人行道缘石的距离不得小于0.5 m，车道荷载的横向轮距为1.8 m，两列车道荷载车轮的横向间距不得小于1.3 m，如图3.3所示。

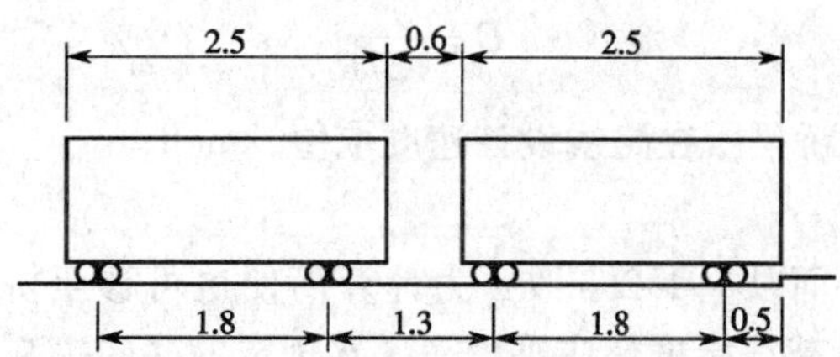

图3.3　车辆荷载横向布置（长度单位：m）

4）汽车荷载折减

随着桥梁横向布置车道数的增加，各车道内同时出现最大荷载的概率减小，由汽车荷载产生的效应应进行折减，但折减后的效应不得小于两条设计车道的荷载效应。表3.6为多车道横向折减系数。

表3.6　多车道横向折减系数

横向布置车道数	2	3	4	5	6	7	8
横向折减系数	1.0	0.78	0.67	0.60	0.55	0.52	0.50

同样，随着桥梁跨度的增加，实际桥梁上通行的车辆达到高密度和重载的概率减小。因此，当桥梁设计跨度大于150 m时，汽车荷载应考虑纵向折减。当桥梁为多跨连续结构时，应按最大的计算跨径考虑汽车荷载效应的纵向折减。纵向折减系数规定见表3.7。

表 3.7　纵向折减系数

计算跨径 l_0/m	$150<l_0<400$	$400\leqslant l_0<600$	$600\leqslant l_0<800$	$800\leqslant l_0<1\ 000$	$l_0\geqslant 1\ 000$
纵向折减系数	0.97	0.96	0.95	0.94	0.93

2. 汽车荷载冲击力

车辆以一定速度过桥时，由于桥面不平整、车轮不圆以及发动机抖动等原因，会引起桥梁结构振动，桥梁结构应力和变形比静荷载引起的大，通常把这种动力效应称为车辆荷载对桥梁结构的冲击力。现行规范用汽车荷载标准值乘以冲击系数μ来计算汽车荷载的冲击力。冲击系数μ与桥梁结构的基频f(Hz)有关，当$f<1.5$ Hz 时，$\mu=0.05$；当 1.5 Hz$\leqslant f\leqslant$14 Hz 时，$\mu=0.176\ 7\ln f-0.015\ 7$；当$f>14$ Hz 时，$\mu=0.45$。

结构的基频宜采用有限元方法计算。对于常用结构，当无更精确方法计算时，也可采用公式估算。基频的计算公式请参照《桥规》。

鉴于结构物上的填料能起缓冲和分散荷载作用，填料厚度等于或大于 0.5 m 的拱桥和涵洞不计冲击力；重力式墩台因自重大，整体性好，冲击影响小，也不计冲击力；汽车荷载的局部加载及在 T 形梁、箱形梁悬臂板上的冲击系数采用 1.3。

3. 汽车离心力

车辆在弯道桥梁上行驶时会产生离心力，曲线半径越小，离心力越大，当弯桥的曲线半径等于或小于 250 m 时，应计算汽车荷载引起的离心力。离心力标准值为车辆荷载(不计冲击力)标准值乘以离心力系数C。离心力系数按下式计算

$$C=\frac{v^2}{127R} \tag{3-1}$$

式中　v——设计速度，按桥梁所在路线设计速度取值，km/h；

R——曲线半径，m。

离心力的着力点在桥面以上 1.2 m 处(为计算简便也可移至桥面上，不计由此引起的作用效应)。多车道时，车辆荷载标准值应乘以表 3.6 规定的横向折减系数。

4. 汽车引起的土侧压力

汽车荷载作用在桥台或挡土墙后填土上，将引起填土的破坏棱体对桥台或挡土墙的土侧压力。土侧压力可按下式换算成等代均布土层厚度h(m)计算：

$$h=\frac{\sum G}{BL_0\gamma} \tag{3-2}$$

式中　γ——土的重力密度，kN/m^3；

L_0——桥台或挡土墙后填土的破坏棱体长度，m；

B——桥台横向全宽或挡土墙的计算长度，m；

$\sum G$——布置在$B\times l_0$面积内的车轮的总重力，kN。

5. 人群荷载

设有人行道的公路桥梁，当桥梁计算跨径小于或等于 50 m 时，人群荷载标准值取 3.0 kN/m^2；当桥梁计算跨径等于或大于 150 m 时，人群荷载标准值取 2.5 kN/m^2；当桥梁计算跨径为 50～150 m 时，人群荷载标准值可由线性内插求得。对跨径不等的连续结构，计算跨径以

最大者为准。城镇郊区行人密集地区的公路桥梁，人群荷载标准值取前述规定值的1.15倍；专用人行桥梁，人群荷载标准值为3.5 kN/m²。

6. 汽车制动力

桥上汽车制动力是车辆在刹车时为克服车辆的惯性力而与路面发生的滑动摩擦力。制动力大小与车辆和路面间的摩擦系数及汽车荷载有关，考虑到刹车常常只限于一部分车辆，且只有同向行驶的汽车制动力才能叠加，规范规定，一个设计车道的制动力标准值按布置在加载长度内车道荷载的10%计，但公路—Ⅰ级汽车荷载的制动力不得小于165 kN，公路—Ⅱ级汽车荷载的制动力不得小于90 kN。同向行驶双车道的制动力为一个设计车道制动力的两倍；同向行驶三车道为一个设计车道的2.34倍；同向行驶四车道为一个设计车道的2.68倍。

制动力的着力点在桥面以上1.2 m处，计算墩台时，可将其移至支座中心线或支座底座面上。计算刚构桥、拱桥时，制动力的着力点可移至桥面上，但不计因此而产生的竖向力和力矩。

7. 风荷载

风是空气的流动，它会对桥梁结构产生压力，使桥梁结构产生位移、速度、加速度响应等风效应。对于大跨径桥梁，特别是斜拉桥和悬索桥，风荷载是极为重要的设计荷载，有时甚至起着决定性的作用。

规范规定的风荷载计算方法是采用静力计算法。假定横桥向风荷载水平地垂直作用于桥梁各部分迎风面积的形心上，横桥向风荷载标准值按横桥向风压乘以迎风面积计算；桥梁顺桥向桥面系及上承式梁所受的风荷载可不计；桥墩上的顺桥向风荷载标准值可按横桥向风压的70%乘以桥墩迎风面积计算；悬索桥、斜拉桥塔上的顺桥向风荷载标准值可按横桥向风压乘以迎风面积计算；桥台可不计纵、横向风荷载。对风敏感且可能以风荷载控制设计的桥梁，应考虑桥梁在风荷载作用下的静力和动力失稳，必要时应通过风洞试验验证。

8. 温度作用

对于超静定结构，必须考虑温度变化造成的变形和影响，它的大小应根据当地具体情况、结构物使用的材料和施工条件等因素确定。温度变化范围应从受到约束时的结构温度开始，考虑最高和最低有效温度。

9. 支座摩擦力

支座摩擦力标准值可按下式计算：

$$F = W\mu \tag{3-3}$$

式中　W——作用于活动支座上由上部结构重力产生的效应；

μ——支座的摩擦系数。

【小测验】

一、单选题

1. 对于四车道公路桥梁，在设计计算时，四行车道重力可折减(　　)，但不得小于两行车道的计算结果。

A. 70%　　B. 67%　　C. 33%　　D. 60%

2. 位于曲线上的桥梁，当曲率半径等于或小于(　　)时，应计算车辆荷载的离心力。

A. 100 m　　B. 200 m　　C. 250 m　　D. 500 m

二、填空题

1. 计算四车道公路桥梁制动力的时候，应取________。

2. 跨径为 35 m 的简支桥公路—I 级车道荷载的集中荷载标准值 P_k 为________。

3. 某拱桥跨径为 40 m 的公路桥梁冲击系数为________；若其为城市桥梁，则冲击系数为________。

4. 某城郊行人密集地区公路桥梁最大的计算跨径为 80 m，人群荷载标准值为________。

5. 跨径为 35 m、桥面宽度为 22 m 的简支桥，采用城—A 级车道荷载，当计算弯矩时，P_k 为________，q_k 为________。

6. 某双向行驶的桥梁，桥面宽度为 22 m，应设计车道数为________。

7. 某钢筋混凝土简支板桥，结构重力使板支点截面产生剪力 $Q_G = 26.24$ kN，挂车荷载引起在板支点截面的剪力 $Q''_{q_1} = 107.93$ kN，试计算该板支点截面的荷载效应不利组合设计值 Q_j 为________。

8. 桥梁结构的整体计算应采用______荷载；桥梁结构的局部加载、涵洞、桥台和挡土墙土压力等的计算采用______荷载，两者不得叠加。

9.《公路桥规》规定，汽车荷载为公路—I 级时，均布荷载标准值为______，跨径大于 50 m 时的集中荷载标准值为______；汽车荷载为公路—Ⅱ级时，均布荷载标准值为______，跨径小于 5 m 时的集中荷载标准值为______。

3.4 偶然作用

【知识点】偶然作用

【问题】偶然作用的定义是什么？它包含哪些作用？

【名词解释】偶然作用　地震作用　撞击作用

偶然作用是指结构设计基准期内不一定出现，而一旦出现测量值很大且持续时间较短的作用。桥梁设计考虑的偶然作用有地震作用、船舶或漂流物的撞击作用以及汽车撞击作用。

1）地震作用

地震作用主要是指地震时强烈的地面运动引起的结构惯性力。地震作用的强弱不仅与地震时地面运动的强烈程度有关，还与结构的动力特性（频率与振型）有关。过去大多用烈度大小来表示地震作用的强弱，现行规范不再采用地震烈度的概念，取而代之的是地震动峰值加速度系数。公路桥梁的抗震设防起点为地震动峰值加速度等于 0.1 g，地震动峰值加速度等于或大于 0.1 g 地区的公路桥梁，应进行抗震设计。地震作用的计算和结构抗震设计应符合《公路工程抗震设计规范》的规定。

2）船舶或漂流物的撞击作用

跨越江、河、海湾的桥梁，必须考虑船舶或漂流物对桥梁墩台的撞击作用。由于精确确定船舶或漂流物与桥梁的相互作用力十分困难，因而在可能的条件下，应采用实测资料进行计算。当缺乏实际调查资料时，船舶撞击作用标准值可参考《桥规》（JTG D60）中表 4.4.2-1 和表 4.4.2-2 的数值；漂流物撞击作用标准值可按上述规范第 4.4.2 条中的公式计算。

3)汽车撞击作用

必要时还需考虑汽车的撞击作用。汽车撞击作用标准值应参考《桥规》(JTG D60)第4.4.3条中的数值。

【小测验】

思考题

1. 列出永久作用、可变作用和偶然作用的主要内容。

2. 何为偶然作用？桥梁工程中需考虑的偶然作用主要有哪些？

3.5　作用效应组合(combination of action effects)

【知识点】作用效应组合

【问题】梁结构应按哪两类极限状态进行设计？如何进行作用效应组合？理解各种作用效应组合表达式的意义。

【名词解释】承载能力极限状态　正常使用极限状态　作用效应组合　结构重要性系数　基本组合　偶然组合　作用短期效应组合　作用长期效应组合

由于前述各种作用并非同时作用于桥梁上，它们发生的概率也各不相同，因此，在设计中应根据结构物的特性，考虑它们同时作用的可能性进行组合，取其最不利效应组合进行设计。

现行的公路桥梁设计规范规定，采用以概率理论为基础的极限状态设计方法，按分项系数的设计表达式进行桥梁设计。应对公路桥梁进行承载能力极限状态和正常使用极限状态设计，并按持久状况、短暂状况和偶然状况三种设计状况考虑。持久状况是指桥梁建成后承受自重、汽车荷载等持续时间很长的作用效应的使用阶段状况。此阶段持续时间很长，为保证桥梁结构的正常，要对结构的所有预定功能进行设计，即必须进行承载能力极限状态和正常使用极限状态的计算。短暂状况是指桥梁结构只承受临时性作用的施工阶段状况。此阶段结构体系、结构所承受的荷载等与使用阶段不同。由于其持续时间相对使用阶段较短，一般此阶段只进行承载能力极限状态的计算，必要时才进行正常使用极限状态的计算。偶然状况是指桥梁使用过程中可能偶然出现的状况，例如地震等。由于此状况出现的概率极小，持续时间极短，设计原则是主要承重结构不致因非主要承重结构被破坏而丧失承载能力，或允许主要承重结构发生局部破坏而剩余部分在一段时间内不发生连续倒塌。显然，偶然状况只需进行承载能力极限状态的计算，不必考虑正常使用极限状态。

下面介绍《桥规》(JTG D60)中有关各种作用效应组合的表达式。

1. 按承载能力极限状态设计的作用效应组合

公路桥梁结构按承载能力极限状态设计时，采用以下两种作用效应组合。

1)基本组合

基本组合是永久作用设计值效应与可变作用设计值效应相组合。这种组合用于结构的常规设计，是所有公路桥梁结构都应该考虑的。基本组合的表达式为

$$\gamma_0 S_{ud} = \gamma_0 \left(\sum_{i=1}^{m} \gamma_{Gi} S_{Gik} + \gamma_{Q1} S_{Q1k} + \psi_c \sum_{j=2}^{n} \gamma_{Qj} S_{Qjk} \right) \tag{3-4}$$

或 $$\gamma_0 S_{ud}=\gamma_0\left(\sum_{i=1}^{m}\gamma_{Gi}S_{Gid}+S_{Q1d}+\psi_c\sum_{j=2}^{n}\gamma_{Qj}S_{Qjd}\right) \tag{3-5}$$

式中 S_{ud}——承载能力极限状态下，作用基本组合的效应组合设计值。

γ_0——结构重要性系数，对应于设计安全等级一级、二级和三级分别取1.1、1.0和0.9，特大桥和重要大桥的设计安全等级为一级，大桥、中桥、重要小桥为二级，小桥和涵洞为三级。

γ_{Gi}——第 i 个永久作用效应的分项系数，按表3.8中的规定选用。

S_{Gid}、S_{Gik}——第 i 个永久作用效应的标准值和设计值。

S_{Qjd}、S_{Qjk}——在作用效应组合中除汽车荷载效应（含汽车冲击力、离心力）外，其他第 j 个可变作用效应的标准值和设计值。

ψ_c——在作用效应组合中除汽车荷载效应（含汽车冲击力、离心力）外的其他可变作用效应的组合系数，当永久作用与汽车荷载和人群荷载（或其他一种可变作用）组合时，人群荷载（或其他一种可变作用）的组合系数取 $\psi_c=0.80$；当除汽车荷载（含汽车冲击力、离心力）外有两种其他可变作用参与组合时，取 $\psi_c=0.70$；当有三种其他可变作用参与组合时，取 $\psi_c=0.60$；当有四种或四种以上其他可变作用参与组合时，取 $\psi_c=0.50$。

表3.8 永久作用效应的分项系数

编号	作用类别		永久作用效应分项系数	
			对结构的承载能力不利时	对结构的承载能力有利时
1	混凝土和圬工结构重力（包括结构附加重力）		1.2	1.0
	钢结构重力（包括结构附加重力）		1.1或1.2	1.0
2	预加力		1.2	1.0
3	土的重力		1.2	1.0
4	混凝土的收缩及徐变作用		1.0	1.0
5	土侧压力		1.4	1.0
6	水的浮力		1.0	1.0
7	基础变位作用	混凝土和圬工结构	0.5	0.5
		钢结构	1.0	1.0

2）偶然组合

偶然组合是永久作用标准值效应与可变作用某种代表值效应和一种偶然作用标准值效应相组合。根据具体情况，也可不考虑可变作用效应参与组合。偶然作用的效应分项系数取1.0；与偶然作用同时出现的可变作用，可根据观测资料和工程经验取用适当的代表值。地震作用标准值及其表达式按现行《公路工程抗震设计规范》规定采用。

2. 按正常使用极限状态设计的作用效应组合

公路桥梁结构按正常使用极限状态设计时，应根据不同的设计要求，采用以下两种作用效应组合。

1）作用短期效应组合

作用短期效应组合采用永久作用标准值效应与可变作用频遇值效应相组合，其表达式为

$$S_{sd}=\sum_{i=1}^{m}S_{Gik}+\sum_{j=2}^{n}\psi_{1j}S_{Qjk} \tag{3-6}$$

式中 S_{sd}——作用短期效应组合设计值;

ψ_{1j}——第 j 个可变作用效应的频遇值系数,对于汽车荷载(不计冲击力)、人群荷载、风荷载、温度梯度作用和其他作用,其值分别取 0.7、1.0、0.75、0.8 和 1.0;

$\psi_{1j}S_{Qjk}$——第 j 个可变作用效应的频遇值。

2)作用长期效应组合

作用长期效应组合是永久作用标准值效应与可变作用准永久值效应相组合,其表达式为

$$S_{sd}=\sum_{i=1}^{m}S_{Gik}+\sum_{j=2}^{n}\psi_{2j}S_{Qjk} \tag{3-7}$$

式中 S_{sd}——作用长期效应组合设计值;

ψ_{2j}——第 j 个可变作用效应的准永久值系数,对于汽车荷载(不计冲击力)、人群荷载、风荷载、温度梯度作用和其他作用,其值分别取 0.4、0.4、0.75、0.8 和 1.0;

$\psi_{2j}S_{Qjk}$——第 j 个可变作用效应的准永久值。

在作用效应组合时,只有结构上可能同时出现的作用,才可对其进行效应组合;当可变作用的出现对结构产生有利影响时,该作用不应参与组合;多个偶然作用不同时参与组合。表 3.9 规定了不同时组合的可变作用的范围。当进行弹性阶段截面应力计算时,除特别说明外,各作用效应的分项系数及组合系数均取 1.0。

表 3.9 可变作用不同时组合

编号	作用名称	不与该作用同时参与组合的作用编号
13	汽车制动力	15,16,18
15	流水压力	13,16
16	冰压力	13,15
18	支座摩擦力	13

注:表中编号规则参考表 3.1。

【小测验】

问答题

1. 介绍三种常用的作用组合。
2. 桥梁作用的组合系数有哪些?
3. 梁结构应按哪两类极限状态进行设计?如何进行作用效应组合?

复习和总结

桥梁的三个主要组成部分是上部结构、下部结构和附属结构。桥梁总体设计常用名词有计算跨径、桥梁全长、桥梁总长、净跨径、总跨径、设计水位、桥下净空高度和建筑高度等。

根据不同的分类标准可以对桥梁进行不同的划分，这些划分对理解整个桥梁体系是很有帮助的。根据大纲要求，应对几种主要的划分方法有所了解，对按结构体系分类进行重点学习和掌握。

我国的桥梁设计必须遵照适用、经济、安全和美观的基本原则。设计程序分为前期工作和设计阶段。前期工作包括编制预可行性研究报告和可行性研究报告。设计阶段按"三阶段设计"进行，即初步设计、技术设计与施工设计。

桥梁规划设计包括桥梁纵断面设计、横断面设计和平面布置。桥梁纵断面设计包括确定桥梁的总跨径、桥梁的分孔、桥梁的标高、桥上和桥头引道的纵坡以及基础的埋置深度等。桥梁横断面的设计取决于桥上交通需求，主要内容是决定桥面的宽度和桥跨结构横截面的布置。

荷载主要分为永久荷载、可变荷载和偶然荷载。荷载组合是荷载效应组合的简称，指进行各类构件设计时不同极限状态所应取用的各种荷载及其相应代表值的组合。设计时应对使用过程中可能同时出现的荷载进行统计组合，取其最不利情况进行设计。

确定结构计算模式、选定荷载和结构分析计算是桥梁计算工作中的三个主要部分。其中荷载的种类、形式和大小选择是否恰当，关系到桥梁结构在其有限寿命期限内的安全，也关系到桥梁建设费用的合理使用。实际上，荷载分析是比结构分析更为重要的问题。随着科学技术的进步和桥梁工程的发展，实际作用在桥梁结构上的荷载越来越复杂。例如，对于大跨径桥梁结构，风载、地震荷载的重要性愈显突出；又如对于预应力混凝土桥梁结构，各国规范都将预应力、混凝土徐变与收缩的影响、温度变化的影响等列入荷载看待。由于荷载种类、形式较复杂，在桥梁设计中，考虑哪些荷载可能同时出现的组合也就复杂化了。桥梁设计荷载又称计算荷载，是指在结构极限状态设计中荷载的标准值或代表值与其分项系数的乘积。

第二篇　混凝土梁桥

实训4　认识桥梁的“五小件”

预习内容	桥面铺装的种类、作用；桥面排水、防水设施的设计；桥梁伸缩缝的设计；人行道、栏杆、灯柱的设计。
重　　点	各种桥面构造的作用。
难　　点	伸缩缝的布置。
考　　点	桥面构造的作用及应注意的问题。
学习指导	桥面铺装是桥梁的辅助结构，一般不参与桥梁结构承受荷载，但是桥面构造对保护桥梁结构和行车安全起很重要的作用，因此要求掌握桥面构造的作用及各部分的设计要求。

混凝土梁桥的桥面构造通常包括桥面铺装（deck pavement）、防水与排水系统、桥面伸缩缝（expansion joint）、人行道（或安全带）、缘石、栏杆、护栏和照明灯柱等，其一般构造如图4.1所示。

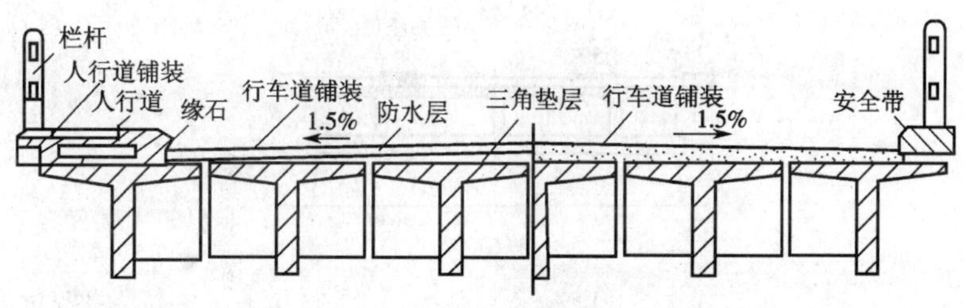

图4.1　桥面的一般构造

桥面构造多属外露部件，直接与外界（包括车辆、行人、大气等）接触，对桥梁的主要结构起保护作用，使桥梁能够正常发挥功能，同时也对行车安全和桥梁的美观起着重要的作用。对于现代高速交通体系的桥梁，更突出了其桥面构造的重要性。

桥面构造本身对环境的影响十分敏感，属于桥梁工程的薄弱环节。但由于桥面构造工程量小、项目繁杂以及其附属性的地位，往往在设计和施工中得不到应有的重视，从而有可能导致运营过程中产生弊端，影响桥梁的正常使用，增加维修费用，甚至被迫中断交通。因此，必须全面了解桥面构造各部件的工作性能，合理选择，认真设计，精心施工。

4.1　桥面布置形式

【知识点】桥面布置形式

【问题】桥面布置形式有哪几种？各有哪些优缺点？

【名词解释】桥面横坡　三角垫层

桥面应设置纵横坡，以使雨水迅速排除，防止或减轻雨水渗透铺装层，从而保护桥面板，延长桥梁使用寿命。

桥面的横坡通常设置为双向坡（当设置上下行两座独立的桥时，也可设成单向坡），横坡坡度可按路面横坡取用或增大0.5%。对于沥青或水泥混凝土铺装，行车道路面一般采用抛物线形横坡，人行道路面则采用直线形。桥面横坡通常有以下三种设置形式。

(1)对于板桥（矩形板或空心板）或就地浇筑的肋板式梁桥，为节省铺装材料并减小恒载重力，可以将墩台顶部做成倾斜，横坡直接设在墩台顶部，从而使桥梁上部构造形成双向倾斜，铺装层在整个桥宽上做成等厚，如图4.2(a)所示。

(2)在装配肋板式梁桥时，为使主梁构造简单、架设与拼装方便，通常横坡不再设在墩台顶部，而直接设在行车道板上。先铺设一层厚度变化的混凝土三角垫层形成双向倾斜，再铺设等厚的铺装层，如图4.2(b)所示。

(3)在比较宽的桥梁（或城市桥梁）中，用三角垫层设置横坡将使混凝土用量和恒载重力增加很多。为此，可将行车道板做成倾斜面而形成横坡，如图4.2(c)所示。这样做的缺点是主梁构造复杂，制作麻烦。

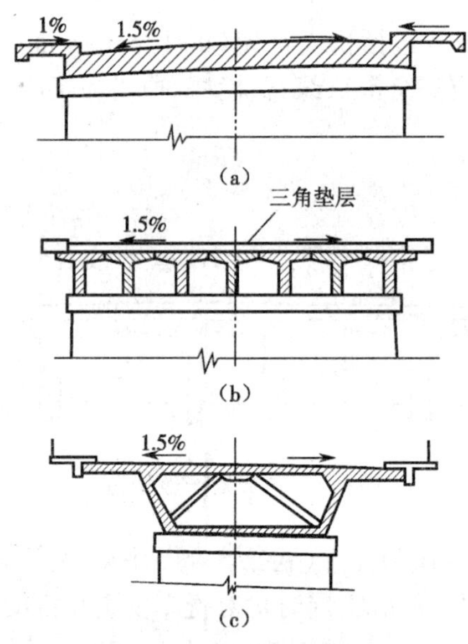

图4.2　桥面横坡的设置

(a)板桥或肋板桥式梁桥　(b)肋板式梁桥　(c)较宽的桥梁

【小测验】

思考题

1. 桥面设置纵横坡的意义是什么？
2. 装配肋板式桥梁，桥面的横坡通常如何设置？
3. 比较宽的桥梁，桥面的横坡通常如何设置？

4.2　桥面铺装

【知识点】桥面铺装

【问题】桥面铺装的主要作用和结构形式是什么？

【名词解释】桥面铺装　黏结层

桥面铺装也称行车道铺装或桥面保护层，它是车轮直接作用的部分。其作用在于防止车辆轮胎直接磨耗属于主梁整体部分的行车道板，防止主梁遭受雨水的侵蚀，并对车辆轮重的集中荷载起一定的分散作用。因此，要求桥面铺装有抗车辙、行车舒适、抗滑耐磨、低温抗裂、不透水、刚度好等性能。

桥面铺装的结构形式应与所在位置的公路路面相协调。目前，常采用碎（砾）石、沥青表面处治，水泥混凝土和沥青混凝土等各种类型的桥面铺装。其中，碎（砾）石和沥青表面处治桥面铺装耐久性较差，仅在中级和低级公路桥梁上使用。水泥混凝土和沥青混凝土桥面铺装能满足各项要求，应用广泛。高速公路和一级公路上的特大桥、大桥的桥面铺装宜采用沥青混凝土桥面铺装。

沥青混凝土桥面铺装应由黏结层、防水层及沥青表面层组成。水泥混凝土桥面铺装的耐磨性能好，适合重载交通，但养生期长，日后修补较麻烦。桥面铺装层的混凝土强度等级不低于 C40，铺装厚度（不含整平层和垫层）不小于 80 mm，铺设时要求有较好的密实度，避免二次成型。为使铺装层具有足够的强度和良好的整体性（能起联系各主梁共同受力的作用），铺装层内还应配置直径不小于 8 mm，间距不大于 100 mm 的双向钢筋网。桥面铺装应设伸缩缝以避免产生开裂，纵向每个车道设置一道伸缩缝，横向每隔 3 ~ 5 m 设置一道伸缩缝。

【小测验】

一、思考题

1. 桥面构造包括哪些部分？
2. 桥面铺装的作用是什么？
3. 桥梁铺装有哪些类型？桥面铺装钢筋网应满足什么要求？
4. 提高桥面铺装抗裂性的措施有哪些？
5. 桥面横坡的设置方式有哪些？各自的优缺点是什么？

二、选择题

关于桥面铺装的作用，以下说法中不正确的是（　　）。

A. 防止车辆轮胎直接磨损行车道板

B. 防止主梁遭受雨水侵蚀

C. 对车辆轮重的集中荷载起一定的分散作用

D. 使主梁可自由变形

4.3 桥面防水和排水

【知识点1】防水层

【问题】对防水层有什么要求？它有哪三种类型？

【名词解释】桥面防水设施 桥面排水设施

为防止雨水积滞于桥面并渗入梁体而影响桥梁结构的耐久性，保障桥面行车通畅、安全，应设置完善的桥面防水和排水设施。

桥面的防水主要通过设置防水层来完成。防水层的作用是将透过铺装层渗入的雨水汇集于排水系统（泄水管）排出。桥面的防水层设置在桥面铺装层下面。

《桥规》规定，桥面铺装要设置防水层，但其形式和方法应视当地的气候、雨量和桥梁结构形式等具体情况而定。

防水层应采用便于施工、坚固耐久、质量稳定的防水材料。当前，桥梁中常用的防水层有以下三种类型。

(1)沥青涂胶下封层，即首先洒布薄层沥青或改性沥青，其上再撒布一层沙子，然后经反复碾压而成。

(2)涂刷高分子聚合物涂料，如聚氨酯胶泥、环氧树脂、阳离子乳化沥青、氯丁胶乳等。高分子聚合物涂料不但具有优异的弹塑性、耐热性和黏结性，而且对于石油沥青制品有良好的亲和性，能适应沥青混凝土在高温条件下施工。由于施工简单方便、安全无污染，此方法近年来得到广泛的应用，这几种高分子聚合物也已成为各类大中型桥梁桥面防水施工的专用涂料。

(3)铺装沥青或改性沥青防水卷材，以及浸渍沥青的无纺土工布等。沥青防水卷材用作防水层，造价高，施工麻烦费时。由于将行车道和铺装层分开，削弱了它们之间的连接，如施工处理不当，将使桥面铺装层似有一弹性垫层，在车轮荷载作用下，铺装层容易起壳开裂。为了增强其抗裂性，可在其上的混凝土铺装层或垫层内铺设 $\phi3 \sim \phi6$ 的钢筋网，网格尺寸为 150 mm × 150 mm ~ 200 mm × 200 mm。

【知识点2】排水系统

【问题】对排水系统有什么要求？泄水管的设置应考虑哪些情况？

为了迅速排除桥面积水，保证行车安全，桥面应设置排水系统。排水系统主要由桥面纵横坡及一定数量的泄水管等组成。

泄水管的设置应依据设计净流量计算确定。通常当桥面纵坡大于2%，而桥长小于50 m时，雨水一般可流至桥头从引道排除，桥上就可以不设专门的泄水管。此时，为避免雨水冲刷引道路基，可在桥头引道的两侧设置流水槽。当桥面纵坡大于2%，桥长超过50 m时，为防止雨水积滞，桥面上宜每隔12 ~ 15 m设置一个泄水管。当桥面纵坡小于2%时，则宜每隔6 ~ 8 m设置一个泄水管。另外，在桥梁伸缩缝的上游方向应增设泄水管，在凹曲线的最低点及其前后3 ~ 5 m处也应各设置一个泄水管。

泄水管的内径一般为100 ~ 150 mm。高速公路和一级公路一般采用直径为150 mm的泄水管，间距为4 ~ 5 m。泄水管可沿行车道两侧左右对称排列，也可交错排列。

梁式桥上的泄水管常设置在行车道的边缘处，离缘石的距离为0.10 ~ 0.50 m，桥面水流入泄水管后直接向下排放。也可将泄水管设置在人行道下面（见图4.3），桥面水通过设在缘石或人行道构件侧面的进水孔流入泄水管。泄水管下端应伸出行车道板底面以下至少0.15～0.20 m,以防止浸润桥面板。泄水管道与防水层应紧密结合,以便防水层上的渗水能通过泄水管道排出桥外。对于不设人行道的小桥,可以直接在行车道两侧的安全带或缘石上预留横向孔道,用铁管或竹管将水排出桥外,泄水管口要伸出桥外20～30 mm,以便滴水,但这种做法孔道坡度较缓,易于阻塞。

对于跨越公路、铁路、通航河流的桥梁以及城市桥梁,为保证桥下行车行人安全及公共卫生的需要,应像建筑物那样设置封闭式的排水系统,将流入泄水管中的雨水汇集到纵向排水管(或排水槽)内,并通过设在墩台处的竖向排水管(落水管)将水排入地面排水设施或河流中(见图4.4)。当桥长较短时,纵向排水管的出水口可以设在桥梁两端的桥台处;对于长大桥,除了在桥台处设置出水口外,还需在某些桥墩处布置出水口,并利用竖向管道将水引到地面。为了不影响桥梁立面的美观,纵向排水管道一般可设在箱梁中或梁肋内侧。竖向排水管道应尽可能布置在墩台壁的预留槽中,或者布置在墩台内部预留的孔道中。

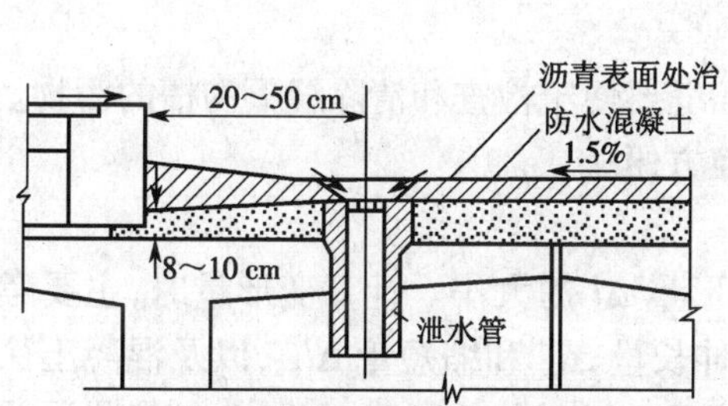

图4.3　泄水管布置于人行道下示意

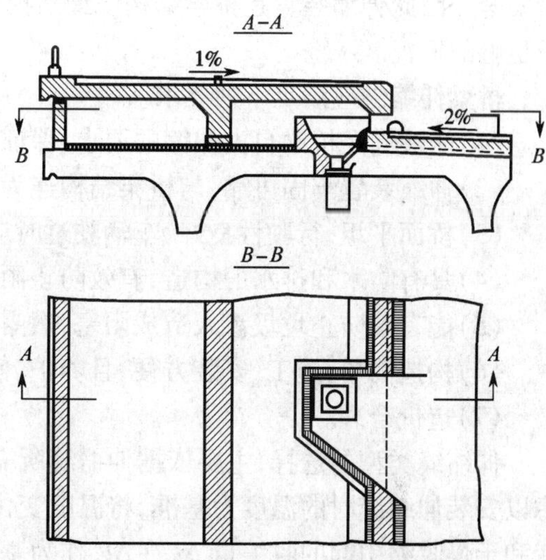

图4.4　泄水管布置于行车道边缘示意

泄水管材料一般采用铸铁、钢材、钢筋混凝土及塑料(聚氯乙烯PVC或聚乙烯PE)等,由于钢筋混凝土泄水管道制作麻烦,目前已很少采用,而塑料管则以其优越的性能在当前工程中得到越来越广泛的应用。泄水管的内径一般为0.10～0.15 m,管口顶部采用金属格栅盖板。排水管一般采用铸铁管、钢管或塑料管,其内径应等于或大于泄水管的内径。排水槽宜采用铝质或钢质材料,也可采用水泥混凝土预制件,其横截面为矩形或U形,宽度和深度均宜为0.20 m左右。纵向排水管或排水槽的坡度不得小于0.5%。桥梁伸缩缝处的纵向排水管或排水槽应设置可供伸缩的柔性套筒。

【小测验】

思考题

1. 泄水管和排水管设置的原则是什么?
2. 桥面防水层的作用是什么?
3. 桥梁设计时,如何解决桥面排水问题?

4.4 桥梁伸缩缝

【知识点1】对伸缩缝的要求

【问题】桥梁伸缩缝应满足哪些要求？伸缩缝变形量是如何计算的？

【名词解释】U型锌铁皮式伸缩缝　钢板式伸缩缝　橡胶伸缩缝

为保证在气温变化、混凝土收缩与徐变、荷载作用等因素影响下，桥跨结构能够按静力图式自由地变形，并保证车辆平稳通过，应在两相邻梁端之间、梁端与桥台背墙之间设置伸缩缝，并在伸缩缝处设置伸缩装置。在伸缩缝附近的栏杆、人行道等结构也应断开，以满足梁体的自由变形。

桥梁伸缩装置直接暴露在大气中，承受车辆、人群荷载的反复作用，很小的缺陷和不足，就会引起跳车等不良现象，从而对桥梁造成很大的冲击，甚至影响到桥梁结构本身和通行者的生命安全。因此伸缩装置是桥梁结构中最易损坏又较难修缮的部位，在设计与施工过程中，应给予足够的重视。

桥梁伸缩缝应满足下列要求。

(1)能够满足桥梁自由伸缩的要求，保证有足够的伸缩量。

(2)伸缩装置牢固可靠，与桥梁结构连为整体，抗冲击，经久耐用。

(3)桥面平坦，行驶性良好，车辆驶过时应平顺，无突跳和噪声。

(4)具有防水和排水的构造，有效防止雨水渗入。

(5)能有效防止垃圾渗入造成阻塞，敞露式的伸缩缝要便于检查和清除缝下沟槽的污物。

(6)构造简单，施工、安装方便，且养护、修理、更换方便。

(7)造价合理。

伸缩缝类型的选择，主要依据伸缩缝所需要的变形量 Δl 的大小。计算变形量时，主要考虑以安装伸缩缝时的温度为基准，将温度变化引起的伸长量 Δl_t^+ 和缩短量 Δl_t^-，以及混凝土徐变和干燥收缩引起的收缩量 $\Delta l_e + \Delta l_s$ 作为基本的伸缩量。对于其他因素，如制造与安装误差等，一般作为安全富裕量 Δl_E 考虑，Δl_E 通常可按计算变形量的30%估算。因而总的变形量为

$$\Delta l = \Delta l_t^+ + \Delta l_t^- + \Delta l_e + \Delta l_s + \Delta l_E$$

对于大跨度桥梁，还应计入因荷载作用和梁体上、下温差等所引起的梁端转角产生的变形量。

【知识点2】伸缩缝的类型

【问题】我国公路和城市桥梁中使用的伸缩缝种类有哪些？

目前我国公路和城市桥梁中使用的伸缩缝种类有：U型锌铁皮式伸缩缝、TST碎石弹性伸缩缝、钢板伸缩缝和橡胶伸缩缝。橡胶伸缩缝采用各种断面形状的橡胶带(或板)作为嵌缝材料。由于橡胶(一般为氯丁橡胶)既富有弹性，又易于胶贴，并且能满足变形要求，具备防水功能，施工及养护维修也很方便，目前在国内外桥梁工程中得到广泛应用。图4.5为2孔橡胶带伸缩缝装置，该类伸缩缝用于伸缩量等于或小于80 mm的桥梁工程上。

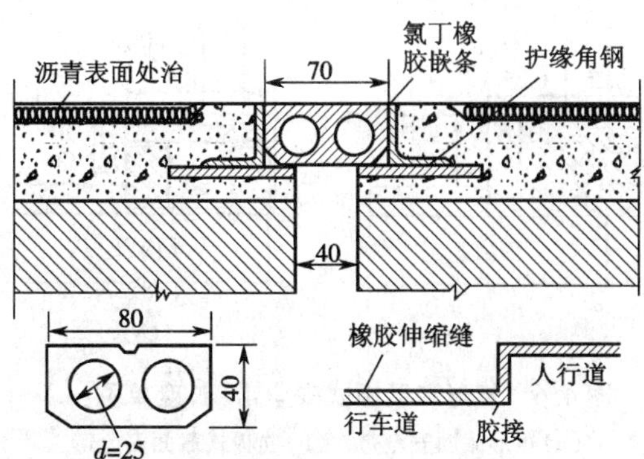

图 4.5　橡胶带伸缩缝(长度单位:mm)

【小测验】

思考题

1. 为什么要设置桥面伸缩缝? 伸缩缝有哪些类型? 其选择的主要依据是什么?

2. 某地最高温度为 40 ℃,最低温度为 -10 ℃,安装时的温度为 20℃,计算温度引起伸缩缝的伸缩量为____________。

4.5　人行道、栏杆与灯柱、护栏

【知识点 1】人行道和安全带

【问题】人行道的构造形式有哪些? 对于安全带有哪些规定?

【名词解释】人行道　安全带　栏杆　护栏

位于城镇及近郊的桥梁,一般均应设置人行道(sidewalk)。人行道的宽度由行人的交通量决定,可选用 0.75 m 或 1.0 m,当宽度要求大于 1.0 m 时,按 0.5 m 的倍数增加。行人稀少地区的桥梁上可不设人行道,这时应在行车道两侧设置宽度不小于 0.25 m, 高度为 0.25 ~ 0.35 m 的护轮安全带(safety belt)。近年来,在一些桥梁设计中,为了充分保证行车安全,安全带的高度已用到 0.4 m 以上。

安全带可以做成预制块件或与桥面铺装层一起现浇。预制的安全带有矩形截面和肋板式截面两种(见图 4.6),其中矩形截面较为常用。安全带宜每隔 2.5 ~ 3.0 m 做一个断缝,以免参与主梁受力而被损坏。

人行道的构造形式多种多样,按施工的方法不同可分为就地浇筑式、预制装配式、部分装配和部分现浇混合式。图 4.7(a)所示为附设在板上的人行道构造,人行道部分用填料垫高,上面敷设 2 ~ 3 cm 的砂浆面层(或沥青砂);内侧设置路缘石,对人行道起安全保护作用。在跨径较小、人行道宽度相对较大的桥上,可将墩台在人行道处部分加高,再在其上直接搁置专门的人行道承重板,如图 4.7(b)所示。对于整体浇筑的小跨径钢筋混凝土梁桥,常将人行道设在行车道的悬臂挑出部分上,如图 4.7(c)所示。此时人行道与行车道板及梁整体地联结在一起,这样做可以缩短墩台长度,但施工不太方便, 目前此种做法已很少采用。图 4.7(d)为整体预制的肋板式人行道,它搁置在主梁上,人行道下可放置过桥的管线,这种做法在起重条

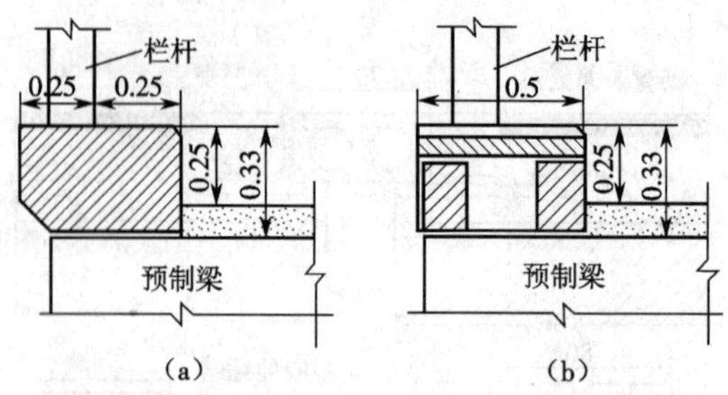

图 4.6 矩形和肋板式安全带(长度单位:m)

(a)矩形截面安全带 (b)肋板式截面安全带

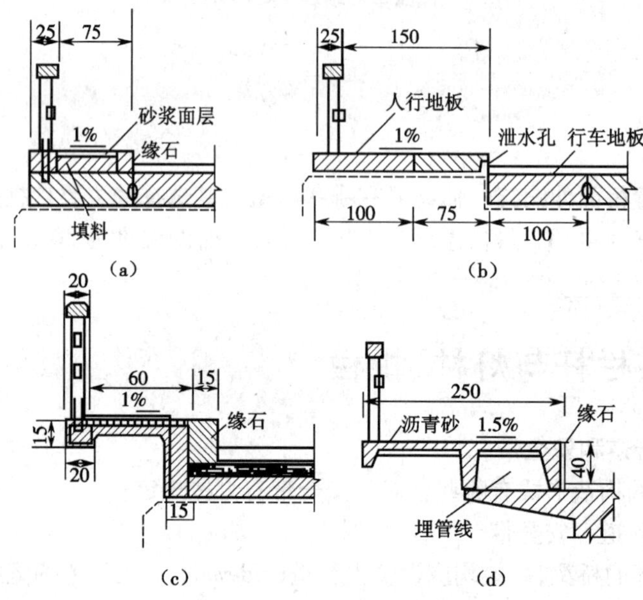

图 4.7 人行道一般构造(长度单位:cm)

(a)附设在板上的人行道 (b)在墩台上直接搁置专门的人行道承重板

(c)设在行车道悬臂挑出部分上的人行道 (d)整体预制的肋板式人行道

件较好的地方采用,施工快而方便,但是管线的检修和更换十分困难。

【小测验】

思考题

人行道和安全带的设置原则是什么? 各有哪些类型?

【知识点 2】栏杆和灯柱

【问题】如何通过栏杆和灯柱的设计增强桥梁的美观性?

栏杆是桥上的一种安全防护设施,既要坚固耐用,又要经济美观。栏杆的高度一般以 0.8 ~1.2 m 为宜,标准设计取用 1.0 m;栏杆柱的间距一般为 1.6 ~2.7 m,标准设计取用 2.5 m。

公路与城市桥梁的栏杆可采用混凝土、钢筋混凝土、铸铁、钢材等材料,结合桥梁特点和美观要求进行合理选材。

栏杆的设计首先要满足结构的受力要求，此外还要经济实用，施工方便，养护维修省力。城郊的公路桥、城市桥梁及重要的大桥应考虑栏杆的美观性。设计和施工时应当注意，在靠近桥面伸缩缝处的所有栏杆，均应能自由变形。

在城市桥上及城郊行人和车辆较多的公路桥上，均应设置照明设施，一般采用柱灯在桥面上照明（立交桥上也有采用高杆照明的）。照明灯柱可以利用栏杆柱，也可单独设在人行道内侧，在较宽的人行道上还可设在靠近缘石处。照明用灯一般高出车道 5 m 左右。柱灯的设计要满足照明的使用要求，力求经济合理，同时也要使全桥在立面上具有统一协调的艺术造型。近年来，在公路桥上也有采用低照明和用发光建筑材料涂层标记，设计时亦可考虑选用。

【知识点 3】护栏

【问题】护栏的作用是什么？有哪些分类？

二、三、四级公路上的特大桥、大桥、中桥可设置栏杆和安全带，也可采用将栏杆和安全带有机结合的安全护栏。高速公路、一级公路上的桥梁则必须设置护栏。护栏的主要作用在于封闭沿线两侧，避免人畜与非机动车辆闯入公路；诱导视线，起到一些轮廓标的作用，使车辆尽量在路幅之内行驶，并给驾驶员以安全感；同时还具有吸收碰撞能量、迫使失控车辆改变方向并使其恢复到原有行驶方向，防止其跃出路外或跌落桥下的作用。

桥梁护栏按设置部位可分为桥侧护栏、桥梁中央分隔带护栏和人行道与车行道分界处护栏；按构造特征可分为钢筋混凝土墙式护栏（见图 4.8）、钢筋混凝土梁柱式护栏（见图 4.9）、组合式护栏（见图 4.10）和缆索护栏等，缆索护栏是一种以数根施加初张力的缆索固定于立柱上而组成的结构；按防撞性能划分有刚性护栏、半刚性护栏和柔性护栏，材料上可采用钢筋混凝土或金属（钢、铝合金），图 4.11 为金属制护栏构造图。桥梁护栏形式的选择，首先应满足其防撞等级的要求，避免在相应设计条件下失控车辆跃出，同时还应综合考虑公路等级、桥梁护栏外侧危险物的特征、美观、经济性，以及养护维修等因素。

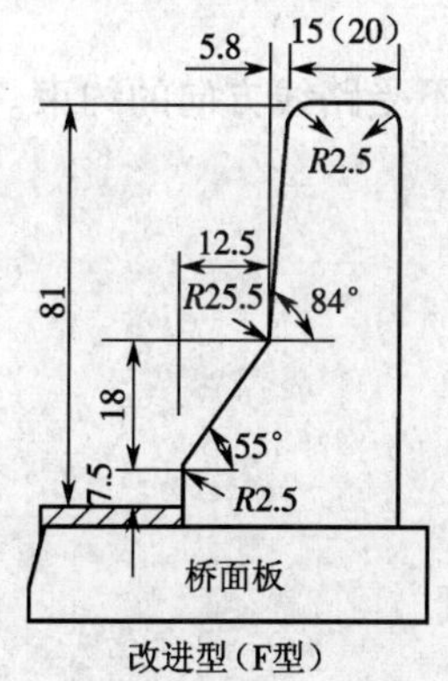

图 4.8　钢筋混凝土墙式护栏（长度单位：cm）

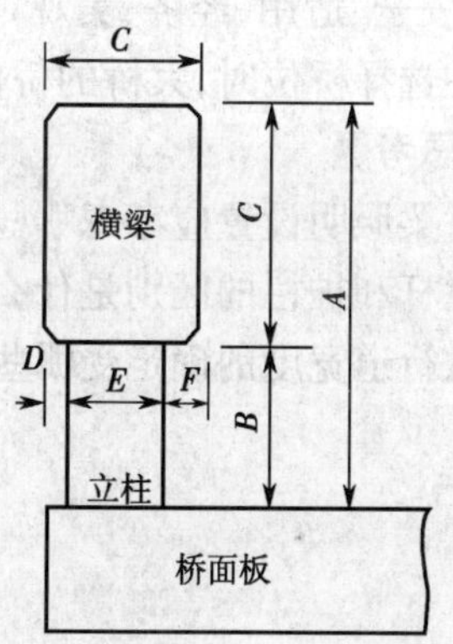

图 4.9　钢筋混凝土梁柱式护栏

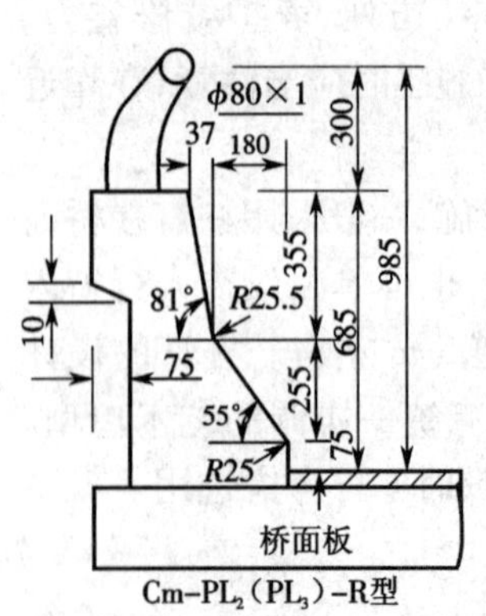

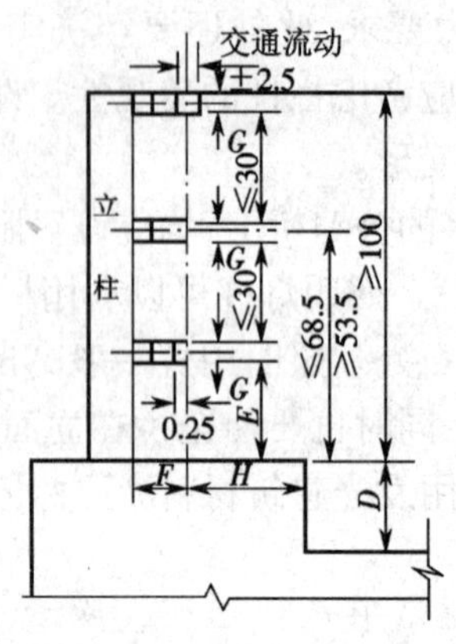

图 4.10　组合式护栏（长度单位：mm）

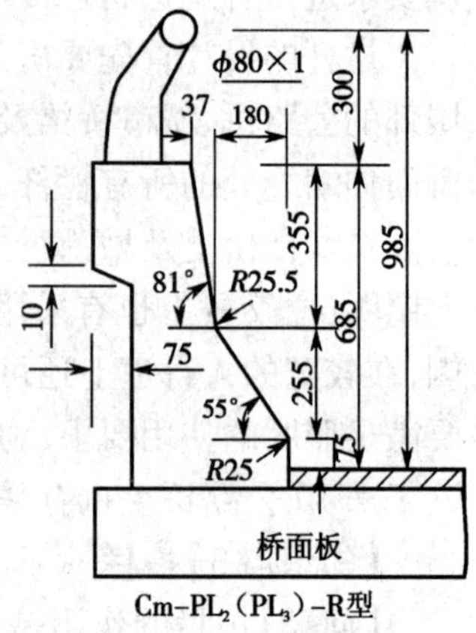

图 4.11　金属制护栏（长度单位：cm）

【小测验】

一、判断题

1. 防水层在桥面伸缩缝处应该切断，并应特别注意该处的施工质量控制。（　）
2. 一个完整的排水系统由桥面纵坡、横坡与一定数量的泄水管构成。（　）
3. 荷载标准是决定桥面宽度的因素之一。（　）
4. 设置三角垫层是设置桥面横坡的唯一方式。（　）
5. 桥面横坡构成桥面排水系统的一部分。（　）
6. 伸缩缝应该能够保证上部结构的自由伸缩。（　）
7. 人行道、栏杆和桥面，在有变形缝处，均应设置贯通全桥宽度的伸缩缝或变形缝。（　）
8. “安全、适用、经济、美观”是我国桥梁设计的基本原则。（　）
9. 在选择桥位时，大桥的桥位主要取决于桥梁本身的需要，不受路线方向的约束。（　）

二、思考题

1. 桥梁照明设置应考虑哪些因素的影响？
2. 栏杆和护栏的区别是什么？
3. 人行道宽度的确定受哪些因素的影响？

实训5　初步了解混凝土梁桥与刚构桥

预习内容	梁桥和刚构桥的主要类型及其适用情况。
重　　点	梁桥和刚构桥的主要分类方法。
难　　点	梁桥和刚构桥的受力特点。
考　　点	梁桥和刚构桥的主要类型。
学习指导	梁桥和刚构桥是目前最常使用的桥梁结构形式,学员应掌握梁桥和刚构桥的主要类型,每种类型适用于什么场合,在结构上和受力上有哪些优缺点。

5.1　梁桥概述

【知识点1】混凝土梁桥的基本体系

【问题】按受力特征和平面位置不同,混凝土梁桥的基本体系如何分类?

【名词解释】简支梁桥　连续梁桥　悬臂梁桥　曲线梁桥　斜梁桥

梁桥是指在垂直荷载作用下,支座只产生垂直反力而无水平反力的结构,梁作为主要承重结构,主要承受弯矩和剪力。公路与城市道路中建造的梁桥大多采用钢筋混凝土或预应力混凝土结构,统称为混凝土梁桥。混凝土梁桥具有造型简单、适应工业化施工、经济及耐久性好等许多优点,特别是预应力技术的应用,为现代装配式结构提供了最有效的接头和拼装手段,使得混凝土梁桥得到了广泛应用,这种桥型也成为我国中小跨径桥梁的主要结构形式。目前,预应力混凝土简支梁桥的跨径已达到50~70 m,连续梁桥的跨径达120~150 m。

按受力特征,混凝土梁桥可分为简支梁桥、连续梁桥和悬臂梁桥三种基本体系(见图5.1);当桥梁轴线在平面上是曲线或桥梁轴线与支撑线斜交时,则分别为曲线梁桥和斜梁桥这两种特殊形式(见图5.2)。

1)简支梁桥

简支梁桥如图5.1(a)所示,是结构受力和构造最简单的桥型,应用广泛,属于静定结构。简支梁桥的设计主要受跨中正弯矩的控制,钢筋混凝土简支梁经济合理的跨径在20 m以下,预应力混凝土简支梁的合理跨径一般不超过50 m,目前我国预应力简支梁的标准设计最大跨径为40 m。简支梁桥一般用作小桥、大桥中的引桥及城市高架桥。在多孔简支梁桥中,为减少伸缩缝装置,使行车平整舒适,常采用桥面连续的预应力混凝土简支梁桥。

2)连续梁桥

连续梁桥属于超静定结构,如图5.1(b)所示,在竖向荷载作用下支点截面产生负弯矩。连续梁与同等跨径的简支梁相比,跨中正弯矩显著减小,因而跨越能力强。连续梁还具有结构

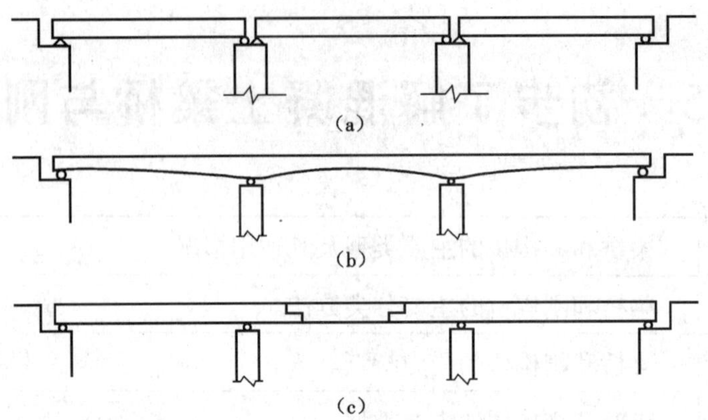

图 5.1 梁桥的基本体系

(a)简支梁桥 (b)连续梁桥 (c)悬臂梁桥

刚度大、变形小、主梁变形挠曲线平缓、动力性能好及有利于高速行车等优点。预应力混凝土连续梁桥的合理跨径一般在 120 m 以内。连续梁桥是超静定结构,基础不均匀沉降将在结构中产生附加内力,因此,对桥梁基础要求相对较高,宜用于地基较好的场合。

3)悬臂梁桥

悬臂梁桥属于静定结构,如图 5.1(c)所示为边跨悬臂梁和中跨简支挂梁相组合的结构形式。悬臂梁桥支点截面产生负弯矩,跨中正弯矩比简支梁桥小,跨越能力比简支梁强,但不及连续梁。其主跨要增设悬臂与挂梁间的牛腿与伸缩缝构造,且牛腿处变形大、伸缩缝易损坏、行车不平顺,因此目前已较少使用。

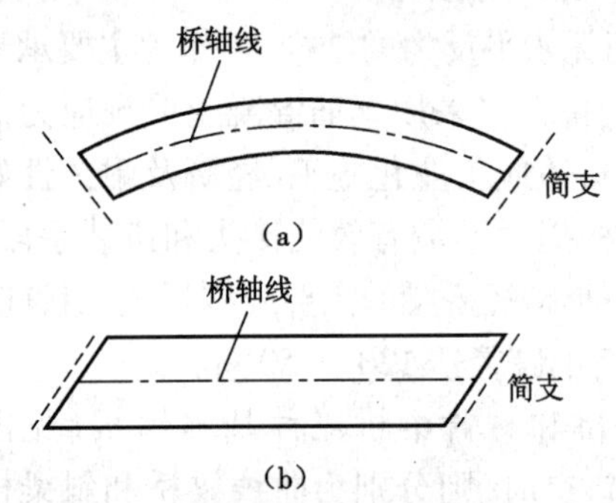

图 5.2 曲线梁桥与斜梁桥

(a)曲线梁桥 (b)斜梁桥

4)曲线梁桥

曲线梁桥的桥轴线在平面上为曲线,如图 5.2(a)所示,可采用单跨一次超静定简支曲线梁或多跨连续曲梁的结构形式,属超静定结构。曲线桥中,无论恒载还是汽车荷载都会产生扭矩,存在弯扭耦合现象,这是曲线桥与直线桥的不同之处。钢筋混凝土曲线梁桥和预应力混凝土曲线梁桥已广泛用于城市立交桥中。

5)斜梁桥

斜梁桥的桥轴线虽然是直线,但其与支撑线的夹角不等于90°时,称为斜桥,如图 5.2(b)所示。斜桥大多采用斜板桥或单跨一次超静定斜梁的结构形式。

【小测验】

一、思考题

1. 试阐述简支梁桥的受力特点及其适用范围。
2. 一般来说,连续梁桥比简支梁桥跨越能力强,为什么?
3. 从受力与变形角度分析悬臂梁桥的主要缺点。

二、选择题

连续梁桥属超静定结构,可使其产生附加内力的因素有(　　)。

A. 混凝土的收缩徐变　　B. 混凝土的浇筑方式

C. 墩台不均匀沉降　　D. 截面温度梯度变化

【知识点 2】梁桥的主要截面形式

【问题】梁桥的主要截面形式有哪些？各有什么特点？

【名词解释】实心板截面　空心板截面　肋梁式截面　箱形截面

混凝土梁桥的承重结构一般采用实心板、空心板、肋梁式及箱形截面这四种主要截面形式,如图 5.3 所示。采用实心板和空心板截面的梁桥一般称为板桥,实心板(见图 5.3(a))是最简单的构造形式,一般用于钢筋混凝土简支板桥和连续板桥;空心板截面(见图 5.3(b))则是在实心板基础上,挖空截面,减轻结构自重,增强跨越能力,这种结构大多用于预应力混凝土或钢筋混凝土板桥;肋梁式截面(见图 5.3(c))是在板式截面的基础上,将下缘受拉区混凝土进一步挖空,从而显著减轻结构自重,增加梁高与截面抗弯惯性矩,使跨越能力得到进一步提高,肋梁式截面有 T 形和 I 形两种形式,T 形截面一般用于简支梁桥,I 形截面可用于连续梁、悬臂梁或者简支梁;箱形截面(见图 5.3(d))的挖空率最高,截面上缘的顶板与下缘底板混凝土能够承受连续梁跨中截面正弯矩和支点截面负弯矩产生的压应力,抗弯能力强,而且箱梁为闭口截面,抗扭惯性矩大,抗扭性能好,因而是大跨连续梁桥和曲线梁桥最适合的截面形式。

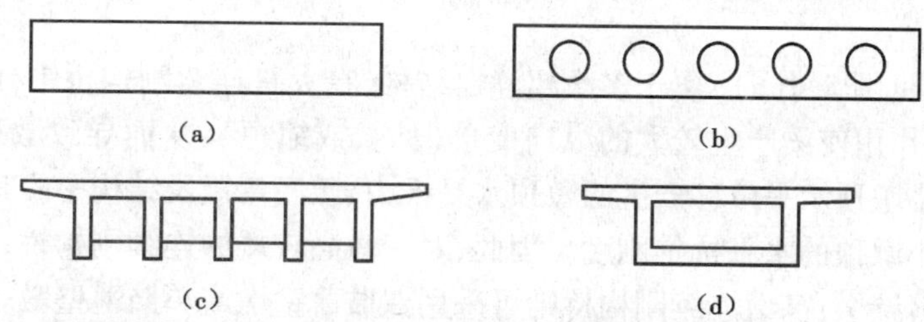

图 5.3　混凝土梁桥的主要截面形式

(a)实心板截面　(b)空心板截面　(c)肋梁式截面　(d)箱形截面

【小测验】

思考题

1. 混凝土梁桥主要有哪几种截面形式？请阐述其各自的特点及适用场合。
2. 肋梁式截面比实心板跨越能力强的原因是什么？

5.2　刚构桥概述

【知识点】刚构桥的类型

【问题】刚构桥的类型有哪些？各有什么受力特点？

【名词解释】连续刚构桥　斜腿刚构桥　门式刚构桥　T 形刚构桥

刚构桥的主要承重结构是梁与桥墩固结的刚架结构,由于墩梁固结,使得梁和桥墩整体受力，桥墩不仅承受梁上荷载引起的竖向压力，还承受弯矩和水平推力。刚构桥在竖向荷载作用下，梁的弯矩通常比同等跨径的连续梁或简支梁小，因此其跨越能力强于梁桥。墩梁固结省去了大型支座，使得结构整体性强、抗震性能好。因此，预应力混凝土刚构桥是目前大跨径桥梁的主要桥型，最大跨径已达 301 m（挪威 stolma 桥）。

刚构桥按受力体系可分为连续刚构桥、斜腿刚构桥、门式刚构桥和 T 形刚构桥这四种主要类型（见图 5.4）。刚构桥的主梁一般均需承受正、负弯矩作用，横截面宜采用箱形截面。

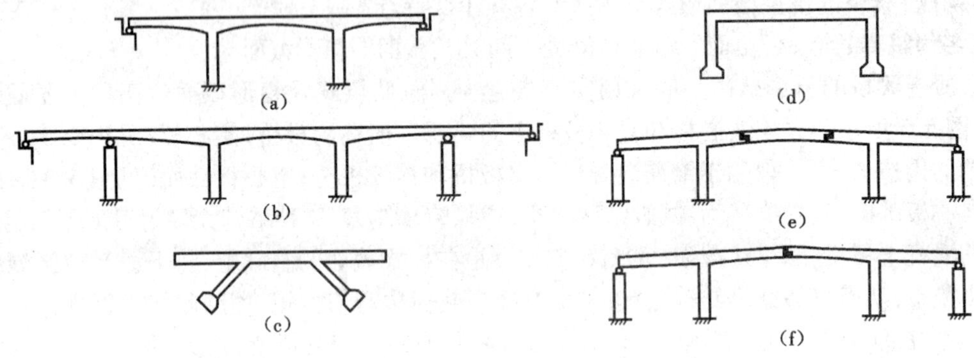

图 5.4 刚构桥的类型

(a)连续刚构桥 (b)刚构-连续梁组合体系桥 (c)斜腿刚构桥
(d)门式刚构桥 (e)跨中带挂孔的 T 形刚构桥 (f)设剪力铰的 T 形刚构桥

1）连续刚构桥

连续刚构桥（见图 5.4(a)）属于多次超静定结构，在大跨连续刚构桥中，由于体系温度变化、混凝土收缩等作用使梁产生较大的纵向变形（伸长或缩短），从而导致墩顶产生较大的水平位移。为了减小墩顶水平位移产生的墩顶水平推力、墩底弯矩及结构中的其他附加内力，在设计中一般应减小墩顶的水平抗推刚度。因此，对于墩高较矮的连续刚构桥，通常采用水平抗推刚度小的双肢薄壁墩，高墩连续刚构桥则可采用双肢薄壁墩或单肢薄壁墩。

对于跨数多、连续长度很长的桥，为了减小桥墩对梁纵向位移的约束作用及其在结构中产生的附加内力，往往在两侧的一个或多个边跨上设置滑动支座，成为刚构-连续梁组合体系桥（见图 5.4(b)）。

连续刚构桥主梁连续无缝，行车平顺，特别适合采用悬臂法施工，并且高墩的柔性有利于减小温度变化产生的墩顶水平推力等结构附加内力。因此大跨预应力混凝土连续刚构桥是跨越深谷、河流的合理桥型。已建成的湖北龙潭河大桥（跨径布置 (106 + 3 × 200 + 106) m）最大墩高 178 m，为目前国内外连续刚构桥中最高墩的桥。

2）斜腿刚构桥

主墩斜置的刚构桥称为斜腿刚构桥（见图 5.4(c)），它属于超静定结构。在竖向荷载作用下斜腿底端除承受竖向反力外，还存在较大的水平推力。由中跨主梁与斜腿组成的部分相当于折线形拱桥，其压力线接近于拱桥，因此受力状态也接近于拱桥，斜腿与中跨主梁均承受较大的轴向压力。温度变化与收缩等会使斜腿刚构桥产生较大的附加内力，为了减小这种附加内力，一般在斜腿底部设置铰支座。由于斜腿施工难度大，斜腿与主梁联结处构造及受力较复杂，一般需在斜腿底部设置永久性铰支座，这种桥型一般用于中小跨径桥（跨线桥或跨越深谷），大跨径桥不常采用。

3)门式刚构桥

门式刚构桥(见图5.4(d))在竖向荷载作用下,梁的跨中弯矩值比相同跨径的简支梁小,可以降低跨中建筑高度,增大桥下净空。但是,墩柱受力严重不对称,即使在结构自重作用下,墩柱也会产生较大的弯矩,从而使得主梁与墩柱相联结的节点部位有外缘很大的受拉弯矩,节点外缘混凝土产生较大的拉应力,内缘混凝土产生较大的压应力,对于钢筋混凝土结构,节点往往容易产生裂缝。因此,这种桥型仅适用于桥下净空受到限制的小跨径跨线桥,目前较少采用。

4)T形刚构桥

T形刚构桥有跨中带挂孔和设剪力铰两种基本形式(见图5.4(e),图5.4(f))。混凝土T形刚构桥是20世纪50年代至70年代曾经使用的一种桥型,属于静定或低次超静定结构。其受力特点是长悬臂体系,除挂孔以外,主梁以承受负弯矩为主。在混凝土徐变与车辆荷载共同作用下悬臂端的挠度较大,从而在悬臂端和挂梁(或剪力铰)的结合处形成折角,不仅导致伸缩缝与剪力铰容易损坏,且车辆易在此发生跳动,使行车不适。由于跳车对桥梁动力冲击作用较大,使得结构受力情况不利,容易发生开裂与损坏,因此这种桥型目前已较少使用。

【小测验】

思考题

1. 刚构桥的主要特点是什么?刚构桥按受力体系可分为哪几类?

2. 连续刚构桥有哪些优点?适用于什么场合?

实训6 学习混凝土梁桥与刚构桥的构造知识

预习内容	了解板桥、简支梁桥、悬臂梁桥、连续梁桥、刚构桥的类型、特点和构造。
重　　点	梁桥与刚构桥的类型、构造和受力特点;主梁的横断面形式和块件的划分方式;主梁、横隔梁的布置、配筋特点。
难　　点	板桥、简支梁桥、悬臂梁桥、连续梁桥、连续刚构桥的受力特点;连续梁的预应力筋的布置;连续刚构桥的构造与设计。
考　　点	整体式简支板桥的配筋特点;装配式简支板桥的配筋特点;悬臂梁桥、连续梁桥、连续刚构桥的构造和受力特点。
学习指导	梁桥与刚构桥是使用较广泛的桥梁,应掌握它们的构造特点及受力特点,在掌握受力特点的基础上,掌握桥的配筋特点。此外,还应广泛搜集并了解各类桥型的设计实例,以提高对构造的认识和应用。

6.1 板桥的构造

【知识点1】板桥的特点与分类

【问题】板桥的优缺点有哪些?

【名词解释】板桥　整体式简支板桥　装配式简支板桥

板桥是小跨径桥中最常用的桥型之一,由于它在建成后外形上像一块薄板,故习惯称之为板桥。

1)板桥的优缺点

(1)优点。建筑高度小,适用于桥下净空受限制的桥梁;与其他类型的桥梁相比,可以降低桥头引道路堤高度并缩短引道长度;外形简单,制作方便;做成装配式板桥的预制构件时,重量不大,架设方便。

(2)缺点。跨径不宜过大,当跨径超过一定限度时,截面显著加高,从而导致自重过大。由于截面材料使用得不经济,板桥建筑高度小的优点也因此被抵消。

2)板桥的分类

板桥按施工方法可分为整体式板桥和装配式板桥;按截面形式可分为实心板桥、空心板桥和异型板桥;按是否施加预应力可分为钢筋混凝土板桥、预应力混凝土板桥等。

【知识点2】整体式简支板桥的构造

【问题】整体式简支板桥的构造有哪些要求?

整体式板桥一般做成实体式等厚度的矩形截面形式,有时为了减轻自重,也可将截面受拉区稍加挖空,做成肋式的板截面,如图 6.1 所示。

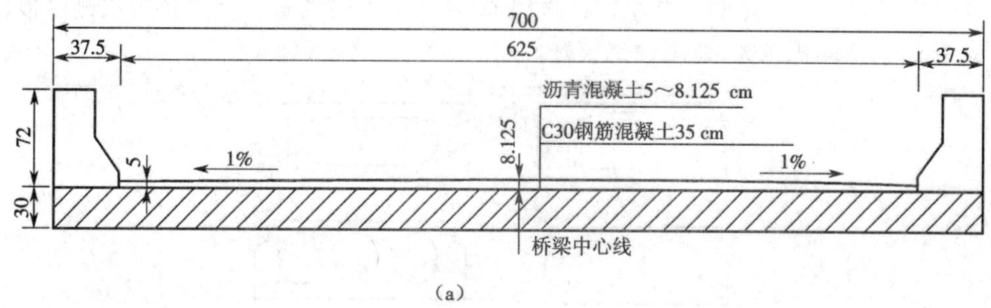

(a)

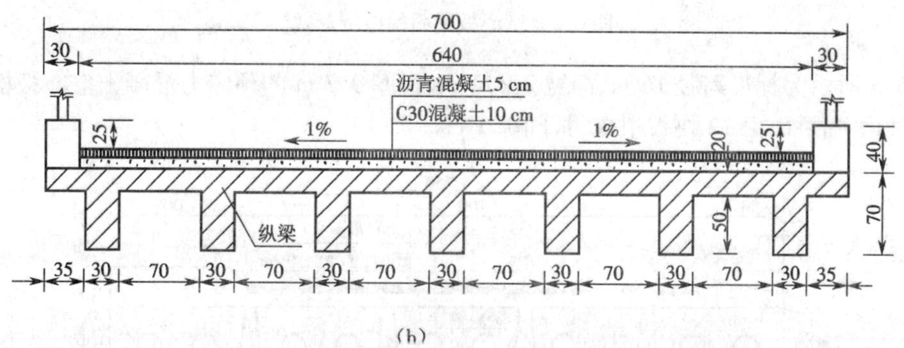

(b)

图 6.1 整体式简支板桥横截面

(a)实体式矩形截面(长度单位:cm) (b)肋式板截面(长度单位:cm)

整体式正交简支板桥的常用跨径一般在 8 m 以下,板厚与跨径之比一般为 1/16 ~ 1/12,板厚不宜小于 10 cm,桥面宽度往往大于跨径。因此,在荷载作用下,桥面板实际上呈双向受力状态。当桥面板宽度较大时,除需配置纵向的受力钢筋外,还应计算并配置板的横向受力钢筋。

板中主筋直径不宜小于 10 mm,间距不大于 20 cm。分布筋直径不宜小于 8 mm,间距不大于 20 cm。为保证混凝土结构在设计年限内具有足够的耐久性,混凝土内的钢筋不被腐蚀,应保证混凝土保护层的厚度和密实性。

【知识点 3】装配式简支板桥的构造

【问题】装配式简支板桥的构造有哪些要求？横向连接有哪些方式？

装配式简支板桥的横截面形式主要有实心板和空心板两种,其中空心板使用较多,下面着重介绍空心板桥。

1. 装配式空心板桥

为了减轻自重,充分发挥材料的性能,在跨径 6 ~ 13 m 的钢筋混凝土板桥及跨径 10 ~ 16 m 的预应力混凝土板桥中,采用空心板截面,板厚为 40 ~ 85 cm。空心板的顶板和底板厚度应不小于 8 cm,空洞端部应予填封,以保证施工质量和承载的需要。

装配式预制空心板截面的挖空形式很多,图 6.2 为几种常用的空心板截面挖空形式。如挖成单个较宽的孔洞,挖空体积最大,块件重量最轻,但顶板需满足一定的厚度,且要在顶板内布置一定数量的横向受力钢筋。图 6.2(a)所示的顶板呈微弯形,可以节省一些钢筋,但模板较图 6.2(b)所示的截面复杂些。图 6.2(c)所示的截面挖成两个正圆孔,其挖空体积较小。图 6.2(d)的芯模由两个半圆及两块侧模板组成,对不同厚度的板只要更换两块侧模板就能形成空形,它的挖空体积较大,适用性也较好。

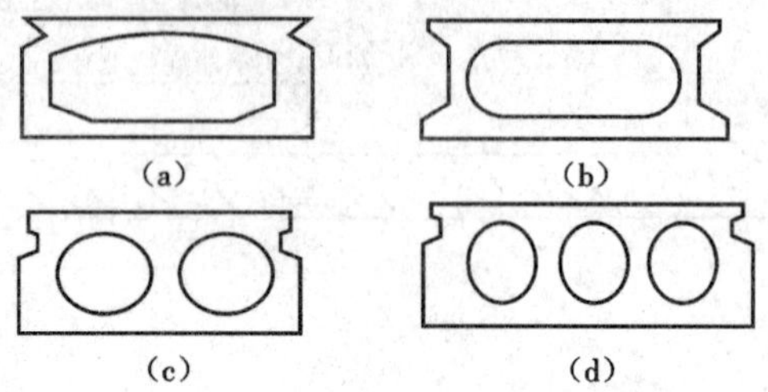

图 6.2　空心板截面的挖空形式

图 6.3 所示为标准跨径 16 m、净宽 2×11 m、板厚 0.7 m 的预应力混凝土空心板桥的一般横断面图,半幅桥面由 12 块板组成,板间隙 1 cm。

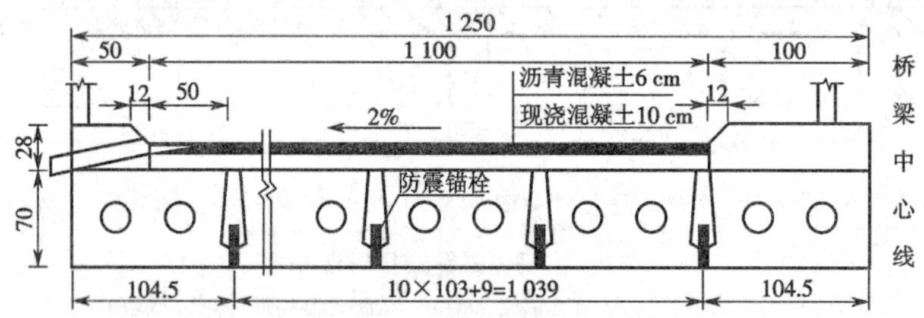

图 6.3　空心板桥截面(长度单位:cm)

2. 装配式板桥的横向连接

装配式板桥板块之间必须采用横向连接构造,以保证板块共同承受车辆荷载。常用的横向连接方式有企口混凝土铰连接和钢板焊接连接。

1)企口混凝土铰连接

企口式混凝土铰常采用的形式如图 6.4 所示,为使桥面铺装层与主板共同受力,将预制板中的 N1 钢筋伸出以与相邻板的 N1 钢筋绑扎,再浇筑在铺装层内,将相邻板的底层箍筋 N2 伸入铰缝绑扎,铰缝内用 C30 以上的细骨料混凝土填实。

2)钢板焊接连接

钢板焊接连接一般沿预制板顶面纵向,在两侧边缘每隔 0.8 ~ 1.5 m 预埋一块钢板,如图 6.5 所示,连接时将钢盖板与相邻预制板顶面对应的预埋钢板焊接在一起。通常,在跨中部分钢板连接布置较密,而两端支点部分较稀疏。

实践证明,这两种连接能够很好地传递横向剪力,使各板块共同受力。在国外,通常采用横向预应力方式连接,使装配式板桥的受力特性接近于整体式板桥。

【知识点 4】斜板桥的构造

【问题】斜板桥的受力特点有哪些?构造上有哪些要求?

某些情况下,由于桥址处地形的限制,需将桥梁做成斜交形式。斜板桥中板的支撑轴线的垂直线与桥纵轴线的夹角称为斜交角,如图 6.6(a)所示。

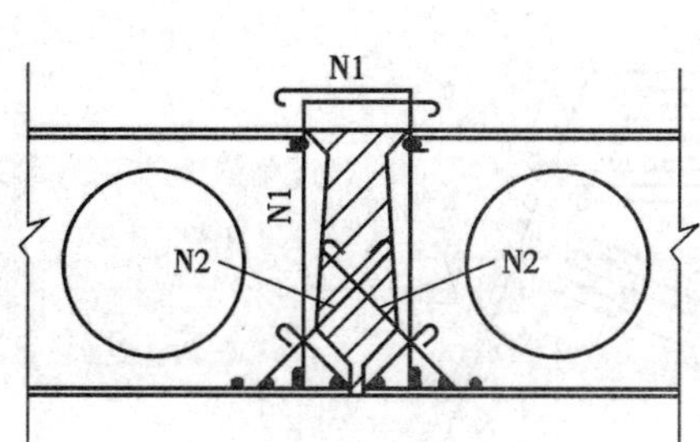

图6.4 企口式混凝土铰构造

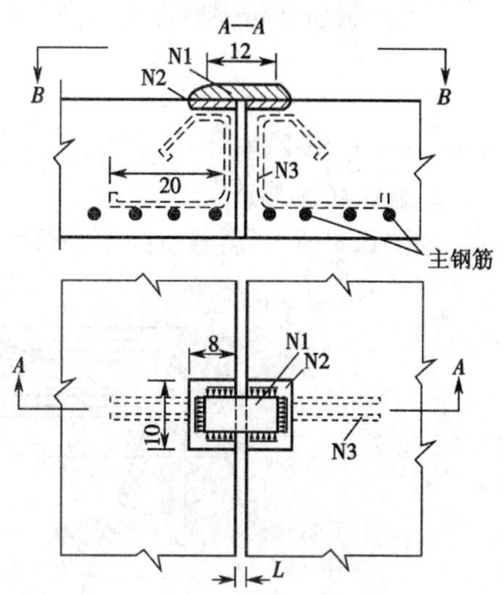

图6.5 钢板连接构造(尺寸单位:cm)

1)斜板桥的受力特点

(1)荷载有向两支撑边之间最短距离方向传递的趋势,如图6.6(b)所示。在较宽的斜板中部,其最大主弯矩方向(即在垂直于该方向的截面上没有扭矩)几乎与支撑边正交。无论宽的或窄的斜板,其两侧的主弯矩方向虽近似平行于自由边,但仍有向支撑边垂线方向偏转的趋势。

(2)各角点受力情况可以用比拟连续梁的工作来描述,如图6.7所示。在斜板"Z"形条带*A-B-C-D*上各点的受力情况,可以用三跨连续梁来比拟,在钝角*ACD*处产生较大的负弯矩,其方向垂直于钝角的二等分线;同时,在*B*、*C*点的反力也较大,而锐角*BCD*处的反力较小。当斜交角与斜板的跨宽比都较大时,锐角便有向上翘起的趋势。此时若固定锐角角点,势必导致板内有较大的扭矩。

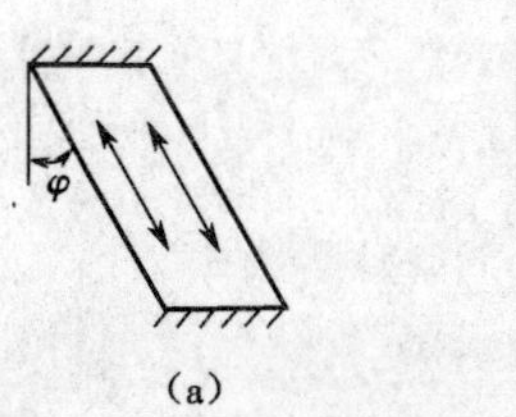

(a)

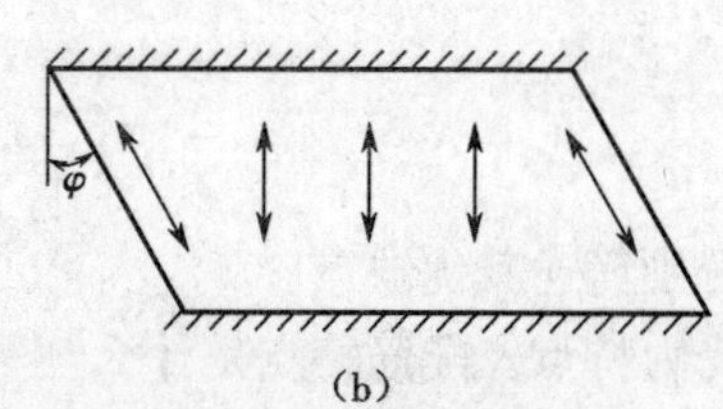

(b)

图6.6 斜板的最大主弯矩方向

(a)斜交角 (b)荷载向两支撑边间最短距离方向传递

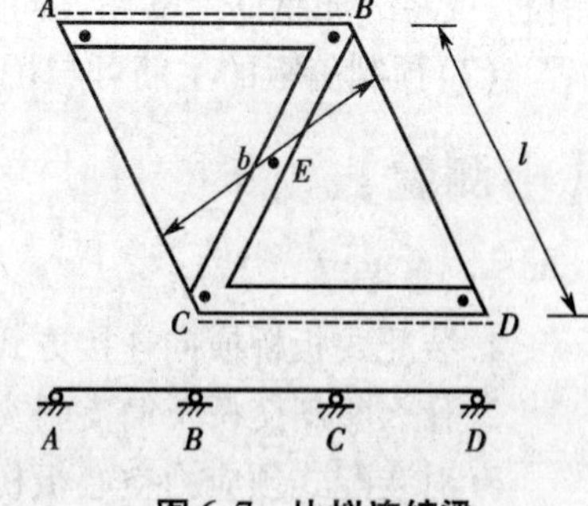

图6.7 比拟连续梁

(3)在均布荷载下,当桥轴线方向的跨长相同时,斜板桥的最大跨内弯矩比正桥要小,跨中弯矩的折减主要取决于斜交角和抗弯刚度与抗扭刚度的比值*K*。

(4)在上述同样情况下,斜板桥的跨中横向弯矩比正桥的要大,可以认为横向弯矩增大的量相当于跨径方向弯矩减小的量。

(5)斜板桥的跨中剪力比相同跨径的正桥大,跨中剪力的增大倍数可取

$$\eta = 1 + \frac{\varphi}{60^\circ} \tag{6-1}$$

式中 φ——斜交角。

2)斜板桥的构造

如图6.8所示,斜板桥的钢筋可按下列方式布置。

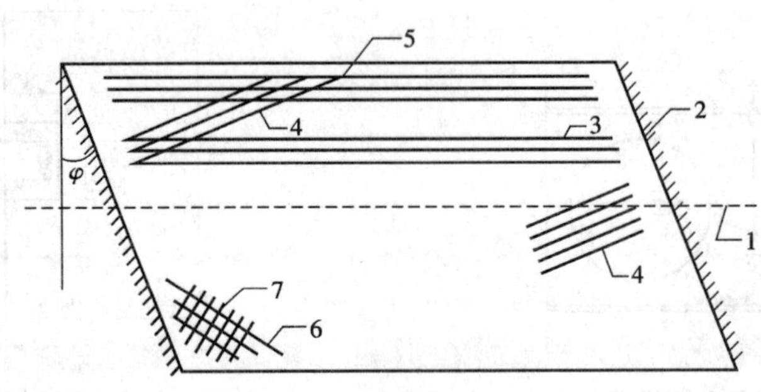

图6.8 斜板桥钢筋布置

1—桥纵轴线;2—支撑轴线;3—顺桥纵轴线的钢筋;4—与支撑轴线正交的钢筋;
5—自由边钢筋带;6—垂直于钝角平分线的钝角钢筋;7—平行于钝角平分线的钝角钢筋

(1)当整体式板桥的斜交角 $\varphi < 15°$时,主钢筋平行于桥纵轴线方向布置;当整体式板桥的斜交角 $\varphi > 15°$时,主钢筋宜垂直于板的支座轴线方向布置,此时,在板的自由边上下应各设一条平行于自由边的钢筋带,钢筋数不少于3根,并用箍筋将其箍牢在钝角部位靠近板顶的上层,还应布置垂直于钝角平分线的加强筋,在钝角部位靠近板底的下层应布置平行于钝角平分线的加强筋,加强钢筋的直径不小于12 mm,间距100 ~ 150 mm,布置于钝角两侧1 ~1.5 m边长的扇形面积内。

(2)斜板的分布钢筋宜垂直于主钢筋方向设置,其直径不小于8 mm,间距不大于200 mm,分布钢筋的面积不宜小于板截面积的0.1%,在斜板的支座附近宜设平行于支座轴线的分布钢筋,或将分布钢筋沿支座方向呈扇形分布,过渡到平行于支撑轴线。

(3)预制斜板的主筋可与桥纵轴线平行,其钝角部位的加强筋布置与整体式斜板桥相同。

【小测验】

一、思考题

1.装配式板桥横向连接方式有哪些?分别简述其优缺点。

2.什么叫斜交桥?简支斜交桥的主要受力特点及配筋特点是什么?

3.对装配式预应力空心板桥杆件的材料标号有何要求?

4.简述混凝土简支板桥的受力特点、主要截面形式及跨径适应范围。

二、选择题

1.以下哪一种截面的抗扭惯矩最大?( )

A.T形截面　　B.工形截面　　C.开口箱形截面　　D.闭合箱形截面

2.在下列斜交板桥受力特点的描述中,正确的有( )。

A. 荷载有向两支撑边之间最短距离方向传递的趋势

B. 荷载有向两支撑边之间最长距离方向传递的趋势

C. 钝角处产生较大的正弯矩,锐角点有向上翘起的趋势

D. 钝角处产生较大的负弯矩,锐角点有向上翘起的趋势

6.2 简支梁桥的构造

【知识点 1】整体式简支梁桥

【问题】整体式简支梁桥在构造上有什么要求?

【名词解释】整体式简支梁桥

简支梁桥具有受力明确、构造简单、施工方便等优点,是中、小跨径桥梁中应用最广的桥型。其按施工方法可分为整体式简支梁桥和装配式简支梁桥。

图 6.9 所示为典型的装配式简支梁桥的构造布置。上部构造由主梁、横隔梁、桥面板、桥面系等部分组成。主梁是桥梁的主要承重结构;横隔梁保证各根主梁相互连成整体,以提高桥梁的整体刚度;主梁的上翼缘构成桥面板,组成行车(人)平面,承受车辆(人群)荷载的作用。这类桥梁可采用整体现浇或预制装配两种不同的方式进行施工。

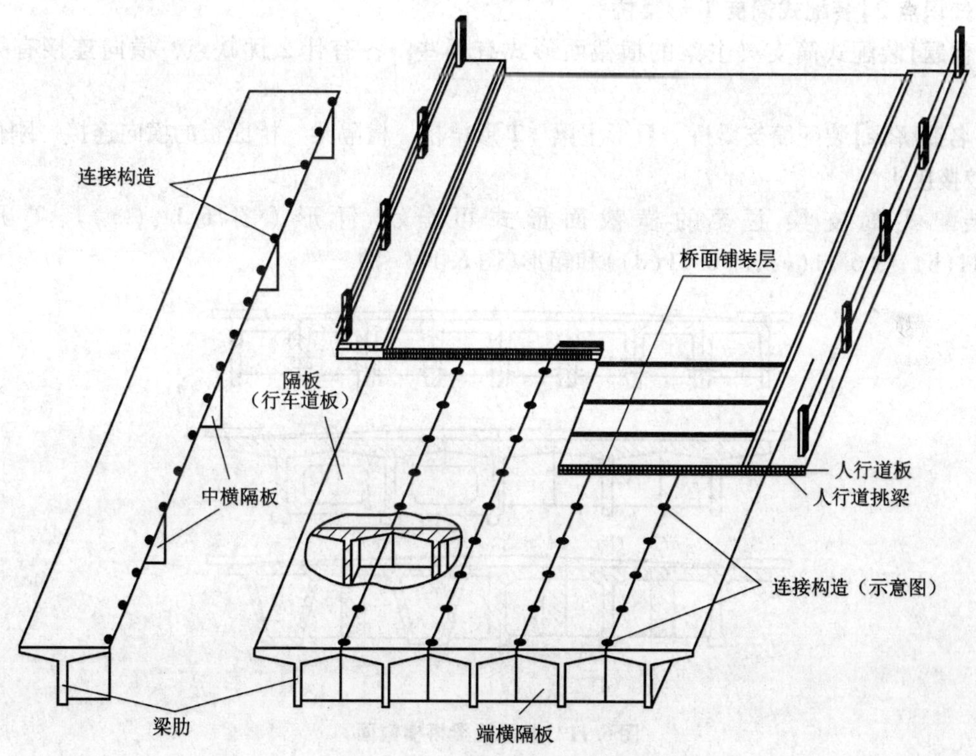

图 6.9 装配式简支梁桥概貌

整体式简支梁桥在城市立交中应用较广泛,具有整体性好、刚度大、易于做成复杂形状等优点。这种桥多数在桥孔支架模板上现场浇筑,也有整体预制、整孔架设的情况。

常用的整体式简支 T 形梁桥的横截面如图 6.10(a)所示。在保证抗剪、稳定的条件下,主梁的肋宽为梁高的 1/7 ~ 1/6,尺寸不宜小于 14 cm,以利于浇筑混凝土。当肋宽有变化时,其

过渡段长度不小于12倍肋宽。主梁高度通常为跨径的1/15～1/8。为了减小桥面板的跨径(一般限制在2～3 m之内),还可以在两根主梁之间设置次纵梁,如图6.10(b)所示。为了合理布置主钢筋,梁肋底部可做成马蹄形。

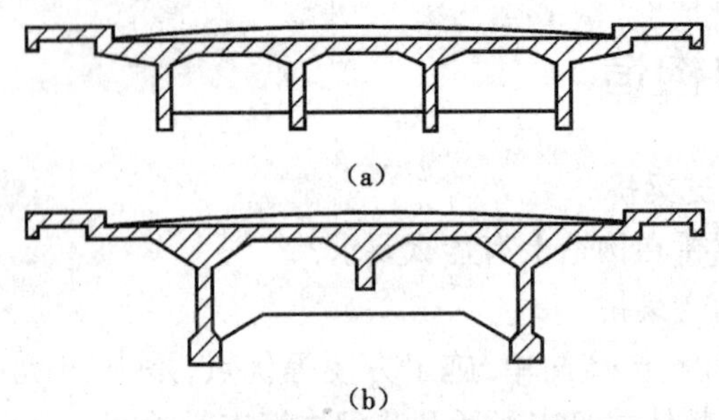

图6.10 整体式梁桥横截面

(a)整体式简支T形梁桥的横截面 (b)在主梁间设次纵梁

整体式简支梁桥桥面板的跨中板厚不应小于10 cm。桥面板与梁肋衔接处一般都设置承托结构,承托长高比一般不大于3。

【知识点2】装配式简支T形梁桥

【问题】装配式简支梁主梁的横截面形式有哪些？各有什么优缺点？横向连接有哪些方式？

【名词解释】装配简支梁桥 Π形主梁 T形梁桥 横隔梁 桥面板的横向连接 刚性接头和铰接接头

装配式简支梁主梁的横截面形式可分为Π形(图6.11(a))、T形(图6.11(b),图6.11(c),图6.11(d))和箱形(图6.11(e))三种。

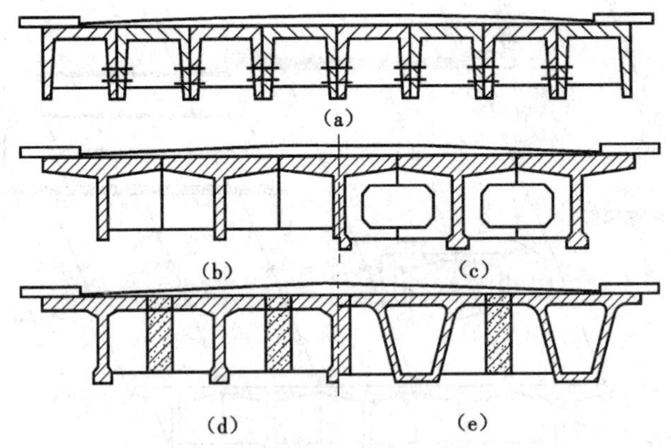

图6.11 装配式梁桥横截面

(a)Π形 (b)、(c)、(d)T形 (e)箱形

Π形主梁的特点是截面形状稳定,横向抗弯刚度大,块件堆放、装卸方便,但当跨径较大时,混凝土和钢的用量较大,横向联系较差,现在已很少采用。

装配式T形梁桥是使用最为普遍的结构形式,其优点是制造简单、整体性好、接头方便。其构造布置是在给定桥的设计宽度的条件下,选择主梁的截面形式,确定主梁的间距(片数)

和桥跨结构所需横隔梁的数量，进而确定各构造部分的细部尺寸。

1）主梁

表6.1为常用的简支梁桥主梁尺寸的经验数据。其变化范围较大，跨径较大时应取较小的比值；反之，则应取较大的比值。

表6.1 装配式简支T形梁桥主梁尺寸

桥梁形式	适用跨径/m	主梁间距/m	主梁高度/m	主梁肋宽度/m
钢筋混凝土简支梁	$8<l<20$	1.5~2.2	$(1/18 \sim 1/11)l$	0.16~0.20
预应力混凝土简支梁	$20<l<50$	1.8~2.5	$(1/25 \sim 1/14)l$	0.18~0.20

主梁的肋宽必须满足截面抗剪和抗主拉应力的强度要求，同时应考虑梁肋的稳定性，梁肋内主筋的布置以及浇筑混凝土施工所需的最小肋宽。目前常用的肋宽为15~18 cm，当主梁间距小于2 m时，梁肋为全长等肋宽，当主梁间距大于2 m时，通常在梁端2~5 m范围内将梁肋逐步加宽，以满足该部位的抗剪要求。

2）横隔梁

（1）横隔梁的构造。横隔梁刚度越大，梁的整体性越好，在荷载作用下，各主梁能更好地共同受力。端横隔梁是必须设置的，它不但有利于提高制造、运输和安装过程中构件的稳定性，而且能显著加强全桥的整体性。跨内的横隔梁应随跨径的大小每隔5.0~10.0 m设置一道。横隔梁的高度设置应保证使其具有足够的抗弯刚度，通常可做成主梁高度的3/4左右。梁肋下部成马蹄形加宽时，横隔梁延伸至马蹄的加宽处（图6.11(c)，图6.11(d)）。从梁体在运输和安装阶段的稳定性要求看，端横隔梁应做成与主梁同高，但为便于安装和检查支座，端横隔梁底部又应与主梁底缘之间留有一定的空隙，具体数值应视施工的具体情况而定。横隔梁的肋宽通常采用12~16 cm，且宜做成上宽下窄、内宽外窄的楔形，以便脱模。

（2）横隔梁的横向连接。横隔梁常用横向连接有钢板焊接连接和扣环式接头。钢板焊接连接如图6.12(a)所示，为常用的主梁间中横隔梁的连接构造形式。扣环式接头如图6.12(b)所示，先在横隔梁预制中预留钢筋扣环A，安装时在相邻构件的扣环两侧再安上接头扣环B，在形成的圆环中插入短分布筋后，现浇混凝土封闭接缝。

3）桥面板

（1）桥面板的构造。对于T形简支梁，主梁翼板宽度视主梁间距而定，而实际预制时，翼板的宽度应比主梁间距小2 cm，以便在安装过程中调整T形梁的位置，消除制作中误差的影响。主梁翼板一般做成变厚度板，其厚度随主梁间距而定，边缘厚度不宜小于6 cm。主梁间距小于2.0 m的铰接梁桥，板边缘厚度可采用8 cm（桥面铺装不参与受力）或6 cm（桥面铺装通过预埋的连接钢筋与翼缘板共同受力）；主梁间距大于2.0 m的刚接梁桥，桥面板的跨中厚度一般不小于15 cm，板边缘边不小于10 cm。

图6.13所示为主梁间距2.2 m的T形梁桥的桥面板钢筋布置图。板上缘承受负弯矩。依《桥规》规定，受力钢筋直径不小于10 mm，间距不大于20 cm；在垂直于主筋方向布置分布钢筋，分布钢筋设在主钢筋的内侧，直径不小于8 mm，间距不大于20 cm；截面面积不小于板截面的0.1%；在主钢筋的弯折处，布置分布钢筋；在有横隔板的部位，增加分布钢筋的截面面积，以承受集中轮载作用下的局部负弯矩，所有增加的分布钢筋应从横隔板轴线伸出$L/4$（L

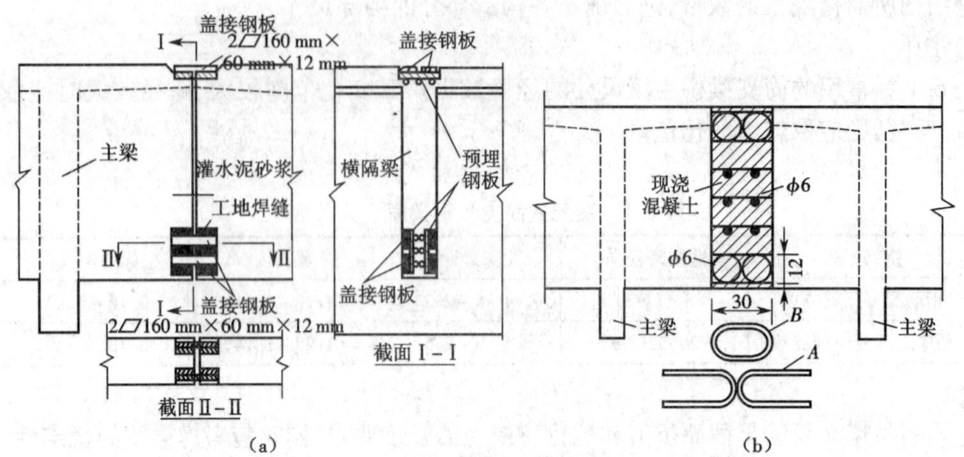

图 6.12 装配式横隔板接头(长度单位:cm;钢筋直径:mm)

(a)钢板焊接连接 (b)扣环式接头

为横隔板的跨径)的长度。

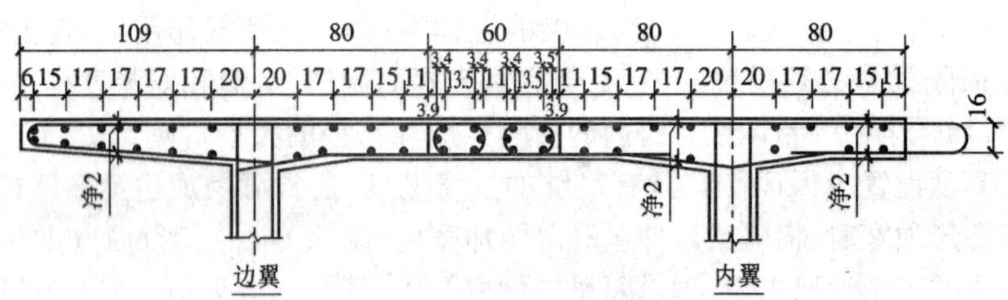

图 6.13 主梁间距 2.2 m 的 T 形梁桥桥面板钢筋布置(长度单位:cm)

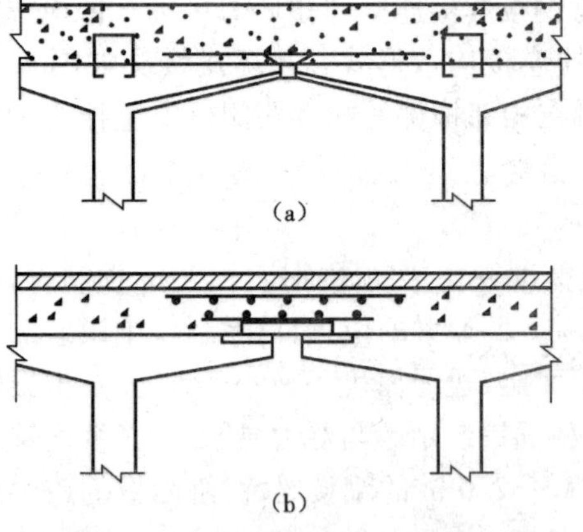

图 6.14 装配式桥面板刚性接头钢筋布置

(a)铺装层内配置受力钢筋 (b)翼板用钢板连接

(2)桥面板的横向连接。常用的桥面板(翼缘板)横向连接有刚性接头和铰接接头两种。刚性接头既可承受弯矩,也可承受剪力,如图 6.14 所示。图 6.14(a)所示为在铺装层内配置受力钢筋,并将翼缘板内预留的横向钢筋伸出,梁肋顶上增设 π 形钢筋锚固于铺装层中;图 6.14(b)所示为将翼板用钢板连接,接缝处的铺装混凝土内放置上下两层钢筋网。图 6.15 所示为翼缘板内伸出扣环接头钢筋构造(即图 6.13 所示装配式 T 梁相应的接头构造平面)。铰接接头只能承受剪力,如图 6.16 所示。图 6.16(a)所示为钢板铰接接头;图 6.16(b)所示为企口式铰接接头;图 6.16(c)所示为企口式焊接接头。

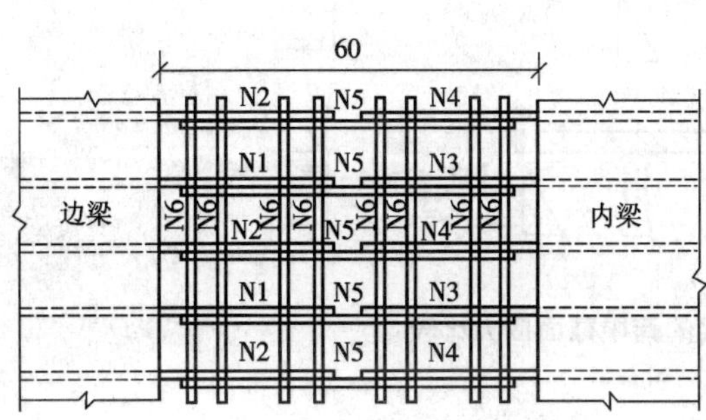

图 6.15　桥面板扣接缝平面(长度单位:cm)

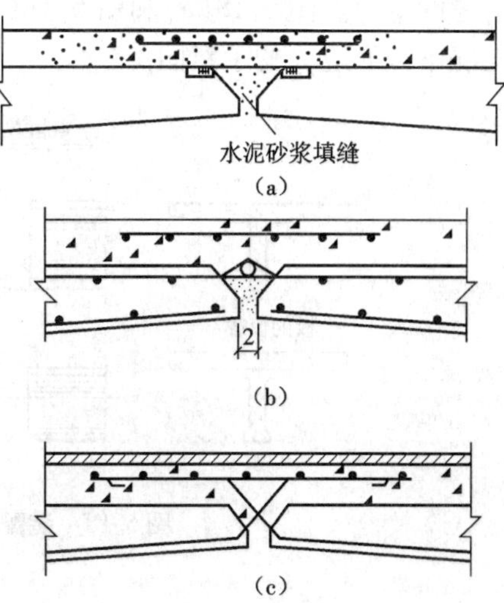

图 6.16　桥面板铰接接头

(a)钢板铰接接头　(b)企口式铰接接头

(c)企口式焊接接头

【知识点 3】组合梁桥

【问题】谈谈组合梁桥的施工过程。

【名词解释】I 形组合梁桥　箱形组合梁桥

组合梁桥也是一种装配式的桥跨结构,即用纵向水平缝将桥梁的梁肋部分与桥面板(翼板)分隔开来,使单梁的整体截面变成板与肋的组合截面。施工时先架设梁肋,再安装预制板(有时采用微弯板以节省钢筋),最后现浇一部分混凝土使结构连成整体。目前国内外采用的组合式梁桥有两种形式:I 形组合梁桥(图 6.17(a)和图 6.17(b))和箱形组合梁桥(图 6.17(c))。前者适用于钢筋混凝土简支梁桥;后者则只适用于预应力混凝土梁桥,其优点在于可以显著减轻预制构件的重量,便于集中制造和运输吊装。在组合梁中,梁与现浇板的结合面处板的厚度不应小于 15 cm,当梁顶伸入板中时,梁顶以上板的厚度不应小于 10 cm。

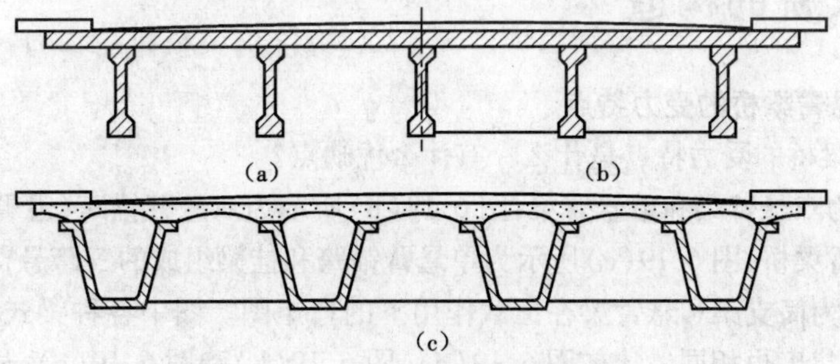

图 6.17　组合梁桥横截面

(a)I 形组合梁桥　(b)I 形组合梁桥　(c)箱形组合梁桥

组合梁是分阶段受力的,在梁肋架设后,所有在其之后安装的预制板和现浇桥面混凝土(甚至现浇横隔梁)的重量,连同梁肋本身的自重,都要由尺寸较小的预制梁肋来承受。这与装配式 T 梁由主梁全截面来承受全部恒载不同,因而组合梁梁肋的上下缘应力远大于 T 梁上下缘的应力。图 6.18(a)和图 6.18(b)分别为装配式 T 梁与组合梁的跨中截面在恒载 + 活载工况下截面应力的示意图。

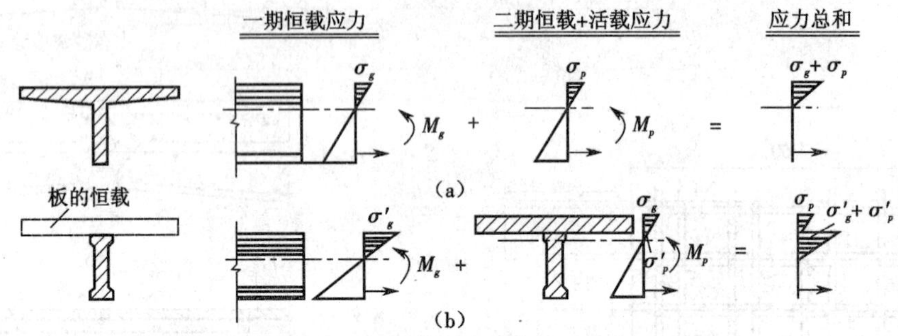

图 6.18 装配式 T 梁与组合梁的跨中截面应力比较

(a)装配式 T 梁 (b)组合梁

【小测验】

一、填空题

1. 装配式 T 形梁主梁间距考虑的因素为__________。

2. 桥面板刚性连接的做法是____________________。

二、思考题

1. 整体式简支梁桥的受力特点、配筋特点分别是什么?

2. 简支梁桥的上部构造由哪些部分构成? 它们各有什么作用?

3. 混凝土简支梁桥一般采用 T 形截面,较少使用箱形截面,从受力和经济方面阐述其理由。

4. 装配式梁桥横向连接有哪些方式?

5. 组合式梁桥与装配式 T 梁桥的受力特点有什么不同?

6.3 悬臂梁桥的构造

【知识点 1】悬臂梁桥的受力特点

【问题】悬臂梁桥的受力特点是什么? 有什么优缺点?

悬臂梁桥分为双悬臂梁和单悬臂梁,图 6.19(b)所示为双悬臂锚跨(悬臂梁主跨为锚跨)带挂梁的三跨悬臂梁桥;图 6.19(c)所示为单悬臂锚跨和挂梁组成的三跨悬臂梁桥。

图 6.19 所示为简支梁和悬臂梁在恒载作用下的弯矩图。图中各种梁式体系的跨径布置相同,假定其恒载集度也相同。比较图 6.19(a)、图 6.19(b)和图 6.19(c),显然,简支梁的各跨跨中恒载弯矩最大;由于悬臂梁悬出支点以外的伸臂对支点截面产生负弯矩,对锚跨跨中正弯矩产生卸载作用,无论是单悬臂梁或双悬臂梁,其锚跨跨中正弯矩均显著减小;因简支挂梁的跨径缩短,跨中正弯矩也同样显著减小;从表征材料用量的弯矩图面积(绝对值之和)来看,悬臂梁也比简支梁小得多。以图 6.19(c)的中跨弯矩图为例,当悬臂长度等于中孔跨径的 1/4 时,正负弯矩图面积的总和仅为相同跨径简支梁的 5/16。由此可见,与简支梁相比,悬臂梁可

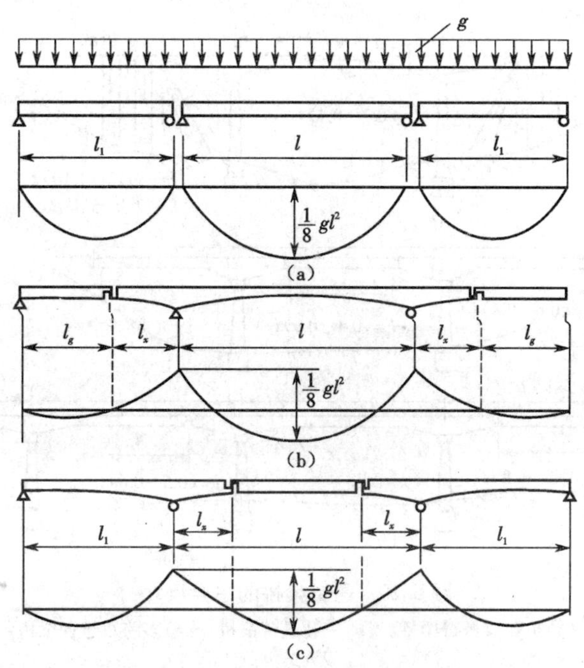

图 6.19 恒载产生的弯矩

(a)简支梁 (b)悬臂梁(1) (c)悬臂梁(2)

以减小跨内主梁高度,降低材料用量,且悬臂梁桥为静定结构,基础沉降不会产生附加内力,能够适用于更大跨径的桥型方案。

悬臂梁桥的主要缺点:跨中要增加悬臂与挂梁间的牛腿、伸缩缝,整体刚度比连续梁小,行车不及连续梁平顺;其次,牛腿处变形大,伸缩缝及桥面易损坏,结构耐久性较差。目前,这种桥型较少使用。

【知识点 2】悬臂梁桥的构造特点

【问题】悬臂梁桥的构造有哪些要求?

【名词解释】单孔双悬臂梁桥 T 形悬臂梁 牛腿

悬臂梁桥的截面形式一般采用带马蹄的 T 形截面或箱形截面。各种悬臂体系 T 形截面梁桥的跨径布置和梁高尺寸如图 6.20 所示。

单孔双悬臂梁桥(图 6.20(a))常用于跨线桥,中孔跨径由跨线桥的行车净空要求确定,两侧悬臂端伸入路堤,可省去两个体积庞大的桥台,但需在悬臂与路堤衔接处设置搭板以便行车。主梁采用 T 形截面(较少应用)时,悬臂长度一般为中跨长度的 0.3 ~0.4。当采用箱形截面时,悬臂长度可达中跨长度的 0.4 ~0.6。T 形悬臂梁的中支点梁高为(1/13 ~1/10)l,跨中梁高通常减至中支点梁高的 2/3 ~5/6。对于大跨径箱形截面悬臂梁,中支点梁高为(1/18 ~1/12)l,在此情况下跨中梁高为中支点梁高的 2/5 ~1/2。

图 6.20(b)所示为带挂梁的三孔悬臂梁桥,通常挂孔跨度取 $l_g=(0.4\sim0.6)l$,边孔跨径取 $l_1=(0.6\sim0.8)l$(中孔跨径较小时取大值,跨径大时取小值)。

图 6.20(c)所示为多跨双悬臂梁桥,两个悬臂一般都做成相同的尺寸,其挂梁长度为 $l_g=$

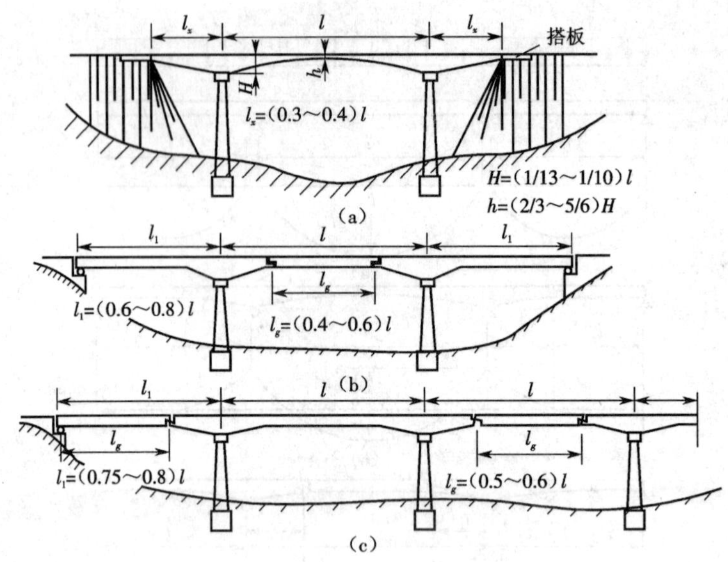

图 6.20 悬臂梁桥的主要尺寸

(a)单孔双悬臂梁桥 (b)三孔悬臂梁桥 (c)多跨双悬臂梁桥

$(0.5\sim0.6)l$,挂梁高度为 $h_g=(1/20\sim1/12)l$。

悬臂梁桥悬臂端和挂梁端结合部的局部构造称为牛腿。由于梁端的相互搭接,中间还要设置传力支座来传递较大的竖向力,因此牛腿的高度被减小至不到悬臂梁高和挂梁梁高的一半,但又要传递较大的竖向力,这就使其成为上部结构中的薄弱部位,且受力情况复杂。鉴于牛腿是整根梁的薄弱部位,因此设计时除了将此处梁肋加宽并设置加强端横梁外,还应适当改变牛腿的形状,避免尖的凹角,同时还需配置密集的钢筋网或张拉预应力。

【小测验】

一、填空题

悬臂梁桥和连续梁桥为什么比简支梁桥具有更大的跨越能力?这主要是由于悬臂体系梁桥和连续体系梁桥存在支点________弯矩,所以,其跨中弯矩比相同跨径、相同荷载的简支梁桥的跨中弯矩________。同时,由于跨中弯矩的减小可以减小跨度内主梁的__________,从而降低钢筋混凝土用量和结构自重,这就减小了恒载内力,所以它们具有更强的跨越能力。由于负弯矩的存在,它们主要的配筋特点是在________附近需要配置承受负弯矩的受力筋,在________附近需要配置承受正弯矩的受力筋。

二、思考题

1. 悬臂梁桥中的牛腿起什么作用?设计牛腿要注意什么?

2. 为什么悬臂梁桥在目前应用越来越少?

6.4 连续梁桥的构造与设计

【名词解释】等截面连续梁桥　变截面连续梁桥　纵向抗弯预应力筋　竖向抗剪预应力筋　横向抗弯预应力筋

【知识点1】连续梁桥的受力特点

【问题】连续梁桥的受力有哪些特点？

(1)除了按简支-连续法施工的连续梁桥外，一般一次落架施工的连续梁桥在结构自重荷载作用下，跨中截面产生正弯矩，支点截面产生负弯矩，且支点截面负弯矩大于跨中截面正弯矩。与同等跨径的简支梁相比，连续梁的最大正弯矩及最大负弯矩均小于简支梁的跨中正弯矩(图6.21)，因此，连续梁的内力分布比简支梁要均匀，有利于充分发挥材料的作用。

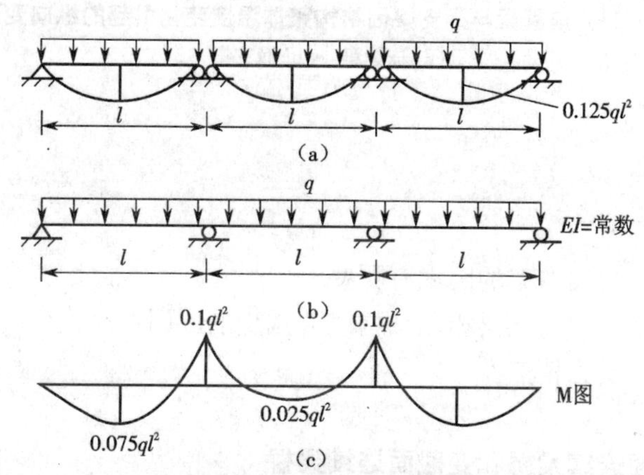

图6.21　等跨简支梁与连续梁弯矩比较

(a)等跨简支梁　(b)　连续梁　(c)弯矩比较

(2)连续梁为超静定结构，在截面尺寸及材料相同的条件下，连续梁的刚度比相应的简支梁大，即在汽车荷载作用下跨中产生的挠度比简支梁小(图6.22)，行车平顺舒适。

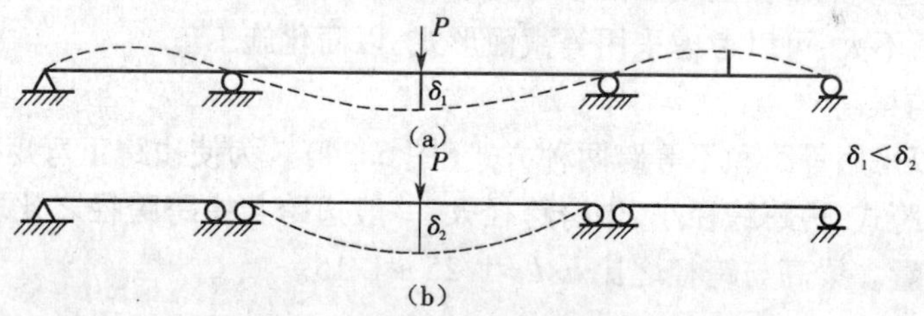

图6.22　连续梁与简支梁的变形比较

(a)连续梁　(b)简支梁

(3)因结构整体发生均匀温度变化引起的纵向水平位移，在连续梁结构中不产生附加内力及支撑反力，这一特点与简支梁相同(图6.23)。但是，连续梁属超静定结构，非线性温度变化、预应力作用、混凝土收缩徐变及基础沉降等都会引起结构附加内力。

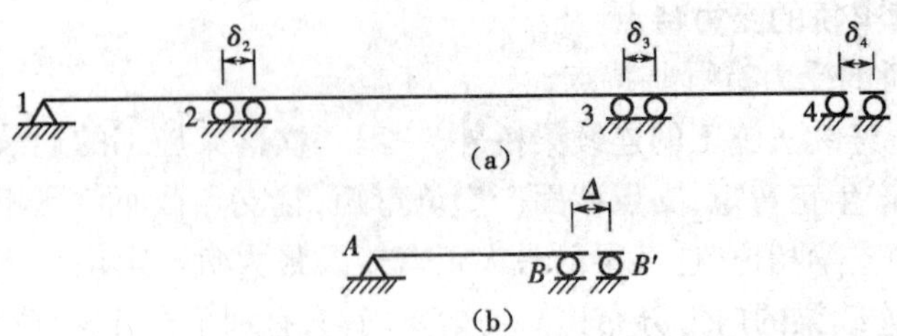

图6.23 连续梁与简支梁因结构整体温度变化引起的纵向变形

(a)连续梁 (b)简支梁

【小测验】

思考题

1. 引起连续梁结构附加内力的因素有哪些?

2. 同等跨度的连续梁和简支梁相比结构应力减少的原因?

3. 连续梁桥有哪些受力特点?

【知识点2】等截面连续梁桥和变截面连续梁桥

【问题】变截面连续梁桥和等截面连续梁桥相比,在力学特点上有什么优势?构造上的规定有什么不同?

1. 等截面连续梁桥

1)力学特点

一般情况下,连续梁桥在恒载与活载作用下,支点截面负弯矩大于跨中截面正弯矩,但跨径不大时这个差值不大,可以考虑采用等截面形式,以简化施工。

2)跨径布置与梁高

跨径布置可以采用等跨和不等跨两种方式(图6.24)。为使边跨正弯矩减小,受力均匀合理,大多采用不等跨式,边跨跨径小,中跨跨径大,一般边跨与中跨跨径之比取0.6~0.8,采用三跨、五跨一联布置。梁高与跨径之比 $h/l=1/25\sim1/15$。

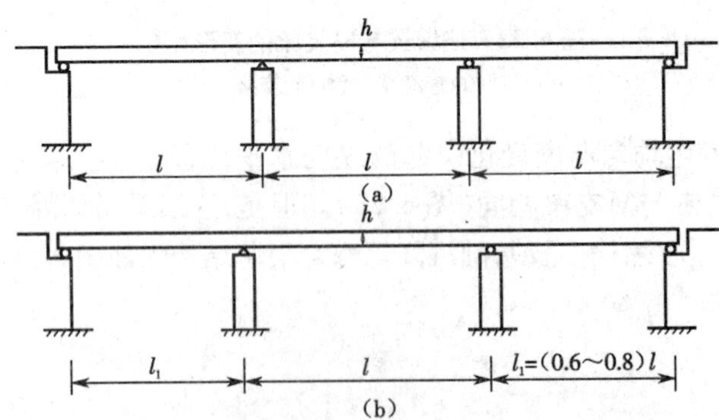

图6.24 等截面连续梁桥

(a)等跨 (b)不等跨

3)适用范围

中等跨径,40 ~ 60 m(国外最大达 80 m)。

4)施工方法

整体施工、逐孔施工、先简支后连续施工及顶推施工法。

2. 变截面连续梁桥

1)力学特点

随着跨径的增大($l \geqslant 70$ m),采用变截面设计显得经济合理。由于连续梁的支点截面负弯矩大于跨中截面正弯矩,因此往往采用支点梁高大于跨中梁高的变截面形式。增大支点截面梁高有利于抵抗支座截面处较大的剪力,减小跨中梁高可减小自重弯矩,归纳起来有以下三个特点。

(1)采用支点梁高大于跨中梁高的变截面形式,使得梁高的变化规律与连续梁的弯矩图变化规律相一致,可充分发挥材料性能。

(2)减小跨中梁高,有利于减小结构自重产生的弯矩、剪力。

(3)增大支座截面梁高,还有利于抵抗支座截面处较大的剪力。

因此,与等截面连续梁相比,变截面连续梁可适用于较大的跨径。

图 6.25 给出了三跨变截面连续梁与等截面连续梁在均布荷载 $q = 10$ kN/m 作用下的弯矩图。可以看出,当支点梁高从 1.5 m 增大到 3.5 m 时,跨中截面最大正弯矩减小了一半多,支点截面负弯矩虽然增大了,但随着梁高的增大,截面抗弯惯性矩也增大,因此最大应力并没有增大。

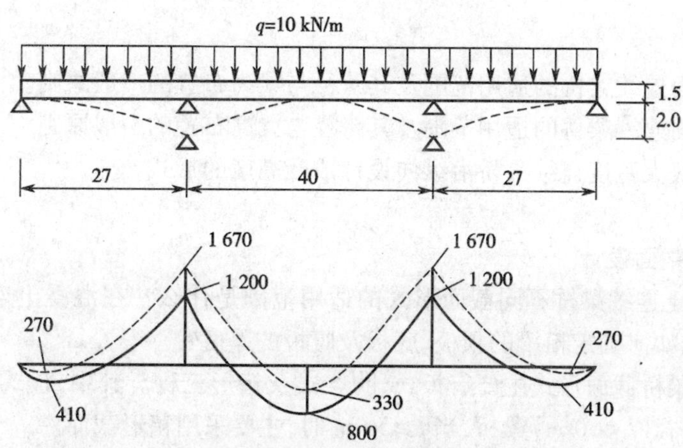

图 6.25 三跨变截面连续梁与等截面连续梁弯矩比较

(长度单位:m;弯矩单位:kN·m)

2)跨径与梁高布置

(1)跨径布置。一般采用三跨或五跨布置,如果跨数太多、连续长度过长,会因温度变化使得桥梁纵向水平位移增大,给伸缩缝设置带来困难。为了使边跨与中跨的最大正弯矩基本相等,一般取边跨与中跨跨径之比 l_1/l 为 0.6 ~ 0.8;对于城市桥梁,为了满足跨线要求,有时 $l_1/l \leqslant 0.5$,此时需在边跨进行压重,以抵消边支座可能产生的负反力(图 6.26)。

(2)梁高。支点截面梁高 $h_{支}$ 一般取(1/18 ~ 1/16)l,不小于 $l/20$;跨中梁高 $h_{中}$ 取(2/5 ~

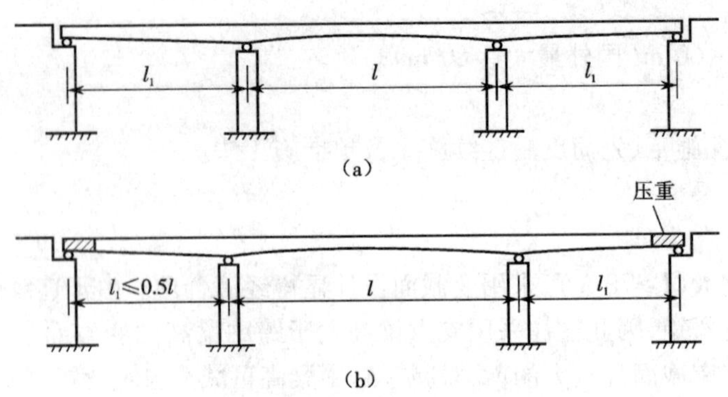

图 6.26 变截面连续梁桥

(a)跨径布置 (b)在边跨进行压重

2/3)$h_{支}$。梁底一般按二次抛物线、折线或者 1.5 ~ 1.8 次抛物线变化。

3)适用范围

跨径范围 70 ~ 120 m,跨径大于 120 m 经济性较差。

4)施工方法

大多采用悬臂浇注或悬臂拼装施工法。连续梁桥采用悬臂法施工时,施工过程中墩梁临时固结,待合拢后,拆除临时固结措施,进行体系转换。

【小测验】

思考题

1. 阐述等截面连续梁桥的适用范围及其跨径与梁高布置的一般原则。
2. 阐述变截面连续梁桥的适用范围及其跨径与梁高布置的一般原则。
3. 为什么一般大跨度连续梁桥沿纵向设计成变高度的形式?

【知识点 3】截面设计

【问题】混凝土连续梁桥不同截面形式的适用范围是什么?在混凝土连续梁桥箱形截面的设计中,一般应如何确定箱梁的顶板、底板及腹板的厚度?

混凝土连续梁桥截面形式主要有板式、肋梁式及箱形三种。其中,板式截面、肋梁式截面主要用于中、小跨径($l<50$ m)梁桥,当 $l \geqslant 50$ m 时,主要采用箱形截面。

1)各种不同形式截面的特点及适用范围

(1)板式截面。板式截面包括实体板与空心板,此类截面自重大,但构造简单,施工方便,一般适用于小跨径连续梁桥($l \leqslant 120$ m)。

(2)肋梁式截面。肋梁式截面包括 T 形截面、带马蹄的 T 形截面及 I 形截面等,与板式截面相比,挖空率高,结构自重有所减轻,抗弯惯性矩增大,可适用于更大的跨径,但截面抗扭性能差(抗扭刚度低),且不满足连续梁有正负弯矩存在的受力要求,因此在连续梁桥中较少采用肋梁式截面。

(3)箱形截面。箱形截面空心率高,有利于减轻结构自重;截面抗弯与抗扭刚度大,受力性能好,同时适应抵抗正、负弯矩。因此,箱形截面是大跨径连续梁桥及其他桥梁的主要截面形式。

下面主要介绍箱形截面的尺寸设计。

2)箱形截面设计

(1)截面形式。如图6.27所示为箱形截面的主要形式。

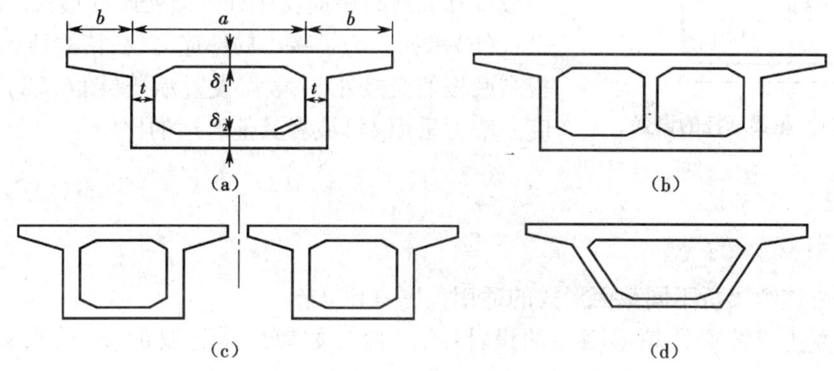

图6.27 箱形截面的基本形式

(a)单箱单室 (b)单箱双室 (c)双箱单室 (d)斜腹板箱梁

(2)横向尺寸布置。箱梁顶板宽度一般取接近桥面总宽;悬臂长度 b,两腹板之间距离 a,一般取 $b/a=1/3\sim2/5$(图6.27(a));考虑到悬臂板横向受力(根部弯矩),一般 $b\leqslant5$ m,当 $b>3$ m时,宜布横向预应力筋。

(3)顶板厚度。确定箱梁截面顶板厚度 s 一般需考虑两个因素:满足桥面梭横向受力,主要是受弯的要求;满足布置箱梁纵、横向预应力筋的要求。参照《日本本洲四国联络桥设计标准》,车行道部分的箱梁顶板或其他呈现连续板受力特性的桥面板以及悬臂板厚度拟定如表6.2所示。悬臂端部厚度一般不小于10 cm,若设置防撞墙或需锚固横向预应力筋,则其不小于20 cm。

表6.2 车行道部分桥面板的厚度(长度单位:m)

位置	桥面板跨度方向	
	垂直于行车道方向	平行于行车道方向
顶板或连续板	$3L+11$(纵肋之间)	$5L+13$(横隔之间)
悬臂板	$L<0.25$ 时,$28L+16$	$24L+13$
	$L>0.25$ 时,$8L+21$	

注:分别计算两个方向厚度后取小值,L 为桥面板的跨度,m。

(4)底板厚度。考虑到连续体系梁桥中支点负弯矩和跨中正弯矩均较大,一般采用变厚度设计,箱梁底板厚度从跨中向中支点逐渐变大,以满足中支点附近截面下缘受压要求。底板厚度 δ_2 与跨径 L 之比一般取1/170~1/140;跨中区域底板厚度则可按构造要求设计,一般取22~28 cm。

(5)腹板厚度。腹板厚度设计主要考虑两个因素:满足抗剪要求,对于连续梁桥,在 $L/4$ 跨径区域,剪力较大,由于弯矩、扭矩及剪力的共同作用,导致腹板承受较大的主拉应力,若腹板强度不够,则往往会产生斜裂缝;考虑预应力钢束管道布置、普通钢筋布置及混凝土浇注要求,腹板设计不宜太薄。腹板最小厚度 t_{min} 一般应满足:腹板内无预应力管道时,$t_{min}=20$ cm;腹板内有预应力管道时,$t_{min}=25\sim35$ cm;腹板内有预应力筋锚固头时,$t_{min}=35$ cm。考虑到连续梁支座处剪力较大,跨中区域剪力较小,因此箱梁腹板一般设计成从跨中向支座处逐渐变厚的形式。

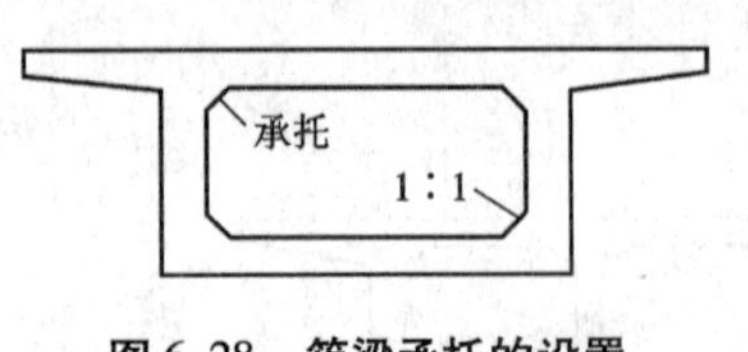

图 6.28 箱梁承托的设置

(6)承托。为了减小局部应力,在箱梁顶板与腹板、腹板与底板的交接处,一般需设置承托(图 6.28),承托的坡度一般可采用 1:1或者其他合适的比例。

【小测验】

思考题

1. 混凝土连续梁桥不同截面形式的适用范围是什么?

2. 在混凝土连续梁桥箱形截面的设计中,一般应如何确定箱梁的顶板、底板及腹板的厚度?

3. 混凝土连续梁桥箱形截面顶板厚度有哪些构造规定?

【知识点 4 】预应力筋布置

【问题】纵向预应力筋布置有哪几种主要方式? 横向预应力筋和竖向预应力筋的作用是什么?

连续梁桥主梁主要受三个内力作用:纵向受弯、竖向受剪及横向受弯。为了抵抗这三个内力作用,需布置三向预应力筋,即纵向抗弯预应力筋、竖向抗剪预应力筋及横向抗弯预应力筋。

1)纵向预应力筋

采用不同的施工方法,连续梁桥的恒载受力及活载受力存在一定的差别,因此纵向预应力筋布置有如下几种主要方式。

(1)顶推法施工的连续梁桥,一般采用直线布筋方式(图 6.29(a))。上、下预应力筋通束使得接近轴心的截面受压,以抵抗顶推过程中各截面正负弯矩的交替变化。待顶推完成后,在跨中底部和支座顶部增加局部预应力筋,以满足使用阶段活载内力要求。有时,在支座底部及跨中顶部附近布置设计要求的施工临时束,施工完成时予以拆除。

(2) 简支变连续法,即先简支后连续施工的连续梁桥,先按简支梁桥布置预应力束,然后在支座接缝的顶部布置直线筋,形成连续梁以承担活载下产生的负弯矩(图 6.29(b))。

(3)悬臂施工连续梁桥,一般采用节段浇筑或拼装的施工方法,因此一期钢束布置在截面上缘以抵抗悬臂施工阶段与使用阶段的负弯矩,合拢后在跨中区域截面下缘布置预应力束,以抵抗使用阶段活载产生的正弯矩。上缘预应力筋主要布置在箱梁顶板,称为顶板索;下缘预应力筋一般布置在箱梁底板,称为底板索。顶板索有直线配筋(图 6.29(c))与曲线配筋(图 6.29(d))两种方式,曲线配筋锚固于腹板位置,有利于腹板抗剪,采用较广泛。

(4)连续曲线配筋方式,将跨中部位抵抗正弯矩的底板索与支座部位抵抗负弯矩的顶板索在全桥范围连续化(图 6.29(e))。这种预应力筋布置方式一般适用于整体浇注施工的中、小跨径连续梁桥。图 6.29 中右边的 M 图是连续梁施工过程中自重作用的弯矩示意图。

预应力筋弯曲次数多、连续长度过长会使预应力损失大,因此预应力筋连续长度一般不宜太长。

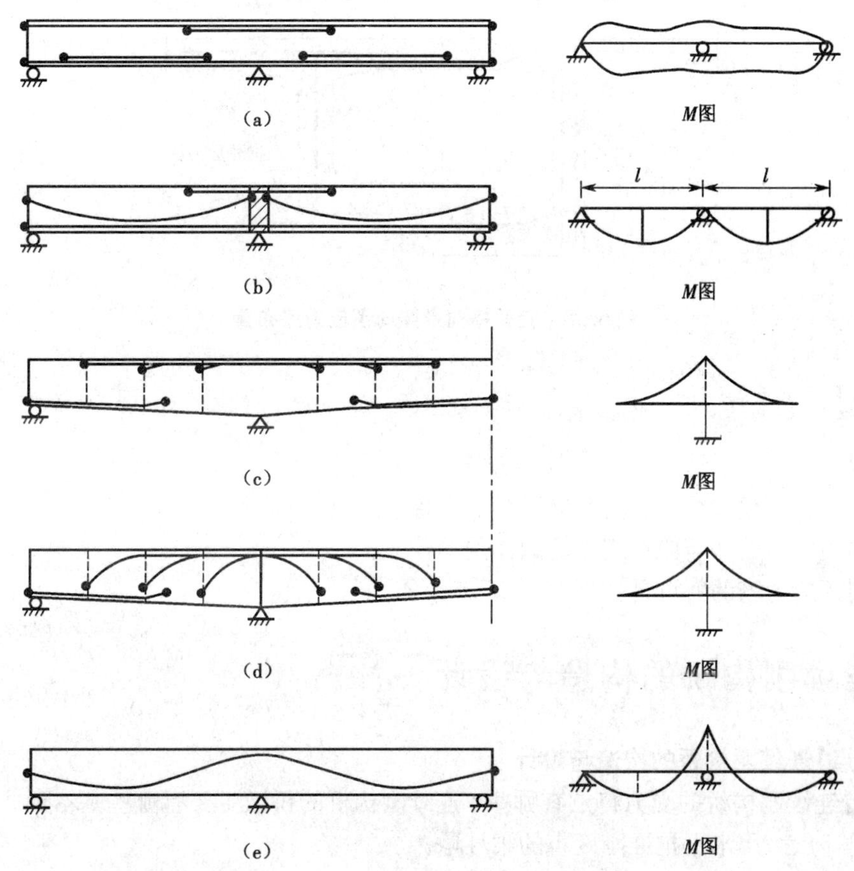

图 6.29　连续梁桥纵向预应力筋配筋方式

(a)直线布筋　(b)简支变连续　(c)直线配筋　(d)曲线配筋　(e)连续曲线配筋

2)横向预应力筋

横向预应力筋是用以保证桥梁横向整体性、桥面板及横隔板横向抗弯能力的主要受力钢筋。横向预应力筋一般布置在箱梁顶板和横隔板中。顶板中的横向预应力筋在悬臂段及腹板支撑处布置在顶板上缘,在两腹板支撑的跨中部位布置在顶板下缘(图 6.30)。因为箱梁顶板的横向弯曲相当于框架或连续梁工作。由于箱梁顶板厚度小,横向预应力筋大多采用扁锚体系,以减小预应力管道所占的空间。

3)竖向预应力筋

竖向预应力筋的主要作用是提高截面的抗剪能力。配筋一般采用粗钢筋或钢铰线作为竖向预应力筋布置在腹板内,间距由计算要求确定。因桥墩支点截面处剪力大,跨中截面处剪力小,因此一般支点附近区域竖向预应力筋配置较密(间距小),跨中区域间距稍大(图 6.30)。

竖向预应力筋的特点是:长度短,张拉延伸量小,容易造成预应力损失,一般需进行二次张拉,以确保足够的有效预应力。预应力张拉后(纵向、横向、竖向)应及时对管道进行压浆并封锚,压浆应密实饱满,否则有可能带来严重后果。预应力箱梁大多采用 C50 及以上的高标号混凝土。

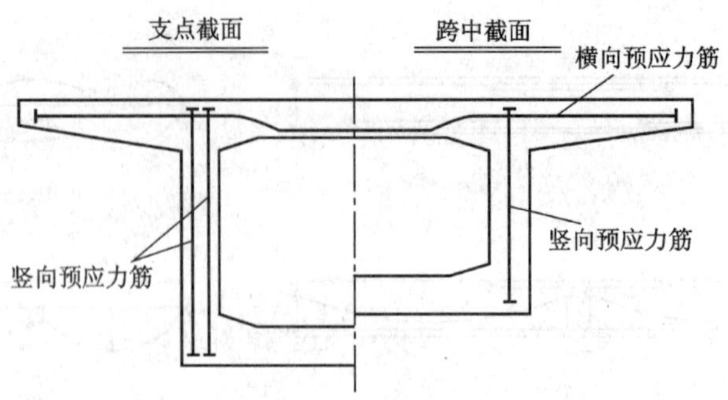

图 6.30　箱梁横向及竖向预应力筋布置

【小测验】

思考题

1. 悬臂施工连续梁桥的纵向预应力筋的布置方式是什么？
2. 横向预应力筋和竖向预应力筋的作用是什么？
3. 竖向预应力筋的特点是什么？

6.5　连续刚构桥的构造与设计

【知识点】连续刚构桥的构造与设计

【问题】连续刚构桥的受力特点有哪些？连续刚构桥的桥墩主要有哪些基本形式？为什么连续刚构桥一般采用水平抗推刚度小的柔性墩？

【名词解释】双薄壁墩　单薄壁墩　V 形墩

1. 受力特点

混凝土连续刚构桥的主要受力特点如下。

(1)连续刚构桥是梁墩固结体系，梁墩整体受力。

(2)采用悬臂法施工的同等跨径的连续刚构桥与连续梁桥相比，在结构自重作用下两者的结构内力与变形基本一致。如主梁跨中正弯矩、支点截面负弯矩及跨中挠度等，均基本相等。

(3)由于梁墩固结，在活载作用下，连续刚构桥主梁跨中截面正弯矩及支点截面负弯矩都小于相同跨径的连续梁，因此连续刚构桥的梁高一般略小于相同跨径的连续梁，连续刚构桥比连续梁桥更能适应大的跨径。

(4)连续刚构桥由于温度变化、混凝土收缩等因素，会使桥梁产生较大的纵向变形，并在墩顶产生较大的水平推力等结构附加内力，为了减小结构附加内力，设计时在确保桥墩抗压与抗弯刚度的前提下，应尽量减小桥墩的水平抗推刚度。

(5)由于高墩的水平抗推刚度小，属柔性墩，因此连续刚构桥宜采用高墩。

混凝土连续刚构桥一般适用于跨径 100 ~ 240 m 的桥梁，最大跨径可达 300 m，一般采用预应力混凝土结构，施工方法宜采用悬臂法，较多采用悬臂浇筑法。

2. 构造与设计

1）跨径布置

预应力混凝土连续刚构桥一般采用3～5跨布置，如果采用刚构-连续组合体系桥，则跨数可以更多。边跨与中跨的跨径之比 l_1/l 一般取0.5～0.7；当采用悬臂法施工时，在深谷条件下，支架现浇很困难，为了减小边跨的支架现浇长度或取消边跨落地，支架采用导梁合拢的方式，往往取边中跨比 l_1/l 为0.5～0.55。

2）主梁截面形式、梁高及预应力筋布置

连续刚构桥的主梁一般采用箱形截面；根部梁高 $h_{支}$ 一般取（1/20～1/16）l，跨中梁高与根部梁高之比 $h_{中}/h_{支}$ 一般取1/3.5～1/2.5，跨中梁高略小于连续梁的跨中梁高；连续刚构桥箱梁截面的细部尺寸与连续箱梁基本相同；大跨连续刚构桥一般采用悬臂法施工，箱梁预应力筋布置方式与采用悬臂法施工的连续箱梁相同。

3）桥墩

连续刚构桥的桥墩主要有竖直双薄壁墩、竖直单薄壁墩及V形墩这三种基本形式（图6.31）。对于连续刚构桥桥墩的设计，在满足桥墩抗压、抗弯刚度的前提下，应减小其水平抗推刚度，以适应桥梁纵向变形，减小结构次内力，可采用水平抗推刚度较小的单肢薄壁墩或双肢薄壁墩。一般情况下，墩的长细比可取16～20，双肢薄壁墩的中距与主跨之比 a/l 可取1/25～1/20。

因薄壁墩的防撞能力较弱，在通航河流上建桥时应充分注意桥梁薄壁墩抵抗船舶撞击的安全度，采取合适的防撞措施。其次，大跨连续刚构桥在横桥的约束也较弱，桥梁在横向不平衡荷载或风荷载作用下，易发生扭曲变位，为了增大其横向稳定性，桥墩的横向刚度应设计得大一些。

（1）竖直双薄壁墩。竖直双薄壁墩是用两个相互平行的薄壁与主梁固结的桥墩（图6.31（a）），墩壁可以做成实心的矩形截面或者空心的箱形截面。竖直双薄壁墩抗弯刚度大、稳定性好，同时其水平抗推刚度小，适应桥梁的纵向变形。由于是双薄壁墩，主梁的负弯矩峰值出现在两肢墩的墩顶，且比单壁墩小一些，可以减小墩顶主梁截面尺寸，节省材料。因此，双薄壁墩是连续刚构桥理想的桥墩形式，被广泛采用。

（2）竖直单薄壁墩。在高墩连续刚构桥中，也采用竖直单薄壁墩（图6.31（b）），其截面形式有实心的矩形截面和空心的箱形截面。现以实心矩形截面为例，对单薄壁墩与双薄壁墩的水平抗推刚度进行比较。设单薄壁墩的截面尺寸为 $b\times 2h$，双薄壁墩的单肢尺寸为 $b\times h$，墩高均为 l，截面图分别如图6.32（a）和图6.32（b）所示。材料弹性模量 E 相同，单薄壁墩的纵向抗弯惯性矩为 I_1，双薄壁墩的单肢纵向惯性矩为 I_2，则顺桥向墩顶水平抗推刚度为：

单薄壁墩
$$k_1=\frac{3EI_1}{l^3}=\frac{2Ebh^3}{l^3} \tag{6-4}$$

双薄壁墩
$$k_2=2\times\frac{3EI_1}{l^3}=\frac{Ebh^3}{2l^3} \tag{6-5}$$

由式（6-4）、式（6-5）可知，在墩身截面积相同的情况下，双薄壁墩的抗推刚度仅为单薄壁墩的1/4。一般来说，在截面积相同的条件下，单薄壁墩的抗弯能力、抗扭能力及稳定性均较双薄壁墩弱，抗推刚度大，不利于桥梁的纵向变形。但是，随着墩身高度的增大，单薄壁墩的抗推刚度逐渐减小，柔性逐渐增强，并且箱形单薄壁墩的抗弯能力、抗扭能力及稳定性均较强。

因此,对于高墩连续刚构桥,箱形单薄壁墩也是理想的墩身形式。

(3)V 形墩(或 Y 形柱式墩)。为了减小墩顶处主梁的负弯矩峰值,可将墩柱做成 V 形墩(图 6.31(c))。Y 形墩是上部为 V 形托架,下部为单柱,构成 Y 字形的桥墩,这种桥墩施工较麻烦。

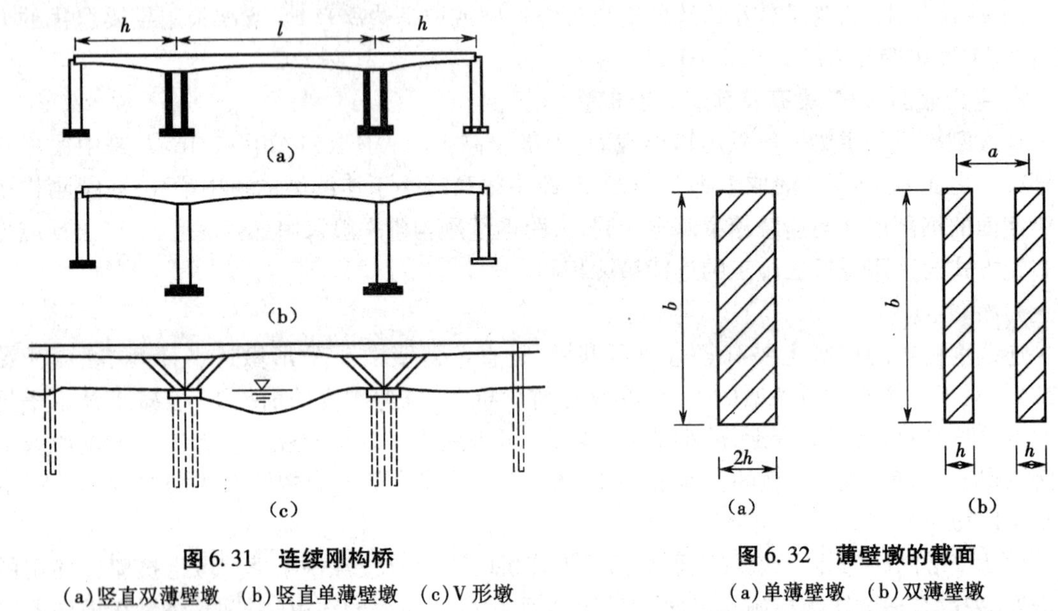

图 6.31 连续刚构桥

(a)竖直双薄壁墩 (b)竖直单薄壁墩 (c)V 形墩

图 6.32 薄壁墩的截面

(a)单薄壁墩 (b)双薄壁墩

4)墩梁固结处的设计

连续刚构桥的梁墩固结处构造与受力均十分复杂,是结构设计的关键部位。固结处的联结形式取决于墩柱的形式,同时应考虑使传力路径明确简捷、力线流畅、施工方便。图 6.33 所示为纵向设有横隔墙(板)的双壁墩,在固结处采用了梁部箱体直接固结于双壁墩顶部的形式,并使双壁轴线与固结处梁部的横隔板中心线一致。墩顶钢筋经底板伸至横隔板内,有足够的锚固长度。为了防止结合部位横向开裂,在横隔板上下部(包括底板)设置横向预应力筋,在梁墩联结部位底板顶面应力集中过大处增设了梗腋。对于特大跨径的连续刚构桥,其薄壁空心墩顶宜布置高度 2 m 左右的实体段。

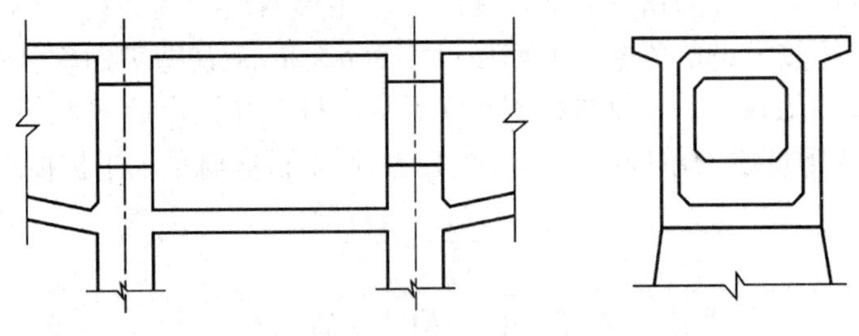

图 6.33 墩梁固结处的构造

【小测验】

一、判断题

1. 连续板桥在支点处产生负弯矩,对跨中弯矩起到卸载作用,故跨径可以比简支梁桥做得大一些或厚度比同跨径的简支梁桥做得薄一些。( )

2. 牛腿的最大应力发生在截面开始变化的竖直截面上。( )

3. 箱形梁截面的抗扭能力强,其抗扭惯性矩约为相应 T 形截面的十几倍到几十倍。( )

4. 按承重结构的静力体系划分,梁桥分为简支梁桥、连续梁桥和悬臂梁桥三大类。( )

5. 截面效率指标能表征梁的截面在使用过程中的承载能力。( )

6. 在装配式 T 形梁桥中,横隔梁起着隔开各根主梁的作用。( )

7. 横隔梁在装配式 T 形梁桥中起着保证各主梁相互连成整体的作用。( )

8. 连续体系属于超静定结构,对温度变化和支座变位不敏感。( )

9. 连续体系和悬臂体系都具有如下特点:负弯矩的代偿功能(卸载作用)使截面高度减小,而跨越能力提高。( )

10. 现阶段,大跨径连续梁桥的截面形式以箱形截面为主。( )

11. 刚构桥属于高次超静定,对常年温差、基础变位、日照温差均较敏感。( )

12. 刚架桥在混凝土收缩、墩台不均匀沉降等因素的影响下,结构内力会发生变化。( )

13. 连续刚构桥的受力特点与连续梁桥接近,故其桥墩的构造与连续梁桥类似,即对桥墩的刚度和高度没有什么特殊要求。( )

二、思考题

1. 简述连续刚构桥的主要受力特点。

2. 为什么连续刚构桥一般采用水平抗推刚度小的柔性墩?

3. 连续梁桥或连续刚构桥中使用 V 形墩,有何优缺点?

4. 分别叙述 T 形刚构桥、连续梁桥和连续刚构桥这三种结构的主要优缺点并进行比较。

实训 7 掌握简支梁桥内力的计算

预习内容	行车道板的内力计算;主梁的内力计算;横隔梁的内力计算;挠度和预拱度的计算。
重　　点	行车道板的内力计算;荷载横向分布的计算;主梁的内力计算;横隔梁的内力计算。
难　　点	荷载横向分布系数的计算。
考　　点	行车道板的内力计算;荷载横向分布的计算;主梁的内力计算;横隔梁的内力计算。
学习指导	本实训所介绍的梁式桥的计算理论是进行桥梁设计的基础,所以该章是本篇的主要内容。本章的学习是以结构力学为基础的,要求学员有较好的结构力学基础,熟练掌握荷载横向分布的计算,掌握内力影响线的绘制及最不利内力的求解。

7.1 桥面板计算

【知识点】桥面板,板的有效工作宽度,板的内力计算

【问题】T 形梁行车道板的结构形式有哪几种？各按什么力学模式计算？

【名词解释】单向板　悬臂板　铰接悬臂板　单向板　双向板

1. 桥面板的分类

钢筋混凝土和预应力混凝土肋梁桥的桥面板(也称行车道板)是直接承受车辆轮压的承重结构,其在构造上通常与主梁梁肋和横隔梁(或横隔板)联结在一起,这样既保证了梁的整体性,又能将车辆荷载传给主梁。桥面板一般用钢筋混凝土制造,对于跨度较大的桥面板也可施加横向预应力,做成预应力混凝土板。

从结构形式上看,对于具有主梁和横隔梁的简单梁格(图 7.1(a))以及具有主梁、横梁和内纵梁(或称副纵梁)的复杂梁格(图 7.1(b))体系,行车道板实际上都是周边支撑的板。

从承受荷载的特点来看,当矩形支撑板中央作用一竖向荷载 P 时,虽然荷载 P 要向相互垂直的两对支撑边传递,但当支撑跨径 l_a 和 l_b 不相同时,由于板沿 l_a 和 l_b 跨径的相对刚度不同,将使向两个方向传递的荷载也不相等。根据弹性薄板理论的研究,对于四边简支的板,当板的长边与短边之比 l_a/l_b 接近 2 时,荷载的绝大部分会沿短跨方向传递,沿长跨方向传递的荷载不足 6%。l_a/l_b 之值愈大,向 l_a 跨度方向传递的荷载就愈少。通常可把边长比或长宽比大于等于 2 的周边支撑板看做单由短跨承受荷载的单向受力板(简称单向板)来设计,而在长跨方向只要适当配置一些分布钢筋即可。长宽比小于 2 的板称为双向板,需按两个方向的内力分别配置受力钢筋。

对于常见的 $l_a/l_b \geq 2$ 的装配式T形梁桥,有以下两种情形。当翼缘板的端边是自由边(图7.1(c))时,鉴于上述同样的原因,实际是三边支撑的板可以按边梁外侧的翼缘板考虑,看做沿短跨一端嵌固而另一端为自由端的悬臂板来分析;相邻翼缘板在端部互相做成铰接接缝的构造(图7.1(d))时,桥面板应按一端嵌固一端铰接的铰接悬臂板进行计算。

综上所述,在实践中可能遇到的桥面板受力图式为单向板、悬臂板、铰接悬臂板等几种。其中双向板由于用钢量大,构造复杂,目前已很少采用。

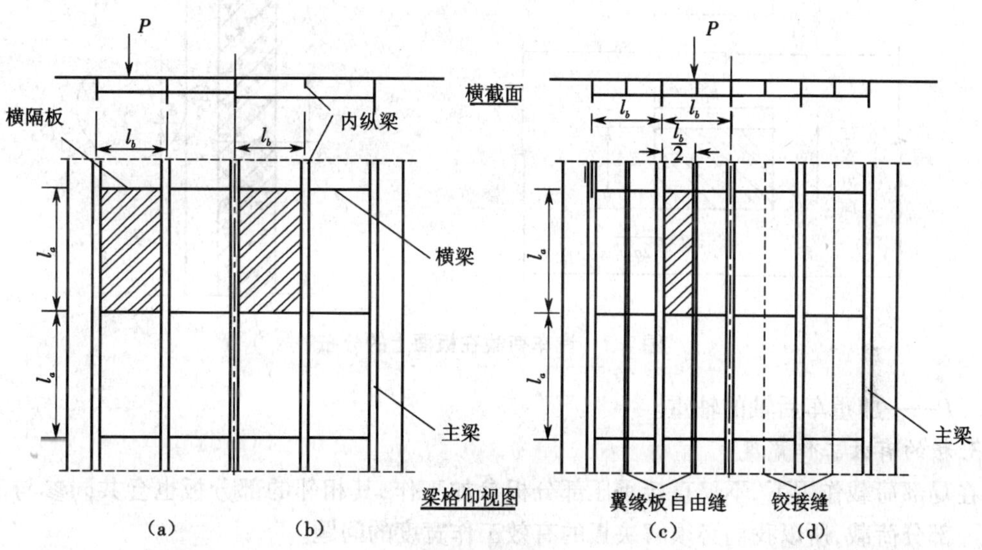

图7.1　梁格系构造和桥面板的支撑方式

(a)简单梁格　(b)复杂梁格

(c)翼缘板端边为自由边　(d)相邻翼缘板铰接

2. 车轮荷载在板上的分布

作用在桥面上的车轮压力,通过桥面铺装层扩散分布在钢筋混凝土板面上。富于弹性的车轮与桥面的接触面实际上近似为椭圆,而且荷载又要通过铺装层扩散分布,故车轮压力在桥面板上的实际分布是很复杂的。

为了计算方便,通常可近似地把轮与桥面的接触面看作尺寸为 $a_1 \times b_1$ 的矩形,此处 a_1 是车轮沿行车方向的着地长度,b_1 为车轮的宽度,如图7.2所示。各级荷载的 a_1 和 b_1 值可从《桥规》(JTG D60)中查得。至于荷载在铺装层内的扩散程度,根据试验研究,对于混凝土或沥青面层,荷载可以偏安全地假定呈角扩散。因此,最后作用于钢筋混凝土承重板顶面的矩形荷载压力面的边长为:

$$\left.\begin{aligned} &\text{沿行车方向} \quad a_1 = a_2 + 2H \\ &\text{沿横向方向} \quad b_1 = b_2 + 2H \end{aligned}\right\} \tag{7-1}$$

式中　H——铺装层的厚度。

据此,当汽车、列车中一个加重车的后轮作用于桥面板时,作用于板面上的局部分布荷载为

$$p = \frac{P}{2a_1 b_1} \tag{7-2}$$

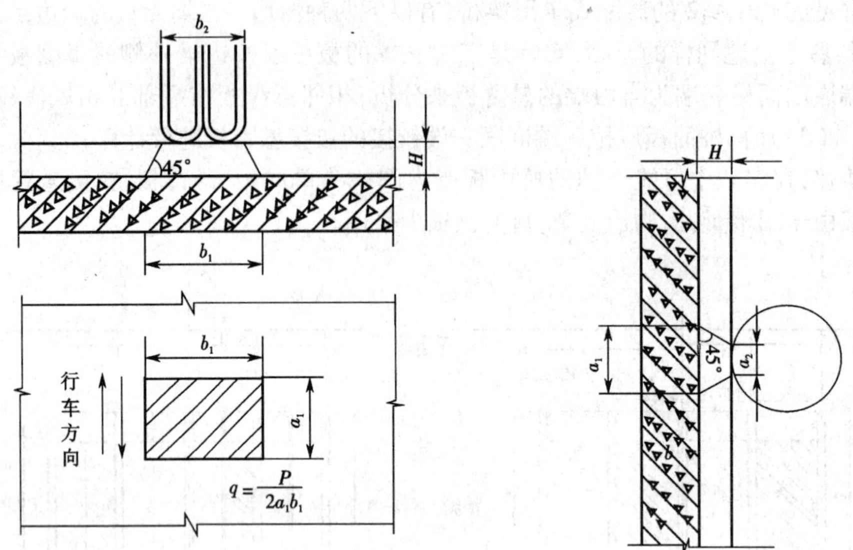

图 7.2 汽车荷载在板面上的分布

式中 P——加重车后轴的轴重。

3. 板的有效工作宽度

在局部荷载作用下，不仅直接承压部分板参加工作，其相邻的部分板也会共同参与工作，承担一部分荷载，所以我们必须解决板的有效工作宽度的问题。

下面分单向板和悬臂板来阐明荷载分布宽度的计算方法。

1)单向板

现考察一块跨径为 l、宽度较大的梁式桥面板(图 7.3)，当荷载以 $a_1 \times b_1$ 的分布面积作用在板上时，板除了沿计算跨径的 x 方向产生挠曲变形 ω_x 外，在沿垂直于计算跨径的 y 方向也必然发生挠曲变形 ω_y(图 7.3(b))。这说明在荷载作用下，不仅直接承压的宽度为 a_1 的条板受力，其邻近的板也参与工作，共同承受车轮荷载产生的弯矩。图 7.3(a)给出了沿 y 方向的条板分担的弯矩 m_x 的分布图形。

从图中可知，在荷载中心处板条负担的弯矩达到最大值 m_{max}，离荷载愈远的板条所承受的弯矩就愈小。如果设想以 $a \times m_{max}$ 的矩形来代替实际的曲线分布图形，即

$$a \times m_{max} = \int m_x \mathrm{d}y = M$$

则得弯矩图形的换算宽度为

$$a = \frac{M}{m_{max}} \tag{7-3}$$

式中 M——车轮荷载产生的跨中总弯距；

m_{max}——荷载中心处的最大单宽弯矩值，可按弹性薄板理论求得。

上式中的 a 就定义为车轮传递到板上的荷载分布宽度，也称为板的有效工作宽度，以此板宽来承受车轮荷载产生的总弯矩，既满足了弯矩最大值的要求，计算起来也很方便。

荷载分布宽度 a 的大小与板的支撑条件、荷载性质以及荷载作用位置有关。两边固结的板的荷载分布宽度要比简支板小 30% ~40%；全跨满布的条形荷载的有效分布宽度比局部

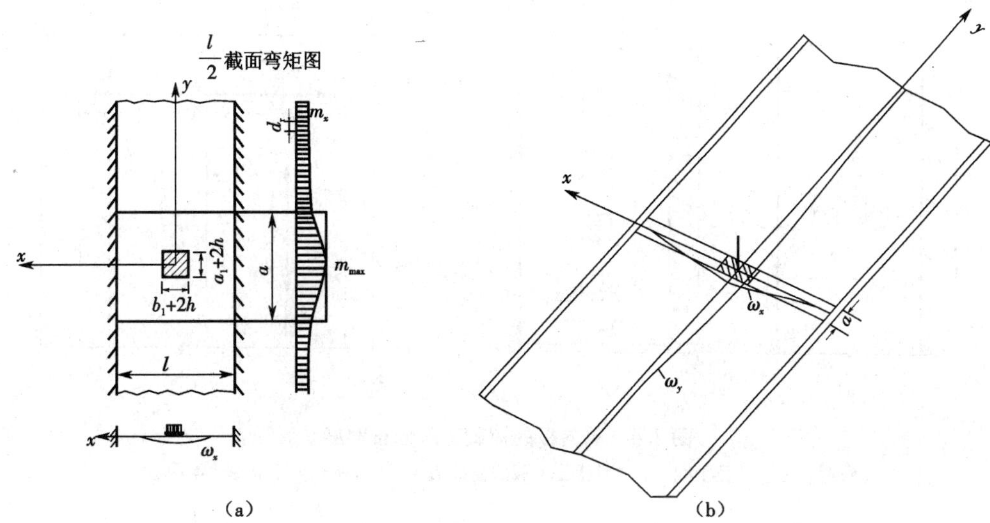

图 7.3　桥面板的受力状态

(a)沿 y 方向的条板分担的弯矩 m_x　(b)挠曲变形 ω_y

布荷载的小;荷载愈靠近支撑边,其有效工作宽度愈小。

为了计算方便,《桥规》中对丁梁式单向板的荷载分布宽度作了如下的规定。

(1)荷载位于跨径中间。只有单独一个荷载时(图 7.4(a))

$$a=a_1+\frac{l}{3}=a_2+2H+\frac{l}{3},(a\geqslant\frac{2l}{3}) \tag{7-4}$$

几个靠近车轮荷载位于跨中,有效分布宽度发生重叠时(图 7.4(b)),则

$$a=a_1+d+\frac{l}{3}=a_2+2H+d+\frac{l}{3},(a\geqslant\frac{2l}{3}+d) \tag{7-5}$$

式中　l——两梁肋之间板的计算跨径;

d——最外两个荷载的中心距离,如果只有两个相邻荷载一起计算时,d 为车辆荷载的轴距。

(2)荷载位于板的支撑边缘。

$$a'=a_1+t=a_2+2H+t,(a'\geqslant\frac{l}{3}) \tag{7-6}$$

式中　t——板的厚度。

(3)荷载位于支撑边缘附近。

$$a_x=a'+2x\leqslant a \tag{7-7}$$

式中　x——荷载离支撑边缘的距离。

根据上述分析,对于不同车轮荷载位置,单向板的有效分布宽度如图 7.4(c)所示。注意,按上述公式算得的所有分布宽度,均不得大于板的全宽度。

对于履带车来说,因接触桥面较长,通常不考虑荷载压力面以外的板条参加工作,故不论在跨中或支点,均取 1 m 宽的板条进行计算。

2)悬臂板

悬臂板在荷载作用下,除了直接受荷载的板条外,相邻的板条也会发生挠曲变形而承受部

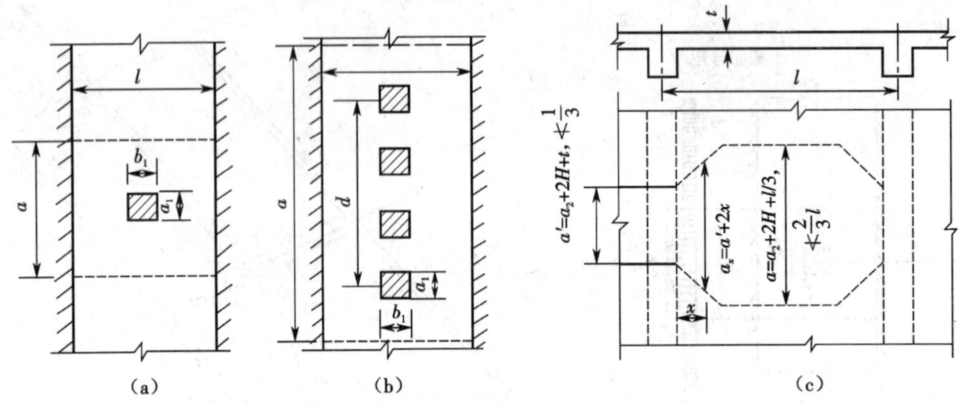

图 7.4 单向板的荷载有效分布宽度

(a)荷载位于跨径中间 (b)荷载位于板式支撑边缘 (c)荷载位于支撑边缘附近

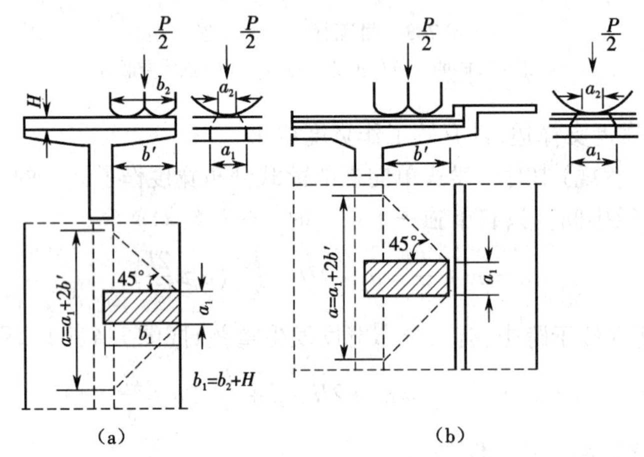

图 7.5 悬臂板的有效工作宽度

分荷载,如图 7.5 所示。悬臂板的荷载有效分布宽度为

$$a = a_2 + 2H + 2b' = a_1 + 2b' \tag{7-8}$$

式中 b'——承重板上荷载压力面外侧边缘至悬臂根部的距离。

对于分布荷载靠近边板的最不利情况,b'就等于悬臂板的净跨径 l_0,于是

$$a = a_1 + 2l_0 \tag{7-9}$$

4. 桥面板的内力计算

对于实体的矩形截面桥面板,一般均由弯矩控制设计,设计时,习惯上以一米宽的板条进行计算,比较方便。对于梁式单向板或悬臂板,只要借助板的荷载分布宽度,就不难得到作用在每米宽板条上的荷载和其引起的弯矩。下面就几种桥面板来说明其内力的计算方法。

1)多跨连续单向板内力

多跨连续板与主梁梁肋连接在一起,因此,当板上有荷载作用时,会使主梁发生相对变形,而这种变形又影响到板的内力。如果主梁的抗扭刚度极大,板的工作性能就接近于固端梁,如图 7.6(a)所示。反之,如果主梁抗扭刚度极小,板在梁肋支撑处为接近自由转动的铰支座,则

板的受力就如多跨连续梁,如图 7.6(b)所示。实际上行车道板在主梁梁肋的支撑条件,既不是固端,也不是铰支,而应该是弹性嵌固的,如图 7.6(c)所示。

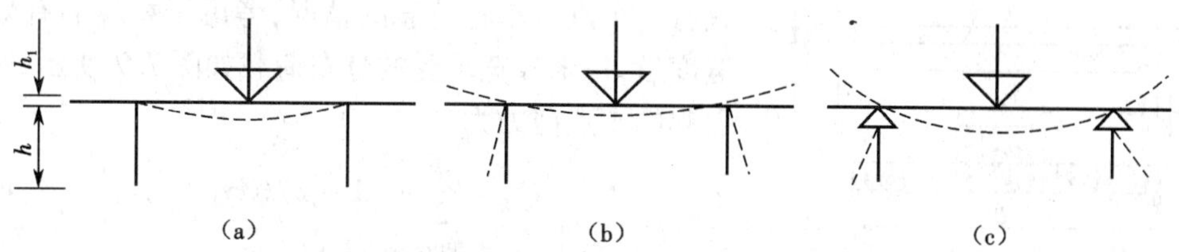

图 7.6　主梁扭转对行车道板受力的影响

(a)主梁抗扭刚度极大　(b)主梁抗扭刚度极小　(c)实际情况

行车道板的受力情况比较复杂,影响的因素也比较多,因此,要精确计算板的内力是有一定困难的,通常采用简单的近似方法进行计算。对于弯矩先算出一个跨度相同的简支板的跨中弯矩 M_0,然后再根据实验及理论分析的数据加以修正。弯矩修正系数可视板厚 t 与梁肋高度 h 的比值来选用。对于一次浇筑的多跨连续单向板的内力计算,《桥规》作了如下规定。

(1)跨中最大弯矩计算。

当 $t/h<1/4$ 时(即主梁抗扭能力大时):

$$\left.\begin{aligned}&\text{跨中弯矩}\quad M_{\text{中}}=0.5M_0\\&\text{支点弯矩}\quad M_{\text{支}}=0.7M_0\end{aligned}\right\}\tag{7-10}$$

当 $t/h\geqslant 1/4$ 时(即主梁抗扭能力小时):

$$\left.\begin{aligned}&\text{跨中弯矩}\quad M_{\text{中}}=0.7M_0\\&\text{支点弯矩}\quad M_{\text{支}}=-0.7M_0\end{aligned}\right\}\tag{7-11}$$

其中　t——板厚;

h——肋高;

M_0——把板看作简支板时,由使用荷载引起的一米宽板的跨中最大设计弯矩,由 M_{0p} 和 M_{0g} 两部分内力组合而成。

M_{0p} 为 1 m 宽简支板条的跨中汽车荷载弯矩,有

$$M_{0p}=(1+\mu)\frac{P}{8a}\left(l-\frac{b_1}{2}\right)\tag{7-12}$$

式中　μ——汽车冲击系数,在桥面板内力计算中通常为 0.3;

P——汽车轴重,应取车辆荷载后轴的轴重力;

a——板的有效工作宽度;

l——板的计算跨径,当梁肋不宽时(如 T 形梁),可取梁肋中距,当梁肋较宽时(如箱形梁),可取梁肋间的净距加板厚,即 $l=l_0+t$,但 l 不大于 (l_0+b)(b 为梁肋宽);

b_1——荷载工作宽度。

M_{0g} 为 1 m 宽简支板条的结构重力弯矩,有

$$M_{0g}=\frac{1}{8}gl^2\tag{7-13}$$

式中　g——1 m 宽板的荷载强度。

(2)支点剪力计算。

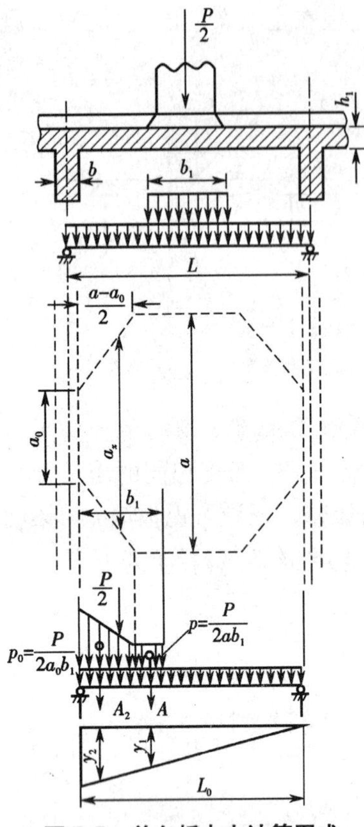

图 7.7 单向板内力计算图式

计算单向板的支点剪力时，可不考虑板和主梁的弹性固结作用，而直接按简支板的图式进行。对于跨径内只有一个汽车车轮荷载的情况，考虑了相应的有效工作宽度后，每米板宽承受的分布荷载如图 7.7 所示，则汽车引起的支点剪力为

$$Q_{支} = \frac{gl^2}{2} + (1+\mu)(Ay_1 + Ay_2) \tag{7-14}$$

其中，矩形部分荷载的合力为

$$A_1 = pb_1 = \frac{P}{2a} \quad (其中，p = \frac{P}{2ab_1}) \tag{7-15}$$

三角部分荷载的合力为

$$A_2 = \frac{1}{2}(p_0 - p) \times \frac{1}{2}(a - a_0) = \frac{P}{8aa_0b_1}(a - a_0)^2 \tag{7-16}$$

式中 p, p_0——对应于有效分布宽度 a 和 a_0 的荷载强度；

y_1, y_2——对应于荷载合力 A_1 和 A_2 的支点剪力影响线竖标值。

如跨径内有不只一个车轮进入时，应考虑其他车轮的影响。

2)铰接悬臂板内力

用铰接方式连接的 T 形梁翼缘板，其最大弯矩在悬臂根部。计算汽车荷载弯矩时，近似地把车轮荷载对中布置在铰接处作为最不利的荷载位置，这时铰接处的弯矩为零，两相邻悬臂板各承受半个车轮荷载，即 $P/4$，如图 7.8(a)所示。因此，每米宽悬臂板在根部的活载弯矩为

$$M_p = -(1+\mu)\frac{P}{4a}(l_0 - \frac{b_1}{4}) \tag{7-17}$$

每米宽悬臂板在根部的恒载弯矩为

$$M_g = -\frac{1}{2}gl_0^2 \tag{7-18}$$

1 m 宽悬臂板的最大弯矩为

$$M = M_p + M_g \tag{7-19}$$

进行铰接板的剪力计算，应把荷载尽量靠近梁肋布置，利用影响线来进行，即

$$Q_p = (1+\mu)p\omega \tag{7-20}$$

式中 p——作用在 1 m 宽板上下的荷载强度；

ω——与 b_1 所对应的剪力影响线面积。

为了简化计算，可近似按汽车车轮荷载对称布置在铰接处来计算剪力，这时 1 m 宽铰接板恒载产

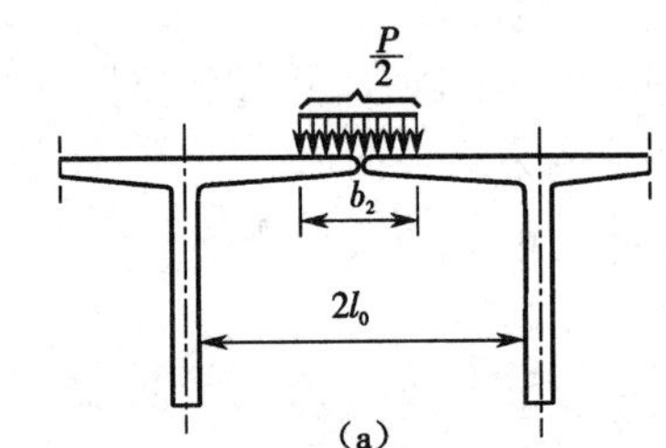

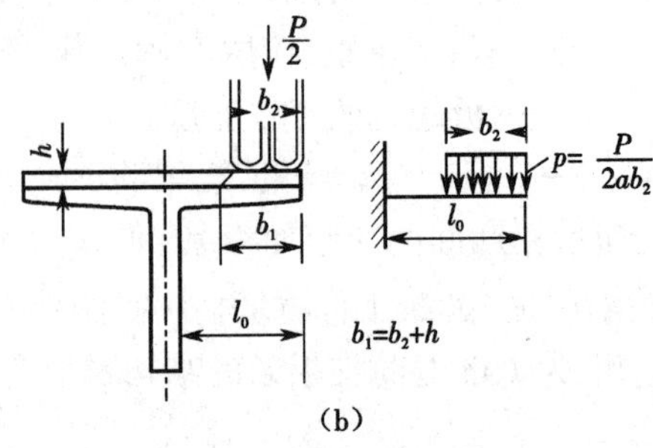

图 7.8 悬臂板的计算图式

(a)两相邻悬臂板各承受半个轮荷载

(b)车轮靠板的边缘布置

生的剪力为

$$Q_g = gl_0 \tag{7-21}$$

所以,1 m 宽铰接板的剪力为

$$Q = Q_g + Q_p \tag{7-22}$$

3)悬臂板内力

对于沿缝不相连接的悬臂板,计算梁肋处最大弯矩时,应将汽车车轮靠板的边缘布置,如图 7.8(b)所示,此时 $b_1 = b_2 + H$(无人行道一侧)或 $b_1 = b_2 + 2H$(有人行道一侧),则结构自重和汽车荷载弯矩值可由一般公式求得。

活载弯矩

$$M_{Ap} = -(1+\mu)\frac{p}{2}l_0^{\,2} = -(1+\mu)\frac{P}{4ab_1}l_0^{\,2} \quad (b_2 \geqslant l_0\text{时}) \tag{7-23}$$

或

$$M_{Ap} = -(1+\mu)pb_2\left(l_0 - \frac{b_2}{2}\right) = -(1+\mu)\frac{P}{2a}\left(l_0 - \frac{b_2}{2}\right) \quad (b_2 < l_0\text{时}) \tag{7-24}$$

式中 P——汽车车轮轴重力;

l_0——悬臂板的长度。

恒载弯矩

$$M_{Ag} = -\frac{1}{2}gl_0^2 \tag{7-25}$$

1 m 宽板条的最大设计弯矩

$$M_A = M_{Ag} + M_{Aq} \tag{7-26}$$

悬臂板的剪力计算如下。

活载剪力

$$Q_p = (1+\mu)pb' = (1+\mu)\frac{P}{2ab_1}b' \quad (b_1 \geqslant b'\text{时}) \tag{7-27}$$

或

$$Q_p = (1+\mu)\frac{P}{2a_1} \quad (b_1 < b'\text{时}) \tag{7-28}$$

恒载剪力

$$Q_g = gl_0 \tag{7-29}$$

所以,1 m 宽板条的最大设计剪力

$$Q = Q_g + Q_p \tag{7-30}$$

必须注意,以上所有活载内力的计算公式都是按照轮重为 $P/2$ 的车辆荷载推得的。

【例 7.1】计算图 7.9 所示 T 形梁翼板所构成铰接悬臂板的恒载及车辆荷载内力。桥面铺装为 2 cm 的沥青混凝土面层(重力密度为 23 kN/m^3)和平均 9 cm 厚的 C25 混凝土垫层(重力密度为 24 kN/m^3),T 形梁翼板的重力密度为 25 kN/m^3。

【解】1. 结构自重及其内力(按纵向 1 m 宽的板计算)

(1)每米板的结构自重 g 见表 7.1。

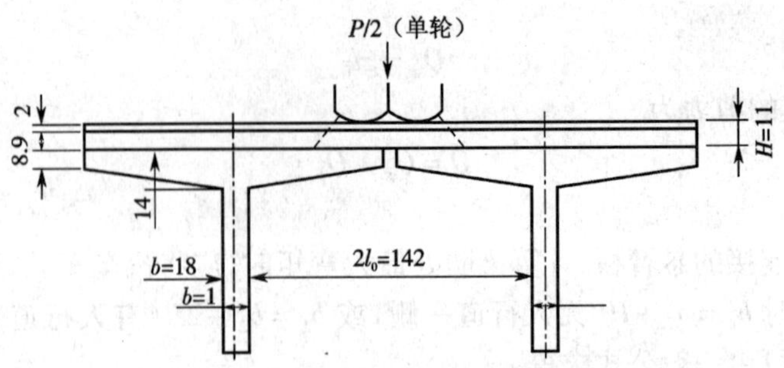

图 7.9　T 形梁横截面（长度单位：cm）

表 7.1　结构自重

沥青混凝土面层 g_1	$0.02\times1.0\times23=0.46$ (kN/m)
混凝土垫层 g_2	$0.09\times1.0\times24=2.16$ (kN/m)
T 形梁翼板自重 g_3	$\frac{0.08+0.14}{2}\times1.0\times25=2.75$ (kN/m)
合计	$g=\sum_{i=1}^{3}g_i=5.37$ (kN/m)

(2)每米宽板条的恒载内力。

$$M_{\min,g}=-\frac{1}{2}gl_0^2=-\frac{1}{2}\times5.37\times0.71^2=-1.35\ (\text{kN}\cdot\text{m})$$

$$Q_{Ag}=gl_0=5.37\times0.71=3.81\ (\text{kN})$$

2. 车辆荷载产生的内力

将车辆荷载后轮作用于铰缝轴线上（图 7.9），轴重力标准值为 $P=140$ kN，轮压分布宽度如图 7.10 所示。车辆荷载后轮着地长度为 $a_2=0.2$ m，宽度为 $b_2=0.6$ m，则

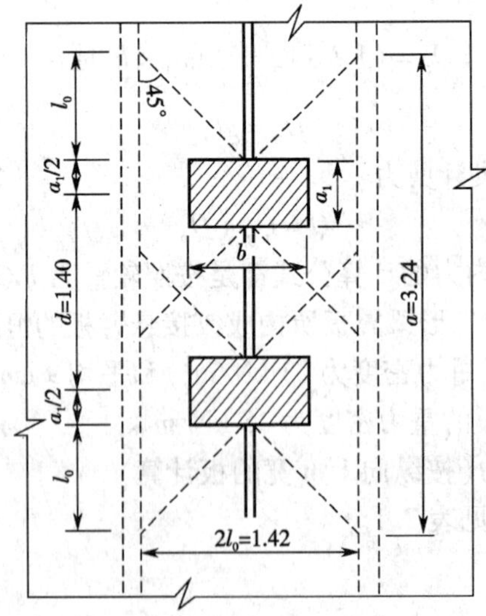

图 7.10　汽车荷载计算图示

$$a_1 = a_2 + 2H = 0.20 + 2 \times 0.11 = 0.42\ (\mathrm{m})$$

$$b_1 = b_2 + 2H = 0.60 + 2 \times 0.11 = 0.82\ (\mathrm{m})$$

荷载对于悬臂根部的有效分布宽度为

$$a = a_1 + d + 2l_0 = 0.42 + 1.4 + 2 \times 0.71 = 3.24\ (\mathrm{m})$$

由于这是汽车荷载局部加载在T梁的翼板上,故冲击系数取$(1+\mu)=1.3$。

作用于每米宽板条上的弯矩为

$$\begin{aligned} M_{\min,p} &= -(1+\mu)\frac{P}{4a}\left(l_0 - \frac{b_1}{4}\right) \\ &= -1.3 \times \frac{140 \times 2}{4 \times 3.24}\left(0.71 - \frac{0.82}{4}\right) \\ &= -14.18\ (\mathrm{kN \cdot m}) \end{aligned}$$

作用于每米宽板条上的剪力为

$$Q_{Ap} = (1+\mu)\frac{P}{4a} = 1.3 \times \frac{140 \times 2}{4 \times 3.24} = 28.09\ (\mathrm{kN})$$

3. 内力组合

(1)承载能力极限状态内力计算。

$M_{ud} = 1.2M_{\min,g} + 1.4M_{\min,p} = 1.2 \times (-1.35) + 1.4 \times (-14.18) = -21.47\ (\mathrm{kN \cdot m})$

$Q_{ud} = 1.2Q_{Ag} + 1.4Q_{Ap} = 1.2 \times 3.81 + 1.4 \times 28.09 = 43.90\ (\mathrm{kN})$

所以,行车道板的设计内力为

$$M_{ud} = -21.47\ (\mathrm{kN \cdot m}) \qquad Q_{ud} = 43.90\ (\mathrm{kN})$$

(2)正常使用极限状态内力组合计算。

$M_{ud} = M_{\min,g} + 0.7M_{\min,p} = (-1.35) + 0.7 \times (-14.18) \div 1.3 = -8.99\ (\mathrm{kN \cdot m})$

$Q_{ud} = Q_{Ag} + 0.7Q_{Ap} = 3.81 + 0.7 \times 28.09 \div 1.3 = 18.94\ (\mathrm{kN})$

【小测验】

思考题

1. 如何确定行车道板的有效分布宽度?
2. 绘图说明整体式钢筋混凝土简支板桥的荷载有效分布宽度沿桥跨变化情况。
3. 为什么通常将周边支撑板的长宽比等于2作为单向板和双向板的受力分界线?
4. 什么是桥面板的有效工作宽度?有效工作宽度的确定与哪几个因素有关?

7.2 主梁内力计算

【知识点1】荷载横向分布系数,主梁内力计算

【问题】荷载横向分布系数是如何提出来的?在不同横向刚度下,主梁的变形和受力影响情况是什么样的?

【名词解释】荷载横向分布系数　横向刚度　杠杆原理法　偏心压力法　比拟正交异性板法

主梁的设计内力包括恒载内力、活载内力和其他作用引起的内力(如风力或离心力引起的内力)。恒载的计算比较简单,除了考虑实际的结构自重外,通常可以近似地将桥面铺装、人行道、栏杆等的重力分摊给各主梁来承担。鉴于人行道、栏杆等构件一般是在桥梁连成整体后安装在边梁上的,必要时为了精确起见,也可将这些恒载按下述荷载横向分布的方法来计算。

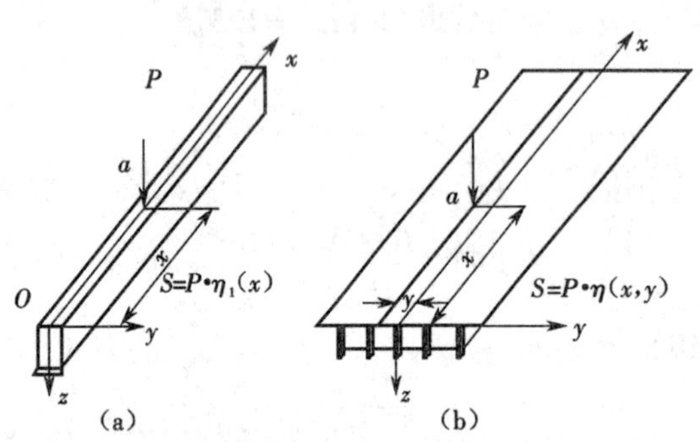

图 7.11 荷载作用下的内力计算

(a)在单梁上 (b)在梁式桥上

作用在梁式桥的活载由于具有空间性,不能均摊。对于单梁,如图 7.11(a),如以 $\eta_1(x)$ 表示梁上某一截面的内力影响线,则该截面的内力值 $S=P\eta_1(x)$。但对于由桥面板和横隔梁组成的梁桥来说,情况就完全不同。它的内力计算属于空间计算理论问题,可用影响面求解双值函数 $\eta(x,y)$ 表示,则截面的内力值表示为 $S=P\eta(x,y)$。用影响面求解最不利的内力值,仍是繁重的工作,故这种空间计算方法没有得到推广应用。目前广泛应用的是将复杂的空间问题转化为简单的平面问题求解,将影响面函数 $\eta(x,y)$ 分离成两个单函数的乘积,即

$$S=P\eta(x,y)\approx P\eta_1(x)\eta_2(y) \tag{7-31}$$

式中,$\eta_1(x)$ 就是单梁某一截面的内力影响线,如图 7.11(a)所示。如果将 $\eta_2(y)$ 看作是单位荷载沿横向作用在不同位置时对某梁所分配的荷载比值变化曲线,即对某梁的载荷横向分布影响线,则 $P\eta_2(y)$ 就是当 P 作用于 a 点时沿横向分布给某梁的荷载。

如果桥梁的结构一定,轮重作用在桥上的位置也确定,则分布至某根梁的荷载也是一个定值。在桥梁设计中,通常用一个表征荷载分布程度的系数 m 与轴重的乘积来表示这个值,因此前后轴的两排轮重分布在某根梁的荷载可分别记为 mp_1 和 mp_2。这个 m 就称为荷载横向分布系数,它表示某根主梁所承担的最大荷载是各个轴重的倍数(通常小于 1)。

图 7.12 所示为由五根主梁所组成的桥梁,在跨中截面作用荷载 P 时,图 7.12(a)所示为主梁与主梁没有任何联系的结构,此时如中梁的跨中有集中力 P 作用,则全桥中只有直接承受荷载的中梁受力,也就是说,该梁的横向分布系数 $m=1$,显然这种结构形式整体性差,而且很不经济。

再看图 7.12(c)的情况,如果将主梁相互间借横隔梁和桥面板刚性连接起来,并且设想横隔梁的刚度接近无穷大($EI_H\to\infty$),则在同样的荷载 P 作用下,由于横隔梁无弯曲变形,因此五根主梁将共同参与受力。此时五根梁的挠度均相等,荷载 P 由五根梁均匀分担,每根梁只承担 $P/5$,也就是说,各梁的横向分布系数均为 $m=0.2$。

然而,一般钢筋混凝土或预应力混凝土梁桥实际构造情况是各根主梁虽通过横向结构连成整体,但是横向结构的刚度并非无穷大。因此,在相同的荷载 P 作用下,各根主梁将按照某种复杂的规律变形(图 7.12(b)),此时中梁的挠度 ω_b 必然大于 ω_c 而小于 ω_a,设中梁所受的荷载为 mP,则横向分布系数 m 也必然大于 0.2 而小于 1。

综上所述,梁桥荷载横向分布的规律不仅与荷载性质、荷载位置有关,而且与连接各主梁结构的横向刚度有着密切联系,横向刚度越大,荷载分布作用越明显,各主梁分担的荷载也越

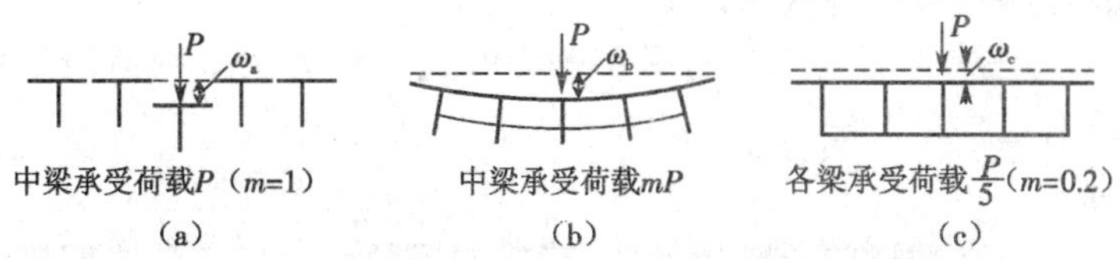

图 7.12　不同横向刚度时主梁的变形和受力情况

(a)横向无联系　(b)$0<EI_H<\infty$　(c)$EI_H\to\infty$

趋于均匀。因此,需要按不同的横向连接拟定出相应的荷载横向分布计算方法。目前常用的荷载横向分布计算方法有如下几种。

(1)杠杆原理法。把横向结构(桥面板和横隔梁)视作在主梁上断开而两端简支搁置在主梁上的简支梁或悬臂梁。

(2)偏心压力法。把横隔梁视作刚性极大的梁,当考虑主梁抗扭刚度影响时,此法又称为修正偏心压力法。

(3)横向铰接板(梁)法。把相邻板(梁)之间视为铰接,只传递剪力。

(4)横向刚接梁法。把相邻主梁之间视为刚性连接,即传递剪力和弯矩。

(5)比拟正交异性板法。将主梁和横隔梁的刚度换算成纵横两向刚度不同的比拟弹性平板来求解,并由实用的曲线图表进行荷载横向分布计算。

本节重点介绍较常用的杠杆原理法和偏心压力法,横向铰接板(梁)法、比拟正交异性板法因需要查阅计算图表和进行插入换算,计算较繁琐,目前在设计中也较少采用,故不作介绍。

【小测验】

一、判断题

1. 计算主梁的弯矩和剪力时,可在全跨内取用相同的荷载横向分布系数。(　)

2. 修正刚性横梁法中的修正系数β是一个与桥梁横截面几何尺寸、材料特性有关,而与主梁的刚度无关的参数。(　)

3. 计算横向分布系数的刚性横梁法,其所要求的适用条件是具有可靠联结的中间横隔梁,且宽跨比大于0.5。(　)

4. 刚性横梁法的基本假设是横梁刚度无限大,忽略主梁抗扭刚度。(　)

5. 修正的刚性横梁法,其修正的是横梁抗扭刚度。(　)

6. “刚性横梁法”又称“偏心压力法”。(　)

7. 对于具有多主梁的简支梁桥,杠杆原理法只适用于支点截面的荷载横向分布计算。(　)

8. 横向分布系数计算法中的比拟正交异性板法又称“G-M 法”。(　)

9. 有多个横隔梁且宽跨比较小时,适用比拟正交异性板法计算横向分布系数。(　)

二、思考题

1. 为什么进行主梁内力计算时要考虑荷载横向分布作用?

2. 计算装配式钢筋混凝土简支梁桥的荷载横向分布系数的方法有哪两大类?分别写出各类计算方法的名称。

【知识点2】荷载横向分布系数的计算

【问题】杠杆原理法和偏心压力法有哪些假设？这两种方法分别适用于桥梁哪些位置的计算？计算原理是什么？

1. 杠杆原理法

按杠杆原理法进行荷载横向分布的计算，其基本假设是忽略主梁之间横向结构的联系作用，即假设桥面板在主梁上断开，将其当作沿横向支撑在主梁上的简支梁或悬臂梁来考虑。

图7.13(a)所示即为桥面板直接搁在I形主梁上的装配式桥梁。当桥上有车辆荷载作用时，很明显，作用在左边悬臂板上的轮重 $P_1/2$ 只传递至1号梁和2号梁，作用在中部简支板上的轮重 $P_1/2$ 只传给2号梁和3号梁，也就是板上的轮重。

$P_1/2$ 各以简支梁反力的方式分配给左右两根主梁，而反力 R_i 的大小只要利用简支板的静力平衡条件即可求出，这就是通常所谓作用力平衡的"杠杆原理"。如果主梁所支撑的相邻两块板上都有荷载，则该梁所受的荷载是两个支撑反力之和，如图7.13(b)中，2号梁所受的荷载为 $R_2 = R_2' + R_2''$。利用结构力学知识很容易绘出某主梁的反力影响线来，此处反力影响线就是荷载横向分布影响线。

假定荷载横向分布影响线的竖标为 η，车辆荷载轴重为 P，轮重为 $P/2$(图7.14)，将车辆荷载按最不利情况加载，则分布到某主梁的最大荷载为

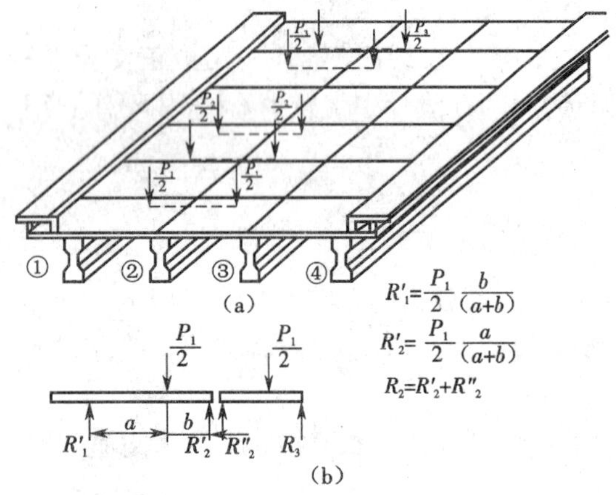

图7.13 按杠杆原理受力图示

(a)桥面板直接搁在I形主梁上的装配式桥梁

(b)车辆荷载作用分配

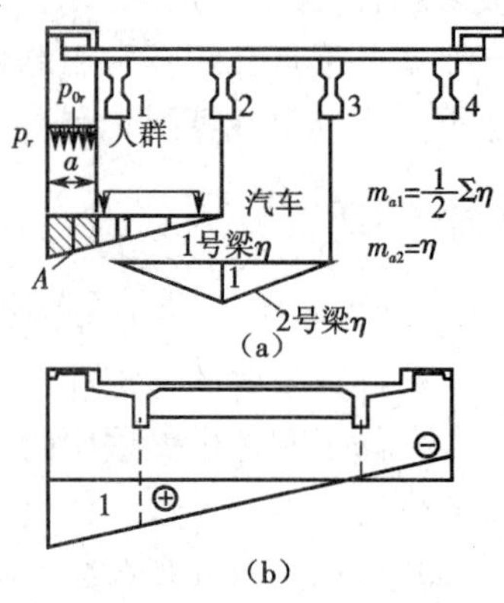

图7.14 杠杆原理法计算横向分布系数

(a)按杠杆原理法计算横向分布系数

(b)双主梁桥主梁影响线

$$P'_{\max} = \sum \frac{P}{2} \cdot \eta = \left(\frac{1}{2}\sum \eta\right) \cdot P \tag{7-31}$$

根据荷载横向分布系数的定义可知，上式的 $1/2\sum\eta$ 即为车辆荷载横向分布系数。《桥规》规定，车道荷载横向分布系数按车辆荷载横向分布系数计，因此，两者可统称为汽车荷载横向分布系数，其值为

$$m_{0q} = \frac{1}{2}\sum \eta_q \tag{7-32}$$

同理可得，人群荷载横向分布系数为

$$m_{0r} = \eta_r \tag{7-33}$$

式中：m_0表示按杠杆原理计算的横向荷载分布系数，拼音字母的脚标 q、r 分别代表汽车和人群荷载；η_q、η_r分别为汽车车轮和每米人群荷载集度对应的荷载横向分布系数影响线竖标。

杠杆原理法有一定的适用范围：双梁式桥在荷载作用下，横隔梁和桥面板的工作性质和简支梁一样，可用杠杆原理法做精确的计算；多梁式桥，当荷载作用在支点处时，连接的端横隔梁的支点反力与多跨简支梁的支点反力相差不多，可用杠杆原理法计算；横向联系很弱的无中间横隔梁的桥梁计算，也可以近似采用杠杆原理法。

在计算时，为了求出车辆荷载在桥的横向各种可能位置对 1 号、2 号和 3 号主梁产生的最大荷载，就要给出 R_1、R_2和 R_3的支点反力影响线，这些反力影响线称为各主梁的荷载横向影响线。有了荷载横向影响线，就可以将荷载沿横向分别置于最不利位置，计算主梁的横向分布系数。

【例 7.2】如图 7.15 所示，桥面净空为净 −7 +2 ×0.75 m 人行道的钢筋混凝土 T 梁桥，共设五根主梁。试求荷载位于支点处时，1 号梁和 2 号梁相应的公路—Ⅰ级和人群荷载的横向分布系数。

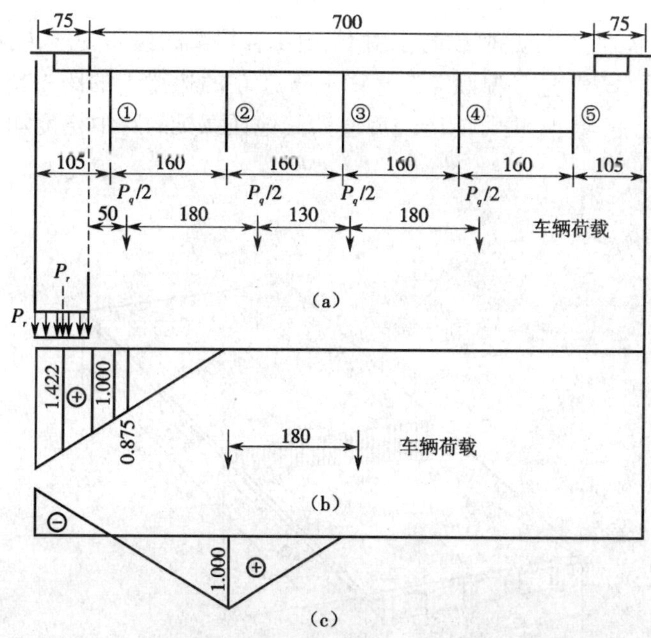

图 7.15　按杠杆原理法计算荷载横向分布系数(长度单位:cm)

(a)桥梁横断面　(b)1 号梁横向影响线　(c)2 号梁横向影响线

【解】当荷载位于支点处时，应按杠杆原理法计算荷载横向分布系数。

首先绘制 1 号梁和 2 号梁的荷载横向影响线，如图 7.15(b)和图 7.15(c)所示。

再按《桥规》规定，根据横向影响线确定荷载沿横向最不利位置。例如，对于汽车荷载，规定的汽车横向轮距为 1.80 m，两列汽车车轮的横向最小间距为 1.30 m，车轮距离人行道缘石最小为 0.50 m。由此求出相应于荷载位置的影响线竖标值后，按式(7-29)可得 1 号梁的荷载横向分布系数。

公路—Ⅰ级：$m_{0q} = \frac{1}{2}\sum_i \eta_{qi} = \frac{1}{2} \times 0.875 = 0.438$

人群荷载：$m_{0r}=\eta_r=1.422$

同理，根据图7.15(c)进行计算，可得2号梁的荷载横向分布系数。

公路—Ⅰ级：$m_{0q}=0.5$

人群荷载：$m_{0r}=0$

这里在人行道上没有荷载，是因为在考虑荷载组合时，人行道荷载引起的负反力反而会减小2号梁的受力。

3号梁的荷载横向分布影响线与2号梁"+"区段内的完全相同，但它的各荷载横向分布系数与2号梁的并不完全相同。

2. *偏心压力法*

在钢筋混凝土或预应力混凝土梁桥上，当设置了具有可靠横向联结的中间横隔梁，且桥的宽跨比 B/L 小于或接近于0.5时（一般称为窄桥），计算基本可变作用的跨中截面横向分布系数可采用偏心压力法。此方法按计算中是否考虑主梁抗扭刚度的作用，又分为不考虑主梁抗扭刚度的偏心压力法和考虑主梁抗扭刚度的修正偏心压力法。

1）不考虑主梁抗扭刚度的偏心压力法

由图7.16可以看到，在偏心荷载的作用下，由于各根梁的扭曲变形，刚性的中间横隔梁从原来的 cd 位置变位至 $c'd'$，呈一根倾斜的直线。靠近 P 的边梁1的跨中挠度 ω_1 最大，远离 P 的边梁5的跨中挠度 ω_5 最小（也可能出现负值），其他任意梁的跨中挠度均按 $c'd'$ 线呈直线规律分布。

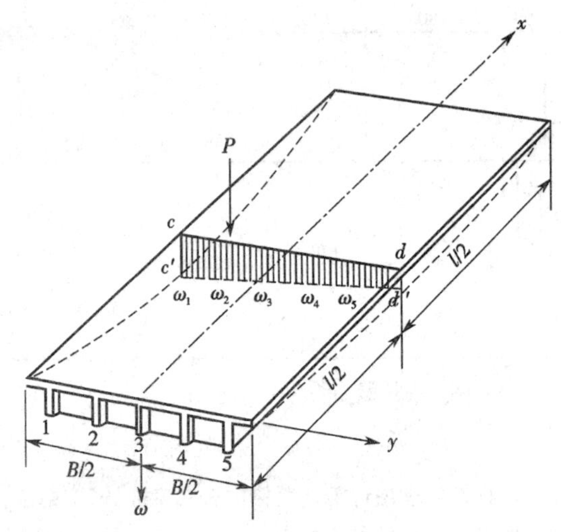

图7.16　刚性横梁的梁桥在偏心荷载作用下的挠曲变形

偏心压力法的基本前提是：①在汽车荷载作用下，中间横隔梁可近似地看作一根刚度为无穷大的刚性梁，横隔梁仅发生刚体位移；②忽略主梁的抗扭刚度，即不计入主梁扭矩抵抗活载的影响。用 ω_i 表示桥跨中央各主梁的竖向挠度。基于横隔梁的无限刚性的假定，此法也称刚性横梁法。

根据在弹性范围内，某根主梁所承受到的荷载 R_i 与该荷载所产生的跨中弹性挠度 ω_i 成正比的原则，可以得出，在中间横隔梁刚度相当大的窄桥上，在沿横向偏心布置的汽车荷载作用下，总是靠近汽车荷载一侧的边主载最大。因此，下面介绍单位荷载（$P=1$ kN）作用在跨中任意位置(偏心距为 e)时,1 号主梁所受的力 R_1。

取跨中 $x=l/2$ 截面,如图 7.17(b)所示。通常情况下,各主梁的惯性距 I_i相等。具有近似刚性中间横隔梁的结构,偏心荷载 $P=1$ kN 可以用作用于桥轴线的中心荷载 P 及偏心力矩 $M=1\times e$ kN · m 来替代,分别求出这两种情况下 1 号主梁所承担的力,然后进行叠加,如图 7.17 所示。

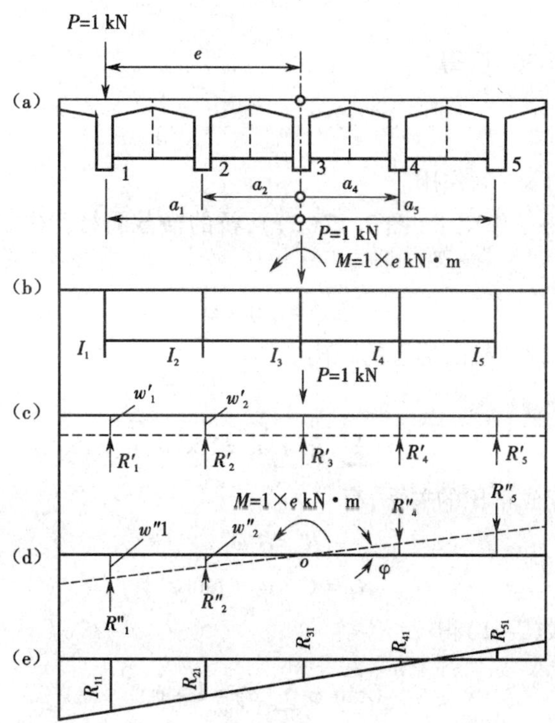

图 7.17 偏心荷载 $P=1$ 对于各主梁的荷载分布

(1)中心荷载 $P=1$ 的作用。

由于假定中间横隔梁是刚性的,且横截面对称于桥轴线,所以在中心荷载作用下,刚性中横梁整体向下平移,则各根主梁的跨中产生相同的挠度,如图 7.17(c)所示。即

$$\omega_1'=\omega_2'=\cdots=\omega_n'=\bar{\omega} \tag{7-34}$$

根据材料力学,作用于简支梁跨中的荷载(即主梁分担的荷载)与挠度的关系为

$$\omega_i'=\frac{R_i'l^3}{48EI_i} \tag{7-35}$$

式中 R_i——桥梁各主梁处的反力;

l——梁的计算跨径;

E——梁体材料的弹性模量;

I_i——桥梁横截面内各主梁的抗弯惯性矩。

当各主梁截面相等时,即 $I_1=I_2=\cdots=I_n=I$,则由上两式可得反力与挠度成正比的关系为

$$\frac{R_1'}{\omega_1'}=\frac{R_2'}{\omega_2'}=\cdots=\frac{R_i'}{\omega_i'}=\cdots=\frac{R_n'}{\omega_n'}=\frac{48EI}{l^3}=C(\text{常数})$$

由此得

$$R_i'=C\omega_i'=C\bar{\omega} \tag{7-36}$$

由静力平衡条件得

$$(R'_1+R'_2+\cdots+R'_n)=\sum R'_i=P=1 \tag{7-37}$$

将式(7-36)代入上式得任意一根主梁承受的荷载为

$$C(\omega'_1+\omega'_2+\cdots+\omega'_n)=C\cdot n\cdot\overline{\omega}=1$$

$$C\cdot\overline{\omega}=\frac{1}{n} \tag{7-38}$$

再将上式代入式(7-36)后得

$$R'_1=R'_2=\cdots=R'_n=\frac{1}{n} \tag{7-39}$$

(2)偏心力矩 $M=1\times e$ 的作用。

在偏心力矩 $M=1\times e$ 作用下(图 7.17(d)),桥的横截面将产生绕中心点 O 的转角 φ,各主梁产生的跨中挠度

$$\omega''_i=a_i\tan\varphi \tag{7-40}$$

式中 a_i——各主梁梁轴到截面形心的距离。

根据力矩平衡条件,有

$$\sum R''_i\cdot a_i=1\times e \tag{7-41}$$

再根据反力与挠度成正比的关系,有

$$R''_i=C\omega''_i \tag{7-42}$$

或

$$R''_i=C\cdot a_i\cdot\tan\varphi \tag{7-43}$$

将式(7-43)代入式(7-41)得

$$C\tan\varphi\sum_{i=1}^{n}a_i^2=1\times e$$

$$C\tan\varphi=\frac{e}{\sum\limits_{i=1}^{n}a_i^2} \tag{7-44}$$

将上式代入式(7-43)后,得

$$R''_i=\frac{a_ie}{\sum\limits_{i=1}^{n}a_i^2} \tag{7-45}$$

偏心距离为 e 的单位荷载 $P=1$ 对 1 号主梁的总作用(图 7.17(e))为

$$R_{ie}=\eta_{1e}=\frac{1}{n}\pm\frac{ea_1}{\sum\limits_{i=1}^{n}a_i^2} \tag{7-46}$$

这就是 1 号主梁的荷载横向影响线在各梁位处的竖标值。

注意,当上式中的荷载位置 e 和梁位 a_1 位于形心轴同侧时,取正号,反之应取负号。

当 $P=1$ 作用于第 k 号梁轴上($e=a_k$)时,对 1 号主梁的总作用可写成

$$\eta_{ik}=\frac{I_i}{\sum\limits_{i=1}^{n}I_i}+\frac{a_ia_kI_i}{\sum\limits_{i=1}^{n}a_i^2I_i} \tag{7-47}$$

(3)主梁的横向分布系数。

在式 $R_i = R_i' + R_i'' = \frac{I_i}{\sum_{i=1}^{n} I_i}P + \frac{a_i I_i e}{\sum_{i=1}^{n} a_i^2 I_i}P = P\left[\frac{I_i}{\sum_{i=1}^{n} I_i} + \frac{a_i I_i e}{\sum_{i=1}^{n} a_i^2 I_i}\right]$中,$e$ 表示荷载 $P=1$ 的作用位置,脚标 i 表示所求梁的梁号。上式中的荷载位置 e 和梁位 a_i 是具有共同原点 O 的横坐标值,因此在取值时应当记入正负号,当 e 和 a_i 位于同侧时两者的乘积取正号,反之应取负号。

若荷载位于 k 号梁轴上($e=a_k$),任意 i 号主梁荷载分布的一般公式为

$$R_{ik}'' = \frac{I_i}{\sum_{i=1}^{n} I_i} + \frac{a_i a_k I_i}{\sum_{i=1}^{n} a_i^2 I_i} \tag{7-48}$$

也可得到关系式

$$R_{ik}'' = R_{ki}\frac{I_i}{I_k} \tag{7-49}$$

例如,欲求 $P=1$ 作用在 1 号梁轴线上时,边主梁(1 号梁和 5 号梁)所受的总荷载为

$$\left.\begin{aligned} R_{11} &= \frac{I_1}{\sum_{i=1}^{n} I_i} + \frac{a_1^2 I_i}{\sum_{i=1}^{n} a_i^2 I_i} \\ R_{51} &= \frac{I_5}{\sum_{i=1}^{n} I_i} - \frac{a_1 a_5 I_i}{\sum_{i=1}^{n} a_i^2 I_i} \end{aligned}\right\} \tag{7-50}$$

若各梁的截面均相同,上式可简化成

$$\left.\begin{aligned} \eta_{11} &= \frac{1}{n} + \frac{a_1^2}{\sum_{i=1}^{n} a_i^2} \\ \eta_{51} &= \frac{1}{n} - \frac{a_1 a_5}{\sum_{i=1}^{n} a_i^2} \end{aligned}\right\} \tag{7-51}$$

2)考虑主梁抗扭刚度的偏心压力法

上述介绍的偏心压力法在推导中由于作了横隔梁近似绝对刚性和忽略主梁抗扭刚度两项假定,这就导致了边梁受力的计算结果偏大。为了弥补其偏差,国内外广泛采用考虑主梁抗扭刚度的偏心压力法,即修正偏心压力法。

采用修正偏心压力法计算荷载横向分布,只要对偏心力矩 $M=1\times e$ 的作用进行修正即可。如图 7.18 所示,根据力矩的平衡条件,式(7-38)应改写成

$$\sum R_i'' \cdot a_i + \sum_{i=1}^{n} M_{\mathrm{T}i} = 1 \times e \tag{7-52}$$

由材料力学可知,简支梁跨中截面扭矩 $M_{\mathrm{T}i}$ 与扭角 φ,竖向力与挠度之间的关系分别为

$$\varphi = \frac{l M_{\mathrm{T}i}}{4 G I_{\mathrm{T}i}} \tag{7-53}$$

$$\omega_i'' = \frac{R_i'' l^3}{48 E I_i} \tag{7-54}$$

式中 G——材料的剪切模量，可取 $G=0.4E$；

E——混凝土的弹性模量；

I_{Ti}——i 号梁的抗扭惯性矩。

由几何关系知

$$\varphi \approx \tan\varphi = \frac{\omega_i''}{a_i} \tag{7-55}$$

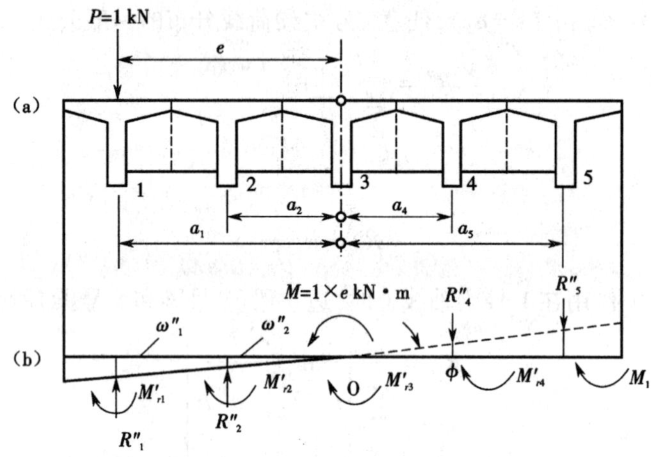

图 7.18　修正偏心压力法

将式(7-54)代入式(7-55)得

$$\varphi = \frac{R_i'' l^3}{48 a_i E I_i} \tag{7-56}$$

将式(7-56)代入式(7-53)得

$$M_{Ti} = R_i'' \frac{l^2 G I_{Ti}}{12 a_i E I_i} \tag{7-57}$$

另由几何和刚度的比例关系，可知 1 号主梁的荷载为

$$\frac{R_i'}{a_i I_i} = \frac{R_i'}{a_i I_1} \quad 即 \quad R_i' = R_1'' \frac{a_i I_i}{a_1 I_1} \tag{7-58}$$

将式(7-58)代入式(7-57)得

$$\sum R_1'' \frac{a_i^2 I_i}{a_1 I_1} + \sum R_1'' \frac{a_i^2 I_i}{a_1 I_1} \cdot \frac{l^2 G I_{Ti}}{12 a_i E I_i} = e$$

或

$$R_1'' \cdot \frac{1}{a_1 I_1} \left(\sum a_i^2 I_i + \frac{l^2 G}{12 a_i E} \sum I_{Ti} \right) = e$$

则

$$R_1'' + \frac{e a_1 I_1}{\sum a_i^2 I_i + \frac{l^2 G}{12 a_i E} \sum I_{Ti}} = \frac{e a_1 I_1}{\sum a_i^2 I_i} \left(\frac{1}{1 + \frac{l^2 G}{12E} \sum a_i^2 I_{Ti}} \right) = \beta \frac{e a_1 I_1}{\sum a_i^2 I_i} \tag{7-59}$$

因此，可得考虑抗扭刚度后任意 k 号主梁的横向影响线竖标为

$$\eta_{ki}=\frac{I_k}{\sum I_i}\pm\beta\frac{ea_kI_k}{\sum a_i^2I_i}\tag{7-60}$$

式中

$$\beta=\frac{1}{1+\frac{l^2G\sum I_{Ti}}{12E\sum a_i^2I_i}}<1\tag{7-61}$$

β就称为抗扭修正系数，它与梁号无关，纯粹取决于结构的几何尺寸和材料特性。由此可见，其与偏心压力法公式不同点仅在于第二项上乘了小于1的抗扭修正系数β，所以此法称为修正偏心压力法。

修正偏心压力法比偏心压力法的计算精度要高，比较接近于真实值。但是当主梁的个数增多，桥宽增大，横梁与主梁相对弯曲刚度比值降低，横梁不能再看作是无限刚性时，用修正偏心压力法计算仍会产生较大的误差，此时应采用刚接梁法计算。

【例7.3】一座计算跨径$l=19.5$ m的简支梁，其横截面如图7.19(a)所示，各主梁截面相同，试求荷载位于跨中时1号边梁的荷载横向分布系数m_{cq}（汽车荷载）和m_{cr}（人群荷载）。

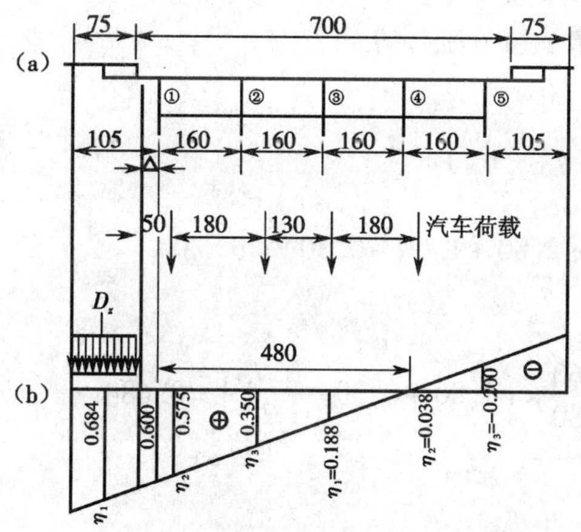

图7.19　横向分布系数计算图示(长度单位:cm)

(a)桥梁横截面　(b)1号荷载横向分布影响线

【解】从图7.19中可知，此桥设有刚度较大的横隔梁，且承重结构的宽跨比为

$$\frac{l}{B}=\frac{19.50}{5\times1.60}=2.4>2$$

故可按偏心压力法来计算横向分布系数m_c，其步骤如下。

(1)求荷载横向分布影响线竖标。

该简支梁桥各根主梁的横截面均相等，梁数$n=5$，梁间距为1.60 m，则

$$\begin{aligned}\sum_{i=1}^{5}a_i^2&=a_1^2+a_2^2+a_3^2+a_4^2+a_5^2\\&=(2\times1.60)^2+1.60^2+0+(-1.60)^2+(-2\times1.60)^2\\&=25.60\ (\mathrm{m}^2)\end{aligned}$$

由式(7-51)得，1号梁在两个边主梁处的横向影响线的竖标值为

$$\eta_{11}=\frac{1}{n}+\frac{a_1^2}{\sum_{i=1}^{n}a_i^2}=\frac{1}{5}+\frac{(2\times1.60)^2}{25.60}$$

$$=0.20+0.40=0.60$$

$$\eta_{51}=\frac{1}{n}-\frac{a_1^2}{\sum_{i=1}^{n}a_i^2}=0.20-0.40=-0.20$$

(2)绘出荷载横向分布影响线,并按最不利位置布载。

如图7.19(b)所示,其中,人行道缘石至1号梁轴线的距离为

$$\Delta=1.05-0.75=0.30\ (\mathrm{m})$$

荷载横向分布影响线的零点至1号梁位的距离为 x,可按比例关系求得

$$\frac{x}{0.60}=\frac{4\times1.60-x}{0.2}.$$

解得 $x=4.80$ m。

据此可计算出对应各荷载点的影响线竖标 η_{qi} 和 η_r,如图7.19所示。

(3)计算荷载横向分布系数 m_c。

1号梁的荷载横向分布系数分别计算如下。

汽车荷载:

$$m_{cq}=\frac{1}{2}\cdot(\eta_{q1}+\eta_{q2}+\eta_{q3}+\eta_{q4})$$

$$=\frac{1}{2}\cdot\frac{0.60}{4.80}(4.60+2.80+1.50-0.30)=0.538$$

人群荷载:

$$m_{cr}=\eta_r=\frac{\eta_{11}}{x}\cdot x_r=\frac{0.60}{4.80}\times\left(4.80+0.30+\frac{0.75}{2}\right)=0.684$$

【小测验】

一、思考题

1. 杠杆原理法计算荷载横向分布系数的基本假定是什么?

2. 偏心压力法计算荷载横向分布系数的基本假定是什么?

3. 杠杆原理法和偏心压力法的适用范围各是什么?

4. 常用的荷载横向分布系数的计算方法有哪几种?荷载位于支点处的荷载横向分布系数计算可用哪一种方法?

二、选择题

以下常用的荷载横向分布系数计算方法中,哪一种适用于计算荷载位于靠近主梁支点时的横向分布系数?(　　)

A. 偏心压力法　　B. 杠杆原理法　　C. 铰接板法　　D. 刚接梁法

三、计算题

1. 如下图,某简支梁桥,计算跨径19.5 m,桥面净空(7+2×0.75) m,采用五梁式T形梁(主梁中心距为1.6 m),假设各主梁截面相同,并设有五道横隔梁。试求:荷载作用于支点时,1号主梁的横向分布系数 m_{cq}。

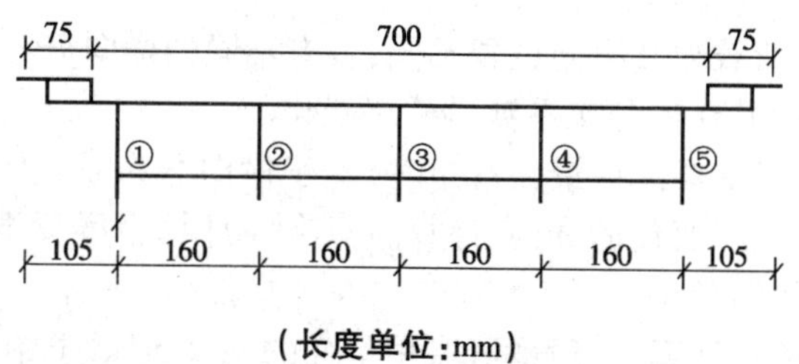

(长度单位:mm)

2. 图7.20所示为一钢筋混凝土简支T形梁桥的横断面图,长度单位为cm,共设4个主梁,各个主梁截面大小相同。

(1)用偏心压力法分别绘出1、2号主梁荷载横向分布影响线。

(2)利用影响线分别确定1、2号主梁在公路—Ⅱ级作用下的最不利位置,并求出荷载横向分布系数。(提示:挂车应沿横向移动以找出最不利位置,四个集中力的横向距离为90 cm,不得改变,最外侧集中力距人行道边缘不得小于1 m)

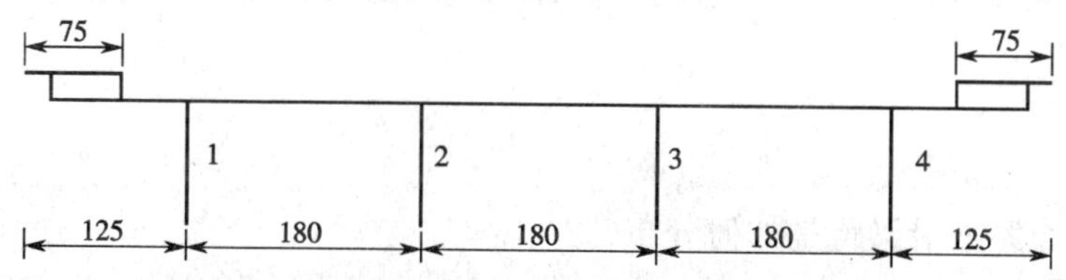

图7.20　钢筋混凝土简支T形梁桥的横断面

【知识点3】荷载横向分布系数 m 沿桥跨的变化

【问题】荷载横向分布系数沿桥跨是如何分布的?

在上面所介绍的荷载横向分布系数的计算方法中,通常用杠杆原理法计算荷载位于支点处的横向分布系数,以 m_0 表示,用(修正)偏心压力法确定荷载位于跨中的横向分布系数,以 m_c 表示,其他位置的荷载横向分布系数 m_x 可用图7.21所示的近似处理方法来确定。

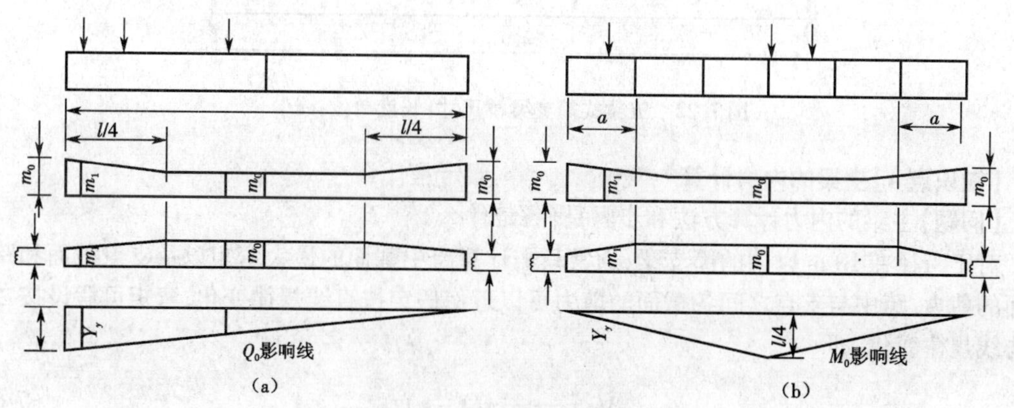

图7.21　m 沿桥跨的变化

(a)仅有1根中横隔梁　(b)有多根内横隔梁

对于无中间横隔梁或仅有一根中横隔梁的情况,跨中部分采用不变的 m_c,从离支点 $l/4$ 处起至支点的区段 m_x 呈直线过渡到 m_0,如图7.21(a)所示;对于有多根内横隔梁的情况,m_c 从第一根内横隔梁起至支点的 m_0 呈直线过渡,如图7.21(b)所示。

这样，主梁上的汽车荷载因其纵向位置不同，就有不同的横向分布系数。

1）用于弯矩计算的荷载横向分布系数沿桥跨变化

在实际应用中，当求简支梁跨中最大弯矩时，鉴于横向分布系数沿跨内部分的变化不大，为了简化起见，通常均可按不变化的 m_c 来计算。只有在计算主梁梁端截面最大剪力时，才考虑荷载横向分布系数变化的影响。

对于跨内其他截面进行计算，一般也可取用不变的 m_c。但对于中梁来说，m_0 与 m_c 的差值可能较大，当内横隔梁少于三根时，以考虑 m 沿跨径变化的影响为宜。

2）用于剪力计算的荷载横向分布系数沿桥跨变化

在计算主梁的最大剪力（梁端截面）时，鉴于主要荷载位于所考虑一端的 m_c 变化区段内，而且相对应的内力影响线坐标均接近最大值，如图 7.21 所示，故应考虑该区段横向分布系数变化的影响。对位于远端的荷载，鉴于相应影响坐标值的显著减小，则可近似取不变的 m_c 来简化计算。

对于跨内其他截面的主梁剪力，也可视具体情况考虑 m 沿桥跨变化的影响。

【小测验】

一、思考题

荷载横向分布系数沿梁跨是如何分布的？

二、计算绘图

某五梁式简支梁桥，标准跨径为 25.0 m，计算跨径为 24.20 m，两车道，设有六道横隔梁（尺寸如图 7.22 所示），设计荷载为公路—Ⅱ级荷载，已求得 2 号主梁的跨中及支点截面的横向分布系数分别为 $m_{cq}=0.542$，$m_{oq}=0.734$，试画图说明 2 号梁的横向分布系数沿跨径的一般变化规律。

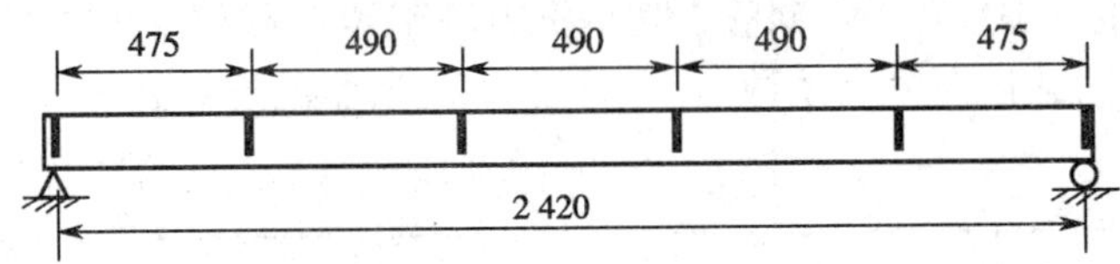

图 7.22 五梁式简支梁桥尺寸（长度单位：cm）

【知识点 4】主梁的内力计算

【问题】主梁的内力计算方法和步骤是什么？

对于跨径在 10 m 以内的简支梁，通常只需计算跨中截面的最大弯矩以及支点截面和跨中截面的剪力；跨中与支点之间各截面的剪力可以近似假定按直线规律变化，弯矩可假设按二次抛物线规律变化，即

$$M_x=\frac{4M_{\max}}{l^2}x(l-x) \tag{7-62}$$

式中 M_x——主梁在离支点 x 处任一截面的弯矩值；

$M_{\max}$——主梁跨中最大弯矩设计值；

l——主梁的计算跨径。

对于较大跨径的简支梁，一般还应计算跨径四分之一处截面的弯矩和剪力。如果主梁沿桥轴方向截面有变化，例如梁肋宽度或梁高有变化，则还应计算截面变化处的内力。本书重点

介绍如何计算主梁的最不利内力。

1. 恒载内力计算

主梁横载面内力包括主梁自重(前期恒载)引起的主梁自重内力和后期恒载(如桥面铺装、人行道、栏杆、灯柱等)引起的主梁后期恒载内力,总称为主梁恒载内力。钢筋混凝土或预应力混凝土公路桥梁的恒载效应,往往占总作用效应很大的比重,梁的跨径越大,恒载所占的比重也越大。因此,设计时应正确地确定作用于梁上的恒载。

在计算恒载时,为了简化起见,习惯上往往将沿桥跨分点作用的横隔梁重量、沿桥横向不等分布的铺装层重量以及作用于两侧的人行道和栏杆等重量均匀地分摊给各主梁承受。因此,对于等截面梁桥的主梁,其计算恒载是简单的均布荷载。为了更精确起见,也可根据施工安装的情况,将人行道、栏杆、灯柱和管道等重量像活载计算那样,按荷载横向分布的规律进行分配。

计算出结构自重值 g 之后,就可以按材料力学公式计算梁内各截面的弯矩 M_x 和剪力 Q_x。

弯矩:

$$M_x = \frac{1}{2} g x (l - x) \tag{7-63}$$

剪力:

$$Q_x = g\left(\frac{l_0}{2} - x\right) \tag{7-64}$$

式中　l——简支梁的计算跨径;

l_0——净跨径;

x——弯矩和剪力计算截面到支点的距离(以支座为坐标原点)。

【例 7.4】一座五梁装配式钢筋混凝土简支梁桥的主梁和横隔梁截面如图 7.23 所示,计算跨径 $l = 19.50$ m,结构重要系数 1.0。求边主梁结构自重产生的内力(已知每侧的栏杆及人行

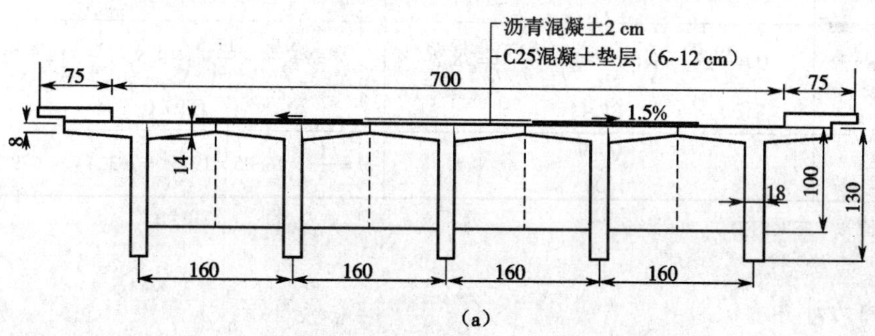

(a)

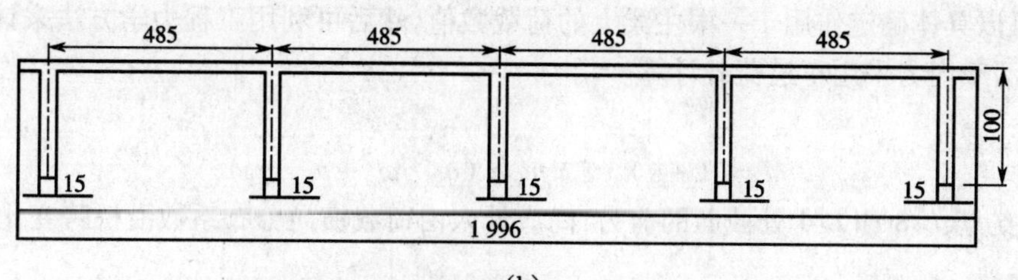

(b)

图 7.23　主梁及横隔梁布置(长度单位:cm)

(a)主梁的横断面图　(b)主梁的立面图

道构件重量的作用力为5 kN/m)。

【解】(1)计算结构自重集度(表7.5)。

表7.5 结构自重集度计算表

主梁		$g_1=\left[0.18\times1.30+\left(\dfrac{0.08+0.14}{2}\times(1.60-0.18)\right)\right]\times25=9.76$ (kN/m)
横隔梁	对于边主梁	$g_2=\left\{\left[1.00-\left(\dfrac{0.08+0.4}{2}\right)\right]\times\left(\dfrac{1.60-0.18}{2}\right)\right\}\times\dfrac{0.15+0.16}{2}\times5\times25/19.50=0.63$ (kN/m)
	对于中主梁	$g_2=2\times0.63=1.26$ (kN/m)
桥面铺装层		$g_3=\left[0.02\times7.0\times23+\dfrac{1}{2}(0.06+0.12)\times7.00\times24\right]/5=3.67$ (kN/m)
栏杆和人行道		$g_4=5\times2/5=2.00$ (kN/m)
合计	对于边主梁	$g=\sum g_i=9.76+0.63+3.67+2.00=16.06$ (kN/m)
	对于中主梁	$g_i=9.76+1.26+3.67+2.00=16.69$ (kN/m)

(2)结构自重内力计算(表7.6)。

利用式(7-63)、式(7-64)计算可得弯距和剪力。

表7.6 边主梁自重产生的内力

内力 截面位置 x	剪力 Q/kN	弯矩 M/(kN·m)
$x=0$	$Q=\dfrac{16.06}{2}\times19.5=156.6$ (162.7)	$M=0$ (0)
$x=\dfrac{1}{4}$	$Q=\dfrac{16.06}{2}\times\left(19.5-2\times\dfrac{19.5}{4}\right)=78.3$ (81.4)	$M=\dfrac{16.06}{2}\times\dfrac{19.5}{4}\left(19.5-\dfrac{19.5}{4}\right)=5\ 725$ (595.0)
$x=\dfrac{1}{2}$	$Q=0$ (0)	$M=\dfrac{1}{8}\times16.06\times19.5^2=763.4$ (793.3)

注:括号内值为中主梁内力。

2. 活载内力计算

主梁活载内力是由可变作用中的车道荷载、人群荷载产生的。当求得活载的横向分布系数后,就可以具体确定作用于一根主梁上的荷载数值,然后可利用工程力学方法来计算活载内力。主梁活载内力采用车道荷载计算。

弯矩:

$$M=(1+\mu)\cdot\xi\cdot m_c\cdot(q_k\cdot\omega_w+p_k\cdot y_k) \tag{7-65}$$

计算支点,$L/8$ 和 $L/4$ 处截面的剪力,尚应计入由荷载横向分布系数沿桥跨变化的影响。

剪力:

$$Q=(1+\mu)\cdot\xi\cdot(1.2m_kp_k\cdot y_k+m_c\cdot q_k\cdot\omega_Q)+\Delta Q \tag{7-66}$$

式中 $(1+\mu)$——汽车荷载的冲击系数,按《桥规》规定取值;

ξ——多车道桥涵的汽车荷载折减系数，按《桥规》规定取值；

m_c——主梁跨中的荷载横向分布系数；

p_k——车道荷载的集中荷载标准值，按《桥规》规定取值；

q_k——车道荷载的均布荷载标准值，按《桥规》规定取值；

y_k——沿桥跨纵向与p_k位置对应的内力影响线竖标值；

m_k——沿桥跨纵向与p_k位置对应的荷载横向分布系数；

ω_w——沿桥跨纵向计算截面弯距影响线的面积；

ω_Q——沿桥跨纵向计算截面剪力影响线的面积；

ΔQ——考虑荷载横向分布系数沿桥跨变化（从m_0变到$m_{0.5}$）时，均布荷载所引起的剪力增值（或减值）。

以支点截面为例（图7.24），此时的计算公式为

$$\Delta Q=\frac{a}{2}(m_0-m_{0.5})\cdot q'\cdot(2+y_a)\times\frac{1}{3}=\frac{aq'}{6}(m_0-m_{0.5})(2+y_a) \tag{7-67}$$

式中 a——均布荷载顺桥向的强度；

y_a——对应于横向分布系数转折点处的剪力影响线竖标值。

人群荷载的主梁内力计算可参照车道荷载的均布荷载计算方法进行，即

弯距：

$$M_r=m_{cr}q_r\omega_w \tag{7-68}$$

剪力：

$$Q_r=m_{cr}q_r\omega_Q+\Delta Q_r \tag{7-69}$$

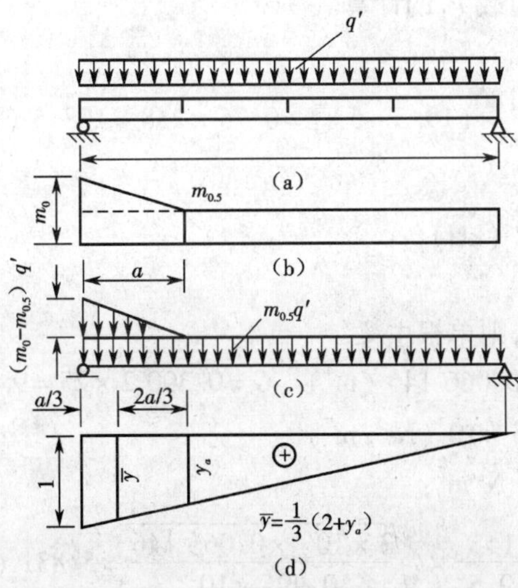

图7.24 均布荷载作用下ΔQ的计算图式

【例7.5】仍以例7.4所述五梁装配式钢筋混凝土简支梁桥为例，计算边主梁在公路—II级和人群荷载$q_r=3.0\ \mathrm{kN/m^2}$作用下的跨中最大弯矩、最大剪力以及支点截面的最大剪力。

【解】(1)荷载横向分布系数汇总（表7.7）。

表 7.7 荷载横向分布系数

梁号	荷载	公路—II 级	人群荷载	备注
边主梁	跨中 m_c	0.538	0.684	按偏心压力法计算
	支点 m_0	0.438	1.422	按杠杆原理法计算

(2)均布荷载和内力影响线面积计算(表 7.8)。

表 7.8 均布荷载和内力影响线面积计算

类型 截面	公路—II 级均布荷载/(kN/m)	人群荷载/(kN/m)	影响线面积/m^2	影响线图式
$m_{1/2}$	10.5 ×0.75 =7.875	3.0 ×0.75 =2.25	$\Omega=\frac{1}{8}l^2=\frac{1}{8}\times 19.5^2=47.53\ (m^2)$	l, $l/4$
$Q_{1/2}$	7.875	2.25	$\Omega=\frac{1}{2}\times\frac{1}{2}\times 19.5\times 0.5=2.438\ (m)$	l, ⊕, ⊖
Q_O	7.875	2.25	$\Omega=\frac{1}{2}\times 19.5\times 1=9.75\ (m)$	l, l

(3)公路—II 级中集中荷载 P_k 的计算。

计算弯矩效应时:

$$P_k=0.75\left[180+\frac{360-180}{50-5}(19.5-5)\right]=0.75\times 238=178.5\ (kN)$$

计算剪力效应时:

$P_k=1.2\times 178.5=214.2\ (kN)$

(4)计算冲击系数 μ。

根据简支梁桥基频计算,则单根主梁:

$A=0.390\,2\ (m^2)$ $I_c=0.066\,146\ (m^4)$ $G=0.390\,2\times 25=9.76\ (N/m)$

$G/g=9.76/9.81=0.995\times 10^3\ (Ns^2/m^2)$

C30 混凝土 E 取 $3\times 10^{10}\ N/m^2$:

$$f=\frac{3.14}{2\times 19.5^2}\times\sqrt{\frac{3\times 10^{10}\times 0.066\,146}{0.995\times 10^3}}=5.831\ (Hz)$$

$$\mu=0.176\,71\ln f-0.015\,7=0.296$$

则:

$$1+\mu=1.296$$

(5)计算跨中弯矩 $M_{1/2}$、跨中剪力 $Q_{1/2}$(表 7.9)。

因双车道不折减,故 $\xi=1$。

(6)计算支点截面汽车荷载最大剪力。

表 7.9 跨中弯矩和跨中剪力

截面	荷载类型	q_k 或 q_r/(kN/m)	q_k/kN	$(1+\mu)$	m_c	Ω 或 v	S/(kN·m)或 kN	
							S_1	S
$M_{1/2}$	公路—II 级	7.875	178.5	1.296	0.538	47.53	260.98	867.72
						$y=\frac{l}{4}=4.875$	606.74	
	人群	2.25			0.684	47.53	73.1	
$Q_{1/2}$	公路—II 级	7.875	214.2	1.296	0.538	2.438	13.39	88.07
						0.5	74.68	
	人群	2.25			0.684	2.438	3.75	

绘制荷载横向分布系数沿桥纵向的变化图形和支点剪力影响线如图 7.25(a)、(b)、(c)所示。

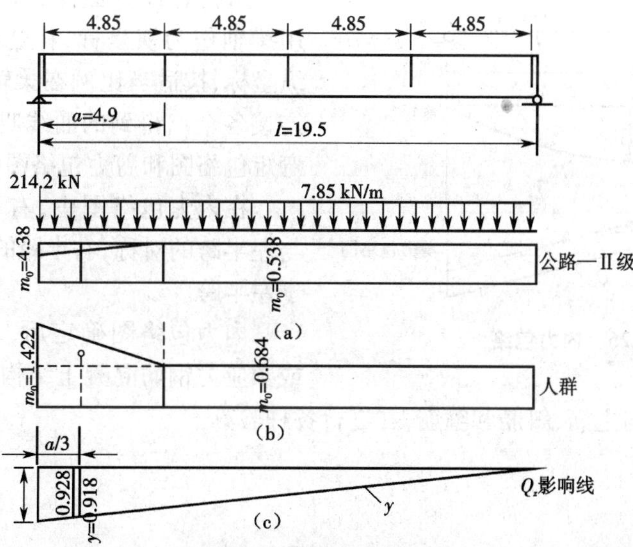

图 7.25 支点剪力计算图式

横向分布系数 m 变化区荷载重心处的内力影响线坐标为：

$$\bar{y}=1\times(19.5-\frac{1}{3}\times4.9)/19.5=0.916$$

$$Q_{0均}=(1+\mu)\cdot\xi q_k[m_c\Omega+\frac{a}{2}(m_0-m_c)\bar{y}]$$

$$=1.296\times1\times7.875\times[0.538\times9.75+\frac{4.9}{2}\times(0.438-0.538)\times0.916]$$

$$=51.25\ (\mathrm{kN})$$

$$Q_{0集}=(1+\mu)\cdot\xi m_1P_ky_i=1.296\times1\times0.438\times214.2\times1.0=121.59\ (\mathrm{kN})$$

公路—II 级作用下，1 号梁支点的最大剪力为：

$$Q_0=Q_{0均}+Q_{0集}=51.25+121.59=172.84\ (\mathrm{kN})$$

(7)计算支点截面人群荷载最大剪力。

人群荷载引起的支点剪力为：

$$Q_{0r}=m_c\cdot q_r\cdot\Omega+\frac{a}{2}(m_0-m_c)q_r\cdot\bar{y}$$

$$=0.684\times2.25\times9.75+\frac{1}{2}\times4.9\times(1.422-0.684)\times2.25\times0.916$$

$$=15.00+3.73=18.73\ (\text{kN})$$

3. 主梁内力组合

1)内力组合

为了按各种极限状态来设计钢筋混凝土及预应力钢筋混凝土梁，就需要确定主梁沿桥跨方向各个截面的计算内力，即将各类荷载引起的最不利内力分别乘以相应的荷载安全系数后，按规定的荷载组合而达到内力值。

2)内力包络图

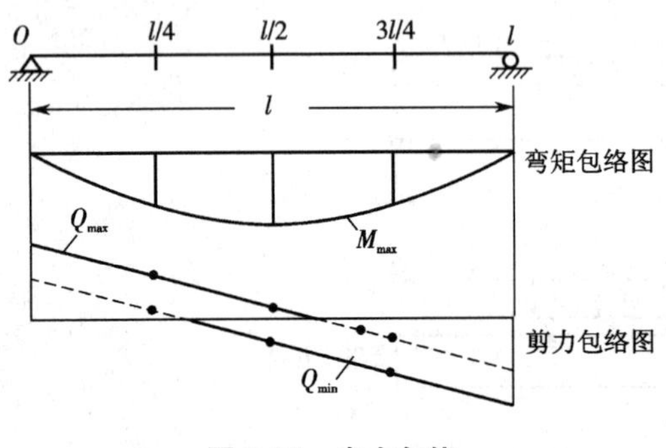

图 7.26 内力包络

求得各计算截面的内力控制值后，可以用梁轴作为横坐标，将这些内力控制值作为纵坐标，按适当比例在梁轴下标定出若干点，连接各个点得到的曲线叫做内力包络图——弯矩包络图和剪力包络图(图 7.26)。

在内力包络图中，右半跨的弯矩值 M_{max} 与左半跨的对称，右半跨的剪力值 Q_{max} 反对称于左半跨。

内力包络图确定后，就可按钢筋混凝土或预应力钢筋混凝土结构的设计原理和方法来设计整根梁内纵向主筋、斜筋和箍筋，并进行各种验算。

【小测验】

一、思考题

1. 主梁内力计算的步骤是什么？

2. 活载内力计算时，荷载横向分布系数应如何考虑？

二、计算题

计算图 7.27 所示标准跨径为 20 m 的五梁装配式钢筋混凝土简支梁桥主梁的恒载内力，每侧的栏杆及人行道构件重量的作用力为 7 kN/m。计算边主梁在公路—I 级和人群荷载 $q_r=3.0\ \text{kN/m}^2$ 作用下的跨中最大弯矩、最大剪力以及支点截面的最大剪力。

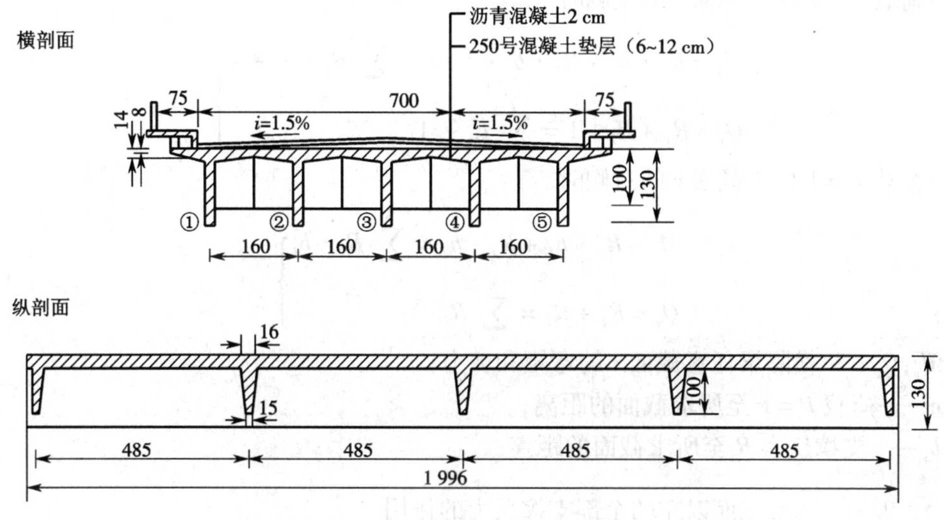

图 7.27 装配式钢筋混凝土简支梁桥一般构造(长度单位:cm)

7.3 横隔梁内力计算

【知识点】横隔梁内力计算

【问题】横隔梁的内力影响线如何绘制？阐述横隔梁内力计算的过程？

【名词解释】横隔梁力学模型　内力影响线　偏心压力法

为了保证各主梁共同受力以及加强结构的整体性，横隔梁本身或其装配式接头应具有足够的强度。对于具有多根内横隔梁的桥梁，通常只计算受力最大的跨中横隔梁的内力，其他横隔梁可偏安全地仿此设计。

下面介绍按偏心压力法原理计算横隔梁内力的实用方法。

1. 横隔梁的内力影响线

偏心压力法的力学模型是将桥梁的中横隔梁近似地视作支撑在多根弹性主梁上的多跨弹性支撑连续梁，如图 7.28 所示。鉴于各主梁的荷载横向影响线(即弹性支撑力影响线)在主梁计算中已经求得，故连续梁可以简单地用静力平衡条件求解。鉴于桥上荷载的横向移动性，通常也采用绘制横隔梁内力影响线的方法来计算横隔梁的内力。

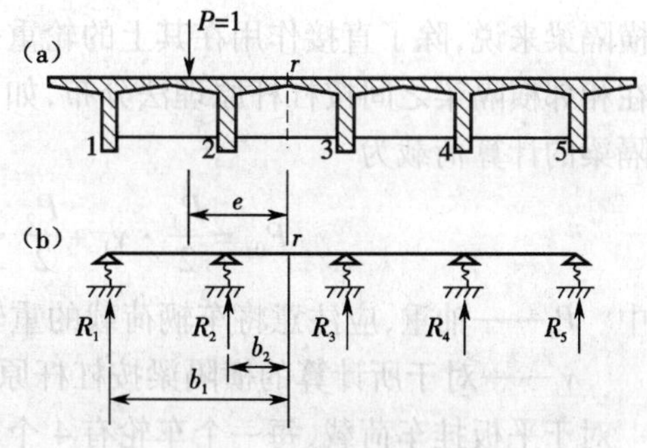

图 7.28 横隔梁计算图式

对于具有多根内横梁的桥梁，由于位于跨中的横梁受力最大，通常只计算跨中横梁的内力，其他横梁可偏安全地仿此设计。

如图 7.28 所示，当桥梁上有跨中荷载 $P=1$ 作用时，各主梁所受的荷载分别为 R_1、R_2、R_3、…、R_n，这也就是横隔梁的弹性支撑反力。因此，由力的平衡条件就可写出横隔梁任意截面 r 的内力计算公式。

(1)荷载 $P=1$ 位于截面 r 的左侧时。

$$\left.\begin{aligned} M_r &= R_1 \cdot b_1 + R_2 \cdot b_2 - 1 \cdot e = \sum^{左} R_i \cdot b_i - e \\ Q_r &= R_1 + R_2 - 1 = \sum^{左} R_i - 1 \end{aligned}\right\} \tag{7-70}$$

(2)荷载 $P=1$ 位于截面 r 的右侧时。

$$\left.\begin{aligned} M_r &= R_1 \cdot b_1 + R_2 \cdot b_2 = \sum^{左} R_i \cdot b_i \\ Q_r &= R_1 + R_2 = \sum^{左} R_i \end{aligned}\right\} \tag{7-71}$$

式中 M_r, Q_r——横隔梁任意截面 r 的弯矩和剪力;

e——荷载 $P=1$ 至所求截面的距离;

b_i——支撑反力 R_i 至所求截面的距离;

$\sum^{左} R_i$——所求截面以左的全部支撑反力的作用。

对于确定的计算截面 r 来说,所有 b_i 的值是已知的,而 R_i 则随荷载 $P=1$ 的位置 e 而变化。因此,就可以直接利用已经求得的 R_i 的横向影响线来绘制横隔梁的内力影响线。

通常横隔梁的弯矩在靠近桥中线的截面较大,剪力则在靠近桥两侧边缘处的截面较大。所以,以图 7.28 为例,一般可以只求 3 号梁处和 2 号梁与 3 号梁之间(对于装配式桥即横隔板接头处)截面的弯矩,以及 1 号主梁右侧和 2 号主梁右侧等截面的剪力。

图 7.29 所示为按偏心压力法计算的横隔梁支撑反力 R、弯矩 M 和剪力 Q 的影响线。鉴于 R_i 影响线呈直线规律变化,故绘制内力影响线时只需要标出几个控制点的竖坐标值。对于非直接作用于横隔梁上的荷载,在计算内力时实际上应考虑间接传力的影响,例如图 7.28 中 $M_{3\text{-}4}$ 影响线在 3 号梁和 4 号梁之间区段应取虚线之值。但鉴于计算中主要荷载作用于横隔梁上,为了简化起见,仍可偏安全地忽略间接传力的影响。

2. 作用在横隔梁上的计算荷载

有了横隔梁的内力影响线,就可直接在其上加载来计算截面内力。但须注意,对于跨中一根横隔梁来说,除了直接作用在其上的轮重外,前后的轮重对它也有影响,在计算中可假设荷载在相邻横隔梁之间按杠杆原理法分布,如图 7.30 所示。因此,纵向一行汽车轮重分布给该横隔梁的计算荷载为

$$P_{0q} = \frac{P_1}{2} \cdot y_1 + \frac{P_2}{2} \cdot y_2 + \frac{P_3}{2} \cdot y_3 = \frac{1}{2} \sum P_i y_i \tag{7-72}$$

式中 P_i——轴重,应注意将车辆荷载的重轴布置在欲计算的横隔梁上;

y_i——对于所计算的横隔梁按杠杆原理计算的纵向荷载影响线竖坐标值。

对于平板挂车荷载,每一个车轮有 4 个轮重,故计算荷载应为

$$P_{0g} = \frac{1}{4} \sum P_i y_i \tag{7-73}$$

对于均布的履带式荷载或人群荷载,其计算荷载如下。

履带车:

$$P_{0l} = \frac{p_l}{2} \cdot \Omega_l \tag{7-74}$$

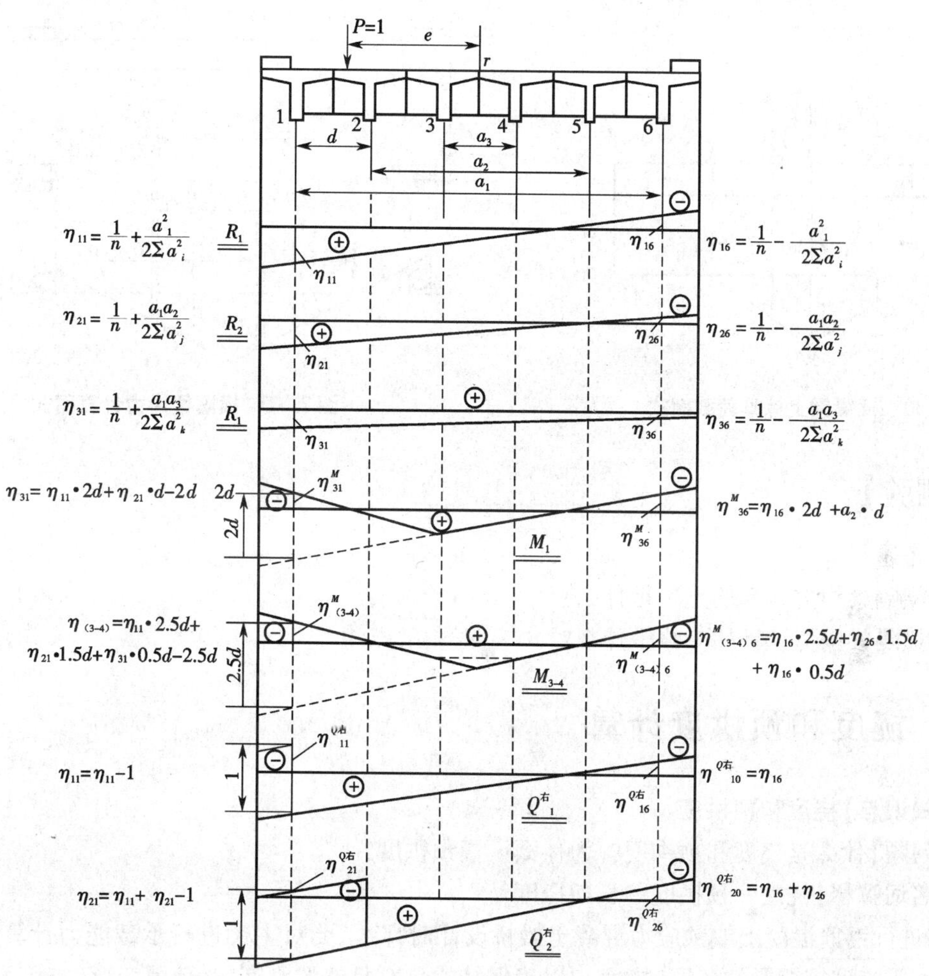

图 7.29　按偏心压力法计算的横隔梁的 R、M 和 Q 的影响线

人群：

$$P_{0r}=p_{0r}\cdot\Omega_r=p_{0r}\cdot l_a \tag{7-75}$$

式中　p_l，p_{0r}——一辆履带车每延米的荷载和一侧人行道每延米的人群荷载；

Ω_l，Ω_r——对应于履带车和人群荷载范围的影响线面积；

l_a——横隔梁的间距。

3. 横隔梁的内力计算

用上述计算荷载在横隔梁内力影响线上按最不利位置加载，就可求得作用在一根横隔梁上的最大(最小)内力值。在计算中，对于汽车荷载应计入冲击作用，并按实际加载情况计入车道折减系数。图 7.31 所示为计算 3 号梁和 4 号梁之间的 M_{3-4} 的计算图式。

求得横隔梁的内力后，就可按钢筋混凝土或预应力混凝土结构的计算原理来配置钢筋并进行承载能力计算和其他验算。对于横隔梁用焊接钢板接头连接的装配式 T 形梁桥，应根据接头处的最大弯矩值来确定所需钢板尺寸和焊缝长度。

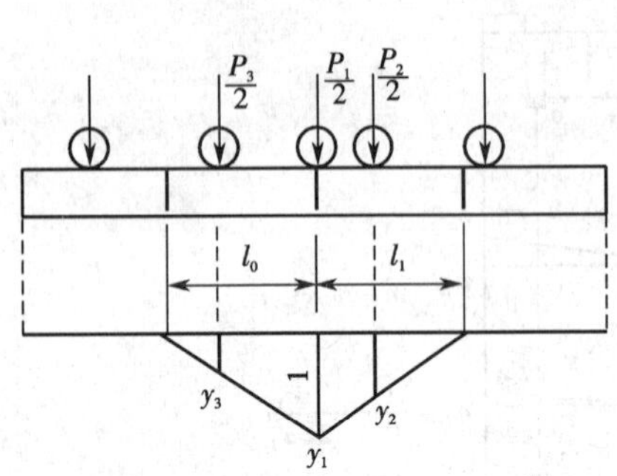

图 7.30 横隔梁上计算荷载图式

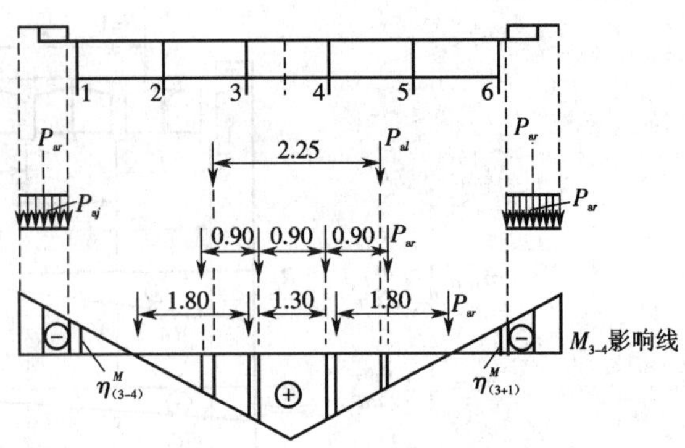

图 7.31 横隔梁内力计算图式

【小测验】

思考题

1. 横隔梁内力计算的方法是什么？
2. 横隔梁内力计算的步骤是什么？

7.4 挠度和预拱度计算

【知识点】挠度和预拱度

【问题】什么是挠度和预拱度？为什么设置预拱度？

【名词解释】挠度　预拱度　长期挠度值

在进行钢筋混凝土或预应力混凝土梁桥设计时，除了要对主梁进行承载能力计算和应力验算外，还应该校核梁的变形(挠度)，以确保结构具有足够的刚度，避免因变形(挠度)过大而影响高速行车，使桥面铺装层和结构的辅助设施受到破坏，甚至危及桥梁的安全。

桥梁的挠度，根据产生原因可分成永久作用(结构自重力、桥面铺装、预应力、混凝土徐变和收缩作用等)产生的和可变作用(汽车、人群)产生的两种。永久作用产生的挠度是恒久存在的且与持续的时间有关，可分为短期挠度和长期挠度。可变作用产生的挠度是临时出现的，在最不利的作用位置下，挠度达到最大值，随着可变作用位置的移动，挠度逐渐减小，一旦可变作用离开桥梁，挠度随即消失。

永久作用产生的挠度并不表征结构的刚度特性，通常可以通过施工时预设的反向挠度(即预拱度)来加以抵消，使竣工后的桥梁达到理想的设计线形。

可变作用产生的挠度使梁产生反复变形，变形的幅度愈大，可能发生的冲击和振动作用愈强烈，对行车的影响也愈大。因此，在桥梁设计中需要通过验算可变作用产生的挠度以体现结构的刚度特性。

《公路钢筋混凝土及预应力钢筋混凝土桥涵设计规范》(JTG D62—2004)规定，对于钢筋混凝土及预应力混凝土梁式桥，主梁的最大挠度处不应超过 $l/600$，l 为计算跨径；梁式桥的悬臂端不应超过悬臂长度的 1/300。

钢筋混凝土和预应力混凝土简支梁长期挠度值 f_c 可按下式计算，即

$$f_c = \eta_\theta \cdot f \tag{7-76}$$

式中　f_c——长期挠度值；

η_θ——挠度长期增长系数，当采用C40以下混凝土时取1.60，当采用C40～C80混凝土时取1.45～1.35，中间强度等级可按直线内插取用，计算预应力混凝土简支梁预加力反拱值时取2.0。

按荷载短期效应组合计算的短期挠度f按下式近似计算，即

$$f = \frac{5}{48} \cdot \frac{M_s l^2}{B} \tag{7-77}$$

$$B = \frac{B_0}{\left(\frac{M_{cr}}{M_s}\right)^2 + \left[\left(1 - \frac{M_{cr}}{M_s}\right)^2\right]\frac{B_0}{B_{cr}}} \tag{7-78}$$

$$M_{cr} = \gamma f_{tk} W_0 \tag{7-79}$$

$$\gamma = \frac{2S_0}{W_0} \tag{7-80}$$

式中　M_s——由荷载的短期效应组合计算的弯矩值；

l——计算跨径；

B——开裂构件等效截面的抗弯刚度；

B_0——全截面的抗弯刚度，$B_0 = 0.95E_c I_0$；

B_{cr}——开裂截面的抗弯刚度，$B_{cr} = E_c I_{cr}$；

M_{cr}——开裂弯矩；

γ——构件受拉区混凝土塑性影响系数；

f_{tk}——混凝土轴心抗拉强度标准值；

S_0——全截面换算截面重心轴以上（或以下）部分面积对重心轴的面积矩；

W_0——换算截面抗裂边缘的弹性抗矩。

对于预应力混凝土受弯构件，当计算短期弹性挠度时，对于不开裂的全预应力和A类部分预应力构件，截面刚度采用B_0，即$0.95E_c I_0$。对于开裂的B类预应力构件，M_{cr}作用时，截面刚度采用B_0；$(M_s - M_{cr})$作用时，截面刚度采用B_{cr}，即$E_c I_{cr}$，且$M_{cr} = (\sigma_{pc} + \gamma f_{tk}) W_0$。$\sigma_{pc}$表示扣除全部预应力损失预应力后，钢筋和普通钢筋合力在构件抗裂边缘产生的混凝土预应力，其他符号含义同前。

【小测验】

思考题

1. 什么是挠度和预拱度？为什么设置预拱度？

2. 设置预拱度，规范有哪些规定？

3. 上承式简支梁桥的上部结构主要设计需要计算哪几个部分？

复习和总结

桥梁的构造要求是指桥梁的使用、建造、结构力学性能等要求在桥梁结构中的体现，这里主要按不同的桥型介绍其不同的构造特点。不同桥型的构造特点应该结合其受力特点来体会和理解。

桥面构造包括行车道铺装、排水防水系统、人行道（或安全带）、缘石、栏杆、护栏、照明灯具和伸缩缝等。桥面的布置应在桥梁的整体设计中考虑，它根据道路的等级、桥梁的宽度、行车的要求等条件确定。对混凝土梁式桥的桥面布置有双向车道布置、分车道布置和双层桥面布置等。

对于中、小跨径的桥梁，钢筋混凝土简支梁和预应力混凝土简支梁是应用最广泛的桥型。目前国内外所采用的钢筋混凝土简支梁和预应力混凝土简支梁，绝大部分均采用装配式结构。应掌握简支梁常用跨径、截面形式、横隔梁、主要钢筋布置、连接形式等。

连续梁一般采用预应力混凝土梁桥，其跨径介于简支梁与拱桥和斜拉桥之间。经济跨径80～100 m。应掌握连续梁适用范围、主要布置、截面形式、主要尺寸、主要钢筋布置、连接形式等。

悬臂梁桥立面布置形式包括双悬臂梁桥、三跨挂梁的单悬臂、多孔悬臂梁。应掌握悬臂梁桥常用的截面形式、主要钢筋布置、牛腿的构造。

刚构桥的总体特点是上下部构件相互连接，连接处为刚性节点，因此上下部为有共同弹性变形的连续体，一同承受包括竖向荷载在内的一切作用力。一般桥跨下的墩身的弹性构件的形式参与作用。其中，T形刚构桥是具有悬臂受力特点的梁式桥，最早采用钢筋混凝土结构，从墩上伸出较短的悬臂，跨中用简支挂梁组合而成，而采用预应力混凝土结构可获得更大的跨径。连续刚构是各孔梢梁连续并与墩柱固结，而柱沿桥轴线方向的抗弯刚度甚小的桥梁，它综合了连续梁和T形刚构桥的受力特点，将主梁做成连续梁体与薄壁桥墩固结而成。

简支梁需要计算的部位有主梁、横梁、桥面板，计算项目包括主梁强度设计验算、横梁强度设计验算、桥面板强度设计验算、主梁变形计算、预拱度计算。主梁恒载内力要求按实际结构尺寸计算恒载集度，计算应力时将荷载作用在结构上直接计算，但应注意要根据施工方法确定何种荷载作用在何种截面上。简支梁属于静定结构，预应力只产生出内力，不产生二次力效应。纵向采用影响线加载求主梁活载最不利内力；利用横向分布影响线加载求最不利弯矩，进行横梁内力计算；桥面板计算采用有效工作宽度方法考虑车轮荷载在桥面板上的分布；内力计算根据桥面板与两肋的刚度比选取不同的修正系数。

变形计算是钢筋混凝土桥梁在短期使用荷载作用下的计算，也就是挠度的计算。通常预拱度的大小等于全部恒载和一半静活载所产生的竖向挠度值，也就是说应该使桥梁在常遇荷载情况下基本上接近直线状态。

第三篇　圬工和钢筋混凝土拱桥

实训 8　初步认识拱桥

预习内容	拱桥也是目前较常用的一种桥梁形式,在本章学习中要预习拱桥的一般特点,拱桥的分类及组成,设计中用到的有关的名称术语。
重　　点	拱桥的组成及有关的名称术语,拱桥的分类,拱桥的结构体系。
难　　点	拱桥的主要分类及其特点。
考　　点	有关的名称术语,拱桥的分类。
学习指导	通过与梁式桥的对比,学习拱桥的组成,有关名称术语,拱桥的类型。

8.1　拱桥的主要特点

【知识点】拱桥的特点

【问题】拱桥是造型美观、运用广泛的桥梁,有哪些优缺点?

【名词解释】圬工拱桥　钢管混凝土拱桥　钢筋混凝土拱桥

拱桥是我国公路上运用广泛、历史悠久的一种桥梁结构体系,在桥梁建筑中占有重要地位,其基本组成如图 8.1 所示。它适用于大、中、小跨公路或铁路桥,尤其适用于跨越峡谷,又因其造型美观,也常用作城市、风景区的桥梁建筑。

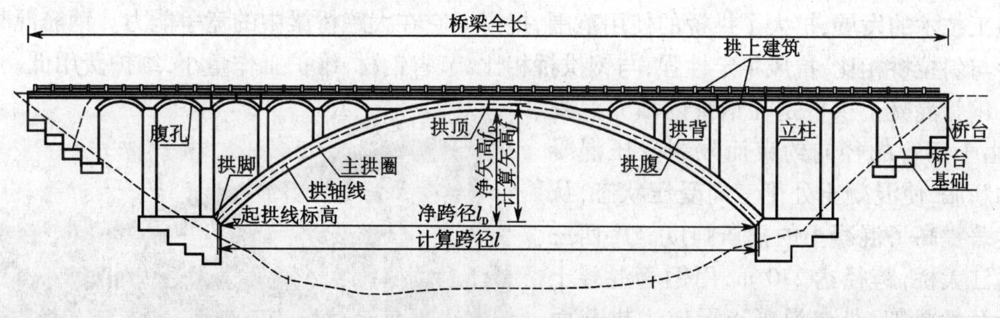

图 8.1　拱桥的基本组成

拱桥与梁桥不仅外形不同,而且受力性能也有本质的区别。梁式结构在竖向荷载作用下,支撑处仅产生竖向反力;而拱式结构在竖向荷载作用下,支撑处不仅有竖向反力,还有水平推力。由于水平推力的存在,拱的弯矩将比相同跨径的梁的弯矩大为减少,从而使整个拱主要承受压力。

由于拱是主要承受压力的结构,因而可以充分利用抗拉性能差而抗压性能较好的圬工材料(如石料、混凝土、砖等)来建造拱桥,这种采用圬工材料建造的拱桥,称为圬工拱桥,典型的

图 8.2　典型的圬工拱桥

圬工拱桥如图 8.2 所示。圬工拱桥是一种历史悠久的桥梁结构形式,它以坚固耐久、外形美观、载重潜力大、维修费用低、取材方便、所需技术工种较少、施工技术简单、建造成本低等特点而著称。但由于圬工拱桥所用材料的特殊性,使其发展受到很大的限制。湖南凤凰桥的垮塌给世人敲响了桥梁建设的警钟,同时也引起了广大桥梁建设者对圬工拱桥建设的注意。现行的圬工拱桥的计算方法,绝大多数还是以传统拱轴理论为依托,将拱上建筑视为荷载的形式加载至主拱圈上。这种传统的计算方法未能很好地体现拱上建筑与主拱圈的联合作用,即未能很好地体现拱上建筑与主拱圈作为一个整体承受荷载的效果。后来设计人员开始慢慢尝试使用有限元方法计算,从而弥补了这一传统计算方法的缺陷。有限元法通过建立理论模型,将主拱圈与拱上建筑构成一个统一的整体承受外部荷载,这不仅能更加科学地分析主拱圈的受力特性,也弥补了传统计算理论无法按照实际施工工况逐步分析结构受力的缺点,从而使得对于圬工拱桥受力特性的分析更加全面、更加接近工程实际。

为减小拱圈的截面尺寸,减轻拱的重量,常在混凝土拱中配置一定数量的受力钢筋,这种拱桥称为钢筋混凝土拱桥。钢筋混凝土拱桥拱圈截面中产生的拉应力由钢筋承受,这样可以减小上部结构尺寸,从而削减上部结构对下部结构的作用力。这样,无论从桥跨结构本身来看,还是对桥梁墩台和基础来说,工程数量都相应减少,有效提高了拱桥的经济性能。为了进一步减轻拱的自重,建造跨度更大的拱桥,也采用钢材修建钢拱桥。同时,钢筋混凝土拱桥在建筑艺术上也容易处理,它可以通过选择合理的拱式体系和突出结构上的线条来达到美的效果。修建大跨钢筋混凝土拱桥的关键是施工问题,过去长期采用的是拱架施工法。随着无支架施工技术的发展,扩大了拱桥的使用范围,提高了它在大跨桥梁中的竞争能力。钢筋混凝土拱桥与斜拉桥相比,抗风稳定性强;与钢拱桥相比,节省钢材,维护工作量小,维护费用低。

钢管混凝土拱桥是在钢管内填充混凝土,由于钢管的径向约束而限制受压混凝土的膨胀,使混凝土处于三向受压状态,从而显著提高了混凝土的抗压强度。广西三岸邕江大桥,跨径达 270 m,用钢管混凝土作为劲性骨架,外包混凝土形成主拱截面的劲性骨架混凝土拱桥,可使体积庞大的拱箱混凝土在符合拱的受力方式下逐渐形成,不需要强劲的支架和强大的吊装能力,使修建特大跨径的混凝土拱桥成为可能。1996 年建成的广西邕宁邕江大桥(312 m)和 1997 年建成的重庆万县长江大桥(420 m,如图 8.3 所示)均是这种类型的拱桥。

图 8.3　1997 年建成的重庆万县长江大桥

拱桥之所以能够有这么广阔的发展空间是因为它具有以下优点。

(1)跨越能力较强。

(2)易就地取材,与钢桥和钢筋混凝土梁式桥相比,可节省大量的钢材和水泥。

(3)耐久性好,养护、维修费用少。

(4)外型美观。

(5)构造较简单,尤其是圬工拱桥,技术容易被掌握,利于广泛采用。

拱桥同样存在着不可避免的缺点,主要有以下几点。

(1)自重较大,相应的水平推力也较大,增大了下部结构的工程量,当采用无铰拱时,对地基的要求较高。

(2)对连续多孔拱桥,为防止因某一孔破坏而影响全桥的安全,需要采取较复杂的措施,如设置单向推力墩,但增加了造价。

(3)上承式拱桥的建筑高度大,如用于立体交叉及平原区的桥梁,因桥面标高较高,而使两岸接线的工程量增大,或使桥面纵坡增大,使拱桥的适用范围受到限制,此时一般采用下承式或中承式拱桥。

(4)圬工拱桥一般都采用在支架上施工的方法,存在工序多、劳动量大、施工时间长等不利因素。

拱桥虽然存在这些缺点,但由于它的优点突出,只要在条件许可的情况下,修建拱桥往往是经济合理的。因此在我国公路桥梁建设中,拱桥——特别是其中的圬工拱桥仍得到了广泛的应用,而且拱桥的缺点也正在逐步得以改善和克服。如在地质条件不好的地区修建拱桥时,就可从结构体系上、构造形式上采取措施,或利用轻质材料来减轻结构物的自重,或设法提高地基承载能力等。为了节约劳动力,加快施工进度,就需逐步提高预制构件在圬工数量中所占的比重,以利于机械化和工业化的施工,这些措施更加扩大了拱桥的使用范围。

【小测验】

一、选择题

1. 拱桥中从拱顶截面下缘至相邻两拱脚截面下缘最低点连线的垂直距离为(　　)。

A. 净矢高　　B. 计算矢高　　C. 标准矢高　　D. 基准矢高

2. 拱桥净跨径是指每孔拱跨两拱脚截面(　　)。

A. 形心之间的直线距离　　B. 形心之间的水平距离

C. 最低点之间的直线距离　　D. 最低点之间的水平距离

3. 从拱桥拱顶截面形心至相邻两拱脚截面形心连线的垂直距离为(　　)。

A. 净矢高　　B. 计算矢高　　C. 标准矢高　　D. 基准矢高

4. 矢跨比是拱桥中拱圈的(　　)与计算跨径之比。

A. 净矢高　　B. 计算矢高　　C. 标准矢高　　D. 基准矢高

5. 拱桥的承重结构以(　　)为主。

A. 受拉　　B. 受压　　C. 受弯　　D. 受扭

6. 拱桥的主要承重结构是(　　)。

A. 拱圈　　B. 拱肋　　C. 腹板　　D. 桥面结构

二、思考题

1. 拱桥与梁桥的主要区别是什么?

2. 拱桥的优缺点是什么?

3. 钢筋混凝土拱桥有什么特点?

8.2 拱桥的组成及主要类型

【知识点】拱桥的组成、拱桥的类型

【问题】上承式拱桥由哪些部分组成?拱桥有哪些主要类型?各有什么特点?

1. 拱桥的组成

【名词解释】拱上建筑　实腹式拱桥　空腹式拱桥

和其他桥梁一样,拱桥也是由桥跨结构和下部结构两部分组成,如图 8.4 所示。

一般的上承式拱桥,桥跨结构是由主拱圈(板、肋、箱,简称主拱)及拱上建筑(又称拱上结构)构成。主拱圈是主要承重构件,承受桥上的全部荷载,并把荷载传递给墩台及基础。由于主拱圈是曲线形,一般情况下车辆无法在弧面上行驶,所以在行车道系与主拱圈之间需要有传递荷载的构件和填充物,这些主拱圈以上的行车道系和传递构件或填充物称为拱上建筑。拱上建筑可做成实腹式或空腹式,相应称为实腹式拱桥或空腹式拱桥。

拱桥的下部结构包括桥墩、桥台和基础,用以支撑桥跨结构,将桥跨结构的全部荷载传至地基。桥台还起着连接桥与路堤的作用,使路桥形成一个协调的整体。

2. 拱桥的主要类型

【名词解释】组合体系式拱桥　圆弧拱桥　悬链线拱桥　抛物线拱桥　上承式拱桥　中承式拱桥　下承式拱桥　有推力拱桥　无推力拱桥　三铰拱　两铰拱　无铰拱　双曲拱桥　箱形拱桥　肋拱桥

按不同的分类方法可将拱桥分为不同的类型。

1)按拱上建筑的形式分类

按照拱上建筑的形式可以将拱桥分为实腹式拱桥、空腹式拱桥和组合体系式拱桥。

(1)实腹式拱桥。实腹式拱桥是指将拱上建筑做成实体结构,拱圈和主梁之间用石料或砌块填充的拱桥形式。其优点是刚度比较大,构造简单,施工方便;缺点是随着桥梁跨径的增大,拱桥的自重迅速加大,因此无法做成较大跨径的拱桥。这种桥型一般用在跨径较小的拱桥中,常用跨径为 20 ~ 30 m。

(2)空腹式拱桥。空腹式拱桥是指拱圈和主梁之间用立柱支撑的拱桥。其优点是较实腹式拱桥轻巧,节省材料,外形美观,还有助于泄洪;缺点是施工比较麻烦,受力较复杂。这种桥型一般用在大跨径的桥梁中。

(3)组合体系式拱桥。组合体系式拱桥是由拱和梁组成主要承重结构的拱桥,通常用钢筋混凝土或钢结构建造。它兼有实腹式拱桥和空腹式拱桥的优点,跨越能力较强,一般用在大、中跨度的桥梁中。

2)按拱轴线的形式分类

按照拱轴线的形式拱桥可分为圆弧拱桥、悬链线拱桥和抛物线拱桥。

(1)圆弧拱桥。圆弧拱桥是拱圈轴线按部分圆弧线设置的拱桥。其优点是构造简单,石料规格少,备料、放样、施工都很简便;缺点是受荷载时拱内压力线偏离拱轴线较大,受力不均匀。这种桥型一般适用于跨度小于20 m的石拱桥。

(2)悬链线拱桥。悬链线拱桥是拱圈轴线按悬链线设置的拱桥。其优点是受力均匀,弯矩不大,节省材料,多适用于实腹拱桥,大跨度的空腹拱桥中也常常采用这种线形布置。

(3)抛物线拱桥。抛物线拱桥是拱圈轴线按抛物线设置的拱桥,是悬链线拱桥的一种特例。其优点是弯矩小,材料省,跨越能力较强;缺点是构造较复杂,如果是石拱桥,则石料的规格较多,施工较不方便。

3)按桥面的位置分类

按照桥面的位置拱桥可分为上承式拱桥、中承式拱桥和下承式拱桥,如图8.4所示。

(1)上承式拱桥。上承式拱桥是桥面系设置在拱圈之上的拱桥。其优点是桥面系构造简单,拱圈与墩台的宽度较小,桥上视野开阔,施工方便;缺点是桥梁的建筑高度大,纵坡大,引桥长。这种桥型一般用于跨度较大的桥梁。

(2)中承式拱桥。中承式拱桥是桥面系设置在拱肋中部的拱桥。其优点是建筑高度较小,引道较短;缺点是桥梁宽度大,构造较复杂,施工也较麻烦。

(3)下承式拱桥。下承式拱桥是桥面系设置在拱圈之下的拱桥。其优点是桥梁建筑高度很小,纵坡小,可节省引道长度;缺点是构造复杂,拱肋施工麻烦。这种桥型一般用于地基承载能力差的桥位上。

图8.4 上、中、下承式拱桥示意简图

4)按有无水平推力分类

按照有无水平推力拱桥可分为有推力拱桥和无推力拱桥。

(1)无推力拱桥,无推力拱桥是在竖向荷载作用下拱脚对墩台无水平推力作用的拱桥。其推力由刚性梁或柔性杆件承受,属于内部超静定、外部静定的组合体系拱桥。这种桥型适用于地质不良的桥位处,其墩台与梁式桥基本相似,体积较大,只能做成下承式桥,建筑高度很小,桥面标高可设计得很低,降低纵坡,减小引桥长度,因此可以节约材料。但是,结构的施工比较复杂。

(2)有推力拱桥。有推力拱桥是在竖向荷载作用下拱脚对墩台有水平推力作用的拱桥。水平推力可减小跨中弯矩,能建成大跨度的桥梁。这种桥型造型美观,城市桥梁一般优先选用,可做成上承式、中承式桥。其缺点是对地质要求很高,为防止墩台移动或转动,墩台须设计得很大,施工较麻烦。

5)按建筑材料的不同分类

按照建筑材料的不同拱桥可分为石拱桥、混凝土拱桥和钢拱桥。

(1)石拱桥。石拱桥是用石料建造的拱桥,外形美观,养护简便,并可以就地取材以减低造价。其缺点是自重大,跨越能力有限,石料的开采、加工和砌筑均需要较多的劳动力,且工期较长。这种桥型一般用于小跨径桥梁。

(2)混凝土拱桥。混凝土拱桥是用混凝土建造的拱桥,包括素混凝土和钢筋混凝土两类。

其优点是加工和制造较石拱桥方便，工期短；缺点是由于混凝土抗拉强度很低，故其跨越能力弱，且混凝土耗费量大。这种桥型一般用于小跨径桥梁。

(3)钢拱桥。钢拱桥是上部结构用钢材建造的拱桥类型。其优点是跨越能力强，且自重是三种拱桥中最轻的；缺点是结构复杂，对地基要求高，造价高，且维护费用高。这种桥型适用于大跨度桥梁。

6)按铰的多少分类

按照铰的多少拱桥可分为两铰拱、三铰拱和无铰拱。它们的静力图如图8.5所示。

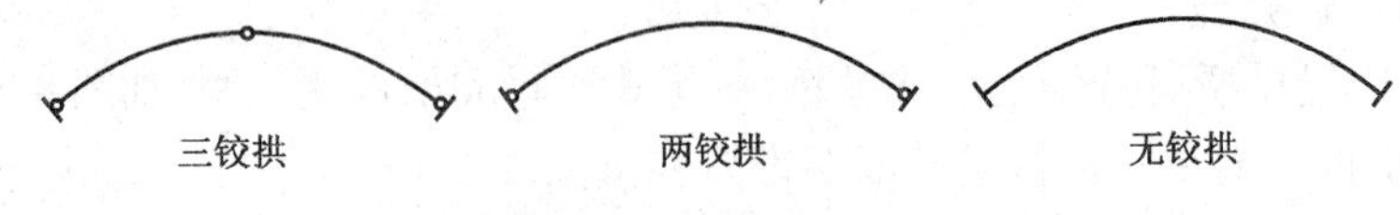

图8.5 拱圈的静力图式

(1)三铰拱。三铰拱是在拱冠与拱端处均设铰的拱桥，属于静定结构。其优点是不受混凝土收缩、徐变、温度变化以及墩台位移的影响，适用于地质条件差而要求修建大跨度桥的场合。缺点是结构复杂，施工麻烦，维护费用高，整体刚度差，因三处设置铰，故对应的桥面处亦需设置构造缝；拱圈挠曲在铰处急剧变化，因而对行车不利。所以，我国仅在一些较小跨径的桥上采用这种桥型。

(2)两铰拱。两铰拱是拱圈中间无铰而两端设铰与墩台铰接的拱桥，属于外部一次超静定结构。其优点是拱脚处不承受弯矩，较无铰拱桥可减小混凝土收缩、徐变、温度变化以及墩台位移的影响；缺点是构造较复杂，对应的桥面处应设置构造缝，施工亦较麻烦，对地基要求比较高，但较无铰拱对地基要求略低。

(3)无铰拱。无铰拱又称固端拱桥，是拱圈两端嵌固在桥墩上而中间无铰的拱桥，属于外部三次超静定结构。其优点是较有铰拱桥桥内的弯矩分布合理，材料用量较小，结构刚度大，结构简单，施工方便，维护费用低，还可以将拱脚设计在洪水位以下，有利于降低桥面的设计标高，具有较好的经济与使用效益；缺点是对混凝土收缩、徐变、温度变化以及墩台位移最敏感，会产生附加应力，须建设在可靠的地基上。

7)按主拱圈截面形式分类

按照主拱圈截面形式不同拱桥可分为板拱桥、肋拱桥、双曲拱桥和箱形拱桥。

(1)板拱桥。板拱桥主拱圈采用矩形实体截面。其优点是构造简单、施工方便，因此使用较广泛；缺点是自重较大，不经济，通常在地基较好的中小跨径圬工拱桥中采用。

(2)肋拱桥。肋拱桥是由两条或两条以上分离式拱肋组成承重结构的拱桥，拱肋之间靠横向联系梁连接成整体而共同受力。这种桥横截面面积较小，节省材料，自重轻，跨越能力强，多用于较大跨径的拱桥，可以用圬工、钢筋混凝土、钢材建造。

(3)双曲拱桥。双曲拱桥是中国首创的一种新型拱桥，其主拱圈在纵向和横向均呈曲线形，故称“双曲”拱桥。它的拱圈是由拱肋、拱波、拱板、横隔板等小型构件预制装配而成。由于这种截面抵抗矩较相同材料用量的板拱大，因而可以节省材料。其跨径9～150 m，由单跨发展到多跨，施工方法也从有支架施工发展到无支架施工。但随着社会经济、技术的发展，双曲拱桥的缺点也逐渐暴露，如施工工序多，结合截面的整体性较差，易开裂等。因此，在现阶段等级公路中一般已不再采用这种桥型。

(4)箱形拱桥。箱形拱桥拱圈横截面由几个箱室组成。其截面挖空率大,可达全截面的50% ~70%,较实体板拱桥可减少圬工用料与自重,适用于大跨度拱桥。截面抗扭刚度大,横向整体性和稳定性好,特别适用于无支架施工。一般情况下,箱形截面的拱桥跨径宜在50 m以上。它是国内外大跨径钢筋混凝土拱桥主拱圈截面的基本形式。

【小测验】

一、填空题:

1. 无铰拱桥属于__________次超静定结构。

2. 桥面系设置在拱肋中部,优点是建筑高度较小,引道较短,缺点是桥梁宽度大,构造较复杂,施工也较麻烦,这是__________拱桥形式。

二、选择题:

1. 桥梁按其主要承重结构所用的材料可划分为(　　)。

A. 圬工桥　B. 钢筋混凝土桥　C. 预应力混凝土桥　D. 钢桥

2. 桥梁按其上部结构的行车道位置可划分为(　　)。

A. 上承式桥　B. 中承式桥　C. 下承式桥　D. 底承式桥

3. 钢管混凝土中承式拱桥是根据(　　)命名的。

A. 承重结构的材料　B. 跨越障碍的性质　C. 行车道的位置　D. 桥梁的用途

三、问答题

1. 拱桥的主要分类形式有哪些?

2. 拱桥有哪些主要的组成部分?

3. 上承式拱桥、中承式拱桥和下承式拱桥各适用于什么条件?

4. 两铰拱、三铰拱和无铰拱在受力特点上的区别是什么?

实训9 学习拱桥的设计与构造

预习内容	预习主拱圈的构造、拱上建筑的构造、拱桥其他细部的构造,其他类型拱桥的构造。拱桥的总体布置,拱轴线的选择,拱上建筑的布置,拱圈截面变化规律。
重　点	主拱圈的构造;拱上建筑的构造;设计标高和矢跨比的确定;拱轴线的形式及拱轴线的选择;主拱圈的截面变化规律。
难　点	上承式拱桥的构造与设计。
考　点	上承式拱桥的构造与设计。
学习指导	对照梁式桥的截面形式和各自的特点来学习各种形式拱桥主拱圈的构造;通过与梁桥总体布置的比较来学习拱桥的总体布置;通过结构力学知识学习什么是拱轴线、合理拱轴线、理想拱轴线;通过内力的变化规律确定主拱圈截面变化规律。

9.1 上承式拱桥的构造与设计

【知识点】上承式拱桥的构造与设计

【问题】主拱圈有哪些类型?各有什么特点?

【名词解释】上承式拱桥　主拱圈扳拱　肋拱　箱形拱　双曲拱　拱上建筑　实腹式拱桥　空腹式拱桥　矢跨比　起拱线标高　拱轴线　悬链线拱桥

1.上承式拱桥的构造

根据容许建筑高度的大小和实际需要,桥面可以布置在桥跨结构的不同位置。桥面系设置在桥跨主要承重结构(桁架、拱肋、主梁等)上面的桥梁,称为上承式拱桥。上承式拱桥桥面系构造简单,施工方便,桥跨主要承重结构的宽度可以做得小一些(也可以密排),因而节省墩台圬工,此外,桥上视野开阔。

上承式拱桥(图9.1)由主拱圈、拱上传载构件或填充物、桥面系组成,主拱圈是拱桥的主要承重结构。

主拱圈的构造,根据主拱圈截面形式不同主要分为板拱、肋拱、箱形拱、双曲拱等,如图9.2所示。

1)板拱

拱桥中的石砌拱桥主拱圈通常是做成实体的矩形截面,所以又称石板拱。按照砌筑拱圈的石料规格,又可分为料石拱、块石拱和片石拱等类型。

根据设计的要求,石拱圈可以采用等截面圆弧拱、等截面或变截面悬链线拱以及其他拱轴形式的拱。用粗料石砌筑拱圈时,拱石需要随拱轴线和截面形式不同而分别进行编号,以便于

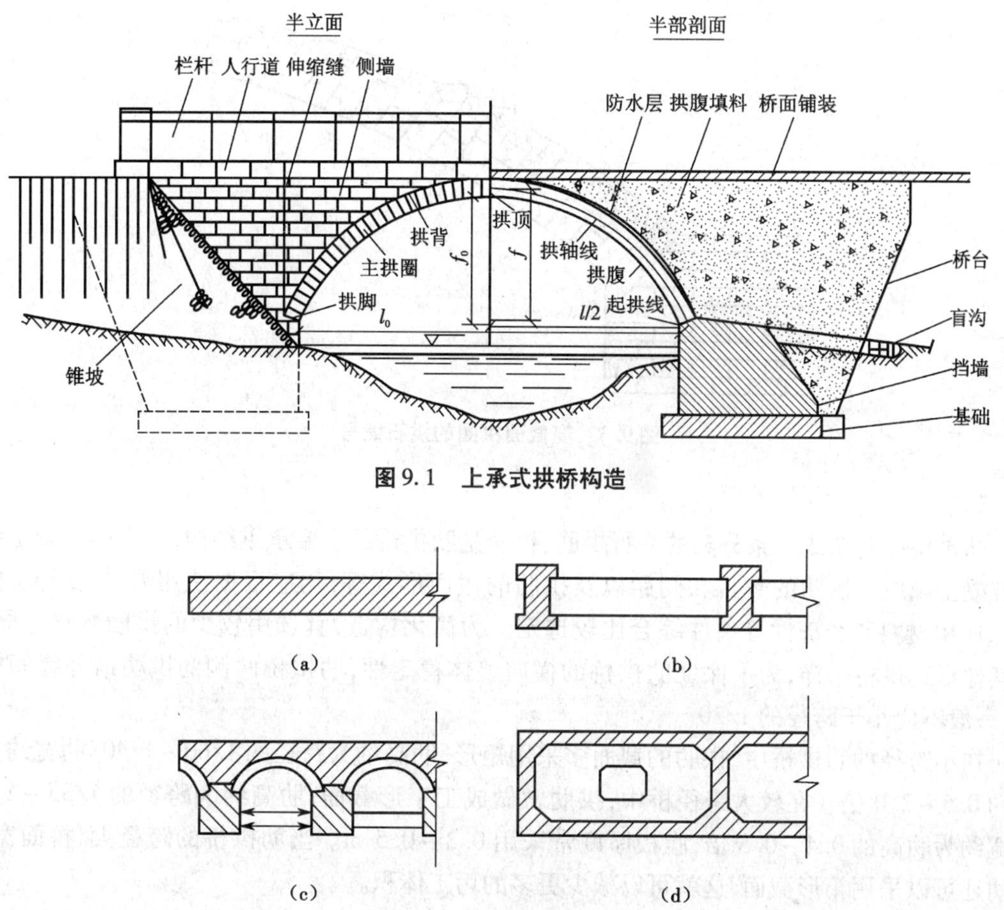

图 9.1　上承式拱桥构造

图 9.2　主拱圈截面形式

(a)板拱　(b)肋拱　(c)双曲拱　(d)箱形拱

拱石的加工。等截面圆弧拱圈截面相等，又是单心圆弧线，拱石规格较少，编号简单。变截面拱圈由于截面发生变化，使拱石类型较多，编号较复杂，给施工带来很大的麻烦(图 9.3)。因此，目前等截面拱桥使用最为广泛。

在砌筑料石拱圈时，根据受力的需要，构造上应满足以下几点。

(1)拱石受压面的砌缝应是辐射方向，即与拱轴线相垂直，这种辐射砌缝一般可做成通缝，不必错缝。

(2)当拱圈厚度不大时可采用单层拱石砌筑，当拱厚较大时可采用多层拱石砌筑，对此要求垂直于受压面的顺桥向砌缝要错开，错缝间距不小于 0.10 m。

(3)在拱圈的横截面内，拱石的竖向砌缝应当错开，错开宽度至少 0.10 m，在纵向或横向剪力作用下，可避免剪力单纯由砂浆承担，从而可以增大砌体的抗剪强度和整体性。

(4)砌缝的缝宽不应大于 0.02 m。

当用块石或片石砌筑拱圈时，应选择较大的平整面与拱轴线垂直，并使块石的大头向上，小头向下。石块间的砌缝必须相互交错，较大的缝隙应用小石块嵌紧，同时还要将砌缝用砂浆或小石子混凝土灌满。

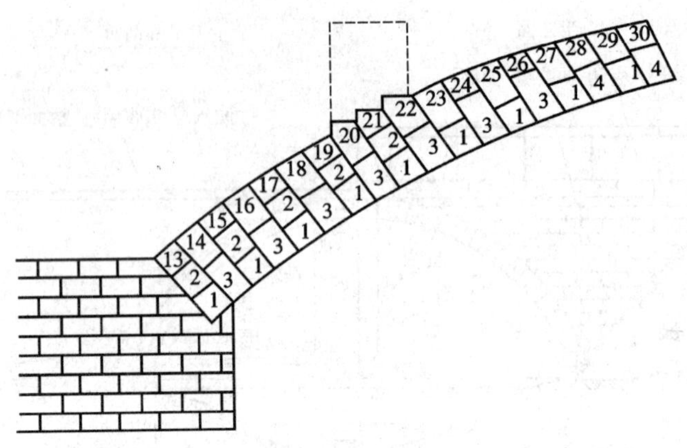

图 9.3　变截面拱圈的拱石编号

2)肋拱

肋拱桥有两条或多条分离的平行拱肋,拱肋是肋拱桥的主要承重结构,通常由混凝土或钢筋混凝土做成。拱肋的数目和间距以及拱肋的截面形式等,均应根据使用要求(跨径、桥宽等)、所用材料和经济性等条件综合比较选定。为简化构造,宜选用较少的拱肋数量。同时,与其他形式拱桥一样,为了保证肋拱桥的横向整体稳定性,肋拱桥两侧的拱肋最外缘间的距离,一般不应小于跨径的 1/20。

在小跨径的肋拱桥中,拱肋的截面多采用矩形,肋高约为跨径的 1/60 ~ 1/40,肋宽约为肋高的 0.5 ~ 2.0 倍。在较大跨径桥中,拱肋常做成工字形截面,肋高约为跨径的 1/35 ~ 1/25,肋宽约为肋高的 0.4 ~ 0.5 倍,腹板厚度常采用 0.3 ~ 0.5 m。当肋拱桥的跨径大、桥面宽时,拱肋还可以采用箱形截面,这就可以减少更多的圬工体积。

在分离的拱肋间需设置横系梁,以增强肋拱桥的横向整体性。拱肋的钢筋配置由计算确定。横系梁一般可按构造要求配置钢筋,但不得少于四根(沿四周放置),并用箍筋联结。

钢筋混凝土肋拱桥与板拱桥相比能较多地节省混凝土用量,减轻拱体重量。相应地,桥墩、桥台的工程量也减少,同时随着恒载对拱肋内力的影响减小,活载影响相应增大,钢筋可以较好地承受拉应力,这样就能充分发挥建筑材料的作用,而且跨越能力也较强。它的缺点是比混凝土板拱用的钢筋数量多,施工较复杂。

3)箱形板拱

大跨径拱桥的主拱圈可以采用箱形截面。箱形截面挖空率可达全截面的 50% ~ 70%,因此与板拱相比,可以大量地减少圬工体积,减轻重量,节省上下部结构的造价,且抗扭刚度大,因而截面经济性好,横向整体性强,稳定性好。

箱形拱主拱圈截面形式有单室箱和多室箱两种。单室箱宽度不宜大于 6 m,顶板厚度应大于 0.1 m,底板厚度应大于 0.08 m,需要时可设置纵、横向加劲肋。拱脚区段的底板由于压应力很大,应适当加厚。腹板厚度一般为 0.2 ~ 0.4 m。

对于目前常采用的由几个闭合拱箱组成的多室箱形拱,拱箱的宽度一般在 1.3 ~ 1.6 m,因此双车道公路桥梁一般均由 5 ~ 6 个拱箱组成。

为了减轻吊装重量,使箱板的厚度不致过大,目前箱形拱一般都采用较高强度的混凝土。箱壁厚度通常为 0.08 ~ 0.10 m。底板厚度视跨径大小而定,中等跨径箱拱的底板厚度一般为

0.06 ~ 0.08 m,大跨径拱一般为 0.12 ~ 0.15 m。顶板厚度因施工方式而异,当采用预制盖板的形式时,预制盖板厚度为 0.06 ~ 0.08 m,其上现浇的整体混凝土厚度不宜小于预制盖板厚度,一般为 0.08 ~ 0.10 m,并布置直径为 6 ~ 10 mm 的钢筋网;当采用封闭式预制拱箱时,顶板厚度一般为 0.12 ~ 0.14 m。

采用无支架施工的箱拱,拱箱之间还需预留现浇混凝土缝隙,一方面可增强拱箱的横向整体性,另一方面也可以防止吊装时拱箱中线的横向偏移。通常缝宽为 0.10 ~ 0.14 m,不宜太窄,否则不便于调整拱箱位置和浇筑缝间的混凝土。在设计时,需要考虑现浇纵缝混凝土引起的侧压力对腹板的影响。

为了加强箱壁的局部稳定性,提高箱拱的抗扭刚度,拱箱内设置了横隔板。横隔板的布置视拱桥跨径大小及桥宽而定,除了在腹孔墩处均宜布置外,一般间距为2.0 ~ 2.5 m,不宜大于 5.0 m。横隔板厚度为 0.06 ~ 0.08 m,中间可挖空,以减轻重量,方便施工、养护人员通行。

拱圈宽度一般取桥宽的 0.6 ~ 1.0 倍,不小于跨径的 1/20;箱肋宽度与吊装能力有关,一般取 1.2 ~ 1.7 m;顶底板厚度一般为 15 ~ 22 cm;两侧外腹板一般为 12 ~ 15 cm,内箱腹板一般为 4 ~ 5 cm。

拱箱横隔板能提高截面的抗扭能力,保证箱壁的局部稳定性。其一般设置在箱肋段端部、吊点、拱上空墩处等,其余部位每隔 3 ~ 5 m 设一道,厚度约 6 ~ 8 cm。

4)双曲拱

双曲拱桥主拱圈通常由拱肋、拱波、拱板和横向联系等几部分组成。

常用的拱肋截面形式有矩形、倒 T 形、槽形和工字形等,一般根据跨径大小、受力性能、施工难易等条件综合选择合理的截面形式,所选拱肋截面要利于增强主拱圈的整体性,制作简单且能保证施工安全。

拱波一般都用混凝土预制,常做成圆弧形,它不仅是参与主拱圈共同承受荷载的组成部分,在浇筑拱板混凝土时,还起模板的作用。

拱板在拱圈截面中所占比重最大,而且现浇混凝土拱板又将拱肋、拱波连成整体,因此拱板在加强拱圈整体性方面起着重要的作用。

横向联系常用的形式是横系梁和横隔板,通常布置在拱顶、腹孔墩下面、分段吊装的拱肋接头处等,间距一般为 3 ~ 5 m。考虑到横向联系在拱顶附近作用更为明显,在拱顶部分可适当加密。对于跨径较小的宽桥,拱顶部分的横向联系更应特别加强。

2. 拱上建筑的构造

对于普通型上承式拱桥,其主要承重结构主拱圈是曲线形,车辆无法通过,需要在桥面系与主拱之间设置传递荷载的构件或填充物,这些传递荷载的构件或填充物称为拱上建筑。

拱上建筑是拱桥的一部分,依其结构形式的不同而参与主拱共同受力的程度也不同。拱上建筑在一定程度上能约束主拱圈由温度变化及混凝土收缩徐变等引起的变形。拱上建筑类型分实腹式拱上建筑和空腹式拱上建筑两大类。

1)实腹式拱上建筑

实腹式拱上建筑由侧墙、拱腹填料、护拱、变形缝、防水层、泄水管和桥面等部分组成,如图 9.4 所示。实腹式拱桥构造简单,施工方便,但填料数量较多,恒载较重,一般情况下,小跨径拱桥中多采用实腹式。

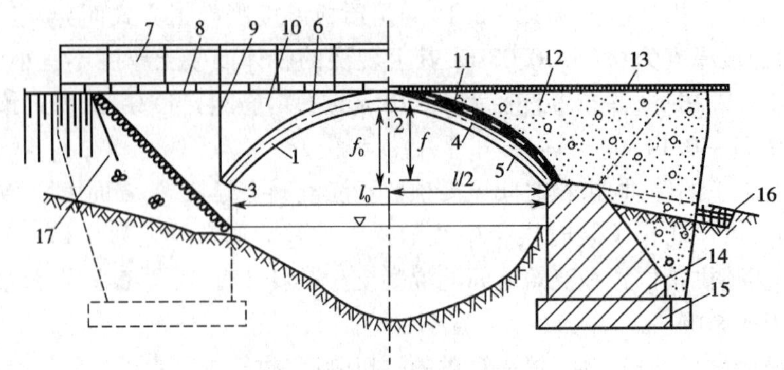

图 9.4 实腹式拱桥构造

1—主拱圈;2—拱顶;3—拱脚;4—拱轴线;5—拱腹;6—拱背;7—栏杆;8—人行道板;9—伸缩缝;
10—侧墙;11—防水层;12—填料;13—桥面;14—桥台;15—基础;16—盲沟;17—锥坡

2)空腹式拱上建筑

大、中跨径拱桥多采用空腹式。空腹式拱上建筑除具有与实腹式拱上建筑相同的构造外,还具有腹孔和腹孔墩。空腹式拱上建筑由多孔腹孔结构和桥面系组成,利于减小恒载,并使桥梁显得轻巧美观。根据腹孔的结构形式,空腹式拱上建筑又分为拱式(图 9.5)和梁式(图 9.6)两种。

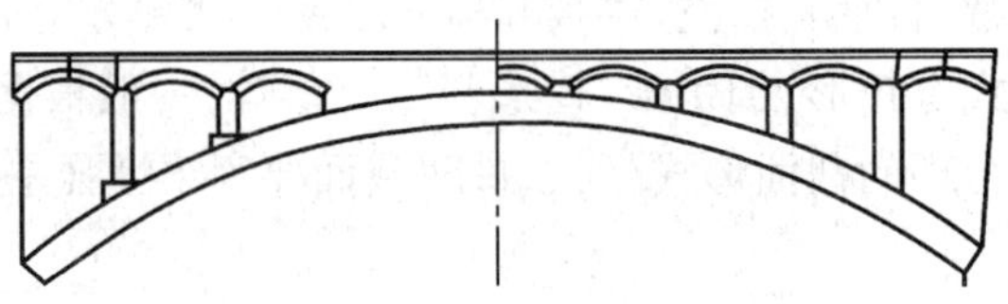

图 9.5 拱式拱上建筑

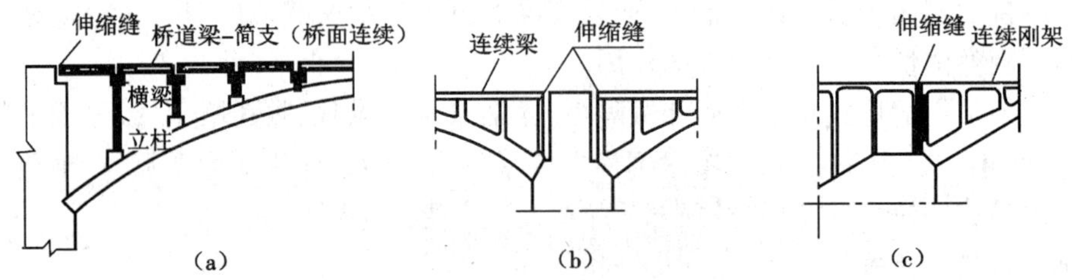

图 9.6 梁式拱上建筑

(a)简支梁式腹孔 (b)连续梁式腹孔 (c)连续钢架梁式腹孔

3. 上承式拱桥的设计要点

1)设计标高及矢跨比

拱桥的标高包括桥面标高、拱顶底面标高、起拱线标高和基础底面标高等,如图 9.7 所示,这几项标高的合理确定对拱桥的设计有直接的影响。

拱桥的桥面标高即指桥面与路线相接处的高程,它由两岸路线的纵断面设计来控制。设计时须按有关规定,并与有关部门(如航运、防洪、水利等部门)商定,保证桥下净空能满足泄洪及通航的要求。对于无铰拱,可以将拱脚置于设计水位以下,但通常淹没深度不得超过矢高

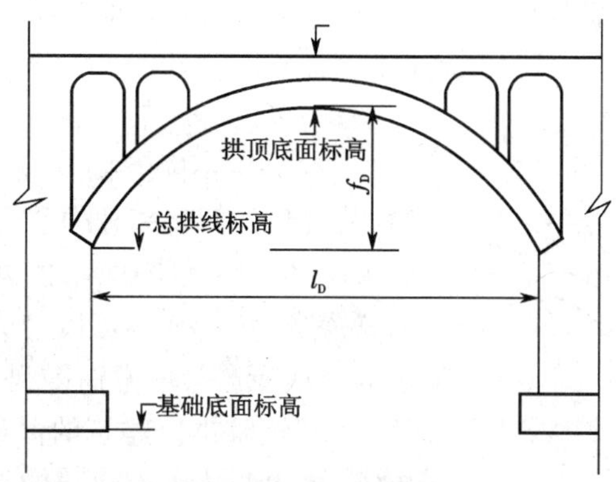

图 9.7　拱桥的主要标高示意

的 2/3。

当桥面标高确定后，用桥面标高减去拱顶填料厚度（一般包括路面 0.3 ~0.5 m），就可得到拱顶上缘（拱背）的标高，然后可根据跨径大小、荷载等级、主材料规格等条件估算出拱圈的厚度。用拱背的标高减去主拱圈的厚度，就可以推出拱顶底面标高。为了保证漂流物能正常通过，在任何情况下，拱顶底面应高出计算水位（设计洪水位计入壅水、浪高等）1.0 m。

拟定起拱线标高时，为了减小墩（台）基础底面的弯矩，节省墩台的圬工数量，一般宜选择低拱脚的设计方案，但具体设计时，拱脚位置往往又受到通航净空、排洪、流冰等条件的限制。《公路桥涵设计通用规范》（JTG D60—2004）规定：对于有铰拱桥，拱脚座高出设计洪水位 0.25 m；对于无铰拱桥，可将拱脚置于设计洪水位以下，但淹没深度一般不超过拱圈净矢高的 2/5，并且在任何情况下，拱顶地面应高出设计洪水位至少 1.0 m。为了防止冰害，不管有铰拱还是无铰拱，拱脚均应高出最高流冰面至少 0.25 m。当洪水带有大量漂流物，拱上建筑采用立柱时，应当将起拱线标高提高，使主拱圈不要淹没过多，以防漂浮物对立柱的撞击或挂留。基础底面标高主要根据冲刷深度、地质情况及地基承载能力等因素确定。

当跨径及拱顶、拱脚标高确定后，即可根据分孔时拟定的跨径大小确定主拱圈的矢跨比 f/l。

矢跨比的大小不仅影响拱圈内力的大小，而且也影响拱桥的构造形式和施工方法的选择。计算表明，当矢跨比减小时，拱的推力增大。推力增大，对拱圈自身的受力状况是有利的，但对墩台基础不利。矢跨比越小，由其他因素引起的附加内力就越大。但拱的矢跨比过大时，拱脚区段过陡，给拱圈的砌筑或混凝土浇筑带来困难。另外，拱桥的外形是否美观，与周围景物能否协调等也与矢跨比有很大关系。因此，在设计阶段，矢跨比的大小应经过综合比较后选定。一般的矢跨比：石、混凝土板拱桥及双曲拱桥为 1/8 ~1/4；钢筋混凝土拱桥为 1/10 ~1/5。矢跨比大于 1/5 的拱桥为陡拱，小于 1/5 的拱桥为坦拱。

连续拱桥最好选用等跨分孔方案，但受地形、地质、通航等条件限制，如引桥很长时，考虑与桥面纵坡协调一致时，或对桥梁的美观有特殊要求（如城市或风景区的桥梁）时，也可以采用不等跨的方案。不等跨拱桥由于相邻孔的恒载推力不相等，会使桥墩和基础承受不平衡的推力。在采用刚性桥的多孔连续拱桥中，还需考虑恒载不平衡推力产生的连拱作用，使计算和构造较为复杂。为了减小因结构重力引起推力不平衡对桥墩和基础的偏心作用，可以采取以下措施。

(1)采用不同的矢跨比。跨径一定时,矢跨比与推力大小成反比。在相邻两孔中,大跨径用较陡的拱(矢跨比较大),小跨径用较坦的拱(矢跨比较小),这样可以使相邻两孔在恒载作用下的不平衡推力尽量减小。

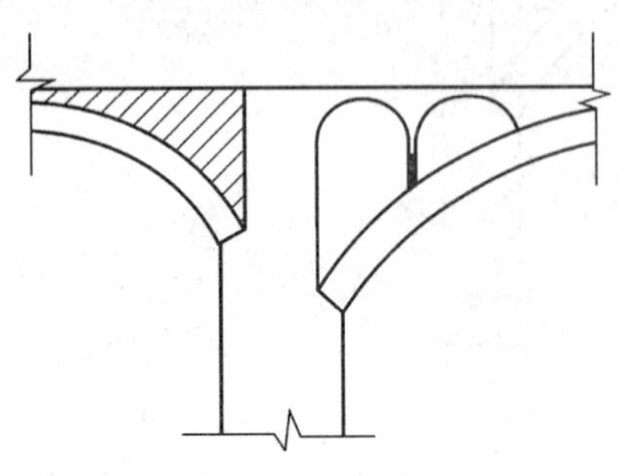

图 9.8 采用不同的拱脚标高

(2)采用不同的拱脚标高。由于采用了不同的矢跨比,会致使两相邻孔的公交标高不在同一水平线上。因大跨径孔的矢跨比大、拱脚低,减小了拱脚水平推力对基底的力臂,这样可以使大跨与小跨的恒载水平推力对基底所产生的弯矩得到平衡,如图 9.8 所示。

(3)调整拱上建筑的恒载重量。如要满足美观要求等,可用调整拱上建筑的重量来减小相邻孔间的不平衡推力。于是大跨径可采用轻质的拱上填料或空腹式拱上建筑,小跨径可采用重质的拱上填料或实腹式拱上建筑,以改变恒载重量来调整拱桥的恒载水平推力。

在上述三种措施中,从桥梁外观考虑,以第三种为好,在设计中也可将几种措施同时采用。如采用上述措施仍不能达到完全平衡推力的目的,则需设计成体型不对称的桥型或加大桥墩和基础尺寸来解决。

2)拱轴线的选择及拱上建筑的布置

拱轴线的形状直接影响到拱圈的内力分布及大小、结构的耐久性、经济合理性和施工安全性等。选择轴线的原则,就是要尽可能降低由于荷载产生的弯矩值。

最合理的拱轴线是与拱上各种荷载作用下的压力线相吻合,这时拱圈截面只受轴向压力,而无弯矩作用,从而能充分利用圬工材料的抗压性能,这样的拱轴线称为合理拱轴线。但事实上不可能获得这样的拱轴线,因为除恒载外,拱圈还要受到活载、温度变化和材料收缩等因素的作用。当恒载压力线与拱轴线吻合时,在活载作用下就不再吻合。

一般来说,以结构重力压力线作为设计拱轴线是基本适宜的。拱桥设计中选择拱轴线时,应满足以下四方面的要求。

(1)尽量减小拱圈截面的弯矩,使主拱圈在计入弹性压缩、均匀温降、混凝土收缩等影响下各主要截面的应力相差不大,且最大限度地减小截面拉应力,最好是不出现拉应力。

(2)对于无支架施工的拱桥,应满足各施工阶段的要求,并尽可能少用或不用临时性施工措施。

(3)计算方法简便,易被生产人员掌握。

(4)线型美观,便于施工。

目前我国拱桥常用的拱轴线形式有以下几种。

(1)圆弧线。圆弧线拱线型最简单,施工最方便,容易掌握。但一般情况下,圆弧形拱轴线与恒载压力线偏离较大,拱圈截面受力不均匀。因此,圆弧线常用于 15 ~20 m 的小跨径桥。

(2)悬链线。实腹式拱桥的结构重力从拱顶到拱脚是均匀增加的,这种荷载引起的压力线是一条悬链线。因此,实腹式拱桥采用悬链线作为拱轴线。

对于空腹式拱桥,由于有立柱传下来的集中荷载,恒载强度从拱顶到拱脚不再是连续分布的,其相应的恒载压力线也不再是悬链线,而是一条在腹孔墩处有转折点的多段曲线,但在恒载压力线与拱轴线之间有偏离。理论分析证明,这种偏离对拱圈控制截面的内力是有利的,可以减小弹性压缩产生的弯矩。用悬链线作拱轴线,对各种空腹式的拱上建筑适应性较强,且有现成的、完备的计算图表可供利用。因此,空腹式拱桥也广泛采用悬链线作为拱轴线。目前,悬链线是我国大、中跨径拱桥采用的最普遍的拱轴线型。

(3)抛物线。在竖向均布荷载作用下,拱的压力线是二次抛物线。对于恒载分布接近均布的拱桥,例如矢跨比较小的空腹式钢筋混凝土拱桥、钢筋混凝土桁架拱桥等,可以采用二次抛物线作为拱轴线。大跨径拱桥如果拱上建筑布置很特殊(如腹拱跨径特别大),为了使拱轴线与恒载压力线基本吻合,常采用高次抛物线(如四次或六次抛物线)作为拱轴线,但其计算工作量和计算难度大,很少采用。

总之,拱上建筑的形式及其布置,对于合理选择拱轴线型是有密切联系的。一般而言,小跨径拱桥可采用实腹式圆形拱或实腹式悬链线拱;大、中跨径拱桥可采用空腹式悬链线拱;轻型拱桥或矢跨比较小的大跨径钢筋混凝土拱桥可以采用抛物线拱。

3)拱桥主要尺寸的拟定。

(1)拱圈截面变化规律。拱圈横截面沿轴线的变化,应能适应主拱圈内力变化的情况,并有利于充分发挥主拱圈的材料强度,便于设计和施工。

在荷载作用下,拱圈内的轴向力由拱顶到拱脚逐渐增大;弯矩沿拱轴截面的变化很复杂,一般情况下拱脚截面的弯矩常常比拱顶截面大一些。为了使各截面的内力值趋于相等,拱圈的截面也应自拱顶向拱脚逐渐增大。在相同条件(跨径、矢高相同)下,变截面拱圈肋的工程量较等截面拱圈施工量小,拱圈稳定性较好。但变截面拱施工较复杂,特别是料石拱,所需料石规格繁多,给备料和砌筑带来困难,即使是混凝土拱,制模工作也较复杂。

因此,为了方便施工,拱桥宜采用等截面形式。目前,在无铰拱桥的设计中,对于跨径小于 50 m 的石板拱桥,跨径小于 100 m 的箱形拱桥、钢筋混凝土肋拱桥、钢筋混凝土拱桥,均可采用等截面形式。

无铰拱的截面变化规律可用下式表示

$$I=\frac{I_d}{[1-(1-n)\xi\cos\varphi]},\quad n=\frac{I_d}{I_j\cos\varphi_j} \tag{9-1}$$

式中 I——拱上任意截面的惯性矩;

I_d——拱顶截面的惯性矩;

ξ——拱厚变换系数;

I_j——拱脚截面的惯性矩;

φ——拱任意截面处的拱轴线水平倾角;

φ_j——拱脚截面处的拱轴线水平倾角。

也可先拟定拱顶截面尺寸和拱厚系数 n(一般可取 0.5 ~ 0.8),再求 I。

(2)截面尺寸的拟定。截面尺寸的拟定包括确定拱圈的宽度、厚度和主拱圈的高度。

(i)拱圈的宽度。拱圈的宽度主要取决于桥面的宽度,即行车宽度与人行道宽度之和。中、小跨径拱桥的栏杆(约宽 15 ~ 25 m),一般都布置在帽石的悬出部分上面。在大跨径桥梁中,为了减小拱圈宽度,常将人行道布置在钢筋混凝土悬臂梁上,或做成钢筋混凝土悬臂人行道。公路拱桥主拱圈宽度一般均大于跨径的 1/20,我国最大跨径混凝土拱桥(跨径 170 m)的宽跨比为 1/16。《公路圬工桥涵设计规范》规定,主拱圈的宽跨比小于 1/20 时,应验算拱圈的横向稳定性和强度。

(ii)拱圈的厚度,根据我国多年来修建各类拱圈的大量实践经验,已总结出经验公式或数据,可作为设计计算时拟定截面尺寸的参考。

(iii)中、小跨径石拱桥主拱圈高度可按下式进行估算,即

$$d = mk\sqrt{l_0} \tag{9-2}$$

式中 l_0——主拱圈净跨径,cm;

d——主拱圈高度,cm;

m——系数,取4.5~6;

k——荷载系数,一般为1.0~1.2。

大跨径的石拱桥,也可由其他经验公式进行估算,如

$$d = m_1 k(l_0 + 20) \tag{9-3}$$

式中 m_1——系数,一般为0.016~0.020,跨径越大,矢跨比越小,系数取大值。

对于箱形拱、拱肋中距不大于2.0 m的双曲拱、拱片中距不大于3.0 m的桁架拱和刚架拱,可参考下面的经验公式估算拱顶截面主拱圈肋的高度,即

$$H = \left(a + \frac{l_0}{b}\right)k \tag{9-4}$$

式中 H——主拱圈(肋)的高度,cm;

a,b——系数,根据主拱圈的构造形式不同取值;

k——荷载系数,按表9.1选用;

l_0——主拱圈净跨径,cm。

表9.1 a,b,k 系数

双曲拱桥	a,b	$a=35;b=100$
	k	1.0~1.4
桁架拱桥	a,b	$a=20;b=70$
	k	1.0~1.2
箱形拱桥	a,b	$a=35;b=100$
	k	1.0

【小测验】

思考题

1. 简述上承式拱桥的组成。
2. 在砌筑料石拱圈时,根据受力的需要,构造上应满足哪些要求?
3. 与板拱相比,箱形板拱有哪些优点?
4. 双曲拱桥主拱圈通常由哪几部分组成?
5. 拱桥的标高包括哪些?
6. 为了减小因结构重力引起推力不平衡对桥墩和基础的偏心作用,可以采取哪些措施?

7. 拱桥设计中选择拱轴线时，应满足哪些方面的要求？

9.2　中、下承式混凝土拱桥的总体布置

【知识点】中承式混凝土拱桥的总体布置，下承式混凝土拱桥的总体布置

【问题】中、下承式混凝土拱桥的适用场合是什么？总体布置有哪些要求？

【名词解释】中承式混凝土拱桥　下承式混凝土拱桥　横向联系　悬挂结构

下承式拱桥的桥跨结构由拱肋、悬吊结构和横向联结系三部分组成。由于车辆在两片(有时为三片)拱肋之间行驶，所以需要用吊杆将桥面系悬挂在拱肋下，如图 9.9 所示。桥面系和这些传力构件称为悬吊结构。下承式拱一般为无推力拱，主要应用于桥头标高受限制或基础较差的拱桥之中。无推力的下承式拱宜采用自重较轻的主拱和桥道系，以减小系杆的受力。

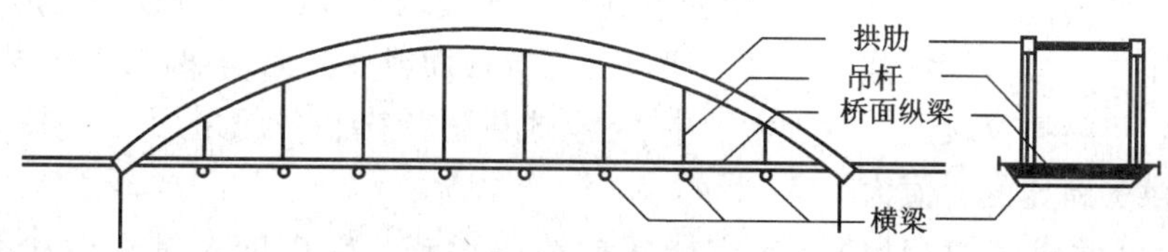

图 9.9　下承式拱桥

中承式拱桥的行车平面位于肋拱矢高的中间部位，桥面系一部分用吊杆悬挂在拱肋下，一部分用立柱支撑在拱肋上，如图 9.10 所示。中承式拱桥可以为单跨或多跨的无推力拱，也可以做成带悬臂半跨的无推力拱(又称自平衡拱)。中承式拱一般也是应用在桥梁建筑高度受到限制的拱桥中，与下承式拱一样，其拱圈也只能使用肋拱形式。采用有推力还是无推力形式主要视地基基础条件而定。

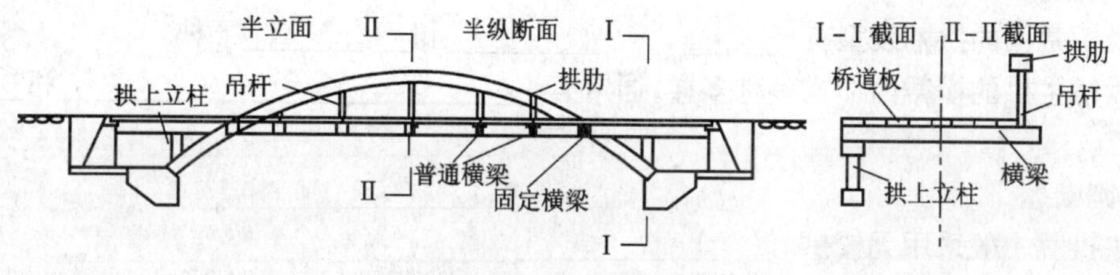

图 9.10　中承式拱桥

1. 适用场合

在目前的桥梁设计方案中，中、下承式拱桥已成为优先考虑的桥型，它们不仅保持了上承式拱桥的基本力学特性，可以充分发挥拱圈混凝土材料的抗压性能，而且构件简洁明快。特别是多孔连续的中、下承式拱桥，以其波浪形起伏、构件轻巧给人带来美感，具有广泛的适用场合。

当桥梁的建筑高度受到严格限制时，若采用上承式拱桥往往有困难或矢跨比过小，可采用中、下承式拱桥满足桥下净空要求。在不等跨的多孔连续拱桥中，为了平衡左右桥墩的水平推力，将较大跨径一孔的矢跨比加大，做成中承式拱桥，可以减小大跨的水平推力。在平坦地形

的河流上，采用中、下承式拱桥可以降低桥面高度，有利于改善桥梁两端引道的纵面线形，减少引道的工程数量。在城市景点或旅游地区，通常为了配合当地景观而采用中、下承式拱桥。当桥梁跨度较大且受路线曲线支配，在桥头两端要设置曲线干线，采用中承式拱桥可以减小路线转弯的影响，这就是美国最近建成的一座全跨 369 m（中跨 323 m）的中承式系杆拱桥与大跨桁梁桥和斜拉桥进行方案比较时被选中的原因之一。值得注意的是，中、下承式拱桥是推力拱，应选择较好的地基。

2. 总体布置

中、下承式拱桥的桥跨结构一般由拱肋、横向联系和悬挂结构三部分组成。拱肋是主要的承重构件；横向联系设置在两片拱肋之间，用以增加两片分离式拱肋的横向刚度和稳定性；悬挂结构包括吊杆和桥面系等，桥面荷载通过它们将作用力传递到主结构拱肋上。

拱肋结构的常用材料是钢筋混凝土或钢管混凝土，两片拱肋一般在两个相互平行的平面内，有时为了提高拱肋的横向稳定性和承载力，也可使两拱肋顶部互相内倾，使其在水平面上的投影呈“X”（即提篮式拱）。由于拱肋的恒载分布比较均匀，因此拱轴线型一般采用二次抛物线，也可采用悬链线。拱肋截面沿拱轴线可分为等截面或变截面，有时为了增强拱肋的横向刚度和稳定性，可将拱脚段的肋宽加大。中、下承式拱桥的拱肋一般采用无铰拱，以保证其刚度。通常，肋拱矢跨比的取值为 1/7 ~ 1/4。

横向联系可做成横撑、对角撑或空格式构造等形式。横撑的宽度不应小于其长度的 1/15。横向联系的设置往往受桥面净空高度的限制，横向联系构件只容许设置在桥面净空高度范围之外的拱段（对于中承式拱肋，还可以设置在桥面系以下的肋段）。有时为了满足规定的桥面净空高度要求，而不得不将拱肋矢高加大以设置横向构件。高悬在桥面以上的横向构件，对结构物的外观和行车都是不利的。

【小测验】

一、填空题

1. 拱桥常用的拱轴线型有__________、__________和__________三种。

2. 拱桥主拱的横截面形式多种多样，通常有________、__________、________和________等几种。

二、判断题

1. 主拱圈一般采用无铰拱。（ ）

2. 二铰拱属于静定结构。（ ）

3. 三铰拱属于超静定结构。（ ）

4. 现实中存在“合理拱轴线”。（ ）

5. 如果拱轴线与拱上荷载产生的压力线相吻合，则此时拱圈各截面只有轴向力而无弯矩、剪力。（ ）

6. 选择拱轴线的原则就是要尽可能地降低荷载产生的弯矩值。（ ）

7. 选择拱轴线时，先要考虑线型是否便于施工，是否美观。（ ）

8. 实腹式拱桥采用悬链线作为拱轴线，则主拱在恒载作用下只有轴向力而无弯矩或剪力。（ ）

9. 要降低拱圈的应力，选择拱轴线形比增大截面的惯性矩（通过变截面的措施）更重要。

(　)

10. 悬链线的线型特征可用曲线在 $l/4$ 的坐标表示，随 m 增大则拱轴线抬高。(　)

11. 空腹式无铰拱的拱轴线采用悬链线比采用恒载压力线更为合理。(　)

12. 用“临时铰法”调整主拱内力时，将临时铰偏心布置，可消除混凝土收缩引起的附加内力。(　)

13. 使用“临时铰法”，恒载的弹性压缩、墩台变位导致的主拱的附加内力可以被消除。(　)

14. 无推力拱式组合体系对基础变位不敏感。(　)

9.3　拱桥实例

【知识点】拱桥的构造与设计，方案比选过程

【问题】结合三个实例，分析比选方案的优缺点。

1. 湖北三峡黄柏河大桥

三峡工程对外交通专用公路全长 28.664 1 km，为山岭重丘准一级、全封闭、四车道的公路，设计行车速度 60 km/h，最大纵坡 6%。该专用公路于 1994 年 1 月开工建设，1996 年 10 月建成通车。专用公路桥梁设计难度大，科技含量高，采用新技术、新工艺、新方法较多，其中黄柏河大桥为跨径 160 m 的上承式钢管混凝土拱桥。该桥构思独特，造型优美，在设计期间为我国最大跨度的钢管混凝土拱桥，如图 9.11 所示。该桥采用水平转体法施工，拱肋及拱上立柱均采用钢管混凝土结构，为国内首创。

图 9.11　湖北三峡黄柏河大桥

黄柏河为长江支流，黄柏河大桥桥址距长江约 800 m，位于葛洲坝库区内，此处河谷呈“U”形，水面宽度 145 m，最大水深 15 m，水流平缓。桥址处地貌为低山丘陵区，两岸相对高差不大，地面略有起伏，宜昌侧自然坡为 15° ~ 20°，基岸覆盖层 2 ~ 3 m。三斗坪侧为一陡崖，相对高差 30 m 左右，基岩裸露。桥址处基岩为奥陶系南津关组灰质白云岩，节理裂隙较发育，局部有溶蚀沟槽。

1)主要设计资料

桥面总宽:18.50 m,其中包括两侧1.0 m的检修道(含防撞护栏)及0.5 m的中央分隔墩。

桥面纵坡:黄柏河大桥位于3.2%上坡,下牢溪桥位于平坡上。

桥面横坡:1.5%,以盖梁坡度调整。

2)方案比选

考虑到施工工期紧迫,而水中墩施工往往是控制工期的主要因素,发生意外情况的概率较大。因此,在初步设计方案比选中,主导思想就是采用一跨跨越水面的大跨桥梁方案,为此做了两个方案进行比较。

第一方案:3孔30 m预应力混凝土简支梁+1孔160 m钢管混凝土拱+1孔30 m预应力混凝土简支梁。

第二方案:1孔30 m预应力混凝土简支梁(80 m+150 m+40 m)+部分预应力混凝土箱形连续梁。

两个方案在经济、工期方面的比较如表9.2所示。比较资料表明,钢管混凝土拱桥方案在投资、材料消耗、工期等方面均有明显的优越性。因此选用钢管混凝土拱桥方案,其总体布置如图9.12所示。

表9.2 方案比较

	第一方案	第二方案		第一方案	第二方案
工程投资(仅建安工程)	100%	131.1%	混凝土/m^3	100	106.2
钢材/t	100	129.3	工期/月	23	30

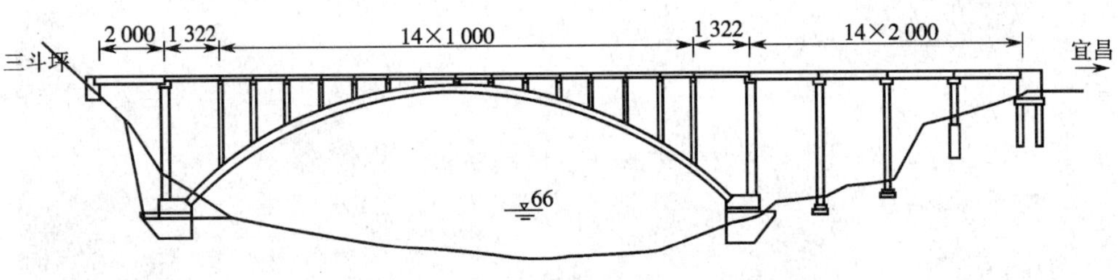

图9.12 黄柏河大桥总体布置(长度单位:cm)

2. 四川旺苍东河大桥

1)桥址概况

(1)自然概况及水文。四川旺苍东河大桥(图9.13)位于四川盆地北部边缘旺苍城郊,跨越东河。东河发源于南江大巴山南麓,流经旺苍至阆中汇入嘉陵江,全河长度约250 km,流域面积5 140 km^2。旺苍上游河床比降0.4%,河流所经之处为高山峡谷。水流来源均系暴雨地表径流,洪峰涨落幅度较大,持续时间较短,属典型的山区河流。

水文计算中:设计水位为478.012 m,设计流量为11 142 m^3/s。桥墩及广元岸桥台置于基岩上,不作冲刷计算。旺苍岸桥台及弯桥墩台位于河湾,水流速度较小,旺苍岸主桥设置防冲板。桥位处年平均降水量为1 180 mm,最大年降水量2 000 mm左右,最大风速16 m/s,最高

图 9.13　四川旺苍东河大桥

气温 38.2 ℃,最低气温 -7.2 ℃。

(2)工程地质条件。在桥址上游 150 m 处,因砂岩峭壁阻截,东河流向自 S30 ~ E 急折近东向流经桥区。桥轴上、下游 100 m 内河道顺直,主槽略偏向广元岸。

经地质钻探,查明旺苍岸覆盖层为 6 ~ 8 m 漂石土,下为粉砂岩、细砂岩,结构不均,节理发育,岩石破碎;广元岸覆盖层为 3 ~ 4 m 漂卵石,下为砂岩,构造节理极不发育,岩石强度高。

(3)桥位选择。

桥位①:两岸正接街道,从平面上看两岸与路线接线较顺,桥位位于河湾,桥轴与河道斜交,水面较宽。桥长约 400 m,旺苍岸桥面与街面高差 7 ~ 8 m,降坡困难。

桥位②:在桥位①上游约 50 m,利用广元岸岩嘴,水流与桥轴基本正交,桥长比桥位①短。旺苍岸利用桥头展线降低桥面高程,工程数量比桥位①小。经研究比较后征求地方政府意见,决定采用此桥位。

大桥的平面图如图 9.14 所示。

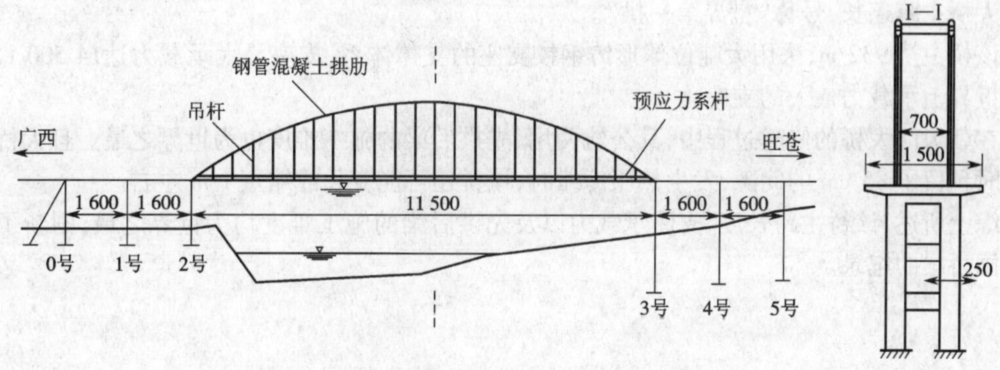

图 9.14　四川旺苍东河大桥平面(长度单位:cm)

2)桥型方案比较

本桥所处河段常水位河面宽约 100 m,无通航要求,桥面标高受百年一遇的洪水位控制,设计水位较县城街面高出 2 ~3 m。设计时考虑如下两种方案。

方案①为 1 ×40 m(拱) +2 ×60 m(拱) +1 ×40 m(拱) +50 m 弯桥。

方案②为 2 ×16 m(T 梁) +1 ×115 m(下承式拱) +2 ×16 m(T 梁) +50 m 弯桥。

方案①有一深水基础,水深 6 ~8 m。设计水位至 2/3 矢高,拱圈阻水面积较大,桥面标高较方案②高。方案②墩台均在枯水位上,无水下基础,桥面标高较方案①低。方案①混凝土用量比方案②多 1 500 m^3,钢材用量比方案②少 140 t。方案①主要是深水基础,方案②主要是钢管混凝土拱。经技术经济比较,最后决定采用方案②。

3. 重庆朝天门大桥

重庆朝天门大桥桥长 1 741 m,主桥为 190 m +552 m +190 m,是三跨连续中承式钢桁系杆拱桥,如图 9. 15 所示。该桥为双层设计,上层为双向六车道,下层为双向轻轨和两个预留车道。朝天门大桥于2004 年底动工,2009 年4 月29 日建成通车。其位于长江与嘉陵江交汇处,连接了重庆市主城江北区以及南岸区,是沟通长江东西两岸的重要通道。该桥抗震性按照六度烈度设计,七度烈度设防,使用寿命长达 100 年。

图 9. 15 重庆朝天门大桥

重庆朝天门大桥主跨 552 m,比上海卢浦大桥的 550 m 主跨还长,并且比世界著名的拱桥悉尼大桥主跨还长,号称“世界第一拱”。

该桥主桥 932 m,采用大吨位球形铸钢铰支座的支撑体系,支座最大承载力达14 500 t,是目前世界上承载力最大的支座。

在朝天门大桥的修建过程中,其公轨两用、先拱后梁的施工难度也为世界之最。且大桥在建设时预留了 85 cm 的间隙,发生热胀冷缩时,该桥还可能变长或缩短 1 m 左右。

综上所述,该桥主跨长度、支座承载力以及先拱后梁的施工难度均为世界之最,刷新了多项中国桥梁的纪录。

复习和总结

拱桥的类型按拱上建筑的形式分为:实腹式、空腹式、组合体系式拱桥;按拱轴线的形式分为:圆弧、抛物线、悬链线拱桥;按桥面位置分为:上承式、下承式、中承式拱桥;按有无水平推力分为:有推力、无推力拱桥;按照铰的多少可分为:两铰、三铰、无铰拱。

主拱圈截面形式分为板拱、肋拱和箱形拱。主拱采用实体矩形截面时,称为板拱,它又可分为石板拱、混凝土板拱、钢筋混凝土板拱等。在钢筋混凝土肋形板中,将肋之间的板完全挖去,用两条或多条分离式的平行拱肋来代替拱圈,即为肋拱。可以选用矩形、工字形或箱形。主梁拱圈采用箱形截面的称为箱形拱,常用于大跨径的拱桥。截面可以由一个或几个箱室组成,包括采用工字形肋组成的多室箱形截面、采用 U 形肋组成的多室箱形截面、采用闭和箱肋组成的多室箱形截面、单室箱形截面。

铰按其作用可分为永久性铰与临时性铰两类。一般根据铰的位置、受力大小、使用材料等把铰分为:弧形铰、平铰、不完全铰、钢铰。

拱上建筑主要由拱腹填料、侧墙、护拱、变形缝、防水层、泄水管、桥面层、腹拱、腹拱墩几部分组成。其中拱腹填料的具体做法可采用填充和砌筑两种方法,填充是采用砾石、碎石、粗砂或卵石夹黏土并加以夯实;砌筑是用干砌圬工或浇筑贫混凝土作为拱腹填料。在结构因变形而可能发生开裂的部位,需设置断缝,一般只是断开,没有缝宽,主要是为了防止结构的不规则开裂。

拱桥的构造是本篇的重点之一,通过本篇的学习,要求熟悉拱桥的一般组成部分以及各种术语名称,了解空腹式双曲拱桥和箱形截面拱桥的构造细节,并一般了解其他类型拱桥(如木桁架拱桥、刚架拱桥等)的构造。

第四篇　其他体系桥梁、墩台及涵洞

实训 10　认识支座

预习内容	支座是梁式桥的一个很重要的传力和支撑结构，一方面要求支座具有足够的承载能力，另一方面又要求支座能较好地适应上部结构的变形。学员应熟悉常用支座的结构和工作机理，掌握橡胶支座的工作机理及板式橡胶支座和盆式橡胶支座的异同，熟悉支座的布置。
重　　点	板式橡胶支座的构造和工作机理；支座的布置。
难　　点	常用支座的类型和构造。
考　　点	常用支座的类型和构造；支座的布置。
学习指导	学习本实训时应重点掌握支座的作用，支座的构造和活动机理，熟悉支座的布置。

支座设置在桥梁的上部结构与墩台之间，其主要作用如下。

(1)将上部结构的支撑反力(包括结构自重和可变作用引起的竖向力和水平力)传递到桥梁墩台。

(2)保证结构在汽车荷载、温度变化、混凝土收缩和徐变等因素作用下能自由变形，以使上、下部结构的实际受力情况符合结构的静力图式，如图 10.1 所示。

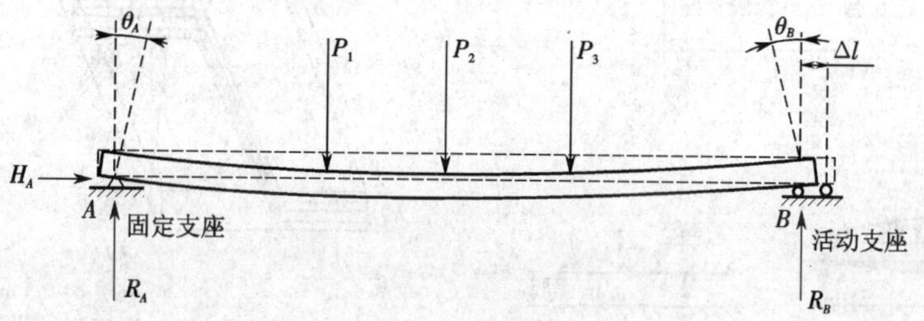

图 10.1　简支梁的静力图式

梁式桥的支座一般分为固定支座和活动支座两种。固定支座既要固定主梁在墩台上的位置并传递竖向压力和水平力，又要保证主梁发生挠曲时在支撑处能自由转动，见图 10.1 左端。活动支座只传递竖向压力，但要保证主梁在支撑处既能自由转动又能水平移动，见图 10.1 右端。

10.1 常用支座的类型和构造

【知识点】常用支座的类型,板式橡胶支座的构造和工作机理

【问题】桥梁支座有哪些类型?目前哪一种支座被广泛使用?它有哪些优点?

【名词解释】板式橡胶支座　四氟橡胶滑板支座　球冠圆板式橡胶支座　盆式橡胶支座　球形钢支座　拉压支座　抗震支座

由于桥梁跨径、支座反力、支座允许转动与位移的不同,选用支座材料的不同,支座是否满足防震、减震要求的不同,桥梁支座有许多类型。

1. 橡胶支座

橡胶支座具有构造简单、加工方便、造价低、结构高度小、安装方便、使用性能良好的优点。此外,它能适应任意方向的变形,故特别适用于宽桥、曲线桥和斜桥。橡胶的弹性还能削减上下部结构所受的动力作用,对于抗震十分有利。当前,橡胶支座已经得到越来越广泛的使用。

橡胶支座一般可分为板式橡胶支座、四氟乙烯滑板式橡胶支座、球冠圆板式橡胶支座和盆式橡胶支座四类。

1)板式橡胶支座

板式橡胶支座由几层橡胶和薄钢片叠合而成,如图 10.2 所示。它的活动机理是:利用橡胶的不均匀弹性压缩实现转角 θ;利用其剪切变形实现微量水平位移 $\Delta\delta$。

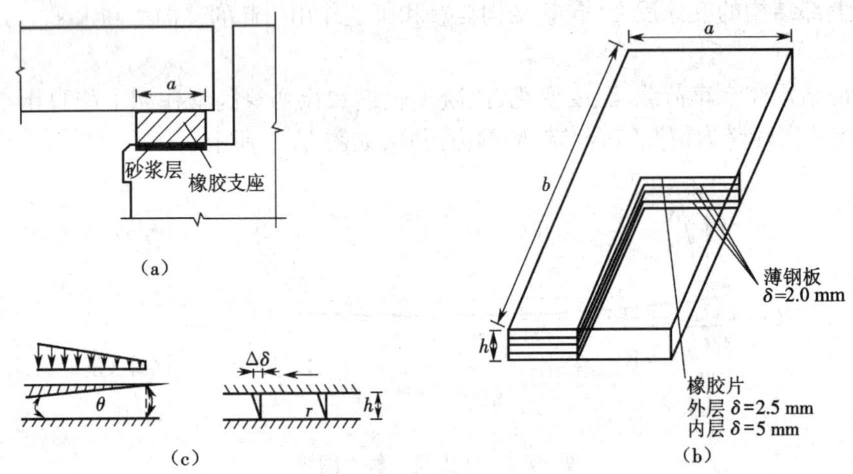

图 10.2　板式橡胶支座

(a)橡胶支座　(b)橡胶支座构成　(c)橡胶支座的活动机理

按我国《桥规》规定,支座成品的物理力学性能应满足表 10.1 的要求。

表 10.1　桥梁支座成品的物理性能

项目	指标	项目	指标
极限抗压强度/MPa	70	橡胶片容许剪切正切值	不计制动力≤0.5
			计制动力≤0.7
抗压弹性模量 E_e/MPa	$5.4G_eS^2$	支座与混凝土摩擦系数 μ	≥0.3
常温下抗剪弹性模量 G_e/MPa	1.0	支座与钢板摩擦系数 μ	≥0.2

注:表中形状系数 $S=\dfrac{a\times b}{2(a+b)\delta_1}$,其中 δ_1 为中间层橡胶片厚度,a 为支座短边尺寸(顺桥向),b 为支座长边尺寸(横桥向)。

板式橡胶支座一般不分固定支座和活动支座,这样能将水平力均匀地传递给各个支座且便于施工,如有必要设置固定支座可采用不同厚度的橡胶支座来实现。

目前我国生产的板式橡胶支座的竖向支撑反力为 100 ~ 10 000 kN,可选择氯丁胶、天然胶、三元乙丙胶三种胶种,最高适宜温度为 60 ℃,最低为 -45 ℃(三元乙丙胶种)。

目前常用的矩形板式橡胶支座的平面尺寸有 0.12 m×0.14 m,0.14 m×0.18 m,0.15 m×0.20 m 等。橡胶片的厚度为 5 mm,薄钢板厚度为 2 mm,支座厚度可根据橡胶支座的剪切位移而采用不同层数组合而成,一般从 14 mm(两层钢板)开始,以 7 mm 为一个台阶递增。

对于斜桥或圆形柱墩的桥梁可采用圆形板式橡胶支座。

安装橡胶支座时,支座中心尽可能对准上部结构的计算支点。为防止支座受力不均匀,应使上部结构底面及墩台顶面保持表面清洁和粗糙,都能与支座接触面保持水平和紧密贴合,以增加接触面的摩擦力而避免相对滑动,必要时可先铺一薄层水灰比不大于 0.5 的 1:3水泥砂浆垫层。

2)四氟乙烯滑板式橡胶支座

四氟乙烯滑板式橡胶支座是按照支座平面尺寸大小、在普通板实橡胶支座上黏附一层聚四氟乙烯板(厚 2 ~4 mm)而成,如图 10.3 所示。它除具有普通板橡胶支座的优点外,还能利用聚四氟乙烯板与梁底不锈钢之间的低摩擦系数(通常 μ=0.06),使得桥梁上部构造的水平位移不受限制。

四氟乙烯滑板式橡胶支座适用于较大跨度的简支梁桥,桥面连续的梁桥和连续梁桥,此外,还可用作连续梁顶推施工的滑块。

3)球冠圆板式橡胶支座

球冠圆板式橡胶支座是一种改进的圆形板式支座,其中间层橡胶和钢板布置与圆形板式橡胶支座完全相同,而在支座顶面用纯橡胶制成球形表面,球面中心橡胶最大厚度为 4 ~10 mm,如图 10.4 所示。

球冠圆板式橡胶支座的特点是在平面上各向同性,以球冠调节受力状况,可明显改善或避免支座底面产生偏压、脱空等不良现象,特别适应于纵横坡度较大(3% ~5%)的立交桥及高架桥。公路桥涵在纵横坡度较大时,不宜使用带球冠或带坡形的板式橡胶支座。

4)盆式橡胶支座

当竖向力较大时则应使用盆式橡胶支座,构造如图 10.5 所示。它由不锈钢滑板、聚四氟乙烯板、盆环、氯丁橡胶块、钢密封圈、钢盆塞及橡胶防水圈等组成。它是利用设置在钢盆中的

图 10.3 四氟乙烯滑板式橡胶支座

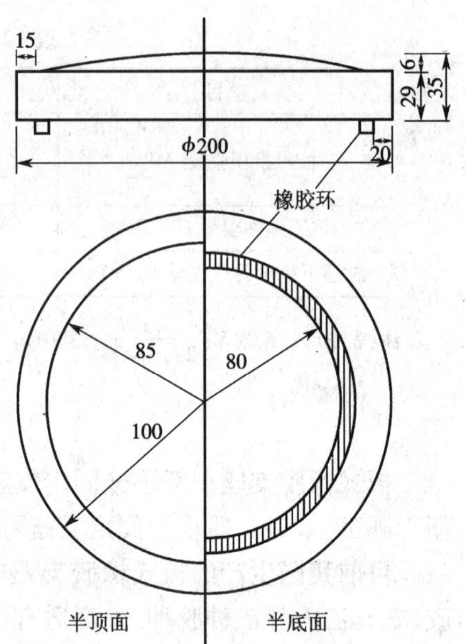

图 10.4 球冠圆板式橡胶支座（长度单位:cm）

橡胶板达到对上部结构承压和转动的功能,利用聚四氟乙烯板和不锈钢板之间的平面滑动来满足桥梁的水平位移要求。

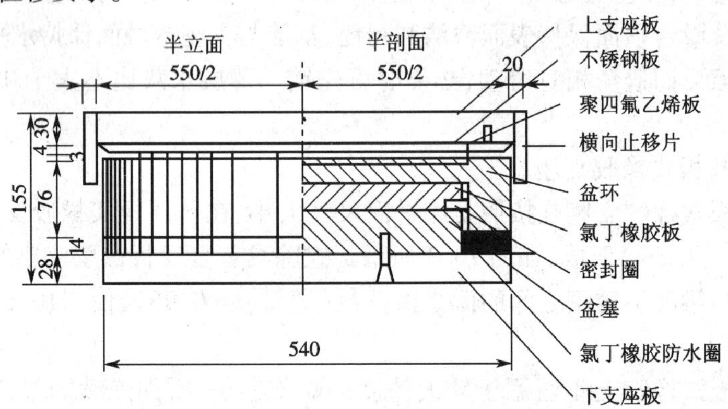

图 10.5 盆式橡胶支座构造(长度单位:mm)

盆式橡胶支座按其工作特征可以分为固定支座、多向活动支座和单向活动支座三种。与板式橡胶支座相比,盆式橡胶支座具有承载能力大、水平位移量大、转动灵活等优点,因此特别适宜在大跨径桥梁上使用。

我国目前生产的盆式橡胶支座竖向承载力为 1 000 ~ 50 000 kN,有效水平位移量为 ±40 ~ ±250 mm,支座的容许转角为 0.012 rad(40′),设计摩擦系数为 0.05。

2. 其他支座

1)球形钢支座

为了适应多向转动且转动量大的情况,还可选择使用球形钢支座。它具有受力均匀、转动量大(设计转角可达 0.05rad 以上)且各向转动性能一致等优点,特别适用于曲线桥和宽桥。

由于球形支座不再使用橡胶承压，不存在橡胶变硬或老化等不良影响，因此特别适用于低温地区。球形支座有固定支座、单向活动支座和多向活动支座之分。

2）拉压支座

在连续梁桥、悬臂梁桥、斜桥、宽悬臂翼缘箱梁桥以及小半径曲线桥上，在某些会出现拉力的支点处，必须设置拉力支座，以便抗拉且承受相应的转动和水平位移。球形支座、盆式支座和板式橡胶支座都能变更功能作为拉力支座。

3）抗震支座

地震地区的桥梁应使用具有抗震和减震功能的支座。减隔震支座的作用是尽可能地将结构或部件与可能引起破坏的地震地面运动分离开来，以大大减小传递到上部结构的地震力和能量。目前国内主要的减隔震支座、抗震支座的类型有抗震型球形支座、铅芯橡胶支座和高阻尼橡胶支座等。

【小测验】

思考题

1. 支座设置在桥梁的上部结构与墩台之间，其主要作用是什么？
2. 常用支座的类型有哪些？
3. 橡胶支座具有哪些优点？

10.2　支座的布置

【知识点】支座的布置

【问题】支座在纵、横桥向的布置方式有哪些？简支梁桥和连续梁桥的布置有什么不同？

【名词解释】固定支座　活动支座　单向活动支座　双向活动支座

支座的布置应以有利于墩台传递纵向水平力，有利于梁体的自由变形为原则。根据梁桥的结构体系以及桥宽，支座在纵、横桥向的布置方式主要有以下几种。

（1）对于坡桥，宜将固定支座布置在标高低的墩台上。同时，为了避免整个桥跨下滑，影响车辆的行驶，当纵坡大于1%或横坡大于2%时，应使支座保持水平，通常在设置支座的梁底面增设局部的楔形构造，如图10.6所示。

（2）对于简支梁桥，每跨宜布置一个固定支座，一个活动支座；对于多跨简支梁桥，一般把固定支座布置在桥台上，每个桥墩上布置一个（组）活动支座与一个（组）固定支座。若个别桥墩较高，也可在高墩上布置两个（组）活动支座。

图10.7（a）所示为地震区单跨简支梁桥常用支座布置，也称“浮动”支座布置；图10.7（b）所示为整体简支板桥或箱梁桥常用支座布置。

（3）对于连续梁桥及桥面连续的简支梁桥，一般在每一联设置一个固定支座，并宜将固定支座设置在靠近跨度中心位置，以使全梁的纵向变形分散在梁的两端，其余墩台上均设置活动支座。在设置固定支座的桥墩上，一般采用一个固定支座，其余为横桥向的单向活动支座；在设置活动支座的所有桥墩（台）上，一般沿设置固定支座的一侧均布置顺桥向的单向活动支座，其余均为双向活动支座。图10.8所示为连续结构支座布置示意图。

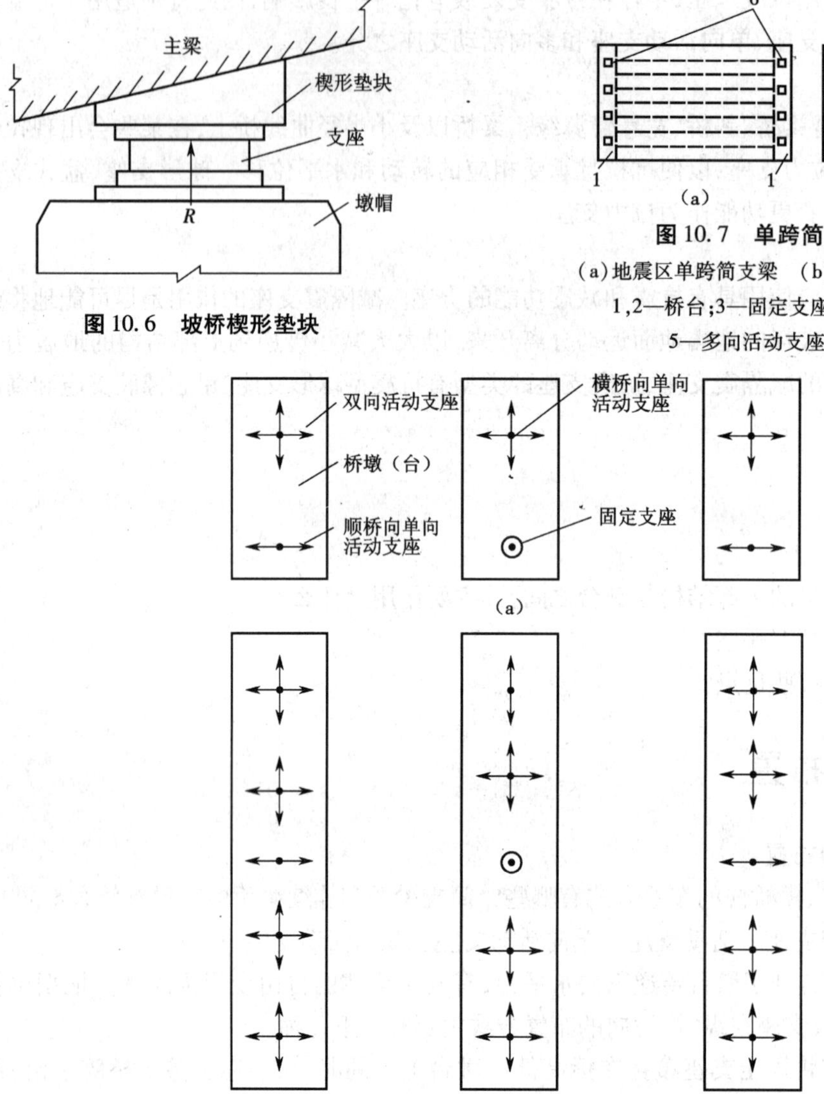

图 10.6 坡桥楔形垫块

图 10.7 单跨简支梁支座布置

(a)地震区单跨简支梁 (b)整体简支板桥或箱梁桥

1,2—桥台;3—固定支座;4—单向活动支座;

5—多向活动支座;6—橡胶支座

图 10.8 连续结构支座布置示意

(a)双支座宽桥 (b)多支座宽桥

【小测验】

思考题

1. 对于连续梁桥,一般怎样布置支座?
2. 桥梁支座的主要作用是什么？桥梁支座主要有哪几种类型?
3. 桥梁橡胶支座主要有哪几种?
4. 阐述板式橡胶支座的组成及其活动机理。
5. 为什么板式橡胶支座一般没有固定支座和活动支座之分?
6. 与板式橡胶支座相比,盆式橡胶支座主要有哪些特点?
7. 对于简支梁桥,一般怎样布置支座?

实训11 了解斜拉桥

预习内容	了解斜拉桥的构造特点。
重　　点	斜拉桥的结构特点。
难　　点	斜拉桥的结构体系。
考　　点	斜拉桥斜索的结构特点及斜拉桥的四种结构体系。
学习指导	斜拉桥是现在大跨径桥常用的一种形式,本实训的学习应重点掌握斜拉桥的有关内容,包括斜索的构造布置、塔柱的构造布置、主梁的构造,掌握斜拉桥的四种结构体系,了解各种结构体系的受力特点。

11.1 概述

【知识点】斜拉桥的组成和特点

【问题】斜拉桥主要由哪些构件组成?斜拉桥有哪些特点?

【名词解释】斜拉索　主梁　索塔

斜拉桥主要由斜拉索、主梁和索塔这三种基本构件组成,属于组合体系桥梁。斜拉桥主梁一般采用混凝土结构、钢-混凝土组合结构或钢结构;索塔大都采用混凝土结构;斜拉索则采用高强材料(高强钢丝或钢绞线)制成。斜拉索将主梁吊起,使主梁在跨内增加了若干弹性支点,从而大大减小了跨中弯矩,使梁高降低并减轻了重量,提高了梁的跨越能力,并使桥梁具有结构经济合理、外形美观等优点。斜拉桥是大跨径桥梁中较常用的结构形式,其跨越能力仅次于悬索桥。

斜拉桥的特点主要有以下几方面。

(1)跨越能力大。通过连续梁桥与斜拉桥的内力对比(图11.1)可知,因斜拉索提供了多点弹性支撑,使斜拉桥的主梁弯矩显著减小,跨越能力大大增强。斜拉桥的经济合理适用跨径范围是200~800 m。

(2)建筑高度小,主梁轻巧。斜拉桥的高度通常为跨径的1/100~1/40,既能充分满足桥下净空需要,又有利于降低引道填土高度。

(3)抗裂性能好。斜拉索拉力的水平分力为主梁提供预压力,可提高主梁的抗裂性能。

(4)设计多样性。塔、索、梁的组合具有多样性,可适应不同的地形与地质条件。

(5)施工安全可靠。悬臂施工法是斜拉桥普遍采用的方法,施工安全可靠。

(6)稳定性好。与悬索桥相比,斜拉桥的竖向刚度与抗扭刚度均较大,抗风稳定性好,用钢量较少,且钢索的锚固装置也较简单。

(7)桥型美观。高昂的桥塔、坚韧的斜索和轻盈的主梁相结合,充分体现当代桥梁力与美

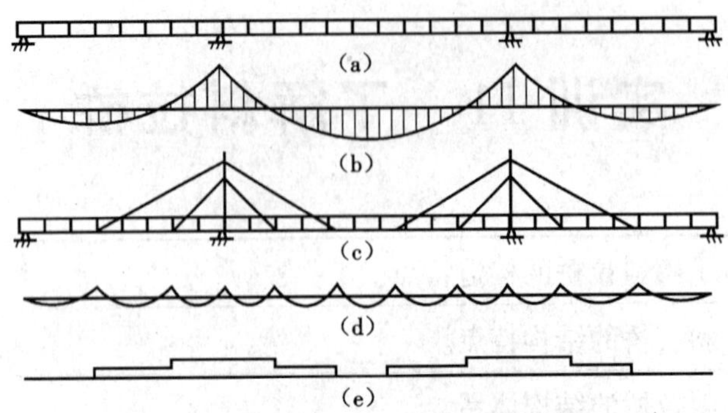

图 11.1 斜拉桥与连续梁桥恒载弯矩比较

(a)连续梁桥 (b)连续梁桥恒载弯矩 (c)斜拉桥;

(d)斜拉桥恒载弯矩 (e)斜拉桥恒载轴力

的高度和谐。

(8)设计计算复杂。斜拉桥属于超静定结构,设计计算复杂。

(9)施工技术要求高。斜拉桥工序繁复,高空作业多,施工过程控制严格。

(10)连接构造复杂。索与塔、梁的连接构造较复杂,索锚抗疲劳性能和钢索防护措施有待改进。

【小测验】

思考题

1. 斜拉桥主要由哪些基本构件组成?

2. 斜拉桥的主要特点是什么?

3. 斜拉桥与连续梁桥进行恒载弯矩比较有哪些优势?

11.2 斜拉桥体系分类

【知识点】斜拉桥体系分类的方法,学会分析各种类型的优缺点

【问题】斜拉桥体系分类主要有哪几种?斜拉桥体系具体包含哪些分类?

【名词解释】单索面体系 双索面体系 空间倾斜索面体系 辐射形 竖琴形 扇形 钢主梁斜拉桥 飘浮体系 支撑体系 塔梁固结体系 刚构体系

斜拉桥的体系分类依其分类指标的不同而不同。

1. 按桥塔数目分类

按桥塔数目多少,斜拉桥可分为独塔双跨体系、双塔三跨体系和多塔体系(图 11.2)。

2. 按索面布置方式分类

按索面横向布置方式的不同,斜拉桥可分为单索面体系、双索面体系和空间倾斜索面体系(图 11.3)。

斜拉索在立面的布置方式有辐射形、竖琴形和扇形三种基本形式。

3. 按主梁材料分类

按主梁使用材料的不同,斜拉桥可分为钢主梁、预应力混凝土主梁、叠合梁、钢与混凝土混

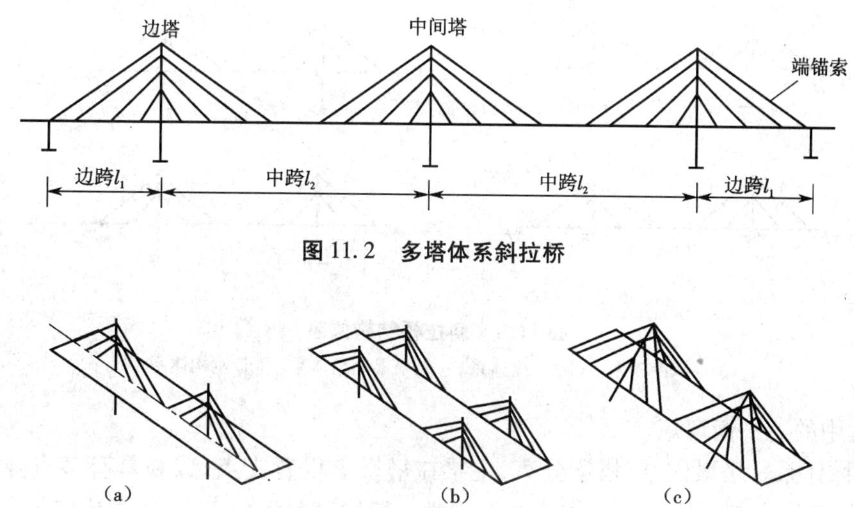

图 11.2 多塔体系斜拉桥

图 11.3 索面横向布置斜拉桥

(a)单索面体系 (b)双索面体系 (c)空间倾斜索面体系

合梁等体系。

钢主梁斜拉桥主要优点有:自重仅为预应力混凝土主梁自重的1/4;跨越能力强,跨径可超过1 000 m;构件可工厂化制造拼装,质量有保证,且施工快捷。但其造价高,后期养护工作量大,抗风稳定性较差。

预应力混凝土主梁斜拉桥主要有以下优点。

(1)造价低。其梁体造价仅为钢主梁的30%~50%,虽因混凝土自重大而导致钢索、基础费用增加,但在$l=200\sim500$ m的跨径范围内,预应力混凝土主梁斜拉桥竞争力较强。

(2)刚性好。在汽车活载作用下,其挠度仅为钢主梁的60%左右,故适用于活载较重的铁路桥。

(3)抗风稳定性好。因混凝土结构具有约两倍于钢结构的振动衰减系数。

(4)后期养护费用低、维护简易,结构耐久性与抗潮湿性良好。

但预应力混凝土主梁斜拉桥跨越能力不如钢主梁斜拉桥,且施工速度较慢。

叠合梁斜拉桥是在钢主梁上以预制混凝土桥面板代替正交异性钢桥面板,钢梁顶面设置抗剪栓钉,通过现浇混凝土使预制混凝土桥面板与钢梁形成整体共同受力。

钢与混凝土混合梁斜拉桥主跨用钢梁,两侧边跨用混凝土梁。这种斜拉桥由于加大了边跨主梁的自重,使主跨内力和变形相对减小,因而能减小或避免边跨端支点出现负反力,且全梁钢梁长度减小、造价降低。

4. 按结构体系

根据梁、墩和塔三者的结合方式,斜拉桥可分为四种不同的结构体系(图 11.4),即飘浮体系、支撑体系、塔梁固结体系和刚构体系。

(1)飘浮体系。塔墩固结,塔梁分离,主梁除梁端有支撑设置外,其余全部用拉索吊起,是在纵向稍作飘移的具有多点弹性支撑的单跨梁。

由于斜拉索不能给梁以有效的横向支撑,为抵抗风力等横向水平力,应在塔柱和主梁间布设板式或盆式橡胶支座以施加横向约束。采用悬臂法施工时,其塔柱处主梁需临时固结,以抵

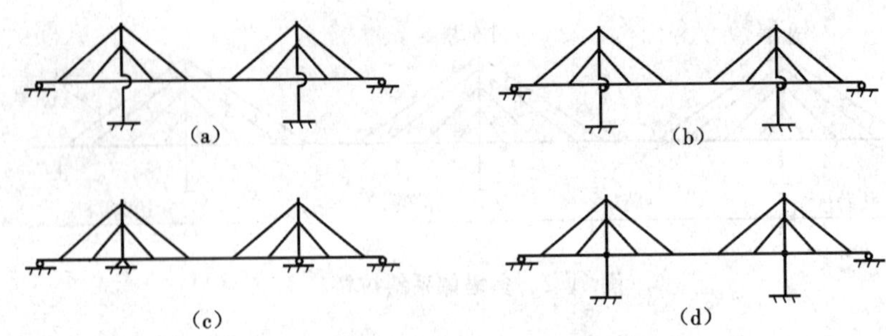

图 11.4 斜拉桥结构体系

(a)飘浮体系 (b)支撑体系 (c)塔梁固结体系 (d)刚构体系

抗施工过程中的不平衡弯矩。

(2)支撑体系。塔墩固结,塔梁分离,主梁在塔墩上设置支点,成为具有多点弹性支撑的三跨连续梁,又称半漂浮体系。支撑体系的主梁一般均设置活动支座,在横桥向须在桥台和塔墩处设置侧向水平约束。

当全桥满载时,塔柱处有较大负弯矩尖峰,支撑体系的温变和混凝土收缩徐变次内力较大,若在支点设置可调节高度的弹簧支座并在成桥时调整支座反力,可消除大部分收缩徐变等不利影响。支撑体系悬臂施工中不需额外设置临时支点,施工较方便。

(3)塔梁固结体系。塔梁固结并支撑于墩上,是为斜拉索提供多点弹性支撑的连续梁。

该体系的梁、塔内力和主梁挠度与梁、塔截面弯曲刚度比值有关,支座配置通常在一个塔柱设置支座固定,其余为活动支座。该体系的主要优点是能够减小塔墩弯矩和主梁中央段的轴向拉力。但当中跨布载时,主梁在墩顶处转角会使塔柱倾斜,显著增大主梁跨中挠度和边跨负弯矩,这是该体系的弱点。上部结构恒载和活载反力都需由支座传向桥墩,往往需设置吨位很大的支座,大跨径斜拉桥为万吨级以上,故支座的设计、制造和日后的养护、更换都比较困难。

(4)刚构体系。梁、塔、墩相互固结,形成在桥跨内具有多点弹性支撑的刚构体系。

该体系的优点是无需设置大型支座,能够满足悬臂施工的稳定要求,结构整体刚度大,主梁挠度小;缺点是主梁固结处负弯矩大,为消除很大的温度内力,刚构体系一般做成带挂梁的形式,这将导致行车不平顺,结构抗风、抗地震能力被削弱。

当塔墩很高时,宜采用薄壁柔性墩,以适应温变、混凝土收缩徐变和活载等使结构产生的水平变形。

总之,主梁结构体系的选用应根据地形地质条件、支座吨位、施工方法、行车平顺性和抗风、抗震要求等因素综合考虑。飘浮体系由于受力较均匀、有足够刚度、抗风、抗震性能较好、主梁可用等截面以简化施工,成为较常采用的结构体系;塔梁固结体系的塔、墩内力最小,温变内力也小,仅主梁边跨负弯矩较大,也是可以考虑采用的结构体系。

【小测验】

思考题

1. 按照索、塔与主梁相互结合的方式,斜拉桥可分为哪几种基本的结构体系,试简要说明其特点。

2. 按索面布置,斜拉桥有哪几种基本结构体系？请画出简图。
3. 斜拉桥的斜拉索立面布置形式有哪几种？请画出简图。
4. 何为支撑体系的斜拉桥？请说明该体系斜拉桥的支撑形式及理由。
5. 预应力混凝土斜拉桥桥跨结构由哪几部分组成？它们各有何优缺点？
6. 何为飘浮体系的斜拉桥？请说明该体系斜拉桥施工时的应对措施。

11.3　斜拉桥构造简介

【知识点】主梁、斜拉索、索塔

【问题】主梁常用截面形式有哪些？选用截面形式时需要考虑哪些因素？斜拉索有哪些要求？索塔的作用是什么？

【名词解释】半封闭箱斜拉桥　整体闭合双箱斜拉桥　索塔纵截面布置

1. 主梁

主梁及与其连接在一起的桥面系是斜拉桥的主要组成部分,其造价约占全桥的50%左右。

1）截面形式

主梁常用截面形式如图11.5所示。主梁截面形式应根据跨径、索面布置及索距、桥宽等的不同需要,综合考虑其受力要求、抗风稳定性、施工方法等进行选用。

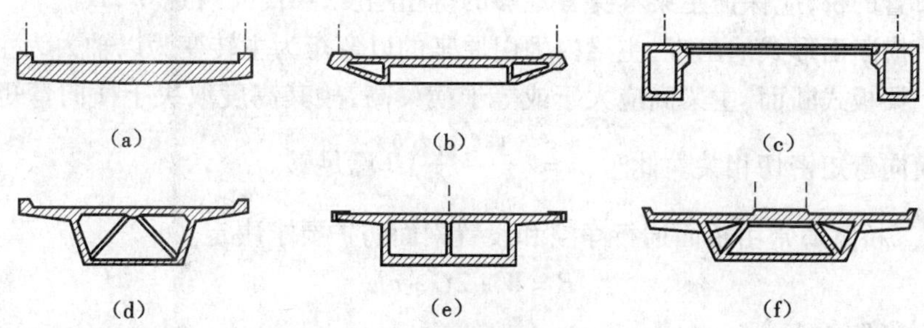

图11.5　主梁截面形式

(a)板式　(b)半封闭箱　(c)分离式双箱　(d),(e),(f)整体闭合箱

(1)板式截面(图11.6(a))建筑高度小、构造简单、抗风性能良好,适用于双索面密索布置且桥宽较窄的桥。当板厚较大时,可做成留有圆孔或椭圆孔的空心板断面。

(2)半封闭箱(图11.6(b))横断面两侧为三角形或梯形封闭箱,外缘做成风嘴以减小迎风阻力,端部加厚用以锚固拉索,两箱间为整体桥面板,除个别段落需要外,不设底板。

这种断面既满足一定的抗弯、抗扭刚度要求,又具有优良的抗风动力稳定性能,特别适用于风载较大的双索面密索体系宽桥。

(3)分离式双箱截面(图11.6(c))的两个分离箱梁用于锚固拉索与承重,其中心应对准斜拉索面位置,箱梁之间设置桥面系。其优点是施工方便,如用悬臂法,两箱分别施工,悬浇时可采用纵向滑模工艺,挂篮承重减轻,悬拼时构件吊重显著减小,然后再安装横梁和现浇混凝土桥面。但该体系桥梁全截面抗扭刚度较差。

(4)整体闭合箱(图11.6(d),(e),(f))的闭合箱具有强大的抗弯和抗扭刚度,适用于双索面稀索体系和单索面布置的斜拉桥。倾斜式腹板桥在体型美观、抗风性能和减小墩宽等方面均优于竖直腹板桥。

2)截面尺寸

(1)梁高。主梁截面尺寸变化将影响梁弯矩数值,当主梁抗弯刚度增大时,梁截面弯矩也将增加,其变化规律是非线性的。从提高抗风稳定性出发,加大桥宽、减小主梁高度有助于增大临界风速。

为便于施工,斜拉桥主梁的纵断面通常采用等高度布置,即使跨径与荷载条件相同,但由于结构体系、主梁截面形式和索距的不同,斜拉桥主梁高度也会有很大变化。主梁高与跨径的关系如下。

对密索体系:

$$\frac{h}{l}=\frac{1}{200}\sim\frac{1}{70},h=(0.1\sim0.16)B \tag{11-1}$$

对稀索体系:

$$\frac{h}{l}=\frac{1}{70}\sim\frac{1}{40} \tag{11-2}$$

式中 h——梁高;

B——桥宽;

l——主梁跨径。

单索面布置的桥,应保证主梁本身有足够的抗扭刚度,梁高 h 可达 $0.2B$。

随着扁平横断面形式的出现,主梁内力由原来的以弯矩为主转变为以轴力为主,梁高可显著降低。对于梁板式断面,主梁高应大于或等于横梁高,故其高度取决于横向弯矩大小,即与桥宽和索面横向弯矩密切相关。此时,$h=(\frac{1}{8}\sim\frac{1}{6})B$ 已足够。

(2)桥宽。桥宽通常由桥面通行净空和设置索面防护要求决定。

$$B=W+2C+nL \tag{11-3}$$

式中 B——桥宽;

W——行车道宽;

C——单边人行道宽;

n——索面数;

L——防护带宽,双索面桥通常取1 m,单索面桥防护带同时作为分车带,则取用2~3 m为宜。

3)锚固区构造

锚固区是主梁与拉索相连接的重要结构部位,其锚固方式的选择应考虑下列因素:保证索、梁连接的可靠性,能使集中索力均匀分散传递至全截面;具有防锈蚀能力,避免拉索产生颤振应力腐蚀;如需要在梁端张拉,应保证足够的操作空间;便于拉索养护与更换。

锚固方式主要有顶板锚固、箱内锚固及在三角形箱边缘锚固。

2. 斜拉索

斜拉索造价约占斜拉桥全桥造价的25%~30%。桥跨结构重量和桥上活载绝大部分或全部通过斜拉索传至塔柱,它为主梁提供多点弹性支撑,其刚度对全桥影响很大。

斜拉索在纵向的布置有三种类型，即辐射式、竖琴式和扇式。

斜拉索宜采用抗拉强度高、抗疲劳性能好、弹性模量大的钢材。目前，国内外采用较多的有平行钢丝束、钢绞线束、封闭式钢缆等。

斜拉索的锚固对整个结构的工作可靠性有直接影响。锚具是极为重要的部件，拉索锚有冷铸锚、热铸锚、墩头锚及夹片锚等。

为提高斜拉索使用寿命，减少养护工作量，对斜拉索采取防护措施非常必要。斜拉索的防护方式有不锈钢丝防锈、热挤压高密度聚乙烯（PE）套管防锈。在拉索与锚具的接合部位，为防止水气浸入拉索内部，应设置橡胶密封垫块等有效隔离止水设施。

3. 索塔

索塔除承受塔身自重外，还将承担作为桥面系主梁多点弹性支撑的各斜索的竖向分力，因此其轴向压力巨大，往往在数千吨以上。由于汽车荷载及其制动力、风力、温度变化、混凝土收缩等因素影响以及悬臂施工中的不平衡加载，索塔还将出现较大弯矩。

索塔结构形式、塔高与截面尺寸的确定，应满足构造简单、受力明确、造价经济、施工便捷等要求，并注意与跨径、桥宽、索面布置等匹配。由于索塔对斜拉桥总体景观至关重要，故应选择良好的造型与尺度比例，实现与环境的协调，这对城市桥梁更为重要。

斜拉桥大多采用钢筋混凝土索塔，为避免塔内拉应力过大，可加适当预应力。它比钢塔造价低，造型优美，养护维修简便。

顺桥方向索塔结构有单柱式、A形和倒Y形三种（图11.6）。单柱式构造简单，而后两种索塔刚度大，能抵抗较大的纵向弯矩。

从横桥方向看，有独柱式、双柱式、门式、斜腿门式、A形、宝石形、倒Y形、花瓶形等，如图11.7所示。

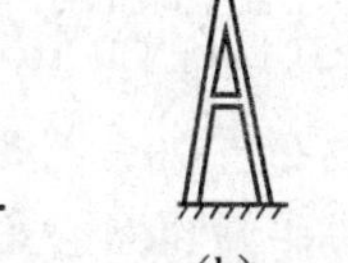

图11.6　索塔纵截面布置形式

(a)单柱式　(b)A形　(c)倒Y形

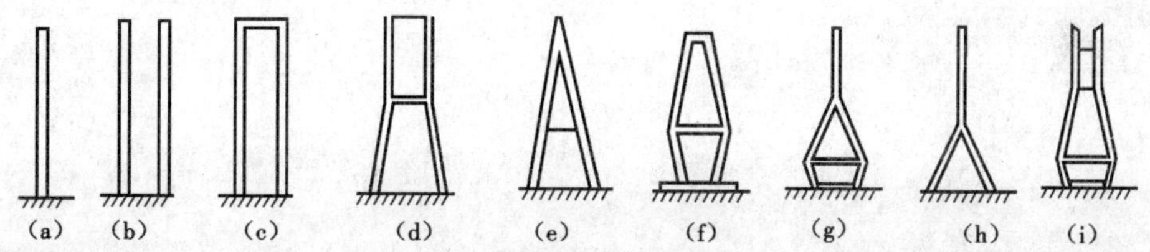

图11.7　索塔横桥向布置形式

(a)独柱式　(b)双柱式　(c)门式　(d)斜腿门式　(e)A形　(f)宝石形　(g)，(h)倒Y形　(i)花瓶形

【小测验】

一、判断题

1. 现代斜拉桥一般采用稀索体系。（　）

2. 有背索的斜拉桥其主跨、边跨上的活载都使背索应力增加。（　）

3. 部分斜拉桥在力学特点上更接近于连续梁桥。（　）

二、选择题

1. 下列哪种桥主要利用自重来承受向上的竖向力（　　）。

A. 斜拉桥　　B. 连续吊桥

C. 斜交板桥　　　　　　　　　　　　D. 装配式钢筋混凝土简支 T 梁

2. 斜拉桥属于(　　)。

A. 梁式桥　　　B. 组合体系桥　　　C. 拱式桥　　　D. 悬吊式桥

3. 斜拉桥的受力特点有(　　)。

A. 斜拉索相当于增大了偏心距的体外索

B. 基本受力方式为受拉

C. 斜拉索的水平分力相当于混凝土的预压力

D. 主梁为多点弹性支撑

三、思考题

1. 斜拉桥由哪些部分组成？它有哪些体系类型？其受力特点分别是什么？

2. 斜拉桥的拉索有几种布置方式，各有什么特点？

3. 斜拉桥的索塔有哪些类型？各适用于哪种布索方式？

实训 12　了解悬索桥

预习内容	了解悬索桥的类型和构造特点。
重　　点	悬索桥的结构特点。
难　　点	悬索桥的主要构造。
考　　点	悬索桥的主要构造。
学习指导	悬索桥是现在大跨径桥常用的一种形式，通过本实训的学习应重点掌握悬索桥的有关内容，包括其类型和构造特点。

当设计的桥梁跨径在 600 m 及以上时，悬索桥是常见的可选桥型。其主要原因是以高强钢丝作为主要承拉结构的悬索桥具有跨越能力强、受力合理、最能发挥材料强度等特点，同时还具有整体造型流畅、美观等优势。

12.1　悬索桥的基本类型

【知识点】悬索桥的基本类型

【问题】悬索桥的类型有哪几种划分方式？具体包括哪些类型？

【名词解释】美式悬索桥　英式悬索桥　混合式悬索桥　带斜拉索的悬索桥　单跨铰支加劲梁悬索桥　三跨铰支加劲梁悬索桥　三跨连续加劲梁悬索桥

1. 悬索桥的类型

现代大跨度悬索桥根据其加劲梁的类型和吊索形式不同可分为以下几种类型。

1）美式悬索桥

美式悬索桥的基本特征是采用竖直吊索，并用钢桁架作为加劲梁（图 12.1（a））。这种形式的悬索桥一般采用三跨地锚式，加劲梁在主塔不连续，由伸缩缝断开，桥面通常采用钢筋混凝土材料，主塔为钢结构。其特点是可以实现双层交通，通过增加桁架高度可保证桥梁有足够的刚度，由于加劲梁采用钢桁架，使其具有很好的抗风性能。

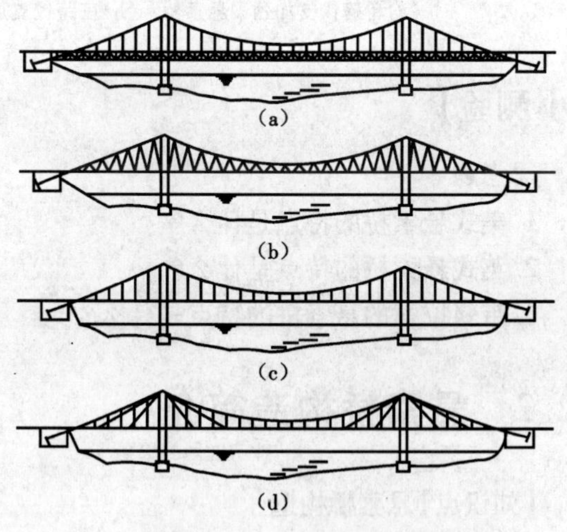

图 12.1　悬索桥类型

（a）美式悬索桥　（b）英式悬索桥
（c）混合式悬索桥　（d）带斜拉索的悬索桥

2）英式悬索桥

英式悬索桥的基本特征是采用三角形排列的斜吊索和流线型扁平翼状钢箱梁作为加

劲梁(图 12.1(b))。这种形式的悬索桥加劲梁采用连续的钢箱梁,桥塔处设有伸缩缝,并采用钢筋混凝土桥塔,有时还将主缆和加劲梁在主跨中点处固结。

英式悬索桥的特点是钢箱加劲梁可减轻恒载,使主缆的截面减小,降低了用钢量和造价。由于钢箱梁抗扭刚度大,有利于抗风,因此大大减小了桥塔所承受的横向力。三角形排列布置的斜吊索可以提高桥梁刚度,但斜吊索的吊点处构造复杂。

3)混合式悬索桥

混合式悬索桥综合了上述两类悬索桥的特点,是目前广泛采用的悬索桥。其特征是采用竖直吊索和流线型钢箱梁作为加劲梁(图 12.1(c)),一般采用钢筋混凝土桥塔。混合式悬索桥的广泛使用表明其钢箱加劲梁具有良好的静力和动力特性,其竖直吊索构造简单实用。

4)带斜拉索的悬索桥

为了有效地提高大跨度悬索桥结构的整体刚度和抗风稳定性,在悬索桥设计中,除设置悬索体系外,还可考虑同时设置斜拉索,以适应大跨度悬索桥的变形控制和动力稳定性的要求,这就构成了带斜拉索的悬索桥(图 12.1(d))。这种结构形式可看作悬索桥和斜拉桥的结合,悬索承担跨中的荷载,斜拉索承担桥塔附近 1/4 跨的荷载,这样能够大大地增强悬索桥的跨越能力和结构的整体刚度,并有效地加强结构的抗风和抗震能力,防止和控制结构的振动。悬索桥按照其加劲梁的支撑条件还可分为单跨铰支加劲梁悬索桥、三跨铰支加劲梁悬索桥和三跨连续加劲梁悬索桥(图 12.2),这些也都是现代大跨度悬索桥经常采用的形式。

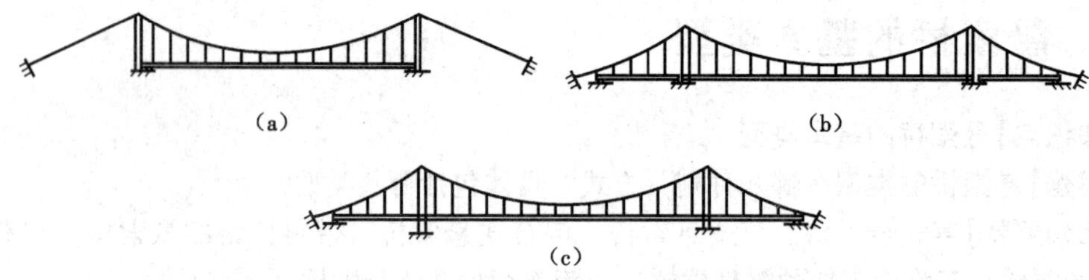

图 12.2 按支撑条件分类的悬索桥体系

(a)单跨铰支加劲梁悬索桥 (b)三跨铰支加劲梁悬索桥 (c)三跨连续加劲梁悬索桥

【小测验】

思考题

1. 美式悬索桥的特点是什么?
2. 英式悬索桥的特点是什么?
3. 带斜拉索的悬索桥的特点是什么?

12.2 悬索桥构造简介

【知识点】悬索桥构造

【问题】现代悬索桥由哪些部分组成?它们分别有什么构造要求?

【名词解释】主缆索 桥塔 基础 锚碇 吊索 索夹 加劲梁 索鞍

现代悬索桥一般由主缆索、桥塔、基础、锚碇、吊索、索夹、加劲梁及索鞍等主要部分组成

(图 12.3)。

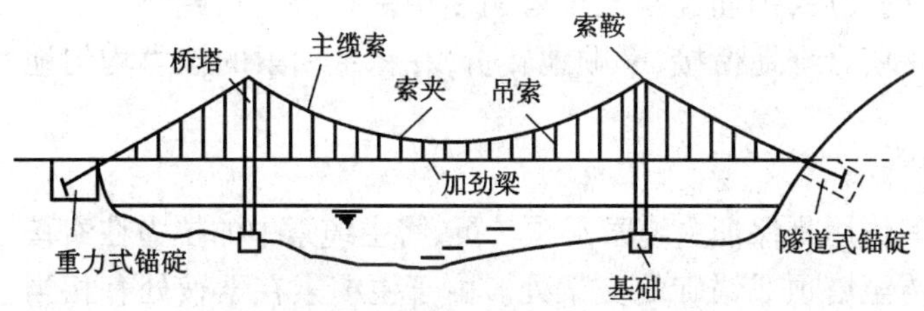

图 12.3　悬索桥的主要构造

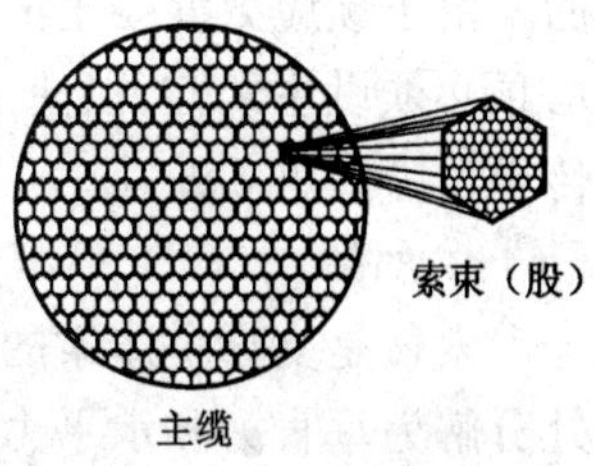

图 12.4　主缆索截面示意

1. 主缆索

主缆索是悬索桥的主要承重结构,其受力系统由主缆、桥塔和锚碇组成。

主缆索不仅承担自重恒载,还通过索夹和吊索承担加劲梁(包括桥面)等其他恒载以及各种活载。此外,主缆索还要承担部分横向风载,并将其传至桥塔顶部。主缆索可采用钢丝绳缆、封闭钢绞索缆或平行丝束钢缆,由于平行丝束钢缆弹性模量高,抗锈蚀性能好,因此大跨度吊桥的主缆索均采用这种形式。现代悬索桥的主缆索多采用高强度镀锌钢丝组成(图 12.4)。先由数十到数百根的高强度镀锌钢丝制成正六边形的索束(股),再将数十至数百股索束挤压形成主缆索,并做防锈蚀处理。设计中主缆索的线形一般采用二次抛物线。

主缆索采用平行丝束而不采用钢绞线,原因在于使其弹性模量不致比钢丝弹件模量有明显降低,而钢绞线弹性模量通常要比钢丝降低 10% ~25%。主缆钢丝强度现已由 1 500 MPa 提高至 1 800 MPa 左右。索束内钢丝排列现均取正六边形,故其丝数为 61,91 或 127。

2. 锚碇

锚碇是主缆索的锚固结构,主缆索中的拉力通过锚碇传至基础。通常采用的锚碇有重力式(图 12.5(a))和隧道式(图 12.5(b))两种形式。重力式锚碇依靠其巨大的自重来承担主缆索的垂直分力;而水平分力则由锚碇与地基之间的摩擦力或嵌固阻力承担。隧道式锚碇则是将主缆索中的拉力直接传递给周围的基岩,它适用于锚碇处有坚实基岩的地质条件。当锚固地基处无岩层可利用时,均采用重力式锚碇。重力式锚碇主要由锚碇基础、锚块、锚碇架、固定装置和锚固索鞍组成。

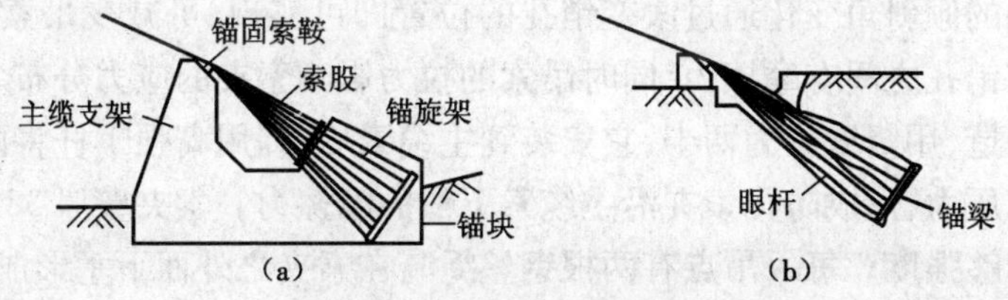

图 12.5　悬索桥锚碇构造

(a)重力式　(b)隧道式

3. 桥塔

桥塔是悬索桥的重要构件,它支撑主缆索和加劲梁,将悬索桥的活载和恒载(包括桥面、加劲梁、吊索、主缆索及其附属构件等的重量)以及加劲梁在桥塔上的支反力直接传至塔墩和基础,同时还承载风载与地震的作用。大跨度悬索桥的桥塔主要采用钢结构或钢筋混凝土结构。其结构形式可分为桁架式、刚架式和混合式三种(图12.6)。刚架式桥塔通常采用箱形截面。由于预应力混凝土滑模施工技术的发展,钢筋混凝土桥塔的使用呈较快增长趋势。桥塔塔顶必须设主索鞍,以便主缆索能与桥塔合理地衔接、平顺地转折,并将主缆索的拉力均匀地传至桥塔。

4. 索鞍

索鞍是支撑主缆索的重要构件,其作用是保证主缆索平顺转折,将主缆索中的拉力在索鞍处分解为垂直力和水平力,并均匀地传至塔顶或锚碇的支架处。由于主缆索在索鞍处有相当大的转折角,主缆拉力将产生一竖向压力作用于塔顶。从塔顶至锚碇的主缆索段,由于活载轴力和温度的变化,将使塔顶发生纵向平移,使桥塔处于偏心受压状态。当塔顶尚未安装主缆索时,索塔将以竖向放置的悬臂梁形式承受纵向风力而受弯。

5. 吊索与索夹

吊索也称吊杆,是将加劲梁等恒载和桥面活载传递到主缆索的主要构件。吊索可布置成垂直形式的直吊索或倾斜形式的斜吊索,其上端通过索夹与主缆索相连,下端与加劲梁连接。吊索与主缆索连接有骑挂式和销连接式两种方式(图12.7)。

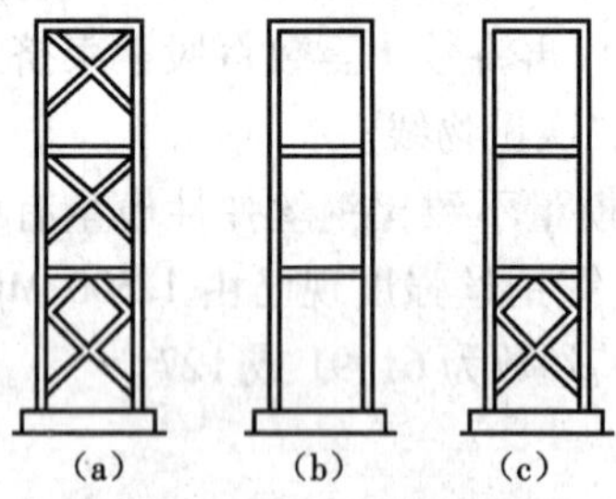

图12.6 悬索桥桥塔结构形式
(a)桁架式 (b)刚架式 (c)混合式

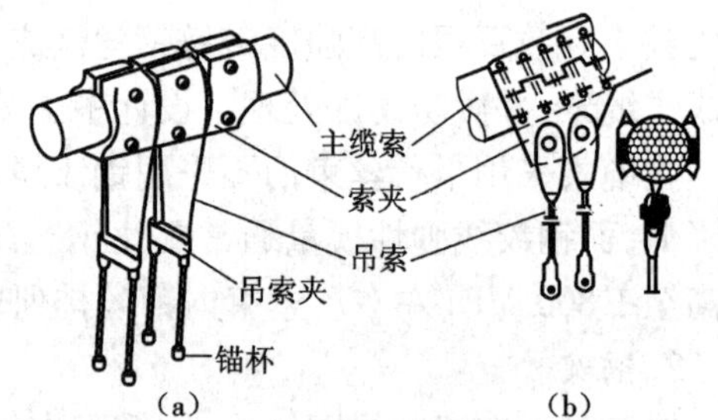

图12.7 吊索和索夹的构造
(a)骑挂式 (b)销连接式

骑挂式的优点在于:索夹应力不直接受吊索拉力的影响,结构简单。但索夹需对应于主缆索倾角的变化而改变吊索槽的角度,致使铸造形式多变;同时,骑跨于索夹的吊索要产生弯曲应力,从而导致吊索强度降低。

销连接式索夹的倾斜角变化通过改变销孔的位置即可实现,可减少吊索槽铸造形式。销连接的缺点是销与销孔之间有摩擦力,同时吊索的拉力影响索夹的应力分布。

索夹由铸钢制造,用竖缝分为两半,它安装到主缆索后,即用高强螺杆将两半拉紧,使索夹内壁对主缆索产生压力,形成防止索夹沿主缆索下滑的摩擦力。索夹壁厚38 mm,使其能适应主缆索变形又有足够强度。每一吊点有两根钢丝绳骑在索夹之外而下垂形成4根吊索共同受力。吊索截面设计时应保证吊索截面破断力大于吊索作用力,其安全系数应不小于2.5。

6. 加劲梁

加劲梁的主要作用是直接承受车辆、行人及其他荷载,以实现桥梁的基本功能,并与主缆索、桥塔和锚碇共同组成悬索桥结构体系。加劲梁是承受风荷载和其他横向水平力的主要构件,应考虑其结构的动力稳定特性,防止其发生过大挠曲变形和扭曲变形,避免对桥梁正常使用造成影响。大跨度悬索桥的加劲梁均为钢结构,通常采用桁架梁和箱形梁(图12.8)。预应力混凝土加劲梁仅适用于跨径500 m以下的悬索桥,大多采用箱形梁。采用箱形梁时,应选择流线型主梁截面，并适当设置风嘴、导流板、分流板等抗风装置；采用桁架梁时，应加强主梁和桥面车道部分的联系，并注意保证主梁及桥面构造横向通风良好，不得有任何阻碍空气流动的多余障碍物存在，也可适当设置抗风装置。加劲梁的构造和尺寸主要取决于其抗风稳定性，通常参考其他已建成悬索桥的加劲梁来拟定其初步设计的构造和尺寸，再根据结构计算结果进行适当修改，最后对较为合理的几个方案，通过风洞试验检验其抗风性能，并选择抗风性能好的加劲梁。

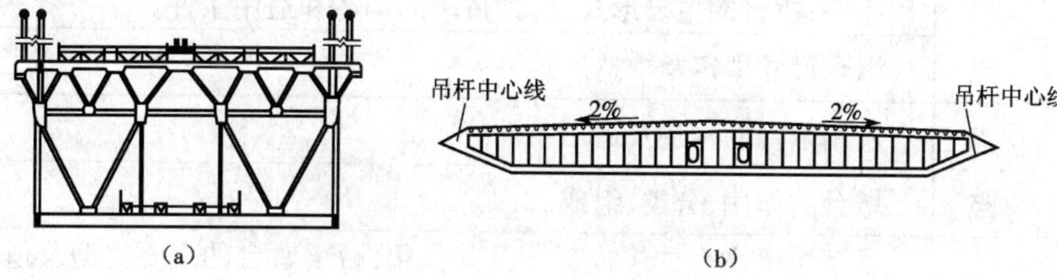

图 12.8　加劲梁横断面

(a)桁架式加劲梁　(b)钢箱加劲梁

【小测验】

一、填空题

1. 悬索桥是由________________________________等部分组成的承载结构体系。

2. 悬索桥最主要的承重构件是______。索鞍主要起______的作用。

二、思考题

1. 简述斜拉桥和悬索桥的受力特点。

2. 悬索桥有哪些类型？各有什么构造特点？

3. 悬索桥结构由哪些部分组成？各部分的功能和受力特点是什么？

实训13 熟悉桥梁墩台的构造与设计

预习内容	墩台的作用、组成及分类；桥墩的主要形式，各种桥墩的构造和适用条件；桥台的主要形式；各种桥墩的构造和适用条件。
重　　点	墩台尺寸拟定及构造形式。
难　　点	常用墩台的构造及适用条件。
考　　点	墩台的作用、分类、组成。
学习指导	了解桥梁墩台的组成部分及其作用，桥梁墩台的主要类型及适用条件；了解重力式及轻型桥墩的构造及计算原理；掌握重力式墩台尺寸的拟定；了解桥梁墩台上的作用、作用布置及其作用效应组合；结合一些工程实例来学习桥梁墩台的构造等内容。

13.1 概述

【知识点】桥梁墩、台的作用和选型的要求

【问题】桥梁墩、台的主要作用是什么？为什么城市的立交桥在桥梁下部结构的选型上比一般的公路桥梁有更高的要求？

【名词解释】重力式墩台　轻型墩台　实心墩　空心墩　墩帽　墩身　柱式桥墩　薄壁桥墩　柔性排架桩墩　框架式桥墩

桥梁墩、台是桥梁的重要组成部分称为桥梁的下部结构，它主要由墩（台）帽、墩（台）身和基础三部分组成（图13.1）。

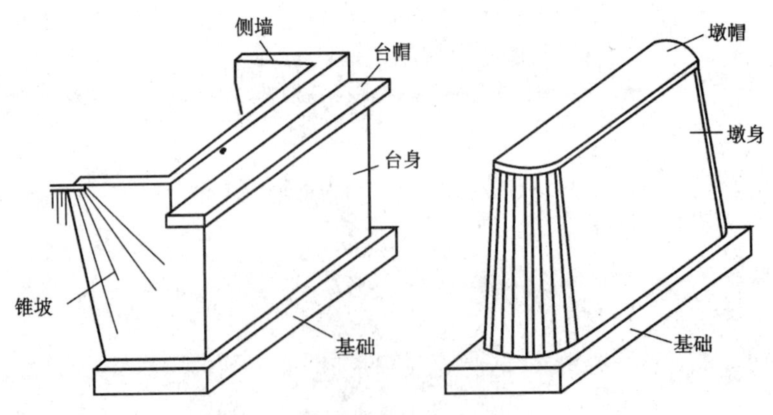

图13.1　梁桥重力式墩台

桥梁墩、台的主要作用是承受上部结构传递来的作用（荷载），并通过基础将作用及本身自重传递给地基。桥墩一般指多跨桥梁的中间支撑结构物，它除承受上部结构的作用外，还要承受流水压力，水面以上的风力以及可能出现的冰压力、船只、排筏或漂浮物的撞击力等。桥台设置在桥的两端，除了支撑桥跨结构外，还衔接两岸接线路堤的构造物。桥台既要挡土护岸，又要承受台背填土及填土上车辆荷载所产生的附加土侧压力。因此不仅桥梁墩、台本身应具有足够的强度、刚度和稳定性，而且对地基的承载能力、沉降量，地基与基础之间的摩擦力等也都提出一定的要求，以避免在荷载作用下下部结构产生过大的水平位移、转动或者沉降，这一点对超静定结构桥梁尤为重要。

近些年来，国内外出现了不少新颖的桥梁墩、台，尤其是在桥墩形式上显得更为突出。新型的桥墩把结构上的轻巧合理和艺术造型上的美观统一起来，创造出X形、V形桥墩等各种优美的立面形式。

对于城市的立交桥，在桥梁下部结构的选型上，比一般的公路桥梁有更高的要求。为了上部能承托较宽的桥面，下部能减小墩身和基础尺寸，同时在地面以上给人以艺术的享受并美化城市，常常将桥墩在横方向上做成独柱式（图13.2（a））、排柱式（图13.2（b））、倾斜式（图13.2（c））、双叉形（图13.2（d））、T形（图13.2（e））和V形（图13.2（f））等多种多样的桥墩形式。这些形式除了满足结构受力的要求外，还要达到造型美观的目的。

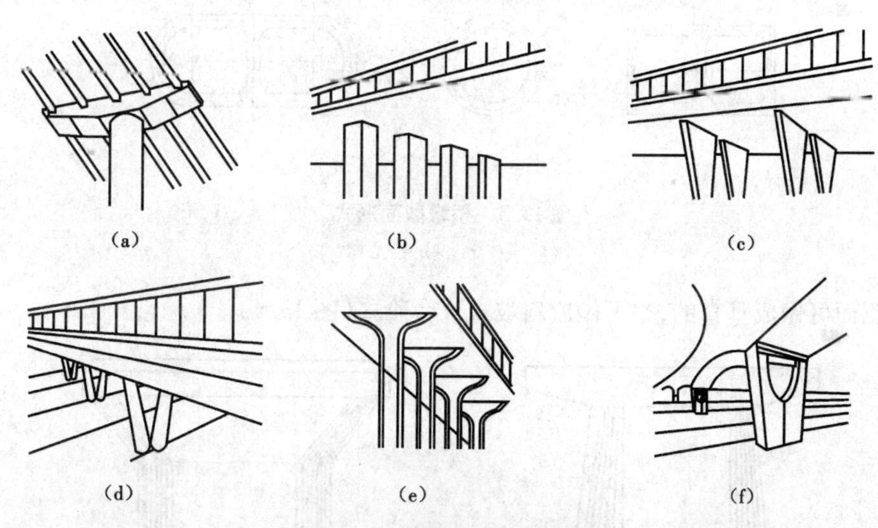

图13.2　各种轻型桥墩形式

(a)独柱式　(b)排柱式　(c)倾斜式　(d)双叉形　(e)T形　(f)V形

【小测验】

思考题

1. 桥墩的主要作用是什么？
2. 桥台的主要作用是什么？
3. 为什么在桥梁下部结构的选型上，城市的立交桥比一般的公路桥梁有更高的要求？

13.2 桥墩的类型和构造

【知识点】梁桥桥墩和拱桥桥墩

【问题】梁桥桥墩和拱桥桥墩各有哪些常用的类型？每一种类型的适用条件是什么？

【名词解释】斜坡式墩身　垂直墩身　圆形空心桥墩　方形空心桥墩

公路桥梁上常用的桥墩形式大体上可以归纳为两大类:梁桥桥墩和拱桥桥墩。

1.梁桥桥墩

梁桥桥墩按其受力特点可分为重力式桥墩和轻型桥墩两种;按其构造可分为实体桥墩、空心桥墩、柱式墩、柔性墩和框架墩五种;按其墩身横截面形状可分为矩形、圆形、圆端形、尖端形和各种空心墩,如图13.3所示。

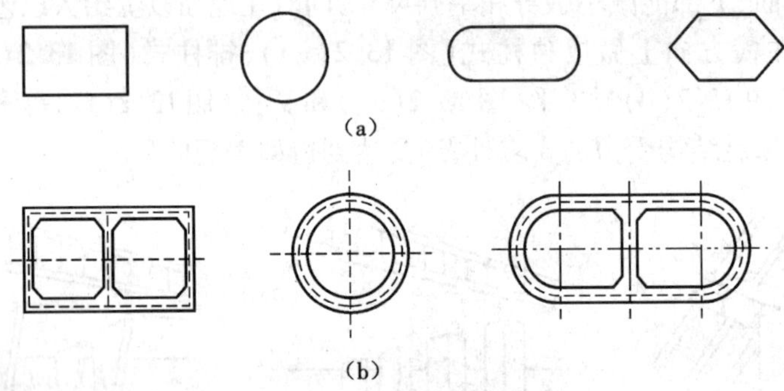

图13.3 桥墩截面形式

(a)实体墩　(b)空心墩

墩身侧面可做成垂直的,亦可做成斜坡式或台阶式(图13.4)。

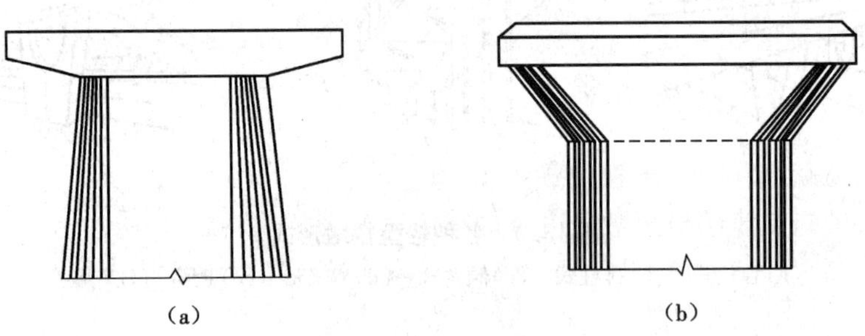

图13.4 桥墩侧面

(a)斜坡式墩身　(b)垂直墩身

1)重力式桥墩

重力式桥墩(图13.5)的主要特点是靠自身重量来平衡外力,保持稳定。因此,墩身比较厚实,可不用钢筋,而用天然石材或片石混凝土砌筑。它适用于荷载较大的大、中型桥梁或流冰、漂浮物较多的河流。在砂石料取材方便的地区,小桥也往往采用此种桥墩。其缺点是圬工数量大、自重大,因而对地基承载力要求较高。此外,阻水面积也较大。

(1)墩帽。墩帽是桥墩顶端的传力部分,它通过支座承托着上部结构,并将相邻两孔桥跨

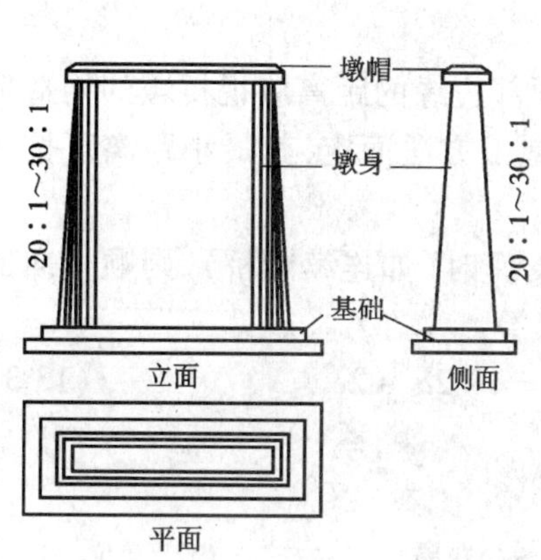

图 13.5　实体重力式桥墩

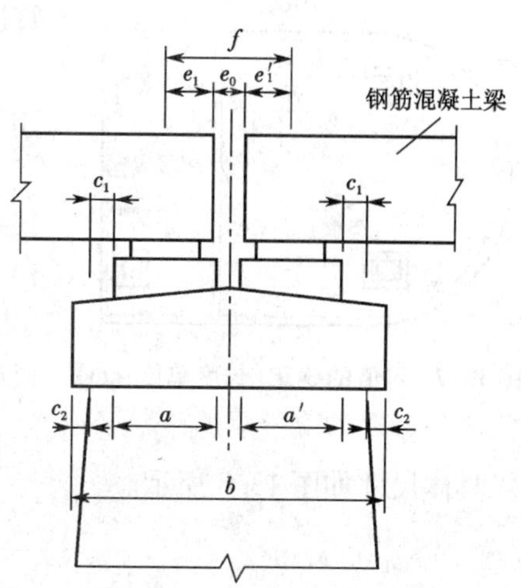

图 13.6　墩帽顺桥向尺寸

的永久作用和可变作用传到墩身上，应力较集中。因此，墩帽的强度要求较高，一般采用 C25 以上的混凝土或钢筋混凝土做成。

在一些桥面较宽、墩身较高的桥梁中，为了节省墩身及基础的圬工用量，常常利用挑出的悬臂或托盘来缩短墩身横向的长度(图 13.6)，悬臂式或托盘式墩帽一般采用 C25 以上的钢筋混凝土。

《公路圬工桥涵设计规范》(JTG D61—2005)规定，对于特大、大跨径的桥梁，墩帽和台帽的厚度不应小于 0.5 m；对于中、小跨径的桥梁不应小于 0.4 m。其顶面常做成 10% 的排水坡。墩帽的四周较墩身出檐宽度宜为 0.05 ~0.10 m，并将其上做成沟槽形滴水。

墩帽长度和宽度视上部结构的形式和尺寸、支座尺寸和布置以及上部构造中主梁的施工吊装要求等条件而定。墩帽的平面尺寸拟定如下。

当采用双排支座时，顺桥向的墩帽尺寸如图 13.7 所示。墩帽宽度

$$b \geqslant f + \frac{a}{2} + \frac{a'}{2} + 2c_1 + 2c_2 \tag{13-1}$$

式中　a, a'——桥跨结构支座垫板的顺桥向宽度；

c_1——顺桥向支座垫板至墩身边缘最小距离，见表 13.1 及图 13.7；

c_2——檐口宽度，5 ~10 cm；

f——相邻两跨支座间的中心距。

$$f = e_0 + e_1 + e'_1 \geqslant \frac{a}{2} + \frac{a'}{2} \tag{13-2}$$

式中　e_0——伸缩缝，中小桥为 2 ~5 cm，大跨径桥梁可按温度变化及施工放样、安装构件可能出现的误差等决定；

$e_1 + e'_1$——桥跨结构伸过支座中心线的长度。

其中温度变化引起的变位为

$$e_0 = lt\alpha$$

式中　l——桥梁的计算长度；

t——温度变化幅度值，可采用当地最高和最低月平均气温及桥跨浇筑完成时的温度计

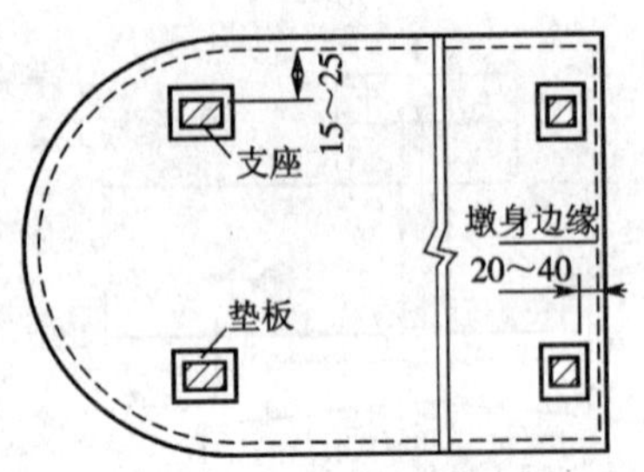

图 13.7 c_1值的确定(长度单位:cm)

算决定;

α——材料线膨胀系数,钢筋混凝土构造物为 $1\times10^{-5}℃^{-1}$。

支座边缘至墩身顶部边缘的距离应视桥墩的构造形式及安装上部构造的施工方法而定,其最小距离可按表 13.1 的规定采用。

当墩上仅有一排支座时(如连续梁桥),则顺桥向的墩帽宽度 b 可由下式计算。

$$b=a+2c_1+2c_2 \tag{13-3}$$

具体尺寸如图 13.8 所示。

表 13.1 支座边缘至墩、台身边缘的最小距离 (长度单位:m)

桥向 / 跨径 l	顺桥向	横桥向	
		圆弧形端头(自支座边角量起)	矩形端头
$l\geqslant150$	0.30	0.30	0.50
$50\leqslant l<150$	0.25	0.25	0.40
$30\leqslant l<50$	0.20	0.20	0.30
$5\leqslant l<20$	0.15	0.15	0.20

注:当采用钢筋混凝土或预应力混凝土悬臂墩帽时,可不受本表限制,应以便于施工、养护和更换支座而定。

如图 13.9 所示为不等高梁双排支座墩帽尺寸图,这时左边(低梁端)宽度应按单排支座墩宽进行设计,而右边(高梁端)宽度应按桥台台帽宽度进行设计。

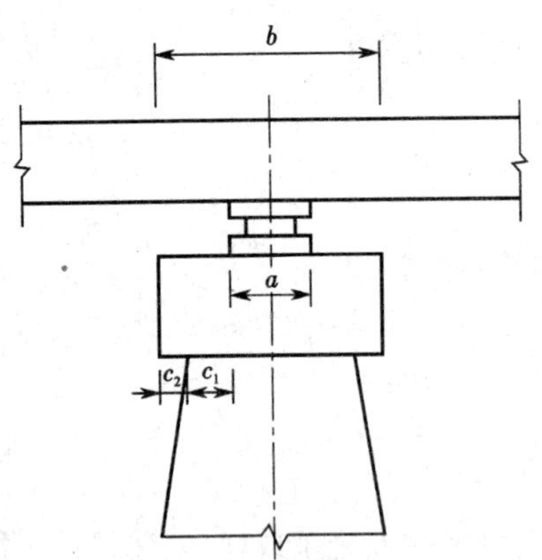

图 13.8 单排支座墩帽尺寸

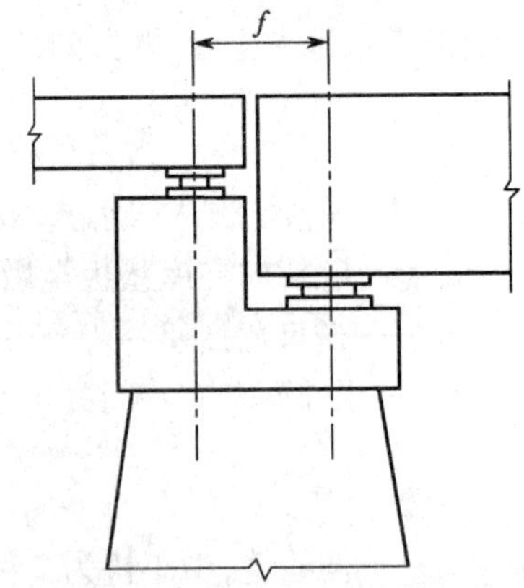

图 13.9 不等高梁双排支座墩帽尺寸

对墩身最小顶宽的要求可参考《公路圬工桥涵设计规范》有关规定,一般情况,对于小跨径桥梁墩帽纵桥向宽度不宜小于 1.0 m,中等跨径桥梁不宜小于 1.0~1.2 m。

多片主梁横桥向墩帽尺寸如图 13.10 所示,墩帽最小宽度为

$$B=B_1+a_1+2c_1+2c_2 \tag{13-4}$$

式中　B_1——桥跨结构两外侧主梁中心距；

a_1——支座底板横向宽度。

其余符号意义同前。

箱形梁横桥向墩帽尺寸如图 13.11 所示，墩帽最小宽度为

$$B = B_1 + a_1 + 2c_1 + 2c_2 \tag{13-5}$$

式中　B_1——两边支座中心距。

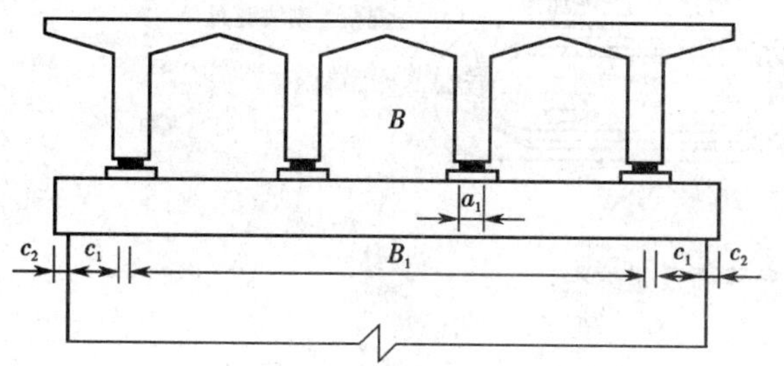

图 13.10　多片主梁墩帽横桥向尺寸

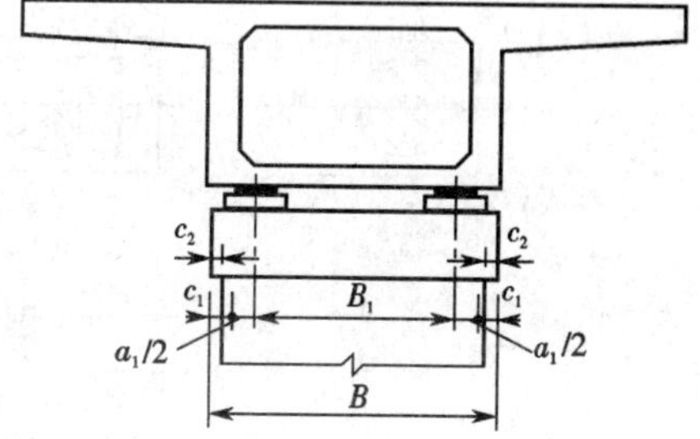

图 13.11　箱形梁墩帽横桥向尺寸

(2)墩身。墩身是桥墩的主体。重力式桥墩墩身的顶宽，对小跨径桥不宜小于 80 cm，对中等跨径桥不宜小于 100 cm；对大跨径桥，视下部构造类型而定。侧坡一般采用 20∶1 ~ 30∶1，小跨径桥的桥墩也可采用直坡。

墩身通常由块石、浆砌片石、混凝土或钢筋混凝土等材料建造。为了便于水流和漂浮物通过，墩身平面形状可以做成圆端形或尖端形；无水的岸墩或高架桥墩可以做成矩形；在水流与桥梁斜交或流向不稳定时，宜做成圆形。各种墩身平面如图 13.12 所示。在有强烈流水或大量漂浮物的河道(冰厚大于 0.5 m，流冰速度大于 1 m/s)上，桥墩的迎水端应做成破冰棱体(图 13.12(e))。破冰棱可采用强度较高的石料砌成，也可以用高强度等级的混凝土并以钢筋加固。破冰棱的设置范围，应从最低流冰水位以下 0.5 m 到最高流冰水位以上 1.0 m 处，破冰棱的倾斜度宜为 3∶1 ~ 10∶1。破冰棱与桥墩应构成一体，自基底或承台底至最高流冰水位以上 1.0 m 处，混凝土墩台应避免设水平施工缝，当不可避免时，其结合面应用型钢或钢筋加强。

此外，在一些高大的桥墩中，为了减少圬工体积、节约材料，或为了减轻自重、降低基底的承压应力，也可将墩身内部做成空腔体，即为所谓的空心桥墩，如图 13.13 所示。

空心桥墩在构造尺寸上应符合下列规定：①墩身最小壁厚，对于钢筋混凝土不宜小于 30 cm，对于混凝土不宜小于 50 cm；②墩身内应设横隔板或纵、横隔板，以加强墩壁的抗撞能力；③墩顶实体段高度不小于 1.0 ~ 2.0 m，以传递墩帽的压力，墩顶实体段以下应设置带门的进人洞或相应的检查设备；④墩身周围应设置适当的通风孔或泄水孔，孔的直径不小于 20 cm，用以调节壁内外温差和平衡水压力。

2)轻型桥墩

当地基土质条件较差时，为了减轻地基的负担，或者为了减轻墩身重量、节约圬工材料，常采用各种轻型桥墩。在梁桥中，通常采用以下几种类型。

(1)钢筋混凝土薄壁桥墩。图 13.14 所示为钢筋混凝土薄壁桥墩，其高度一般不大于 7 m，墩身厚度约为高度的 1/15，即 0.3 ~ 0.5 m。一般配用托盘式墩帽，其两端为半圆头。墩身材料采用 C20 以上的混凝土。根据外力作用情况，沿墩身高度配置适量钢筋。

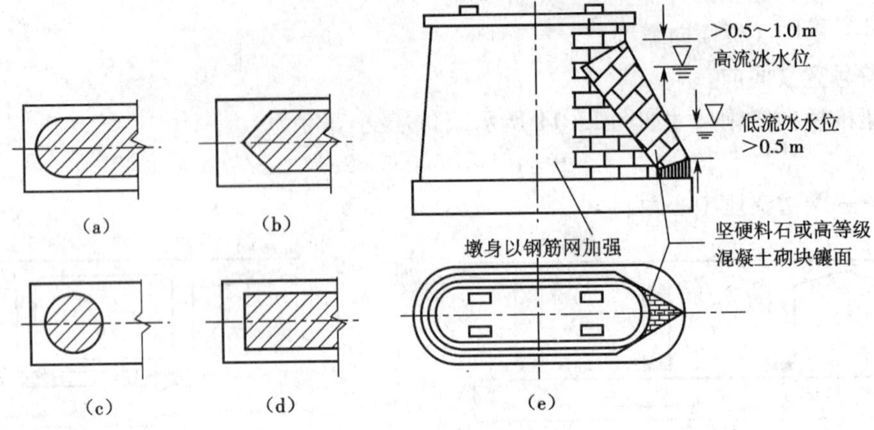

图 13.12 墩身平面及破冰棱

(a)圆端形 (b)尖端形 (c)圆形 (d)矩形 (e)破冰棱

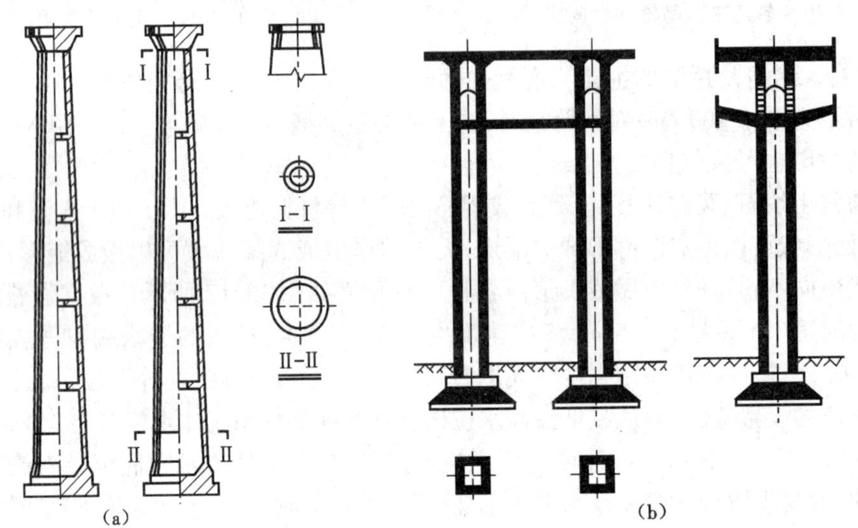

图 13.13 空心桥墩

(a)圆形空心桥墩 (b)方形空心桥墩

薄壁桥墩的特点是圬工体积小,比重力式桥墩可节约70%左右,结构轻巧,且施工简便,外形美观,过水性良好,故适用于地基土软弱的地区。它的缺点是当采用现浇混凝土时,需耗费用于立模的支架材料和一定数量的钢筋。

(2)柱式桥墩。柱式桥墩是由分离的两根或多根立柱(或桩柱)所组成。柱式桥墩外型轻巧美观,圬工体积小,是目前公路桥梁中广泛采用的桥墩形式之一,特别是在较宽较大的城市高架桥和立交桥中。

柱式桥墩的墩身沿桥横向常由1~4根立柱组成,柱身为0.6~1.5 m的大直径圆柱或方形、六角形柱等。当墩身高度大于7 m时,可设横系梁以增加柱身的横向刚度。这种桥墩的刚度较大,适用性较广,并可与柱基配合使用。其缺点是模板工程较复杂,柱间空间小,易于阻滞漂浮物,故一般多在水深不大的浅基础或高桩承台上采用。

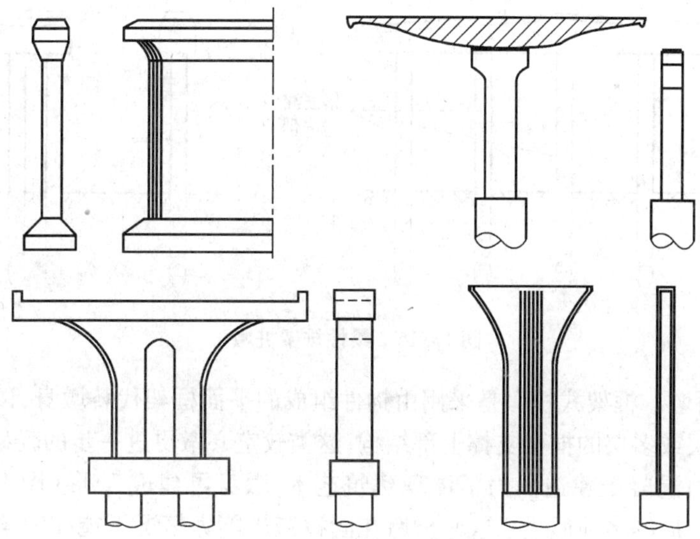

图 13.14　钢筋混凝土薄壁桥墩

柱式桥墩一般由基础之上的承台、柱式墩身和盖梁组成。双车道桥常用的形式有单柱式、双柱式、哑铃式以及混合双柱式四种,如图 13.15 所示。

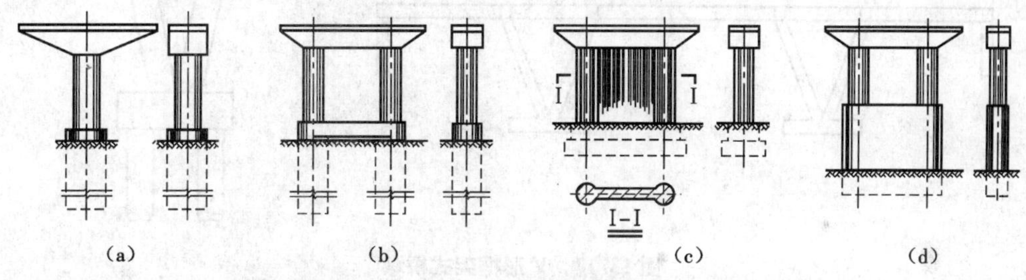

图 13.15　柱式桥墩

(a)单柱式　(b)双柱式　(c)哑铃式　(d)混合双柱式

目前我国采用较多的是钻孔灌注桩双柱式桥墩(图 13.15(b)),它由钻孔灌注桩、柱与钢筋混凝土墩帽组成,柱与桩直接相连。当墩身桩的高度大于 1.5 倍的桩距时,通常就在桩柱之间布置横系梁,以增加墩身的侧向刚度。

(3)柔性排架桩墩。柔性排架桩墩是由单排或双排的钢筋混凝土桩与钢筋混凝土盖梁连接而成(图 13.16)。其主要特点是可以通过一些构造措施,将上部结构传来的水平力(制动力、温度影响力等)传递到全桥的各个柔性墩台或相邻的刚性墩台上,以减少单个柔性墩所受到的水平力,从而达到减小桩墩截面的目的。由于其材料用量省,修建简单,在我国各地特别是平原地区采用较为广泛。

柔性排架桩墩多用于墩高为 5.0 ~ 7.0 m,跨径不超过 13 m 的中、小型桥梁上。因排架桩墩的尺寸较小,对于山区河流、流冰或漂流物严重的河流,墩柱易被损坏,故不宜采用。对于石质或砾石河床,沉入桩也不宜采用。

柔性排架桩墩分为单排架墩和双排架墩。单排架墩一般适用于高度 4.0 ~ 5.0 m 的桩墩,当桩墩高度大于 5.0 m 时,为避免行车时可能发生的纵向晃动,宜设置双排架墩。

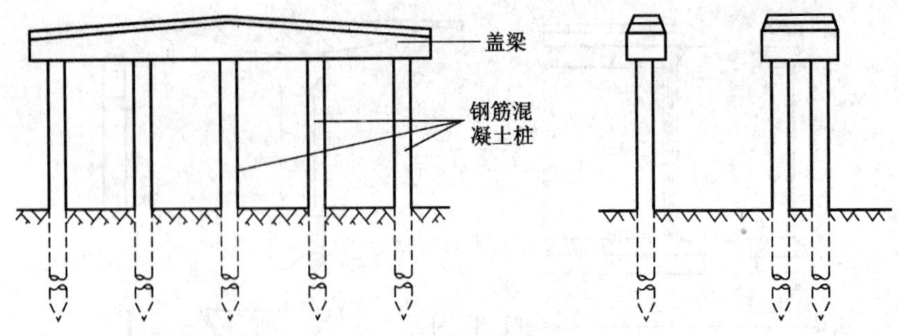

图 13.16 柔性排架桩墩

(4)框架式桥墩。框架式桥墩是采用由构件组成的平面框架代替墩身,以支撑上部结构,必要时可做成双层或多层的框架支撑上部结构,这类较空心墩更进一步的轻型结构,一般用钢筋混凝土或预应力混凝土建造。为了体现建筑艺术,墩身可建成 V 形(图 13.17)、Y 形(图 13.18)、X 形、倒梯形等多种形式。这些桥墩在同样跨越能力情况下能缩短梁的跨径、降低梁高,使结构轻巧美观,但其结构构造比较复杂,施工比较麻烦。

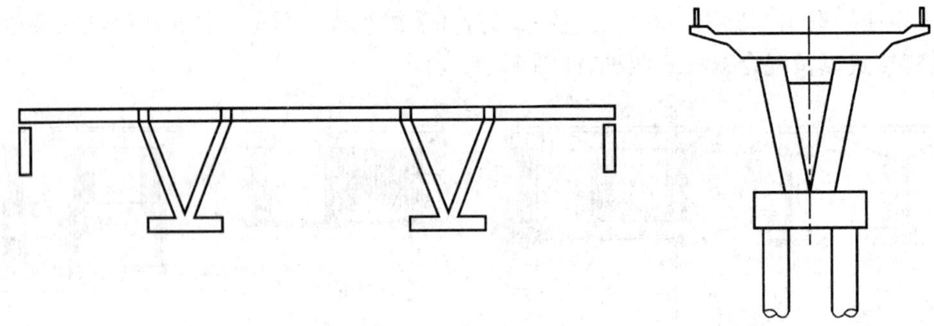

图 13.17 V 形框架式桥墩

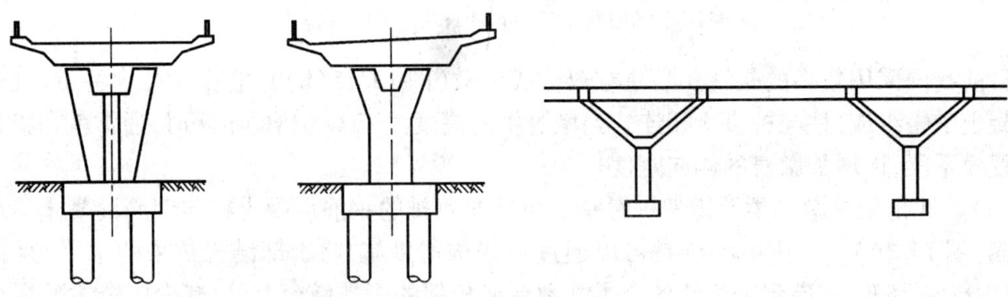

图 13.18 Y 形框架式桥墩

2. 拱桥桥墩

1)重力式桥墩

拱桥是一种有推力结构,这是其与梁桥的最大不同之处。从抵御恒载水平力的能力来看,拱桥桥墩又可以分为普通墩和单向推力墩两种。普通墩除了承受相邻两跨结构传来的垂直反力外,一般不承受恒载水平推力,或者当相邻孔不相同时,只承受经过相互抵消后尚余的不平衡推力。单向推力墩又称制动墩,它的主要作用是在它的一侧桥孔因某种原因遭到毁坏时,能承受住单向的恒载水平推力，以保证其另一侧的拱桥不致倾塌。普通墩的墩身可以做得薄一些（图13.19(a)，(b)），单向推力墩则要做得厚实一些（图13.19(c)，(d)）。

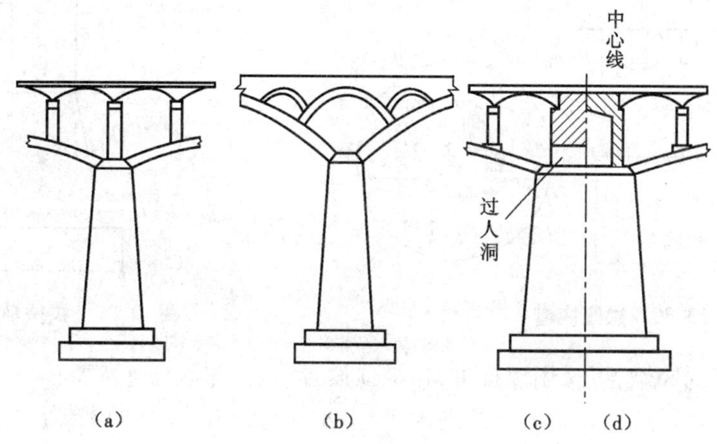

图13.19　拱桥普通墩和单向推力墩

(a)立柱加盖梁式墩　(b)跨越式墩　(c)立墙式墩　(d)框架式墩

拱桥重力式桥墩与梁桥重力式桥墩相比，在构造上有以下的特点。

(1)拱座。拱桥桥墩与梁桥桥墩的一个不同点是：梁桥桥墩的顶面要设置传力的支座，且支座距顶面边缘保持一定的距离；而无支架吊装的拱桥桥墩则在其顶面的边缘设置呈倾斜面的拱座，直接承受由拱圈传来的压力。由于拱座承受着较大的拱圈压力，故一般采用C20以上的整体式混凝土、混凝土预制块或MU40以上的块石砌筑。肋拱桥的拱座由于压力比较集中，故应用高标号混凝土并用数层钢筋网加固；装配式肋拱以及双曲拱桥的拱座，也可预留供插入拱肋的孔槽（图13.20），就位以后再浇灌混凝土封固。为了加强肋底与拱座的连接，底部可设U形槽浇筑混凝土，混凝土标号应不低于C25，有时孔底或孔壁还应增设一些加固钢筋网。

当桥墩两侧孔径相等时，拱座均设置在桥墩顶部的起拱线标高上，有时考虑桥面的纵坡，两侧的起拱线标高可以略有不同。当桥墩两侧的孔径不等，恒载水平推力不平衡时，将拱座设置在不同的起拱线标高上。此时，桥墩墩身可在推力小的一侧变坡或增大边坡。从外形美观上考虑，变坡点一般设在常水位以下（图13.21）。

(2)墩顶以上构造。由于上承式拱桥的桥面与墩顶顶面相距有一段高度，故墩顶以上结构常采用不同的形式。对于实腹式拱桥，其墩顶以上部分通常做成与侧墙平齐的形式；对于空腹式拱桥或双曲拱桥的普通墩，常采用立墙式、立柱加盖梁式或跨越式（图13.19(a)，(b)）。对于单向推力墩常采用立墙式和框架式（图13.19(c)，(d)）。

2)轻型桥墩

(1)柱式桥墩。从外形上看，柱式桥墩（图13.22）与梁桥上的桩柱式桥墩非常相似，其主要差别是：梁桥在墩帽上设置支座，而拱桥在墩顶部分设置拱座。当拱桥跨径在10 m左右时，常采用两根直径为1 m的钻孔灌注桩；跨径在20 m左右时，可采用两根直径为1.2 m或三根直径为1 m的钻孔灌注桩；跨径在30 m左右时，可采用三根直径为1.2～1.3 m的钻孔灌注桩。桩墩较高时，应在桩间设置横系梁以增强桩柱刚性。而桩柱式桥墩一般采用单排桩，跨径

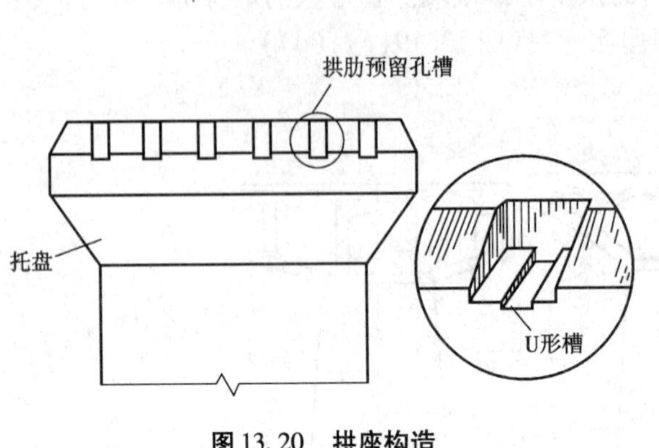

图 13.20 拱座构造

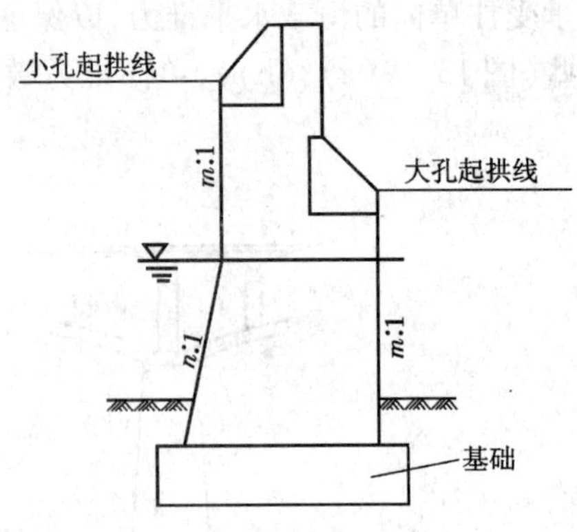

图 13.21 拱桥墩身边坡的变化

在 40 ~ 50 m 以上的高墩,可采用双排桩,在桩顶设置承台,与墩柱连成整体。如果柱与桩直接连接,则应在结合处设置横系梁。若柱高大于 6 ~ 8 m 时,还应在柱的中部设置横系梁。

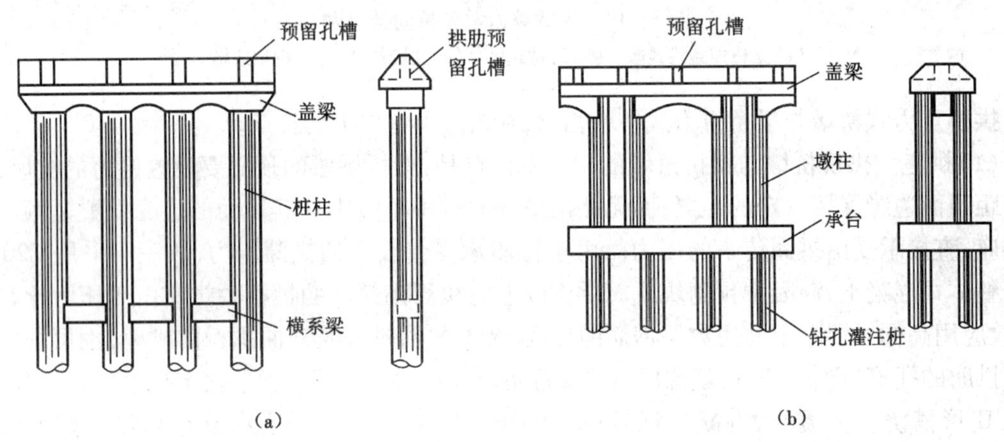

图 13.22 拱桥桩柱式桥墩

(a)单排桩 (b)双排桩

(2)单向推力墩。在采用轻型桥墩的多孔拱桥中,每隔 3 ~ 5 孔应设单向推力墩。当桥墩较矮或单向推力不大时,可采用轻型的单向推力墩,其特点是阻水面积小,并可节约圬工体积。轻型的单向推力墩形式如图 13.23 所示。

图 13.23(a)所示为斜撑式单向推力墩,这种桥墩的特点是在普通墩的墩柱上,从两侧对称地增设钢筋混凝土斜撑和水平拉杆,用来提高抵抗水平推力的能力。这种桥墩只在桥不太高且桥址处为旱地的情况下采用。

图 13.23(b)所示为悬臂式单向推力墩,其工作原理是当该墩的一侧桥孔遭到破坏以后,可以通过另一侧拱座上的竖向分力与悬臂所构成的稳定力矩来平衡由拱的水平推力所导致的倾覆力矩。这种形式适用于两铰双曲拱桥。

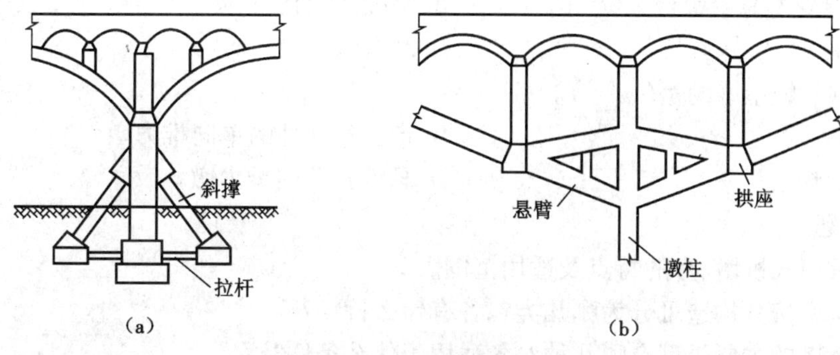

图 13.23　拱桥轻型单向推力墩

(a)斜撑式　(b)悬臂式

【小测验】

一、判断题

1. 连续刚构的桥墩,一般墩的刚度比较大或墩的高度较小。(　)

2. 连续刚构采用双臂墩,可减小墩柱纵桥向抗推刚度。(　)

3. 连续刚构桥的受力特点与连续梁桥接近,故其桥墩的构造可与连续梁桥类似,即对桥墩的刚度和高度没有什么特殊要求。(　)

4. 桥墩按受力特点分类,一般分为刚性、半刚性和柔性三种。简支梁桥是静定结构,结构内力不受基础变位的影响,因而,能在地基较差的情况下建桥。(　)

5. 多跨拱桥的桥墩,在拱座截面处均必须验算抗剪强度。(　)

6. 对于设有固定支座的桥墩,在计算墩顶水平位移时,应该考虑上部结构对墩的变形约束。(　)

7. 对拱桥的单向推力墩进行计算时,不必考虑活载的作用。(　)

8. 公路拱桥的重力式桥墩,横桥向一般不控制设计,故无需进行相应的计算或验算。(　)

二、选择题

1. 关于梁桥桥墩,以下说法正确的是(　　)。

A. 重力式桥墩适用于地基较差的桥梁

B. 从桥墩阻水方面来看,矩形桥墩优于圆形桥墩

C. 柱式桥墩常采用盖梁来代替实体式桥墩上的墩帽

D. 轻型桥墩的用钢量少于重力式桥墩

2. 下列桥台中属于拱桥轻型桥墩的有(　　)。

A. 混凝土薄壁桥墩　　B. 柱式桥墩

C. 钻孔桩柱式桥墩　　D. 带三角杆件的单向推力墩

3. 公路桥梁下部结构分为(　　)。

A. 重力式墩台　　B. 薄壁墩台

C. 轻型墩台　　D. 轻型薄壁墩台

4. 属于梁桥轻型墩台的有(　　)。

A. 钢筋混凝土薄壁墩台　　B. 桩柱式墩台

C. 制动墩　　D. 埋置式墩台

5. 属于拱桥轻型墩的是(　　)。

A. 制动墩　　B. 带三角杆件的单向推力墩

C. 埋置式墩台　　D. 悬臂式单向推力墩

三、思考题

1. 说明重力式桥墩、台的特点及适用范围。

2. 梁桥桥墩按其构造可分为哪几类？各有什么特点？

3. 梁桥桥墩的主要类型有哪几种？各适用于什么条件？

4. 柱式桥墩为何在桥梁中得到广泛的应用？

13.3 桥台的类型和构造

【知识点】梁桥桥台和拱桥桥台

【问题】梁桥桥台和拱桥桥台各有哪些常用的类型？每一种的适用条件是什么？

【名词解释】U 形桥台　轻型桥台　钢筋混凝土薄壁桥台　加筋土桥台　埋置式桥台　框架式组合桥台　承拉桥台　八字形桥台　背撑式桥台　空腹式桥台

1. 梁桥桥台

梁桥桥台可分为重力式桥台、轻型桥台、组合式桥台和承拉桥台。

1) 重力式桥台

重力式桥台的常用形式是 U 形桥台，它由台帽、台身和基础三部分组成。台后的土压力主要靠自重来平衡，故桥台本身多由石材、片石混凝土或混凝土等圬工材料建造，并用就地浇筑的方法施工。

U 形桥台(图 13.24)因其台身是由前墙和两个侧墙构成的 U 字形结构而得名。其优点是构造简单，可以用混凝土或片、块石砌筑，适用于填土高度在 8 ~ 10 m 以下或跨度稍大的桥梁。其缺点是桥台体积和自重较大，增加了对地基的要求。此外，桥台两个侧墙之间的填土容易积水，结冰后冻胀，会使侧墙产生裂缝，所以宜用渗水性较好的土夯填，并做好台后排水措施。

如图 13.25 所示，顺桥向台帽最小宽度为

$$b = \frac{a}{2} + e_1 + \frac{e_0}{2} + c_1 + c_2 \tag{13-6}$$

横桥向台帽宽度一般应与路基同宽，台帽厚度一般不小于 40 cm，对于中小桥梁也不应小于 30 cm，并应有 $c_2 = 5 \sim 10$ cm 的檐口。台帽可用 C20、C25 钢筋混凝土或素混凝土做成，也可用 MU30 石料烤工砌筑，所用砂浆不可低于 M5。

U 形桥台前墙正面多采用 10∶1或 20∶1的斜坡，侧墙与前墙结合成一体，兼有挡土墙和支撑墙的作用。侧墙正面一般是直立的，其长度视桥台高度和锥坡坡度而定。前墙的下缘一般与锥坡下缘相齐，因此，桥台越高，锥坡越坦，侧墙越长。侧墙尾端应有不小于 0.75 m 的长度伸入路堤内，以保证与路堤有良好的衔接。台身的宽度通常与路基的宽度相同。

桥台前墙任一水平截面的宽度都不宜小于该截面至墙顶高度的 0.4 倍。侧墙任一水平截面的宽度，对于片石砌体不小于该截面至墙顶高度的 0.4 倍；对于块石、料石砌体或混凝土则

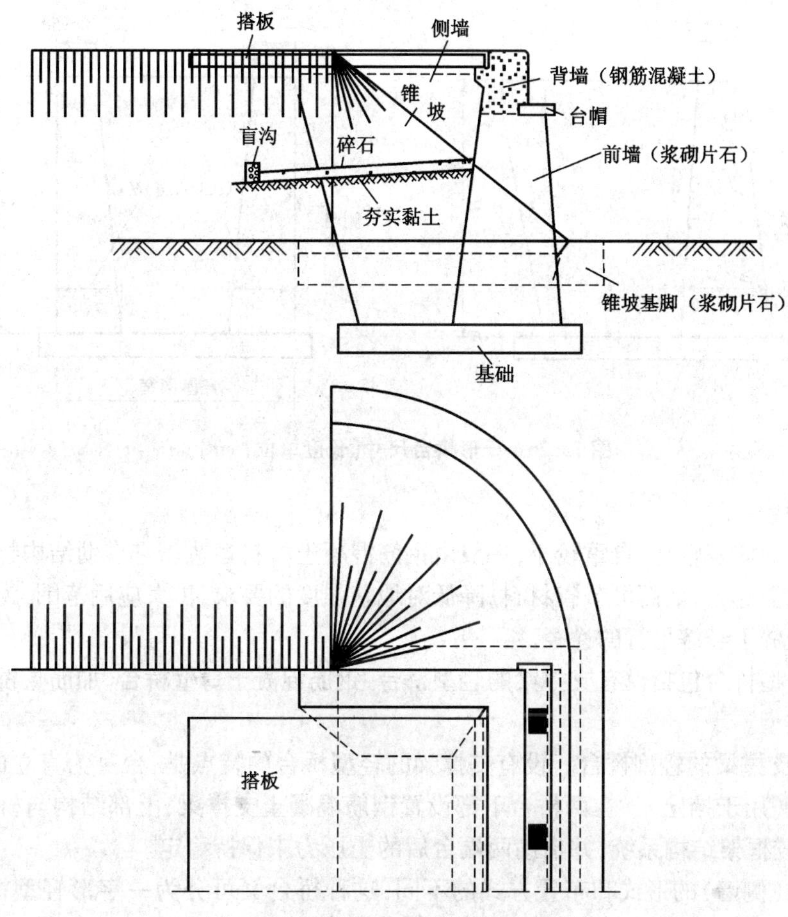

图 13.24 梁桥 U 形桥台

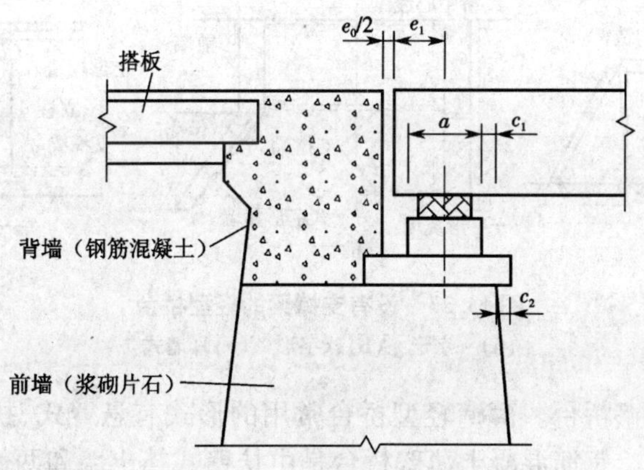

图 13.25 台帽顺桥向尺寸

不小于 0.35 倍。如果桥台内填料为透水性良好的砂性土或砂砾，则上述两项可分别减为 0.35 倍和 0.3 倍。前墙及侧墙的顶宽，对于片石砌体不宜小于 50 cm；对于块石、料石砌体和混凝土不宜小于 40 cm(图 13.26)。

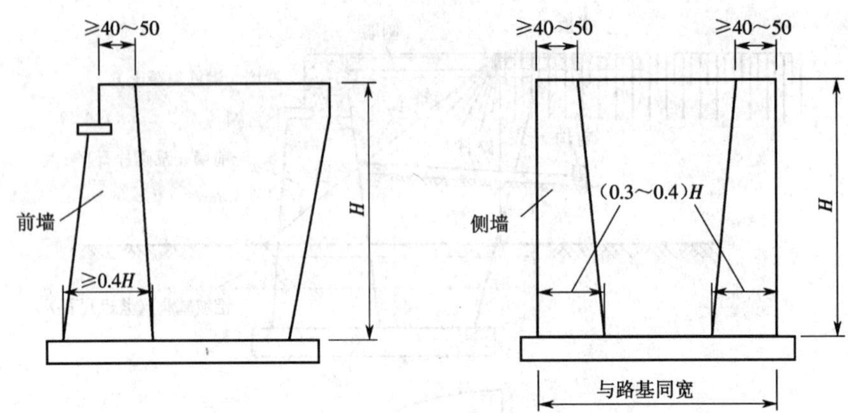

图 13.26 U 形桥台尺寸(长度单位: cm)

2)轻型桥台

轻型桥台的体积轻巧,自重较小,一般由钢筋混凝土材料建造。它借助结构物的整体刚度和材料强度承受外力,从而可节省材料,降低对地基强度的要求,扩大应用范围,为在软土地基上修建桥台开辟了经济可行的途径。

常用的轻型桥台包括设有支撑梁的轻型桥台、钢筋混凝土薄壁桥台、加筋土桥台和埋置式桥台等几种类型。

(1)设有支撑梁的轻型桥台。设有支撑梁的轻型桥台的特点是,台身为直立的薄壁墙,台身两侧有翼墙(用于挡土)。在两桥台下部设置钢筋混凝土支撑梁,上部结构与桥台通过锚栓连接,构成四铰框架结构系统,并借助两端台后的土压力来保持稳定。

按照翼墙(侧墙)的形式和布置方式的不同,这种桥台又可分为一字形轻型桥台、八字形轻型桥台和耳墙式轻型桥台,如图 13.27 所示。

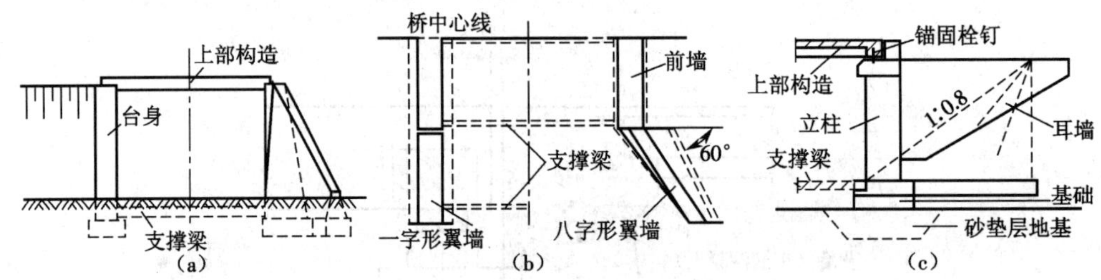

图 13.27 设有支撑梁的轻型桥台

(a)一字形 (b)八字形 (c)耳墙式

(2)钢筋混凝土薄壁桥台。薄壁轻型桥台常用的形式有悬臂式、扶壁式、撑墙式及箱式等,如图 13.28(a)所示。钢筋混凝土薄壁桥台是由扶壁式挡土墙和两侧的薄壁侧墙构成,如图 13.28(b)所示。挡土墙由前墙和间距为 2.5 ~3.5 m 的扶壁所组成。台顶由竖直小墙和支于扶壁上的水平板构成,用以支撑桥跨结构。两侧薄壁可以与前墙垂直,有时也做成与前墙斜交。前者称为 U 字形薄壁桥台,后者称为八字形薄壁桥台,如图 13.28(c)所示。钢筋混凝土薄壁桥台不仅可以减少 40% ~50% 的圬工体积,同时因自重减轻而减小了对地基的压力,故适用于软弱地基,但其构造和施工比较复杂,并且钢筋用量也较多。

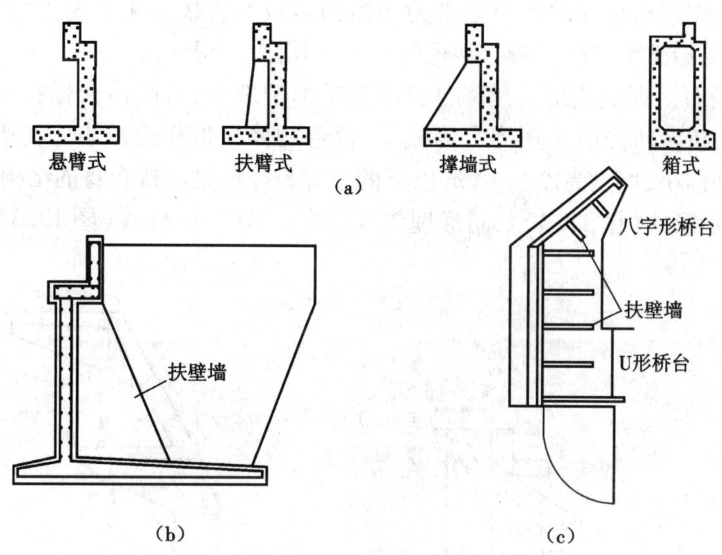

图 13.28　钢筋混凝土薄壁轻型桥台

(a)薄壁轻型桥台　(b)钢筋混凝土 U 字型薄壁桥台　(c)八字型薄壁桥台

(3)加筋土桥台。对于台后路基填土不被冲刷的中、小跨径桥梁，台高在 3 ~ 5 m 时，可采用加筋土桥台图(13.29(a))。这类桥台 般由台帽、竖向面板、拉杆、锚定板及其间填料共同组合而成。拉杆两端分别与竖向面板和锚定板连接，组成加筋土的挡土结构。它的工作原理是，竖向面板后填料的主动土压力作用到面板上，再通过拉杆将该力传递给锚定板，而锚定板则依靠位于板前且具有一定抗剪能力的土体所产生的拉拔力来平衡拉杆拉力，使整个结构处于稳定状态。

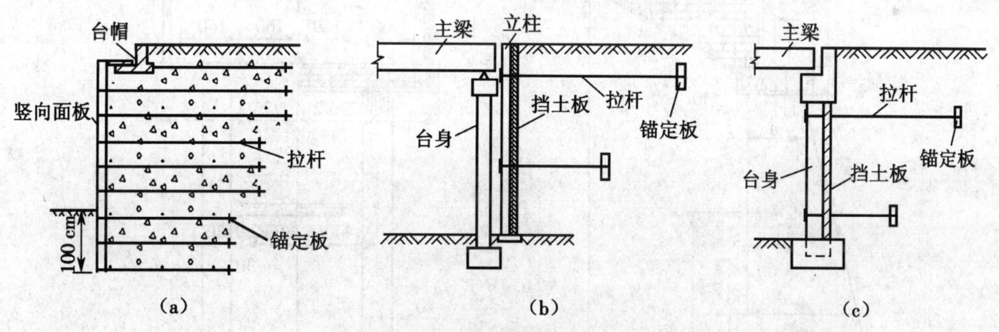

图 13.29　加筋土桥台和加筋土组合桥台

(a)加筋土桥台　(b)锚定结构　(c)结合式桥台

如果上部结构的垂直反力直接由单独的桩柱承受的话，则加筋土墙体与桩柱便构成加筋土组合桥台。按照埋置情况的不同，加筋土组合桥台又可分为分离式和结合式两种。分离式桥台的台身与锚定结构分开，台身主要承受上部结构传来的竖向力和水平力，锚定结构承受土压力。锚定结构由锚定板、立柱、拉杆和挡土板组成，如图 13.29(b)所示。桥台与锚定结构间留空隙，上端做伸缩缝，桥台与锚定结构的基础分离，互不影响，受力明确，但结构复杂，施工不方便。结合式桥台的构造如图 13.29(c)所示，它的锚定结构与台身结合在一起，台身兼做立柱或挡土板,假定作用在台身的所有水平力均由锚定板的抗拔力来平衡,台身仅承受竖向荷载。结合式桥台结构简单,施工方便,工程量较小,但受力不很明确。

(4)埋置式桥台。埋置式桥台是将台身埋在锥形护坡中,只露出台帽在外以安置支座及上部构造。这样,桥台所受的土压力大为减小,桥台的体积也相应减小。它适用于桥头为浅滩,台前护坡受冲刷小,填土高度为10 m以下的中等跨径桥梁。按台身的结构形式不同,埋置式桥台可以分为后倾式(图13.30)、肋形埋置式(图13.31)、桩柱式(图13.32)和框架式(图13.33)等。

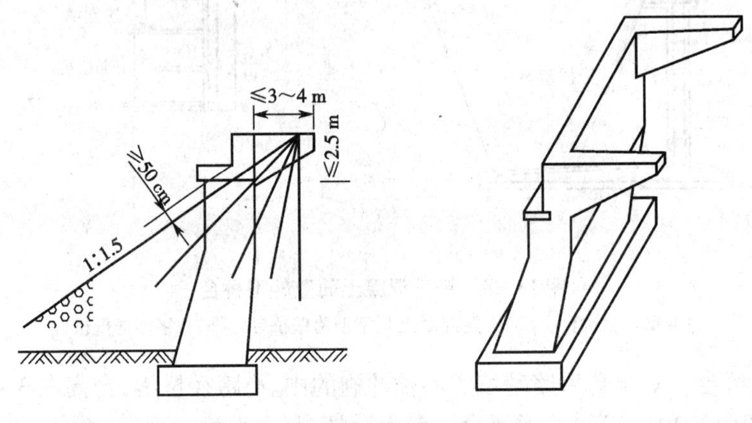

图13.30 后倾式桥台

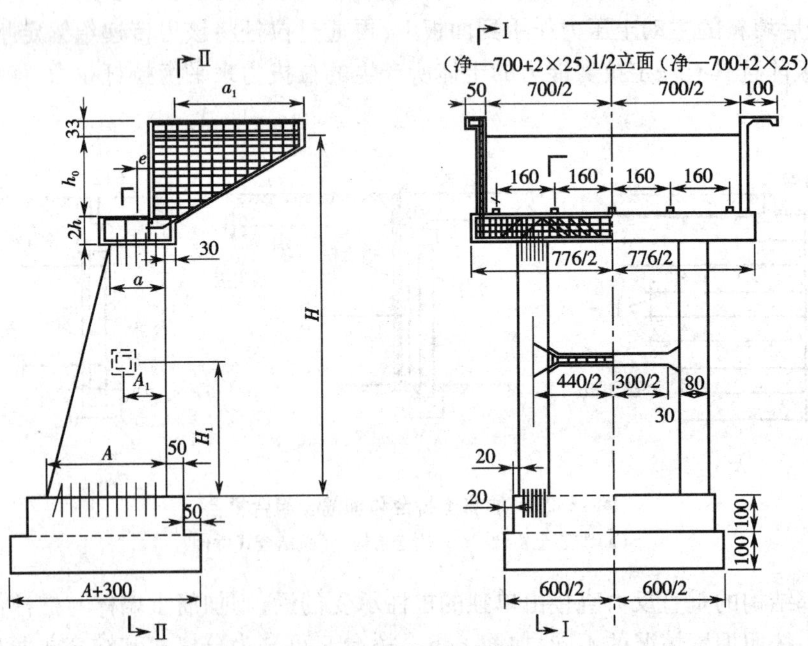

图13.31 肋形埋置式桥台(长度单位:cm)

后倾式埋置式桥台实质上属于实体重力式桥台,它的工作原理是靠台身后倾,使重心落在基底截面的形心之后,以平衡台后填土的倾覆力矩。

肋形埋置式桥台的台身是由两块后倾式的肋板与顶面帽梁连接而成。帽梁、系梁和耳墙

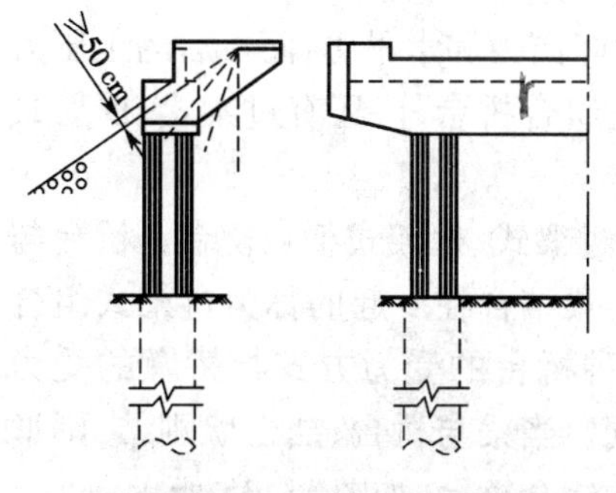

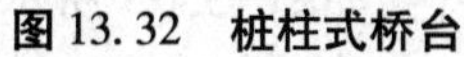

图 13.32 桩柱式桥台

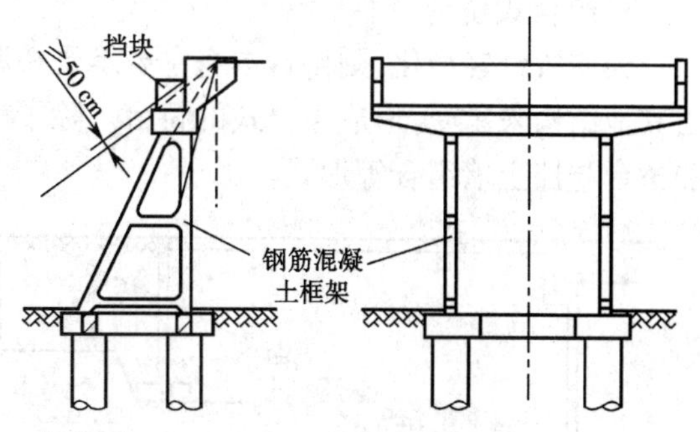

图 13.33 框架式桥台

均需配置钢筋，并采用 C20 混凝土。台身与帽梁、台身与基础之间只需布置少量接头钢筋，台身及基础可用 C15 混凝土。图 13.31 所示为配合后张法预应力混凝土简支梁使用的肋形埋置式桥台标准图示例，荷载等级为公路—Ⅱ级，适用于净(7 + 2 × 0.25) m 和净(7 + 2 × 0.75) m 两种桥面净空。

桩柱式埋置式桥台(图 13.32)对于各种地基都适宜。根据桥宽和地基承载能力可以采用双柱、三柱或多柱的形式。柱与钻孔桩相连的称为桩柱式；柱子嵌固在普通扩大基础之上的称为立柱式；完全由一排钢筋混凝土桩和桩顶盖梁连接而成的称为柔性柱台。

框架式桥台既比桩柱式桥台有更好的刚度，又比肋形埋置式桥台挖空率更高，更节约圬工体积。埋置式框架式桥台(图 13.33)结构本身存在着斜杆，能够产生水平分力以平衡土压力，加之基底较宽，又通过系梁连成一个框架体，所以稳定性较好，可用于填土高度在 5 m 以下的桥台，并与跨径为 16 m 和 20 m 的梁式上部结构配合应用。其不足之处是必须用双排桩基，钢筋、水泥用量均较桩柱式多。当填土高度大于 5 m 时，可采用肋墙式桥台(图 13.34)。

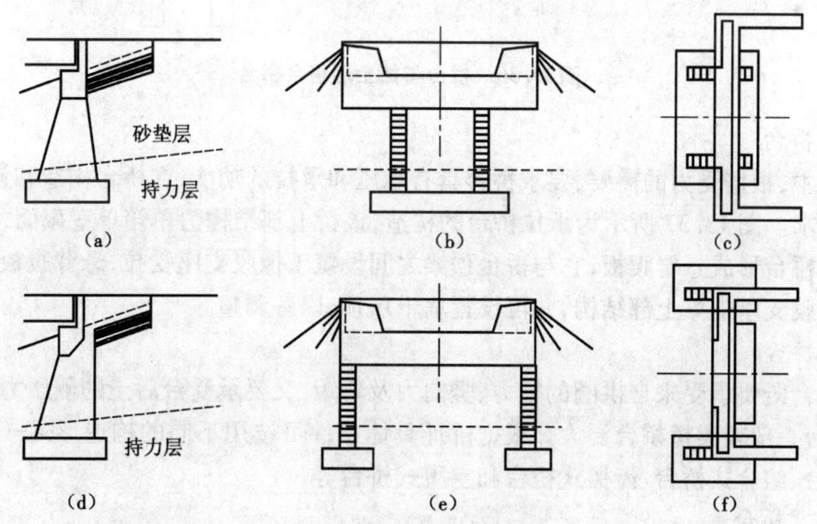

图 13.34 肋墙式桥台

(a)顺桥向 (b)横桥向 (c)平面图 (d)顺桥向 (e)横桥向 (f)平面图

埋置式桥台的共同缺点是：由于护坡伸入到桥孔，压缩了河道，如果要想不压缩河道，就要适当增加桥长。

3)组合式桥台

为使桥台轻型化,则桥台本身主要承受桥跨结构传来的竖向力和水平力,而台后的土压力由其他结构来承受,形成组合式的桥台。除了前述的加筋土组合桥台外,还有过梁式、框架式和桥台与挡土墙组合等形式。

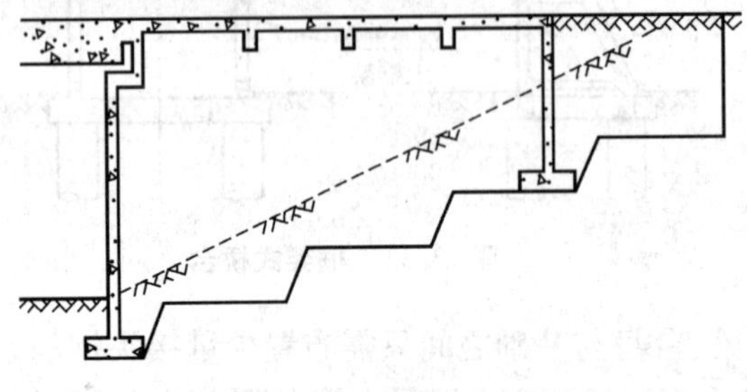

图 13.35 框架式组合桥台

(1)过梁式、框架式组合桥台。桥台与挡土墙用梁结合在一起的称为过梁式组合桥台,这种桥台的受力方式与桥墩的受力方式相同。当梁与桥台、挡土墙刚结,则形成框架式组合桥台,如图 13.35 所示。

(2)桥台与挡土墙组合。这种桥台是由轻型桥台支撑上部结构,台后设挡土墙承受压力的组合式桥台。台身与挡土墙分离,上端做伸缩缝,受力明确。当地基比较好时也可将桥台与挡土墙放在同一个基础之上,如图 13.36 所示。这种组合式桥台可采用轻型桥台,而且可不压缩河床,但构造较复杂,是否经济需通过比较确定。

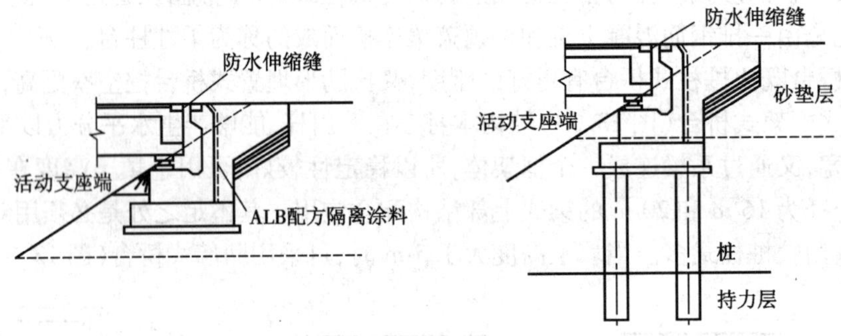

图 13.36 桥台与挡土墙组合桥台

4)承拉桥台

在梁桥中,根据受力的需要,要求桥台具有承压和承拉的功能,在桥台构造和设计中,必须满足受力要求。图 13.37 所示为承拉桥台的构造,该桥上部结构为单箱单室截面,箱梁的两个腹板延伸至桥台形成悬臂腹板,它与桥台顶梁之间设氯丁橡胶支座受拉,悬臂腹板与台帽之间设置氯丁橡胶支座支撑上部结构,并可设置扁千斤顶,以备调整。

2. 拱桥桥台

拱桥桥台既要承受来自拱圈的推力、竖向力及弯矩,又要承受台后土的侧压力。从尺寸上看,拱桥桥台一般较梁桥桥台要大。根据桥址具体条件可选用不同的构造形式——重力式桥台、轻型桥台、组合式桥台、齿槛式桥台和空腹式桥台等。

1)重力式桥台

常用的重力式桥台为 U 形桥台(图 13.38),它由台帽、台身和基础三部分组成。U 形桥台的台身是由前墙和平行于行车方向的两侧翼墙构成,其水平截面呈 U 字形。U 形桥台常采用锥形护坡与路堤连接,锥坡的坡度根据锥坡高度、地形等确定。U 形桥台的优缺点与梁式桥中的 U 形桥台相同,在结构构造上除在台帽部分有所差别外(拱桥桥台墩帽顶部做成斜坡,设置

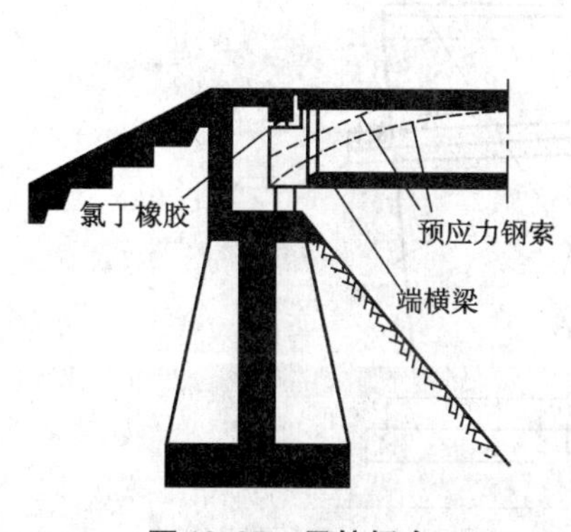

图 13.37　承拉桥台

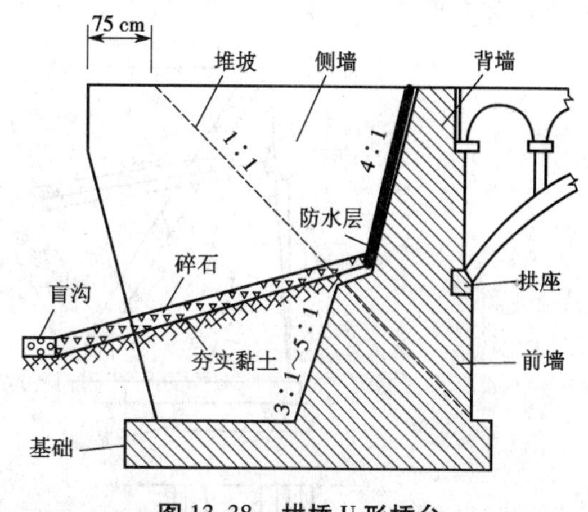

图 13.38　拱桥 U 形桥台

成与拱轴线正交的拱座），其余部分也基本相同。拱桥桥台只在向河心的一侧设置拱座，其尺寸可参照相应拱桥桥墩的拱座拟定。其他部分的尺寸可参考相应的梁桥 U 形桥台进行设计。

2）轻型桥台

轻型桥台是相对于重力式桥台而言的，其工作原理是，当桥台受到拱的推力后，便发生绕基底形心轴向路堤方向的转动，此时台后的土便产生抗力来平衡拱的推力，由于土的参与提供了部分抗力，从而使桥台的尺寸大大地小于实体重力式桥台，但此时必须验算由于拱脚位移而在拱圈内产生的不利附加内力的影响。采用轻型桥台时，要注意保证台后的填土质量，台后填土应严格按照规定分层夯实，并做好台后填土的防护工作，防止受水流的侵蚀和冲刷。常用的轻型桥台有八字形和 U 字形桥台，以及由此派生出来的 π 形和 E 形等背撑式桥台。

（1）八字形桥台。八字形桥台构造简单，台身由前墙和两侧的八字翼墙构成，如图 13.30（a）所示，两者之间通常设置沉降缝。前墙可以是等厚度的，也可以是变厚度的。变厚度台身的背坡为 2∶1 ~4∶1。翼墙的顶宽一般为 40 cm，前坡一般为 10∶1，后坡一般为 5∶1。

（2）U 字形桥台。U 字形桥台是由前墙和平行于车行方向的侧墙组成，构成 U 字形的水平截面，如图 13.39（b）所示。它与 U 形重力式桥台的差别是，后者靠扩大桥台底面积来减小基底压力，并利用基底与地基的摩擦力和台背侧土压力以平衡拱的水平推力，因此基础底面积较轻型桥台的要大。U 字形轻型桥台前墙的构造和八字形桥台相同，但侧墙却是拱上侧墙的延伸，前墙与侧墙之间应设变形缝，以适应桥的可能变位。

（3）背撑式桥台。当桥台较宽时，为了保证结构的强度和稳定性，可以在八字形或 U 字形桥台的前墙背后加一道或几道背撑，构成∏字形和 E 字形等水平截面形式的前墙（图 13.40）。背撑顶宽为 30 ~60 cm，厚度也为 30 ~60 cm，背坡为 3∶1 ~5∶1的梯形。这种桥台比八字形桥台稳定性要好，但土方开挖量及圬工体积都较多。加背撑的 U 字形桥台能适用于较大跨径的高桥和宽桥。

3）组合式桥台

组合式桥台由台身和后座两部分组成（图 13.41）。台身基础承受竖向力，一般采用桩基或沉井基础。拱的水平推力则主要由后座基底的摩擦力及台后的土侧压力来平衡。因此，后座基底标高应低于拱脚下缘的标高。台身与后座间应密切贴合，并设置沉降缝，以适应两者的不均匀沉降，在地基土质较差时，后座基础也应适当处理，以免后座向后倾斜，导致台身和拱圈的位移和变形。

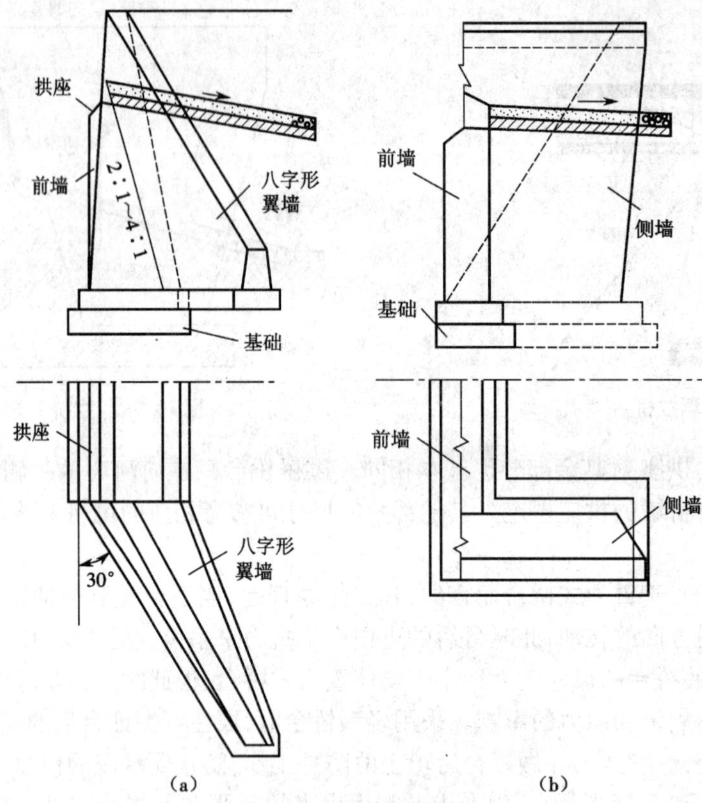

图 13.39 八字形和 U 字形轻型桥台

(a)八字形桥台 (b)U 字形桥台

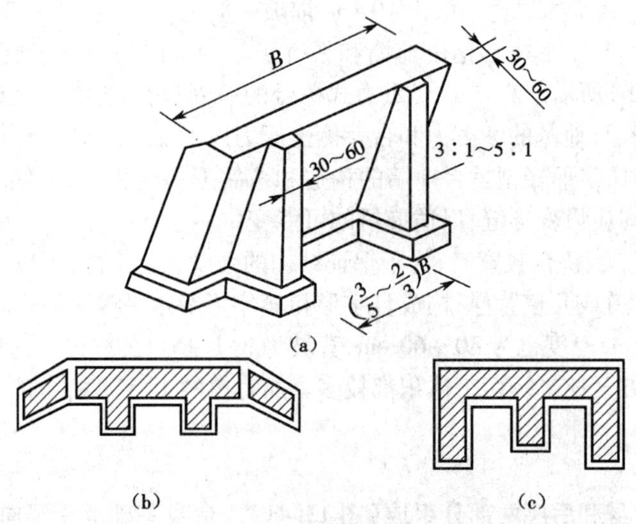

图 13.40 背撑式桥台(长度单位:cm)

(a)结构形式 (b)∏字形 (c)E 字形

4)齿槛式桥台

齿槛式桥台由前墙、侧墙、底板和撑墙等几个部分组成(图13.42)。其结构特点是:基底面积较大,可以支撑一定的垂直压力;底板下的齿槛可以增加摩擦和抗滑的稳定性;台背做成斜挡板,利用它背面的原状土和前墙背面的新填土共同平衡拱的水平推力;前墙与后墙板之间的撑墙可以提高结构的刚度。齿槛的宽度和深度一般不小于50 cm,这种桥台适用于软土地基和路堤较低的中小跨径拱桥。

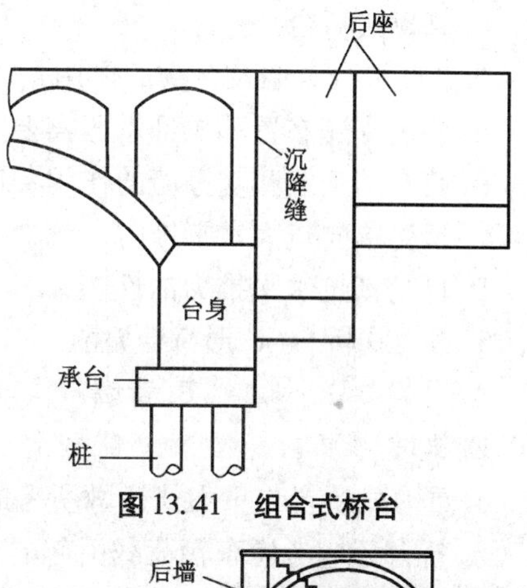

图13.41 组合式桥台

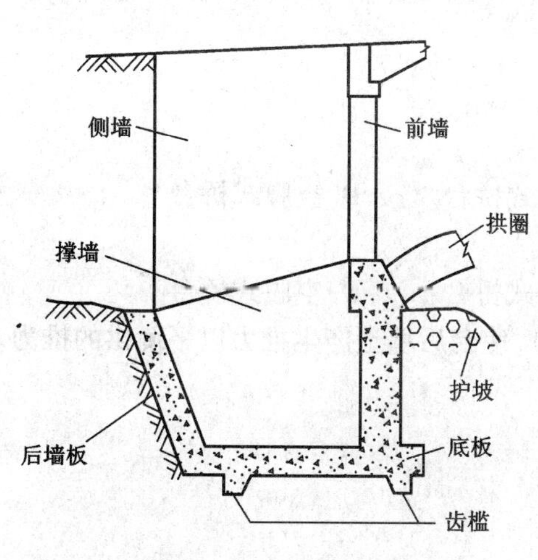

图13.42 齿槛式桥台

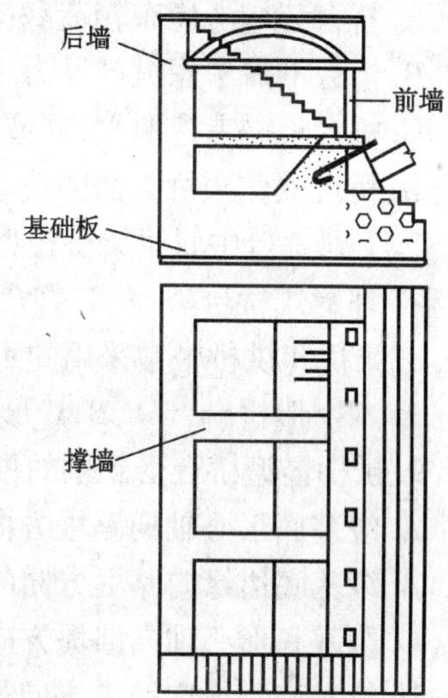

图13.43 空腹式桥台

5)空腹式桥台

空腹式桥台由前墙、后墙、基础板和撑墙等部分组成(图13.43)。前墙承受拱圈传来的荷载,后墙支撑台后的土压力。在前后墙之间设置撑墙3~4道,作为传力构件,并对后墙起到扶壁作用,对基础板起到加劲作用。最外边的撑墙可以做成阶梯踏步,供人们上下河岸。空腹可以是敞口的,也可以是封闭的。如地基承载力许可,也可在腹内填土。这种桥台一般是在软土地基、河床无冲刷或冲刷轻微、水位变化小的河道上采用。

【小测验】

一、选择题

1. 重力式桥台的主要特点是依靠(　　)来平衡外力而保持其稳定。

A. 台后土压力　　B. 自身重量　　C. 台内填土　　D. 锥坡填土

2. 下列哪一种桥台形式不属于重力式桥台?(　　)

A 双柱式桥台　　B. 重力式桥台　　C. 八字式桥台　　D. U形桥台

3. 属于拱桥的轻型桥台的是(　　)。

A. 八字形桥台　　B. 埋置式桥台

C. 背撑式桥台　　D. 靠背式框架桥台

4. U 形桥台背墙及台身的作用是(　　)。

A. 满足支座布置和局部承压需要

B. 兼有挡土墙和支撑墙的作用

C. 承受单向较大水平推力

D. 提高抵抗水平推力的性能

5. 重力式桥台(U 形桥台)由(　　)等部分组成。

A. 台帽　　B. 背墙　　C. 台身　　D. 基础

E. 锥坡

6. 重力式桥台与重力式桥墩所考虑的荷载基本一样,不同的是(　　)。

A. 桥台还应考虑车辆荷载引起的土侧压力

B. 桥台不需考虑纵向风力,只考虑横向风力

C. 桥台不需考虑船只、漂流物的撞击力

D. 桥台只作顺桥方向的偏心距和稳定性验算

7. 下列桥台中属于梁桥轻型桥台的有(　　)。

A. 埋置式桥台　　B. 靠背式框架桥台　　C. 背撑式桥台　　D. 空腹式桥台

8. 梁桥和拱桥中常采用的重力式桥台为(　　)。

A. 八字形桥台　　B. U 形桥台　　C. 组合式桥台　　D. 空腹式桥台

9. 拱桥轻型桥台受到拱的推力后,将发生(　　),使台后填土产生推力以平衡拱的推力。

A. 绕基底形心轴向路堤方向的转动

B. 绕基底边缘向路堤方向的转动

C. 绕基底形心轴向路堤方向的水平移动

D. 绕基底边缘向路堤方向的水平移动

10. 软土地基、河道无冲刷或冲刷轻微、水位变化小的河道上的拱桥,其桥台宜采用(　　)。

A. 组合式桥台　　B. 空腹式桥台　　C. 齿槛式桥台　　D. 背撑式桥台

11. 较大跨径的高拱桥和宽拱桥宜采用(　　)。

A. 背撑式桥台　　B. U 形桥台

C. 八字形桥台　　D. 靠背式框架桥台

二、思考题

1. 说明重力式桥墩台的特点及适用范围。

2. 什么叫 U 形桥台? 简述排除 U 形桥台前墙后面积水的措施。

3. 埋置式桥台和轻型桥台在构造和受力上各有何特点? 比较各自的适用范围。

4. 说明重力式桥台和轻型桥台的特点及适用范围。

5. 拱式桥台与梁式桥台的最大区别是什么?

6. 埋置式桥台有何特点,它的适用范围是什么?

7. 拱桥何时设单向推力墩? 常用的推力墩有哪几种?

实训 14　初识涵洞

预习内容	了解涵洞的分类及适用条件。
重　点	涵洞的分类及适用条件，涵洞的洞身和洞口构造，涵洞勘测设计的主要内容和基本方法。
难　点	山坡涵洞洞身构造特点，涵洞进出水口加固。
考　点	涵洞的分类及适用条件，涵洞的洞身和洞口构造。
学习指导	了解涵洞的分类及适用条件；熟悉涵洞的构造要求；了解涵洞勘测设计的主要内容。

14.1　涵洞的分类

【知识点】涵洞分类

【问题】涵洞的分类方式有哪几种？各包含哪些类型？

【名词解释】管涵　盖板涵　拱涵　箱涵　明涵　暗涵　无压力式涵洞　压力式涵洞　倒虹吸管

1. 按建筑材料分类

(1)砖涵：主要是指砖拱涵。砖涵便于就地取材，但强度较低，在水流含碱量大时和冰冻地区不宜采用。

(2)石涵：包括石盖板涵和石拱涵。石涵造价和养护费用低，可节省钢材和水泥，经久耐用，在产石地区应当首先考虑采用石涵。

(3)混凝土涵：多用于四铰涵、拱涵，少量用于圆管和小跨径的盖板涵，可节省钢材，便于预制，但损坏后较难修复。

(4)钢筋混凝土涵：用于管涵、盖板涵、箱涵和拱涵。钢筋混凝土涵洞的洞身坚固，经久耐用，养护费用少。管涵和盖板涵的运输和安装均较便利，但耗用钢材多，造价较高。

(5)其他材料建造的涵：陶瓷管涵、波纹管涵、铸铁管涵、石灰三合土拱涵等。

2. 按构造形式分类

(1)管涵：受力性能和适应基础的性能较好，不需要墩台，圬工数量少，造价较低，适用于有足够填土高度的小跨径暗涵。

(2)盖板涵：构造简单，维修容易，有利于在低填土路基上设置，且能做成明涵。跨径较小时用石盖板，跨径较大时用钢筋混凝土盖板。

(3)拱涵：承载能力大，砌筑技术易掌握，但自重引起的恒载也较大，施工工序多，适用于跨越深沟或高路堤时采用。

(4)箱涵：整体性好，自重小，适用于软土地基。但其施工困难，用钢量大，造价较高。

3. 按洞顶填土情况分类

(1)明涵:洞顶不填土或洞顶填土厚度小于 50 cm,适用于低路堤及浅沟渠。

(2)暗涵:洞顶填土厚度大于或等于 50 cm,适用于高路堤及深沟渠。

4. 按水力性能分类

(1)无压力式涵洞:入口处水深小于洞口高度,洞内水流均具有自由水面。适用于要求涵顶高出水面,涵前不允许壅水或壅水不高时的情况。

(2)半压力式涵洞:入口处水深大于洞口高度,水流仅在进水口处充满洞口,而在涵洞的其他部分都具有自由水面,适用于全涵净高相等,涵前允许一定的壅高,且略高于涵洞进口净高的情况。

(3)压力式涵洞:入口处水深大于洞口高度,在涵洞全长的范围内都充满水流,无自由水面,适用于深沟和高路堤。

(4)倒虹吸管:路线两侧的水深都大于涵洞进出水口高度,水流充满整个涵身,且进出水口必须设置竖井。适用于横穿沟渠的水面标高基本等于或略高于路基顶面标高的情况。

【小测验】

思考题

1. 按建筑材料分类,涵洞可分为哪几种?
2. 按构造形式分类,涵洞可分为哪几种?
3. 按洞顶填土情况分类,涵洞可分为哪几种?
4. 按水力性能分类,涵洞可分为哪几种?

14.2 洞身和洞口构造

【知识点】洞身和洞口构造

【问题】洞身的作用和要求有哪些?洞口建筑的形式有哪些?

【名词解释】拱涵　正交涵洞　斜交涵洞　端墙式　八字式　走廊式　平头式　斜交斜做　斜交正做　山坡涵洞　缓坡涵洞　陡坡涵洞

涵洞是由洞身和洞口建筑组成的排水构造物。洞身是涵洞的主体部分,承受活载压力和土压力等并将其传递给地基基础。它应该具有保证设计流量通过的必要孔径,同时要求本身坚固耐用。洞口建筑连接着洞身和路基边坡,应该与洞身较好地衔接并形成良好的宣泄水流条件。位于涵洞上游的洞口称为进水口,位于涵洞下游的洞口称为出水口。

1. 洞身构造

1)涵洞的横断面

(1)拱涵。拱涵主要由拱圈和涵台(墩)组成,双孔石拱涵的构造如图 14.1 所示。

拱圈是拱涵的承重结构,可以由石料、混凝土、砖等材料建成。拱圈一般采用等截面圆弧拱,常用跨径 l_0 为 100 cm、150 cm、200 cm、250 cm、300 cm、400 cm、500 cm,相应拱圈厚度 d 为 25 ~ 35 cm。拱圈的矢跨比 f_0/l_0 常采用 1/3 和 1/4。

涵台(墩)临水面为竖直面,背面为斜坡,以满足拱脚有较大水平推力的要求。

拱涵的基础可视地基土壤情况,采用整体式或分离式。整体式基础主要用于卵形涵和小

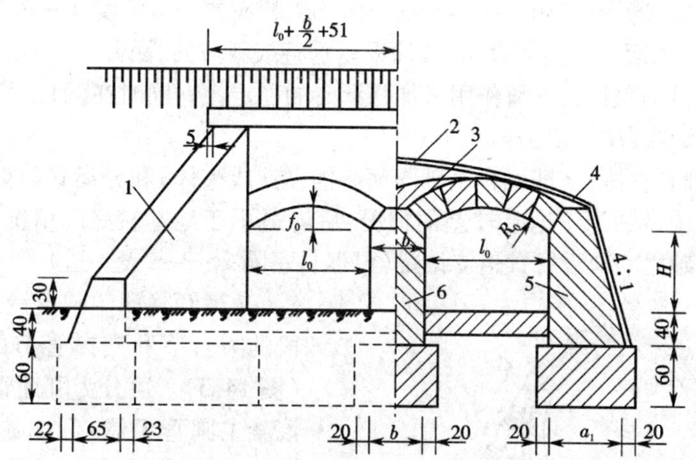

图 14.1　双孔石拱涵构造(长度单位: cm)

1—八字翼墙;2—胶泥防水层;3—拱圈;4—护拱;5—台身;6—墩身

跨径的涵洞。松软地基上的涵洞,也可采用整体式基础。当跨径大于 2 ~ 3 m 时,采用分离式基础比较好。如果采用分离式基础,则基础之间的地面表层应加以铺砌,在铺砌层下垫 10 cm 厚的砂垫层,并在涵台基础与铺砌层之间设纵向沉降缝,避免基础沉陷时铺砌(涵底)受到破坏。

(2)盖板涵。盖板涵由盖板和涵台(墩)组成,其构造如图 14.2 所示。

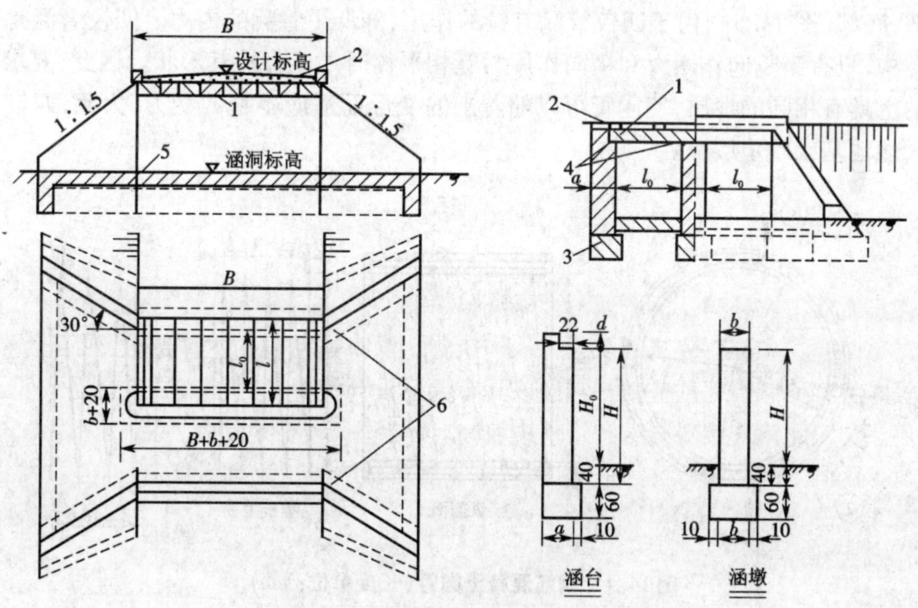

图 14.2　盖板涵构造(长度单位: cm)

1—盖板;2—路面;3—基础;4　砂浆填平;5—铺砌;6—八字墙

盖板有石盖板、混凝土盖板、钢筋混凝土盖板等。跨径较小,洞顶具有一定填土高度时,可采用石盖板涵,常用跨径 l_0 为 75 cm、100 cm、125 cm,盖板的厚度 d 一般为 15 ~ 40 cm。做盖板的石料必须是不易风化的、无裂缝的优质石板。跨径较大时,可采用钢筋混凝土盖板涵,常

用跨径 l_0 为 150 cm、200 cm、250 cm、300 cm、400 cm，相应的盖板厚度 d 一般在 15 ~ 22 cm。

涵台（墩）的临水面一般为竖直面，背面采用垂直或斜坡面，涵台（墩）顶面可做成平面，也可做成 L 形企口，借助盖板的支撑作用来加强涵台的稳定性。同时在涵台（墩）帽内设置锚栓钉，以加强盖板和涵台（墩）帽的连接。

盖板涵的基础有整体式（即涵台基础与河底铺砌连成整体）和分离式（即涵台基础与河底铺砌分离）两种。前者适用于地基较差的情况，后者适用于地基较好的情况。为了加强涵台的稳定，基础与基础之间应设置数道支撑梁（沿涵长每隔 2 ~ 3 m 设一道）。

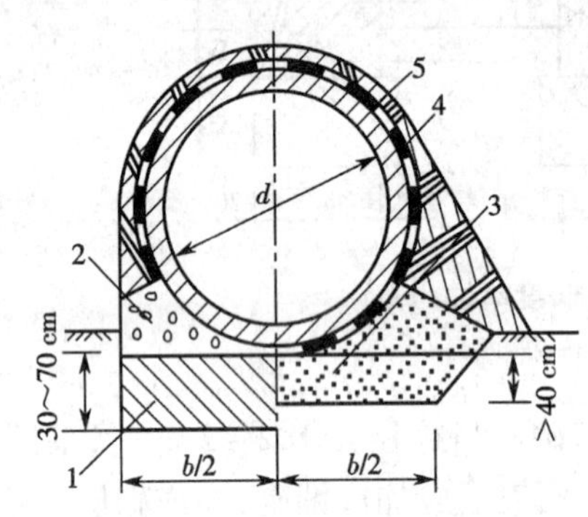

图 14.3 钢筋混凝土圆管涵基础

1—浆砌片石；2—混凝土；3—砂垫层；4—防水层；5—黏土

（3）圆管涵。圆管涵洞身主要由各分段的圆管节和支撑管节的基础垫层组成（图 14.3）。可分为刚性管涵（沿整个钢筋混凝土圆管无铰）和四铰管涵（即柔性管涵，指管节沿横截面圆周对称地加设四个铰）。刚性管涵在横截面上是一个刚性圆环，环的厚度随圆管直径大小和填土高度而变，一般在 8 ~ 15 cm。圆管的钢筋有内外两层，钢筋可加工成圆圈或螺旋筋（图 14.4）。刚性管涵可根据地基土的性质安置在混凝土基础上或砂垫层上（图 14.3）。四铰管涵通常设在弯矩最大处，即涵洞两侧和顶部、底部（图 14.5），由于四铰管涵有铰的作用，降低了管涵的内力。四铰管涵是一个几何可变结构，只有当竖向作用力和横向作用力互相平衡时才能保持其形状。因此，要求四铰管涵四周的土具有相同的性质，使涵管可以随着土的变形而适应本身的受力，为此，四铰管涵可布置在天然地基或砂垫层上。

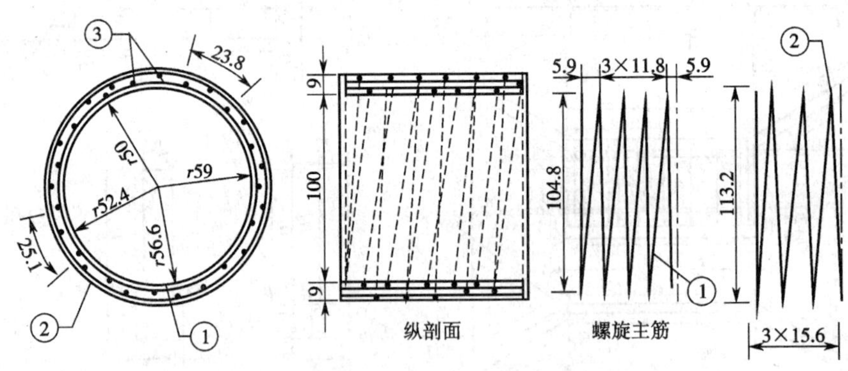

图 14.4 钢筋混凝土圆管（长度单位：cm）

圆管涵常用孔径 d 为 50 cm、75 cm、100 cm、125 cm、150 cm，对应的管壁厚度 δ 分别为 6 cm、8 cm、10 cm、12 cm、14 cm。基础垫层厚度 t 根据基底土质确定，当为卵石、砾石、粗中砂及整体岩石地基时，$t=0$；当为亚砂土、黏土及破碎岩层地基时，$t=15$ cm；当为干燥地区的黏土、亚黏土、亚砂土及细砂的地基时，$t=30$ cm。

（4）箱涵。箱涵又称为矩形涵，洞身可采用钢筋混凝土封闭式薄壁截面，根据需要可做成

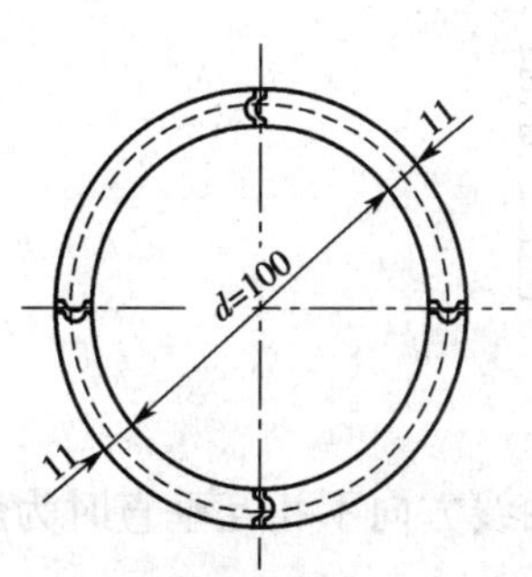

14.5 **四铰管涵(长度单位:cm)**

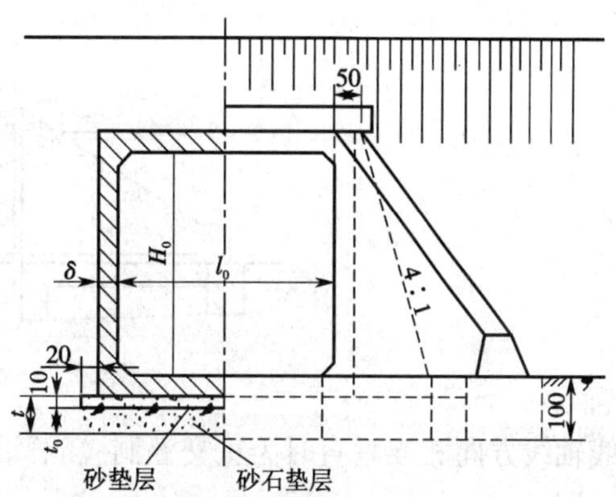

图 14.6 箱涵洞身(长度单位: cm)

l_0—跨径;H_0—净高;δ—箱涵壁厚;

t_0—砂石垫层厚度;t—垫层厚度

长方形或正方形断面(图 14.6)。箱涵的上下顶板、底板与左右墙身是刚性结构,适合在软土地基上采用。

箱涵的常用跨径 l_0 为 200 cm、250 cm、300 cm、400 cm、500 cm,箱涵壁厚 δ 一般为 22 ~ 35 cm,垫层厚度 t 为 40 ~ 70 cm,箱涵内壁面四个角处往往做成 45°的斜面,其尺寸为 5 cm × 5 cm。

2)涵洞的纵断面

洞身较长的涵洞沿整个长度应分成数段,分段长度一般为 3 ~ 6 m,段与段之间用沉降缝分开,基础也应同时分开,这样可以防止由于荷载分布不均匀或基底土的性质不同引起的不均匀沉降,避免涵洞开裂。沉降缝间填塞浸涂沥青的木板或浸涂沥青的麻絮。对于盖板暗涵和拱涵应在全部盖板或拱圈顶面及涵台背坡均填筑厚 15 cm 的胶泥防水层。对于圆管涵应再在外面用涂满热沥青的油毛毡圈裹两道或用热沥青胶合的八层防水纸组成的绑带圈裹一道,再在圆管外圈填筑厚 15 cm 的胶泥防水层。

洞底坡度和标高在一般情况下应与天然河沟的坡度和标高相一致。当河床的坡度较小时,洞底坡度可以按最小纵坡 0.4% 设置。当河床的坡度大于 5% 时,洞底基础宜每隔 3 ~ 5 m 设置防滑横隔墙或把基础做成阶梯形。

洞口建筑以及毗连洞口建筑管节的基础,埋深一般约 1 m,当土质较差时,可以适当加深。当基础设置在冻土层中,除满足上述要求外,基础砌筑深度应在冻土线以下至少 0.25 m,中间管节的基础深度可以比进出口小一些。

由于无压力式涵洞的水位跌落区在涵洞内部,因此其孔径不能得到充分利用,为了不增加涵洞高度,常设置专门的加高节段(图 14.7),使水面在专门的加高节段跌落。

2. 洞口建筑

洞口建筑由进水口和出水口两部分组成。洞口应与洞身、路基衔接平顺,并起到调节水流和形成良好流线的作用,同时使洞身、洞口(包括基础)、两侧路基以及上下游附近河床免受冲刷。另外洞口建筑类型的选定,还直接影响着涵洞的宣泄能力和河床加固类型的选用。

按涵洞与路线相交形式的不同,涵洞可分为正交涵洞和斜交涵洞。涵洞沿纵轴线方向和

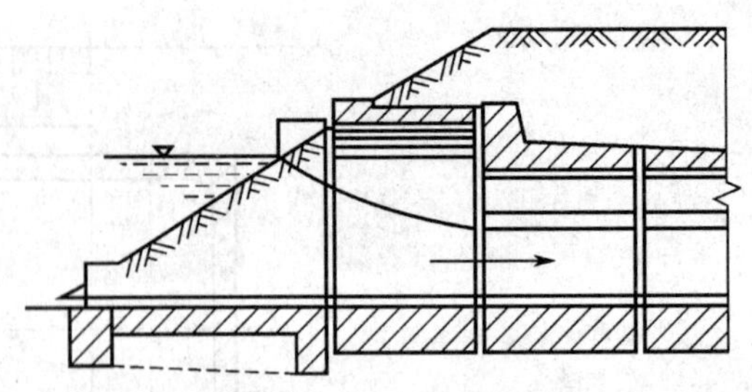

图 14.7 涵洞的加高节段

路线轴线方向相互垂直时为正交涵洞;涵洞沿纵轴线方向和路线轴线方向不相互垂直时为斜交涵洞。

1)正交涵洞的洞口建筑

(1)端墙式(图 14.8(a))。端墙式洞口建筑是由一道垂直于涵洞轴线的挡土矮墙以及盖于其上的帽石和设在其下的基础组成。这种洞口的构造简单,但水利条件不佳,适用于流速较小的人工渠道或不易受冲刷影响的岩石河沟上。

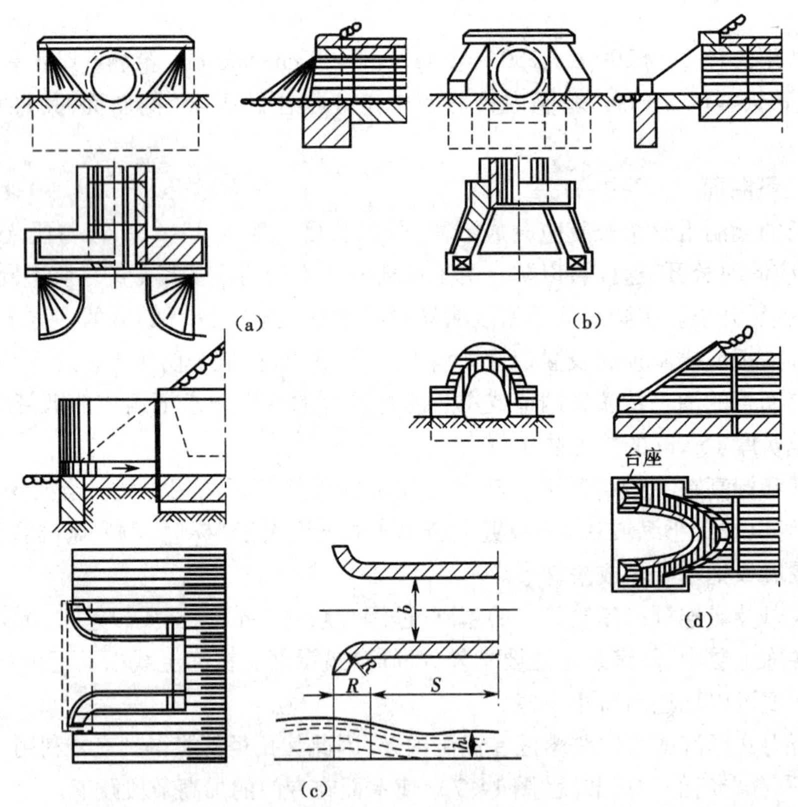

图 14.8 正交涵洞的洞口建筑

(a)端墙式 (b)八字式 (c)走廊式 (d)平头式

(2)八字式(图 14.8(b))。在洞口设敞开并斜置的翼墙,在平面上形成八字式。为缩短翼墙长度,可将其末端建成与路线平行的矮墙。八字翼墙与涵洞纵轴线的夹角,按水利条件最适宜的角度设置,进水口为13°左右,出水口不宜大于10°,但为了施工上的方便,一般都按30°设置。这种洞口建筑的工程数量小,水利性能好,施工简单,造价较低,因而是最常采用的洞口形式。

(3)走廊式(图14.8(c))。洞口设置两道平行的翼墙,其前端在平面上展开成八字形或流线型。这种洞口使涵前壅水水位在洞口建筑部分,而不用专门设置增高节段。但其由于施工困难,目前较少被采用。

(4)平头式(图14.8(d))。平头式又称领圈式,常用于圆管涵。因需要制作特殊的洞口管节,耗费的模板较多。但它较八字式洞口可节省材料45%~85%,而宣泄能力仅减少8%~10%。

2)斜交涵洞的洞口建筑

(1)斜交斜做(图14.9)。涵洞洞身的端部与路线平行,这种做法称为斜交斜做。此法费工较多,但外形美观且适应水流,较常采用。对于盖板涵和箱涵,运用斜交斜做法比较普遍。在这种情况下,除洞口建筑外,还需对盖板及箱涵涵身的两端进行设计,以适应斜边的需要。

(2)斜交正做(图14.10)。

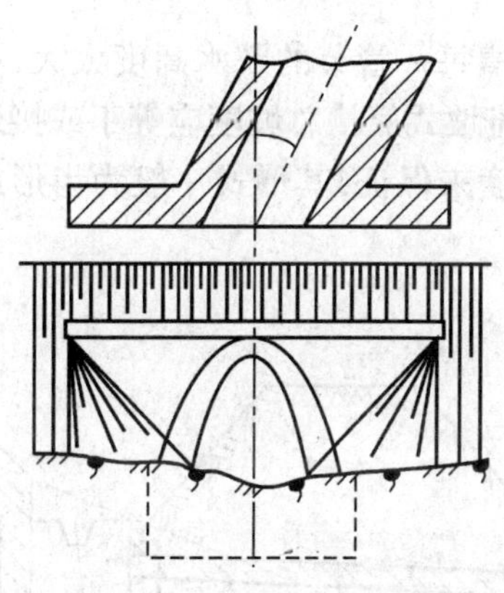

图14.9 斜交斜做洞口建筑

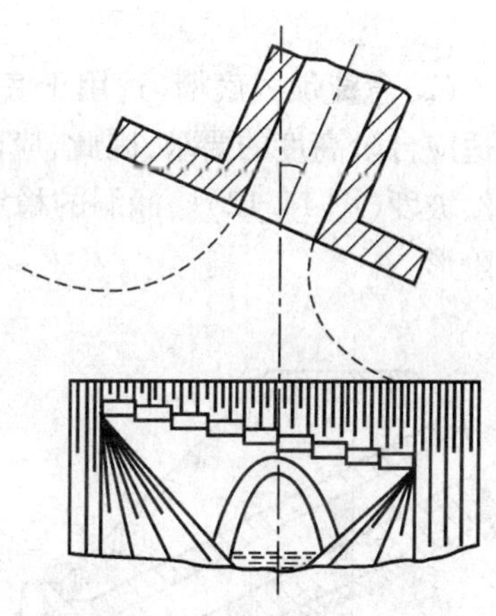

图14.10 斜交正做洞口建筑

3. 山坡涵洞的构造特点

1)山坡涵洞的洞身构造

山坡涵洞的洞底坡度比较大,一般为10%~30%或更大一些。涵底的纵坡主要由进水口和出水口的沟底标高决定。洞身的布置根据底坡的大小不同有以下几种形式。

(1)跌水式底槽(适用于底坡小于12.5%)。底槽的总坡度等于河槽或山坡的总坡度。洞身由垂直缝分开的管节组成,每节有各自独立的底面水平的基础,后一节比前一节垂直沉降一定高度,使涵洞得到稳定。为了防止因管节错台在拱圈或盖板间产生缝隙,错台厚度不得大于拱圈或盖板厚度的0.75倍(图14.11(a))。当相邻两节的高差大于涵顶厚度时,需加砌挡墙(图14.11(b)),但两节间的高差也不宜大于0.7 m和1/3涵洞净高中的较小值,以保证过水断面不受过大的压缩。管节的长度一般不大于台阶高度的10倍。若小于10倍时,涵洞应按台阶跌水进行水力验算。做成台阶形的涵洞,其孔径应比按设计流量算出的孔径小。

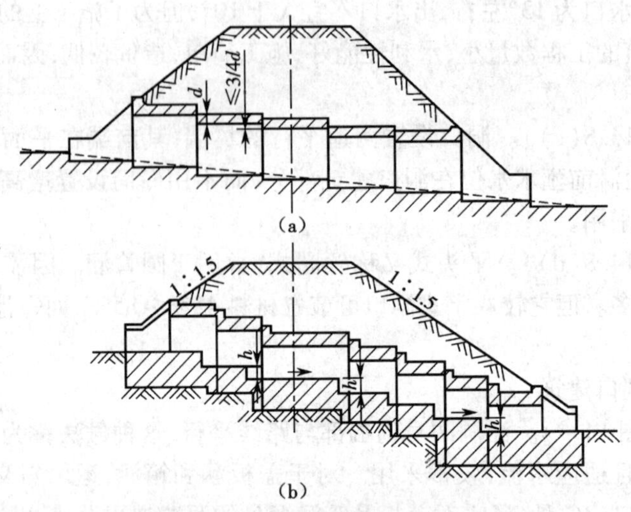

图 14.11 跌水式底槽的涵洞纵断面

(a)错台厚度不得大于拱圈或盖板厚度的 0.75 倍 (b)加砌挡墙

(2)急流坡式底槽(适用于底坡大于 12.5%)。跌水式底槽每一管节的跌水高度太大,不能适应台阶高度的要求,因此,应建造带有急流坡的底槽。急流坡式底槽总坡度应等于或接近天然坡度(图 14.12)。涵洞的稳定性主要靠加深管节基础深度来保证,其形式一般为齿形或台阶形。

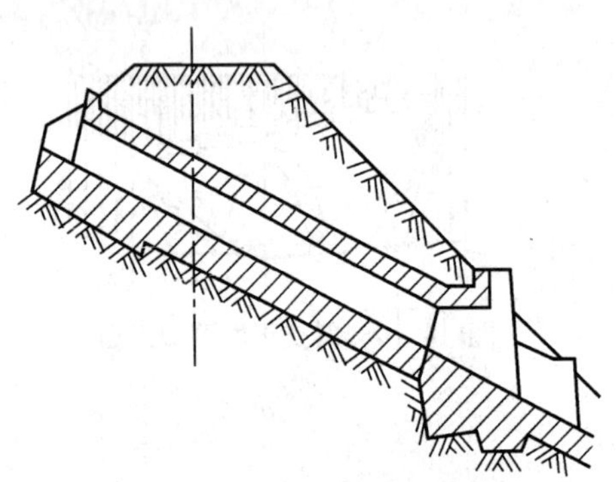

图 14.12 急流坡式底槽的涵洞纵断面

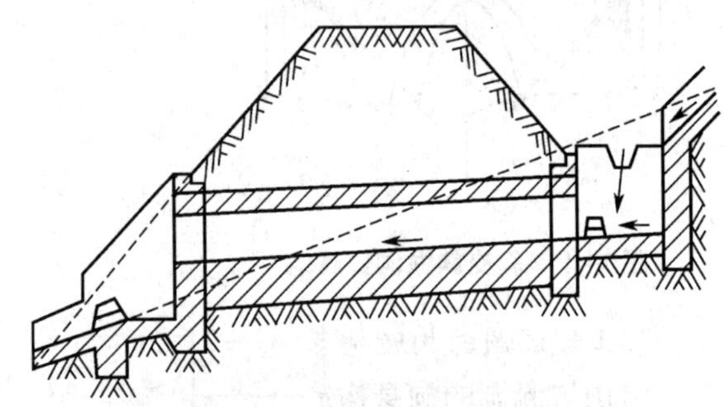

图 14.13 小坡度底槽的涵洞纵断面

(3)小坡度底槽。如果地质情况不好,不允许修建坡度较大的涵洞时,应采用小坡度底槽,在进出水口设置消能设施(图 14.13)。

2)山坡涵洞进出水口河床加固处理

洞口的设施视地形、地质和水文条件的不同而有所差异。进出水口河床加固处理与涵洞本身设置的坡度和涵洞上下游河床的纵向坡度有关,凡涵洞设置的坡度小于临界坡度,上下游河沟纵向坡度也比较小,称为缓坡涵洞;反之,称为陡坡涵洞。

(1)缓坡涵洞进水口河床加固。上游路基边沟坡度较大,水流夹带泥砂较多时,可在进水口处设置深于涵底约 0.5 m 的蓄水井(图 14.14(a)),使其起到消能和沉淀泥砂的作用。

当河沟纵坡小于 10% 且河沟顺直时,涵洞顺河沟纵向设置,此时涵前河沟纵坡有时稍做

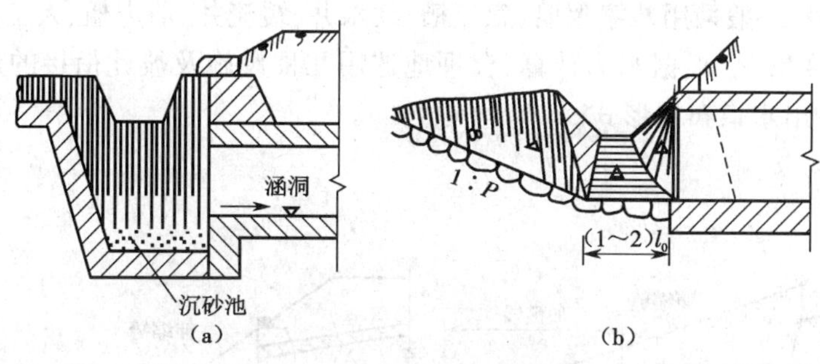

图 14.14　缓坡涵洞进水口沟底及沟槽边坡加固

(a)进水口沟底　(b)沟槽边坡加固

开挖与涵洞衔接，开挖后纵坡可略大于1∶10。新开挖部分是否需要加固，视土质和流速而定。

涵前天然河沟纵坡为10%～40%时，涵洞仍按缓坡设置，此时涵前可开挖河槽，其纵坡率 P 值可取4～10。除岩石地基外，新开挖的沟底和沟槽边坡以及路基边沟均需要铺砌加固，如图14.14(b)所示。由于涵前沟底纵坡较大，水流在进口处产生水跃，所以应在进口前设置一段缓坡，其水平距离约为(1～2)l_0(l_0为涵洞孔径，以 m 计)。

(2)陡坡涵洞进水口河床加固。涵前河沟纵坡较大，但小于50%时，涵洞可按陡坡设置，涵前坡与涵前天然沟底纵坡可直接平顺衔接，除了人工铺砌外，无需采取其他措施。

涵前的天然河沟纵坡大于50%时，水流速度很大，进水口处需做跌水井或消力池、消力槛等，以减缓流速、削弱水能。上游沟槽开挖纵坡率应根据河沟地质情况决定，以保证土体不致滑移。图14.15(a)所示为上游沟槽铺砌加固成梯形截面；图14.15(b)所示为上游沟槽铺砌加固成矩形截面，槽底每隔1.5～2 m设一道防滑墙。

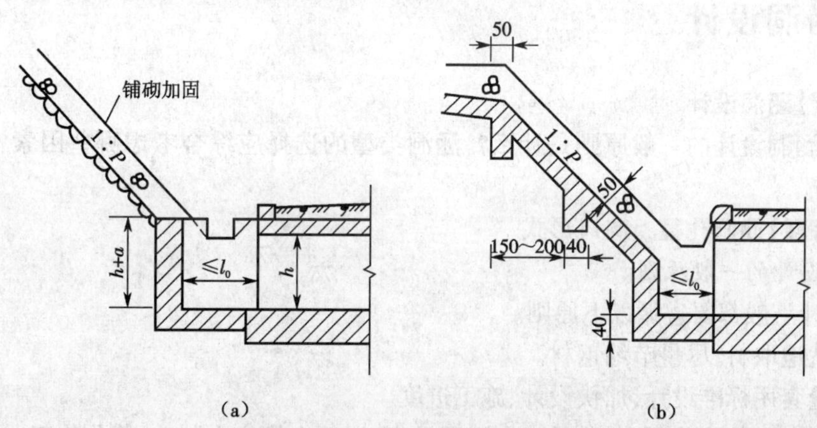

图 14.15　陡坡涵洞进水口的跌水措施(长度单位：cm)

(a)梯形截面　(b)矩形截面

(3)缓坡涵洞出水口河床加固。在坡度小于或等于15%的天然河沟上设置缓坡涵洞(洞底坡度小于5%)，出水口流速不大，下游洞口河床可采用一般铺砌形式，在铺砌末端设置截水墙。无压力式涵底下游，为了减小水流流速，可视情况与涵底出水口铺砌相结合，分别设置一级、二级或三级挑坎。

(4)陡坡涵洞出水口河床加固。天然河沟纵坡大于15%时，须设置陡坡涵洞。此时出水口最容易遭到冲毁,一般采用八字翼墙、急流槽、跌水井、缓流井、消力槛、人工加糙等设施。但需视天然河沟坡度情况,根据水力计算,合理地选用几种设施及彼此衔接的形式和尺寸。图 14.16 所示为两种出水口布置形式。

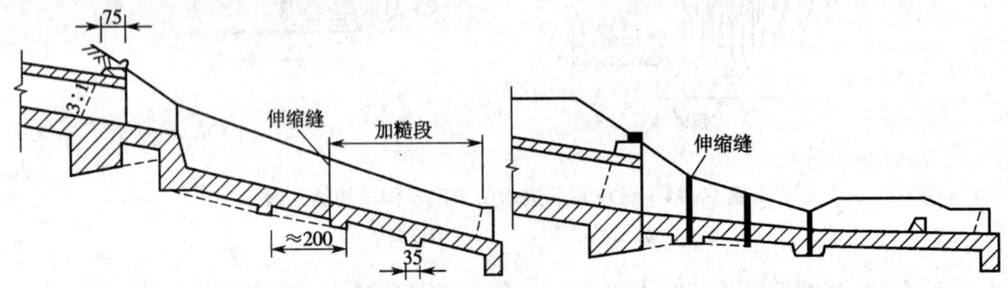

图 14.16 陡坡涵洞出水口的布置形式(长度单位: cm)

【小测验】

思考题

1. 洞身是涵洞的主体部分,其作用是什么?
2. 圆管涵洞身主要由哪些部分组成?
3. 正交涵洞的洞口建筑有哪些形式?
4. 斜交涵洞的洞口建筑有哪些形式?
5. 山坡涵洞的构造特点是什么?

14.3 涵洞设计

【知识点】涵洞设计

【问题】涵洞设计的一般原则是什么?涵洞类型的选择应综合考虑哪些因素?涵洞布置有哪些要求?

【名词解释】涵洞孔径　洞口形式

1. 涵洞设计的一般原则

涵洞设计一般都要遵循以下原则。

(1)宜就地取材,尽量节约钢材。

(2)尽量套用标准设计,加快设计、施工进度。

(3)在同一段路线范围内,尽量减少涵洞类型,以便大量集中制造、简化施工。

(4)充分考虑日后维修养护的方便性。

(5)同一段路线的涵洞应做合理的布局,使全线桥涵能形成畅通无阻的、良好的排水系统。

(6)设计中应加强方案比选工作。除技术条件外,应充分考虑经济效益,节省投资。

2. 涵洞类型的选择

涵洞类型的选择应综合考虑以下因素。

1)地形、地质、水文和水力条件

进行涵洞类型选择时应考虑水流情况、设计流量大小、路堤填土高度、涵前允许最大壅水高度、地基承载能力等。当设计流量在 10 m^3/s 左右时，一般宜采用圆管涵；设计流量在 20 m^3/s 以上时，宜采用盖板涵；设计流量更大时，宜采用拱涵。当然，还应同时综合考虑路堤填土高度是否满足要求，如当圆管涵顶填土高度不足时，宜采用盖板涵，当路堤填土较高时，宜采用拱涵。当地基情况较差时，宜考虑采用箱涵。

2）经济造价

所处地区不同，涵洞的造价往往差异很大。涵洞造价主要取决于材料的料场价格，其次是材料的运输费用和当地的人工、机具费用。

在盛产石料的山区，一般选用石涵比较经济；在缺乏石料的地区，当设计流量较小时，选用圆管涵或钢筋混凝土盖板涵比较经济；当设计流量较大时，选用钢筋混凝土盖板涵或拱涵比较经济。

3）材料选择和施工条件

选用涵洞材料时要因地制宜，尽可能就地取材，优先考虑砖石圬土结构，少用或不用钢材。如在石料丰富的地区，应优先考虑修建石涵。在考虑就地取材的同时，应综合考虑运输条件。

涵洞设计应方便施工。一段线路上不宜采用过多种类型的涵洞，以便于集中预制，节省模板，保证质量，加快施工进度。

4）养护维修

选择涵洞类型时，为了便于养护，孔径不宜过小，洞身不宜过长。冰冻地区不宜采用小孔径管涵和倒虹吸管涵洞，当为了农田灌溉必须采用时，需在冻期前将管内积水排除，并将两端进出口封闭。

3. 涵洞跨径的确定

应该根据设计流量确定涵洞的净跨径。在确定涵洞净跨径时，应结合涵下净高综合考虑，根据计算的涵洞净跨径选用标准跨径。《公路桥涵通用设计规范》规定的涵洞标准跨径有 75 cm、100 cm、125 cm、150 cm、200 cm、250 cm、300 cm、400 cm 和 500 cm 九种。

4. 涵洞布置

1）涵洞的平面布置

涵洞的平面布置主要是解决好涵位及涵轴线与路线交角的问题。涵洞应尽量布置成正交，正交涵洞的长度短，工程数量小，施工简便。当天然河道与路线斜交，但地形变化不大，且水流较小时，可经过人工改河，仍设置成正交涵洞；若经过经济技术比较，不宜改河时，则只能采用斜交涵洞。斜交涵洞的斜交角通常取 5°为一级，以便套用标准图中的标准跨径。

2）涵洞的立面布置

涵底中心标高和涵底纵坡度应根据设计涵位处涵洞进出口沟底标高来确定。

涵洞顶面中心标高应服从路线纵断面要求，可从路线设计标高推算出来，涵底中心标高一般与天然河床标高一致或略低一些。如果是老涵改建，涵底标高应考虑涵洞进出口沟底标高。

涵底纵坡度最好选用临界坡度，此时涵洞的排洪能力最大。但实际设计时，涵底的纵坡度应根据沟底的天然坡度确定。涵底的最小纵坡度不小于 0.4%，以防淤积；也不大于最大坡度，以防涵底铺砌被冲毁。

设置在天然地基上的涵底基础，除岩石、砾石及粗砂地基外，均应将基底埋入冰冻线以下至少 0.25 m。

当基底下有软土层时，为了将基础置于好土层上或需要人工加固地基时，往往需将基础埋置于较深的土层中。

当河床坡度大于5%时，涵底基础宜每隔3～5 m设置防滑横隔墙或把基础分段做成阶梯形（见山坡涵洞）。

在无冲刷处，除岩石地基外，涵洞基底一般应设在天然地面或河底面以下1 m，如河床上有铺砌层时，一般宜设在铺砌层顶面以下1 m。

5. 涵洞各部分尺寸及工程数量

当涵洞选择标准跨径后，其细部尺寸及工程数量均可套用相应的标准图。使用时应注意以下几点。

（1）计算荷载应与标准图一致，不能大于标准图的规定。

（2）混凝土强度等级、钢筋等级、石料的标号、地基承载力等不能低于标准图的要求，否则应该进行强度验算。

（3）当设计涵洞的涵下净高与标准图相同，而跨径与标准图不相同，在套用标准图时应注意，跨径小的涵洞台身厚度可以用于跨径大的涵洞，而跨径大的涵洞台身厚度不可用于跨径小的涵洞。

（4）设计涵位处土的地基承载能力应大于标准图上要求的地基承载能力。当土的地基承载能力低于标准图的要求时，应扩大基础或采取其他措施。

（5）在涵洞设计图上，除了注明涵洞各部分尺寸外，还应列出涵洞各部分的工程数量。这些工程数量可在标准图中查得，当有些工程数量无法从标准图查得时，应通过计算确定。

（6）设计所用石料标号和砂浆标号最好直接标在设计图上，也可写在说明内。

6. 洞口形式

洞口建筑形式应根据涵洞进出水口的地形条件和流量大小来选用，但无论选用何种洞口形式，洞口的进出水口河床必须铺砌。

【小测验】

一、判断题

1. 明涵指洞顶填土 $H \geqslant 0.5$ m 的涵洞，一般在低填方和挖方路段时采用。（　）

2. 涵洞洞口建筑是洞身、路基、河道三者的连接构造物。（　）

二、思考题

1. 简述涵洞的分类及适用条件。

2. 简述圆管涵、盖板涵和拱涵的构造特点。

3. 山坡涵洞根据洞底坡率有哪三种形式？其洞身构造各有什么特点？分别适用在什么场合？

4. 涵洞常用的洞口形式有哪几种？各有什么特点？

5. 简述倒虹吸管的适用场合。

复习和总结

支座是梁式桥的一个很重要的传力和支撑结构，一方面要求支座具有足够的承载能力，另一方面又要求支座能较好地适应上部结构的变形。橡胶支座具有构造简单、加工方便、造价低、结构高度小、安装方便和使用性能良好等优点，已经得到越来越广泛的使用。

斜拉桥的主要特点是利用锚在桥塔上的多根斜缆索作为梁跨的弹性中间支撑的缆索承重桥。由于高强度缆索起着主梁的弹性支撑作用，使主梁像多孔小跨弹性支撑连续梁一样工作，故内力小，建筑高度低，自重轻，施工方便，并能显著加大跨越能力。

悬索桥主要由主缆、吊索、梁、塔、索鞍和锚碇组成。悬索为主要承重结构，悬索承受拉力。目前悬索桥为跨越能力最大的桥型，在跨度布置上通常做成单主跨并带两边跨的三跨悬索桥，也可做成具有一个以上主跨的多跨悬索桥。

重力式桥墩是实体的圬工墩，主要靠自身的重量来平衡外力，从而保证桥墩的强度和稳定性。其优点是整体刚度大，抗倾覆性能以及承重性能都很好；缺点是自重大，不宜做得过大而使桥梁自重加大。

桩式墩是将钻孔桩基础向上延伸作为桥墩的墩身，在桩顶浇筑盖梁。在墩位上的横向可以是一根或多根桩，设置一排桩的叫排桩墩。其优点是材料用量省，施工简便，适合平原地区建桥使用。在多跨桥的两端设置刚性较大的桥台，中墩均为柔性墩，即墩体的整体刚度很小，在墩顶水平推力的作用下发生较大的水平位移。其缺点是由于桥墩的水平推力是按各墩的刚度分配的，故分配到每个柔性墩上的水平推力很小。薄壁墩主要分为钢筋混凝土薄壁墩和双壁墩以及 V 形墩三类。其共同特点是横桥向的长度基本和其他形式的墩相同，但是纵桥向的长度很小。其优点是可以节省材料，减轻桥墩的自重，同时双壁墩可以增加桥墩的刚度，减小主梁支点负弯矩，桥梁美观。V 形墩可以间接地减小主梁的跨度，使跨中弯矩减小，同时又具有拱桥的一些特点，更适合大跨度桥的建造。

重力式桥台有多种形式，常用的有 U 形、埋置式、八字式和一字式等。轻型桥台是利用钢筋混凝土结构的抗弯能力来减少圬工体积而使桥台轻型化，主要可分为薄壁轻型桥台和支撑梁轻型桥台，其优点是结构自重轻，施工方便。

涵洞按构造形式分为圆管涵、拱涵、盖板涵和箱涵；按水力性能分为无压力式、半压力式、压力式和倒虹吸管；按洞顶的填土情况分为明涵和暗涵。

涵洞由洞身和洞口建筑组成。洞身是主体部分，承受活载压力和土压力等并将其传递给地基基础。洞身要具有保证设计流量通过的必要孔径，同时本身也要坚固耐用。

涵洞设计内容包括涵洞设计的一般原则、类型的选择、孔径的确定、涵洞的平面布置、立面布置、各部分尺寸及工程数量。

第五篇　桥梁施工

实训 15　桥梁施工概述

预习内容	桥梁施工技术的发展历程，桥梁最新的施工方法。
重　　点	桥梁的组成、有关名称、尺寸及桥梁的分类。
难　　点	桥梁施工方法的基本特点。
考　　点	悬臂施工法、转体施工法、顶推施工法的主要特点。
学习指导	本实训内容是对桥梁施工做一个总体的介绍，先介绍现代桥梁施工技术的发展和进步；其次讲述桥梁施工与各有关因素的关系；最后重点学习桥梁上部施工方法概述及施工方法的选择。

15.1　桥梁施工技术的发展

【知识点】桥梁施工技术发展、施工影响因素

【问题】简述我国桥梁施工技术发展的几个阶段，桥梁施工与哪些因素有关？

【名词解释】高强螺栓　悬壁施工方法　桥梁施工管理水平　桥梁施工技术

1. 现代桥梁施工技术的发展促进了桥梁结构的迅猛发展

随着科学技术的进步，施工机具、设备和建筑材料的发展，桥梁施工技术不断改进、提高并逐步发展和丰富起来。了解桥梁施工技术的发展进程对掌握施工规律，不断总结、改进和创造新的施工技术是十分有益的。现代桥梁施工技术的发展促进了桥梁结构的迅猛发展。

从武汉长江大桥到南京长江大桥，在桥梁工程技术发展上是一个大进步。南京长江大桥的基础在施工水位以下深达 70 余米，水文地质极为复杂，施工时从实际出发，采用了四种不同的基础形式和不同的施工方法。特别是在急流中，在流速和流向不断变化的情况下，克服了定位中的摆动问题。在钢梁的设计和施工中采用了国产的 16 锰低合金钢，纵梁的连接第一次采用高强螺栓代替铆钉；在公路桥面上首次采用了陶粒轻质混凝土等先进技术和工艺。同时在桥梁施工中，通过试验研究并设计制造了一系列关键性的施工机具设备，创造了一些新的施工工艺，如管柱下沉、钻孔洗壁、循环压浆、悬拼调整、高强螺栓安装等，保证了工程按质量要求完成。此外，在特大型工程的科学组织和管理方面也取得了一定的经验。

20 世纪 60 年代中期，悬臂施工的方法从钢桥施工引入到预应力混凝土桥施工中以后，摆脱了建造预应力混凝土梁桥只能采用预制装配和在支架上现浇施工的局面，促进了预应力混凝土桥梁结构的发展，预应力混凝土 T 形刚构桥、连续梁桥、斜拉桥等结构如雨后春笋般在全国各地出现，从而使预应力混凝土桥成为我国桥梁工程的主要类型。

在拱桥施工中引入悬臂施工方法，打破了以往由于施工因素而使拱桥发展迟迟不前的状况，为钢筋混凝土拱桥的发展开辟了广阔的前景，并且大大提高了拱桥的跨越能力，使我国拱桥施工技术居于世界领先地位。现有资料统计表明：我国已建单孔跨径 100 m 以上的拱桥 115 座。四川万县长江大桥为跨径 420 m 的箱形拱桥，广西邕宁邕江大桥为跨径 312 m 的中承式拱桥，均居世界首位。值得一提的是，结合我国的实际情况，在钢筋混凝土桁架拱桥建造的基础上，采用悬臂施工的方法，综合考虑预应力混凝土桁架拱桥与桁架 T 构桥的受力特点，取其所长，从 20 世纪 80 年代开始建造了十余座桁式组合拱桥，其中贵州江界河桥跨径为 330 m，居世界首位。

桥梁的其他施工方法，如转体法、顶推法、逐孔施工法、横移及浮运法等都在 20 世纪 70 年代中得到应用。如转体法施工，不仅用于拱桥施工，而且也在刚构桥、T 构桥、斜拉桥等结构体系中使用，施工的桥梁跨径超过了 200 m。顶推法和逐孔施工法较多地在预应力混凝土连续梁桥中使用，它扩大了预应力混凝土连续梁桥的适用范围，为中等跨径的多跨长桥提供了与之相适应的施工方法。

20 世纪 90 年代，我国的交通事业和桥梁建设进入了一个全新的时期，突出体现在高速公路建设和国道系统的畅通以及桥梁技术、桥型、跨越能力和施工管理水平的升华。至 1996 年底，我国已建成高速公路 3 422 km，跃居世界高速公路排行第九，其中 1996 年一年即完成约 1/3 的里程。在桥梁建设方面，1996 年建成黄石长江大桥，为跨径 245 m 的预应力混凝土连续刚构桥，跨径 270 m 的广东虎门辅航道桥于 1997 年建成，属同类桥梁。在斜拉桥施工方面，沿长江、珠江、闽江、黄浦江等大江大河以及海峡、深谷中大量难度相当高的大桥的顺利建成，表明我国在钢、结合梁和预应力混凝土斜拉桥的设计与施工方面达到世界水平。其中有三座桥已排入世界前五名。南京长江二桥、芜湖公铁两用长江大桥、岳阳洞庭湖桥等不仅在跨径上有突破，同时在桥型配合、线型、桥梁总长方面均具特色。如洞庭湖桥为不等高三塔斜拉桥，在国内外斜拉桥建造史上属首创。南昆铁路南盘江桥，采用 V 形支撑连续梁桥，桥高 115.69 m，墩高 73 m，应用液压自升平台式翻模施工，这种施工方法操作方便，收坡准确，易于纠偏，施工速度快，安全可靠，为高墩施工、大体积混凝土浇筑提供了经验。20 世纪 90 年代，我国有 6 座现代悬索桥建成，其中江苏江阴长江大桥跨径 1 385 m，该桥在沉井、地下连结墙、锚碇、挂索等工程施工中创造的经验，将会推动我国悬索桥施工技术的进一步发展。我国香港的青马大桥，全长 2 160 m，主跨 1 377 m，为公铁两用双层悬索桥，是香港 21 世纪标志性建筑。它把传统的造桥技术升华至极度卓越的水平，其宏伟的结构令世人赞叹，在世界 171 项工程大赛中，荣获"建筑业奥斯卡奖"。

2. 国内外桥梁施工技术发展概述

随着世界各国技术、经济的进步，交通量的猛增和人们物质文化要求的提高，对道路和桥梁的要求也越来越高。桥梁工程应尽量达到经济实效、技术先进、安全舒适、美观实用、快速优质已成为人们的共识。

在桥梁的经济指标与施工技术和施工管理水平之间关系更加密切的今天，各国把研究桥梁施工技术放到了相当重要的位置，而"最少用料"的问题已退居到次要的位置。为此，施工技术的发展和进步表现在以下几个方面。

(1)对于中小跨桥梁构件，更多地首先考虑工厂(场)预制，采用装配式结构。我国的铁路部门在全国各地已建成不少具有一定生产规模的桥梁预制件工厂，向用户提供桥梁构件产品。与之相对应的架桥机械有胜利—130 型、红旗—130 型、长征—160 型架桥机，可以架设跨径 33.7 m 及 40 m 的铁路预应力混凝土简支梁；50/150 型斜拉式架桥机可架设 50 m 公路 T 梁。

由施工单位自制的架桥机可以具有更大的起重能力。在公路和城建部门，对先张法预应力混凝土梁、板大多采用工厂预制生产，后张法梁和大型预制节段大多采用在工地预制场预制，可以避免大型构件的运输困难。在国外，预制梁的架设能力更高些，因此可采取全宽整孔梁架设或大型预制构件架设。沙特阿拉伯—巴林道堤工程，采用14 000 kN的浮吊架设60余米长的大型预制构件。

(2)悬臂施工技术在建造大跨径桥梁中应用最多，施工效率较高，特别是预应力混凝土桥梁，由于充分利用了预应力结构的受力特点，而得以迅速发展。目前采用悬臂施工的预应力混凝土梁式桥的跨径达270 m，钢筋混凝土拱桥的跨径达420 m，钢桥的悬臂施工跨径已超过了500 m，斜拉桥达900 m。

(3)桥梁机具设备向着大功能、高效率和自动控制的方向发展，尤其是深水基础的施工机具，大型起吊设备，长、大构件的运输装置，高吨位的预应力设备，大型移动模架，绕丝机等。这些施工设备对加快施工速度和提高施工效率起着重要的作用。此外，在模板、支架和一些附属设备中，广泛采用钢结构和常备式钢构件，提高了设备的使用功效。

(4)依据桥梁结构的体系、跨径、材料和结构的受力状况，可以更方便、合理地选取最适合的施工方法。换句话说，桥梁施工技术的发展，能更好地满足结构设计的要求。随着桥梁技术的发展，桥梁设计与施工之间的相互关系更加密切。

3. 桥梁施工与各有关因素的关系

桥梁施工应包括选择施工方法，进行必要的施工验算，选择或设计、制作施工机具设备，选购与运输建筑材料，安排水、电、动力、生活设施以及施工计划，组织与管理等方面的事务。施工是一项复杂而涉及面很广的工作，上至天文、气象，下至工程地质、水文、地貌、机械、电器、电子、管理等各领域，同时与人的因素，与地方政府的关系密切。因此，现代的大型工程施工，应由多种行业的技术人员和工人协力完成。

1)施工与设计的关系

桥梁施工与设计有着十分密切的关系，特别对于体系复杂的桥梁，往往不能一次按图完成结构施工，如连续梁桥的施工常需要经历若干次结构体系的转换。因此，在考虑设计方案时，要考虑施工的可能性、经济性与合理性；在技术设计中要计算施工各阶段的强度(应力)、变形和稳定性，桥梁设计要同时满足施工阶段与营运阶段的各项要求；在施工中，通过各种途径和方式来校核与验证设计的准确性，形成设计与施工互相配合、相互约束、不断发展的关系。

桥梁结构的施工应忠实地按设计要求完成。在施工之前，施工人员需要对设计图纸、说明书、工程预算和施工计划，主要施工阶段的强度、应力、挠度等有关文件和图纸进行详细的研究，掌握设计的内容与要求，进行必要的复算，按照设计要求处理施工方法的一些细节，编制施工计划，购置施工设备和材料。而在进行桥梁设计时，必须根据实际情况确定施工方法和步骤。由于设计与施工的不可分割关系，在我国当前的工程招标中，很多部门已经将设计单位与施工单位结合起来作为一个投标实体，互相合作共同制订投标方案。这样的标书能较全面地反映设计思想，可用性强，工程设计也更有实际意义。

2)施工与工程造价

近年来，在国内外的桥梁工程建设中，材料费用占整个工程造价的比例有所下降，而施工费用和劳动力的工资所占的比例在上升，特大跨径桥梁和结构比较复杂的桥梁更是如此。因此，施工费用对工程造价有着举足轻重的影响。结合我国当前的施工水平，在桥梁施工中的主要问题有:提高施工队伍素质;提高施工的机械化程度;加强施工的科学管理,做到文明施工。在施工过程中制订周密的施工计划,缩短工期,减少施工管理费用,可以降低桥梁造价。

3)施工组织管理

施工组织管理是从施工管理上制订周密的施工计划,确保在规定的工期内优质、安全地完成设计图纸所要求的工程内容。根据施工技术要求和有关重要事项,依照完工期限和气象、水文等条件,制订分项工程进度计划和整体工程进度计划,这是施工组织管理的总纲领。桥梁的施工技术与组织管理在内容上是有区别的,但在实际工作中关系是密切的。施工技术保证工程能按设计进行施工,而只有严格的组织管理才能圆满地按照承包合同完成工程任务。桥梁施工组织管理以往常被施工单位忽视,而采取放任自流的态度。现今不少工程单位重视了科学管理,如采用运筹管理、微机管理、网络管理等,收到了良好的效果,提高了经济效益。

【小测验】

思考题

1. 简述我国桥梁施工技术发展的几个阶段。
2. 桥梁施工与哪些因素有关?
3. 概述国内外桥梁施工技术的发展。

15.2 桥梁上部结构施工方法概述及施工方法的选择

【知识点】桥梁上部结构施工方法

【问题】桥梁上部结构的施工方法有哪些?如何选择合适的施工方法?

【名词解释】就地浇筑法　预制安装法　悬臂施工法　转体施工法　顶推法施工　移动模架逐孔施工法　横移施工法　提升与浮运施工法

1. 桥梁上部结构的施工方法

20 世纪 70 年代以后,随着预应力混凝土的广泛应用,桥梁上部结构的施工方法已经得到了迅速发展,并发生了重大的变革。

在钢筋混凝土桥梁的时代,主要是采用现场浇筑的施工方法。由于桥梁类型增加与跨径增大,构件生产的预制化,结构设计方法的进步,机械设备的发展,引起施工方法的进步和发展,形成了多种多样的施工方法。下面介绍桥梁上部结构的施工方法,并概括各种方法的施工特点。

1)就地浇筑法

就地浇筑法是在桥位处搭设支架,在支架上浇筑桥体混凝土,达到强度后拆除模板、支架。

就地浇筑施工无需预制场地,而且不需要大型起吊、运输设备,梁体的主筋可不中断,桥梁整体性好。它的缺点主要是工期长,施工质量不容易控制;对预应力混凝土梁,由于混凝土的收缩、徐变引起的应力损失比较大;施工中的支架、模板耗用量大,施工费用高;搭设支架影响排洪、通航,施工期间可能受到洪水和漂流物的威胁。

2)预制安装法

在预制工厂或在运输方便的桥址附近设置预制场进行梁的预制工作,然后采用一定的架设方法进行安装。预制安装法施工一般是指钢筋混凝土或预应力混凝土简支梁的预制安装。

预制构件安装的方法很多,各需不同的安装设备,可根据施工的实际情况合理选择。

预制安装法施工的主要特点有:①由于是工厂生产制作,构件质量好,有利于确保构件的质量和尺寸精度,并尽可能多地采用机械化施工;②上下部结构可以平行作业,因而可缩短现场工期;③能有效利用劳动力,因而降低了工程造价;④施工速度快,可适用于紧急施工工程;⑤将构件预制后由于要存放一段时间,因此在安装时已有一定龄期,可减少混凝土收缩、徐变引起的变形。

3)悬臂施工法

悬臂施工法是从桥墩开始,两侧对称进行现浇梁段或将预制节段对称进行拼装。前者称悬臂浇筑施工,后者为悬臂拼装施工。

悬臂施工的主要特点有:①桥梁在施工过程中产生负弯矩,桥墩也要承受由施工而产生的弯矩,因此悬臂施工宜在营运状态的结构受力与施工阶段的受力状态比较接近的桥梁中选用,如预应力混凝土 T 形刚构桥、变截面连续梁桥和斜拉桥等;②非墩梁固结的预应力混凝土梁桥,采用悬臂施工法时应采取措施,使墩、梁临时固结,因而在施工过程中有结构体系的转换;③采用悬臂施工的机具设备种类很多,就挂篮而言,也有桁架式、斜拉式等多种形式,可根据实际情况选用;④悬臂浇筑施工简便,结构整体性好,施工中可不断调整位置,常在跨径大于 100 m 的桥梁上选用,悬臂拼装法施工速度快,桥梁上下部结构可平行作业,但施工精度要求比较高,可在跨径 100 m 以下的大桥中选用;⑤悬臂施工法可不用或少用支架,施工不影响通航或桥下交通。

4)转体施工法

转体施工是将桥梁构件先在桥位处岸边(或路边及适当位置)进行预制,待混凝土达到设计强度后旋转构件就位的施工方法。转体施工其静力组合不变,它的支座位置就是施工时的旋转支撑和旋转轴,桥梁完工后,按设计要求改变支撑情况。

转体施工的主要特点有:①可以利用地形,方便预制构件;②施工期间不断航,不影响桥下交通,并可在跨越通车线路上进行桥梁施工;③施工设备少,装置简单,容易制作并便于掌握;④节省木材,节省施工用料,采用转体施工与缆索无支架施工比较,可节省木材 80%,节省施工用钢 60%;⑤减少高空作业,施工工序简单,施工迅速,当主要结构先期合拢后,给以后施工带来方便;⑥转体施工适合于单跨和三跨桥梁,可在深水、峡谷中建桥采用,同时也适用于平原区以及城市跨线桥;⑦大跨径桥梁采用转体施工法将会取得较好的技术经济效益,转体重量轻型化、多种工艺综合利用,是大跨及特大跨桥施工有力的竞争方案。

5)顶推施工法

顶推施工是在沿桥纵轴方向的台后设置预制场地,分节段预制,并用纵向预应力筋将预制节段与施工完成的梁体连成整体,然后通过水平千斤顶施力,将梁体向前顶推出预制场地,之后继续在预制场进行下一节段梁的预制,循环操作直至施工完成。

顶推法施工的主要特点有:①顶推法可以使用简单的设备建造桥梁,施工费用低,施工平稳无噪声,可在水深、山谷和高桥墩情况下采用,也可在曲率相同的弯桥和坡桥上使用;②主梁分段预制,连续作业,结构整体性好,由于不需要大型起重设备,所以施工节段的长度一般可取用 10 ~ 20 m;③桥梁节段固定在一个场地预制,便于施工管理及改善施工条件,避免高空作业,同时模板、设备可多次周转使用,在正常情况下,节段的预制周期为 7 ~ 10 d;④顶推施工时,梁的受力状态变化很大,施工阶段梁的受力状态与营运时期的受力状态差别较大,因此在梁截面设计和布索时要同时满足施工与营运的要求,由此而造成用钢量较高,在施工时也可采取加设临时墩、设置前导梁和其他措施,用以减小施工内力;⑤顶推法宜在等截面梁上使用,当桥梁跨径过大时,选用等截面梁会造成材料用量的不经济,也增加施工难度,因此此法以用于中等跨径的桥梁为宜,桥梁的总长以 500 ~ 600 m 为宜。

6)移动模架逐孔施工法

逐孔施工是中等跨径预应力混凝土连续梁中的一种施工方法,它使用一套设备从桥梁的一端逐孔施工,直到对岸。

移动模架逐孔施工的主要特点有:①移动模架法不需设置地面支架,不影响通航和桥下交通,施工安全、可靠;②有良好的施工环境,保证施工质量,一套模架可多次周转使用,具有在预制场生产的优点;③机械化、自动化程度高,节省劳力,降低劳动强度,上下部结构可以平行作业,缩短工期;④通常每一施工梁段的长度取用一孔梁长,接头位置一般可选在桥梁受力较小的部位;⑤移动模架设备投资大,施工准备和操作都较复杂;⑥移动模架逐孔施工宜在桥梁跨径小于 50 m 的多跨长桥上使用。

7)横移施工法

横移施工是在拟待安置结构的位置旁预制该结构物,并横向移运该结构物,将它安置在规定的位置上。

横移施工法的主要特点是在整个操作期间与该结构有关的支座位置保持不变,即没有改变梁的结构体系。在横向移动期间,临时支座需要支撑该结构的施工重量。

横移施工多用于正常通车线路上的桥梁工程的换梁。为了尽量减少交通的中断时间,可在原桥位旁预制并横移施工。

横移施工也可与其他施工方法配合使用。如一座分离式箱梁桥,可先采用顶推法按单箱完成,再采用横移法就位,之后在原位置上继续进行另一单箱梁顶推施工,这样可以使用一套顶推设备完成全桥的施工。

横移施工多采用卷扬机、液压装置并配以千斤顶进行。由于混凝土桥具有较大的自重,横移施工法常在钢桥上使用。

8)提升与浮运施工法

这是一种采用竖向运动施工就位的方法。提升施工是在未来安置结构物以下的地面上预制该结构并把它提升就位。浮运施工是将桥梁在岸上预制,通过大型浮船移运至桥位,利用船的上下起落安装就位的方法。

整体结构常采用提升和浮运的方法,重达数千吨,使用该法的要求是:①在该结构下面需要有一个适宜的地面;②被提升结构下的地面要有一定的承载力;③拥有一台支撑在一定基础上的提升设备;④该结构应该是平衡的,至少在提升操作期间是平衡的;⑤采用浮运法要有一系列的大型浮运设备。

以上介绍了桥梁工程常用的施工方法。对于当前建造的特大桥梁,分主桥和引桥,有时主桥与引桥在结构体系、桥梁跨径、截面形式、桥梁高度、桥下环境等方面有较大差异,而常在一座大桥上采用两种或两种以上的组合施工方法。也有些桥型,如拱桥、斜拉桥、悬索桥等,其施工方法相对较复杂,很难将其归并在某一施工法中,为此本书在归纳常用桥梁施工法的基础上,对复杂桥型的施工也作了专题介绍。

2. 施工方法的选择

选择确定桥梁的施工方法，需要充分考虑桥位的地形、环境和安装方法的安全性、经济性、施工速度等。因此在桥梁设计时就要对桥位条件进行详细的调查，掌握现场的地理环境、地质条件及气象条件。施工场地处在市区内、平原、山区、跨河道、跨海湾等，其各方面的条件差别很大，运输条件和环境约束也不相同，这些条件除作为选择施工方法的依据外，同时也涉及到设计方案的考虑、桥跨及结构形式的选定。

在选择施工方法时，应综合考虑使用条件、施工条件、自然环境条件、社会环境条件，桥梁的类型、跨径、施工的技术水平、机具设备条件也是相当重要的因素。虽然桥梁的施工方法很多，但对于不同的桥梁类型，有的适合，有的就不适合，有的则在特定的条件下才可以使用。表15.1所示为各种桥型可选择的主要施工方法，可作为施工方法选择时的参考。

表15.1　各种类型桥梁可选择的主要施工方法

	简支梁桥	悬臂梁桥	连续梁桥	T构桥	刚架桥	拱桥	斜拉桥	吊桥
就地浇筑法	√	√	√	√	√	√	√	
预制安装法	√	√		√	√	√	√	√
悬臂施工法		√	√	√	√	√	√	√
转体施工法		√		√	√	√	√	
顶推施工法			√			√	√	
逐孔施工法		√	√	√	√	√		
横移施工法	√	√	√	√			√	
提升与浮运施工法	√	√	√	√			√	

【小测验】

思考题

1. 桥梁施工与各有关因素的关系是什么？
2. 桥梁上部结构的施工方法有哪些？
3. 悬臂施工的主要特点有哪些？
4. 转体施工的主要特点有哪些？
5. 选择确定桥梁的施工方法，需要充分考虑哪些因素？

实训16 认识桥梁施工常用的设备

预习内容	掌握各种施工设备和机具的通常用途及主要的性能参数。
重　　点	桥梁施工起重机具设备、混凝土施工设备、预应力张拉和锚固设备的用途及主要的性能参数。
难　　点	预应力张拉和锚固设备的用途及主要的性能参数。
考　　点	常备式结构与主要施工机具设备的主要类型。
学习指导	本实训介绍桥梁施工常用的机械设备和机具及其用途和主要的性能参数,主要有各种常备式结构、各种起重机具设备、混凝土施工设备、预应力锚固及张拉设备等。

施工设备和机具是桥梁施工技术中的一个重要课题,施工设备和机具的优劣往往决定了桥梁施工技术的先进与否。反过来,桥梁施工技术的发展,也要求各种施工设备和机具不断更新和改造,以适应施工技术的发展。

现代大型桥梁施工设备和机具主要有:①各种常备式结构,包括万能杆件、贝雷梁等;②各种起重机具设备,包括千斤顶、吊机等;③混凝土施工设备,包括拌和机、输送泵、振捣设备等;④预应力锚固及张拉设备,包括张拉千斤顶、锚夹具、压浆设备等。

桥梁施工设备和机具种类繁多,在进行施工组织设计和规划时,应根据施工对象、工期要求、劳动力分布等情况,合理选用和安排各种施工设备和机具,以期发挥其最大的功效和经济效益,确保高质量、高效率、安全如期地完成施工任务。此外,桥梁的施工实践证明,施工设备选用的正确与否,也是保证桥梁施工安全的一个重要条件,许多重大事故的发生,常常与施工设备陈旧或者使用不当有关。

16.1 桥梁常备式结构

【知识点】桥梁常备式结构

【问题】桥梁常备式结构的种类有哪些?

【名词解释】钢板桩　钢管脚手架　常备模板　万能杆件　贝雷梁　施工挂篮

1. 钢板桩

钢板桩用于开挖深基坑和在水中进行桥梁墩台的基础施工时,为了抵御坑壁的土压力和水压力,必须采用钢板桩,有时需做成钢板桩围堰。

2. 钢管脚手架(支架)

常用的钢管脚手架有扣件式、螺栓式和承插式三种。扣件式钢管脚手架的特点是拆装方便,搭设灵活,能适应结构物平、立面的变化;螺栓式钢管脚手架的基本构造形式与扣件式钢管脚手架大致相同，所不同的是用螺栓连接代替扣件连接；承插式钢管脚手架是在立杆上承插短管，在横杆上焊以插栓，用承插方式组装而成。钢管脚手架一般用于安装桥梁施工用模板、支架和拱架等临时设施。

3. 常备模板

常备模板有拼装式钢模板、木模板和钢木组合模板，它们的构造基本相同，整套模板均由底模、侧模和端模三部分组成。

整体式模板是预制工厂的常备结构，常用于标准定型构件的施工，特别是在中小跨径装配式简支梁（板）的预制施工中应用较普遍。

4. 万能杆件

万能杆件具有拆装容易、运输方便、利用率高、构件标准化、适应性强的特点。目前我国桥梁施工中使用的万能杆件类型包括：甲型（M 型）、乙型（N 型）和西乙型。万能杆件一般由长弦杆、短弦杆、斜杆、立杆、斜撑、角钢、节点板等组成。

钢制万能杆件用于拼装桁架、墩架、塔架和龙门架等，作为桥梁墩台、索塔的施工脚手架，或作为吊车主梁以安装各种预制构件，必要时可以作为临时的桥梁墩台和桁架。用万能杆件拼装桁架时，其高度分为 2 m、4 m、6 m 及以上。当高度为 2 m 时，腹杆为三角形；当高度为 4 m 时，腹杆为菱形；当高度超过 6 m 时，则做成多斜杆形式，如图 16.1 所示。

5. 贝雷梁

贝雷梁有进口和国产两种规格。国产贝雷梁其桁节用 16 锰钢，销子用铬锰钛钢，插销用弹簧钢，焊条用 T505X 型，桥面板和护轮用松木或杉木。贝雷桁架片的力学性质见表 16.1。

装配式公路钢桥为半穿式桥梁，其主梁为每节 3 m 长的贝雷桁架用销子连接而成。两边主梁间用横梁联系，每节桁架的下弦杆上设置 2 根横梁，横梁上放置 4 组纵梁，靠边搁置的 2 组纵梁为有扣纵梁。纵梁上铺木质桥面板，用扣纵梁上的扣子来固定桥面板的位置。桥面板的两端安设护轮木，用护木螺栓通过护轮木长方孔与纵梁扣子相连接，将桥面板压紧在纵梁上。

为增加贝雷桁架的强度，主梁可以数排并列或双层叠放，如图 16.2 所示。各种组合的贝雷桁架习惯用先“排”后“层”进行称呼。

表 16.1　贝雷桁架片力学性质

类型	高 × 长/cm	弦杆截面积 /cm^2	弦杆惯性矩 /cm^4	弦杆截面模量 /cm^3	桁片惯性矩 /cm^4	桁片截面模量 /cm^3
国产贝雷	150 × 300	25.48	396.6	79.4	250 500	3 570
进口贝雷	155 × 305	27.48	382.9	75.2	283 000	3 910

类型	桁片允矩 /kN · m	弦杆回旋径 /cm	自由长度 /cm	长细比	纵向弯曲系数	弦杆纵向许受压荷载/kN
国产贝雷	975.0	3.94	75.0	19.0	0.953	663.0
进口贝雷	958.0	3.72	76.2	20.5	0.948	638.0

6. 施工挂篮

施工挂篮是悬臂施工必需的施工设备。施工挂篮可采用万能杆件、贝雷梁等构件拼装而

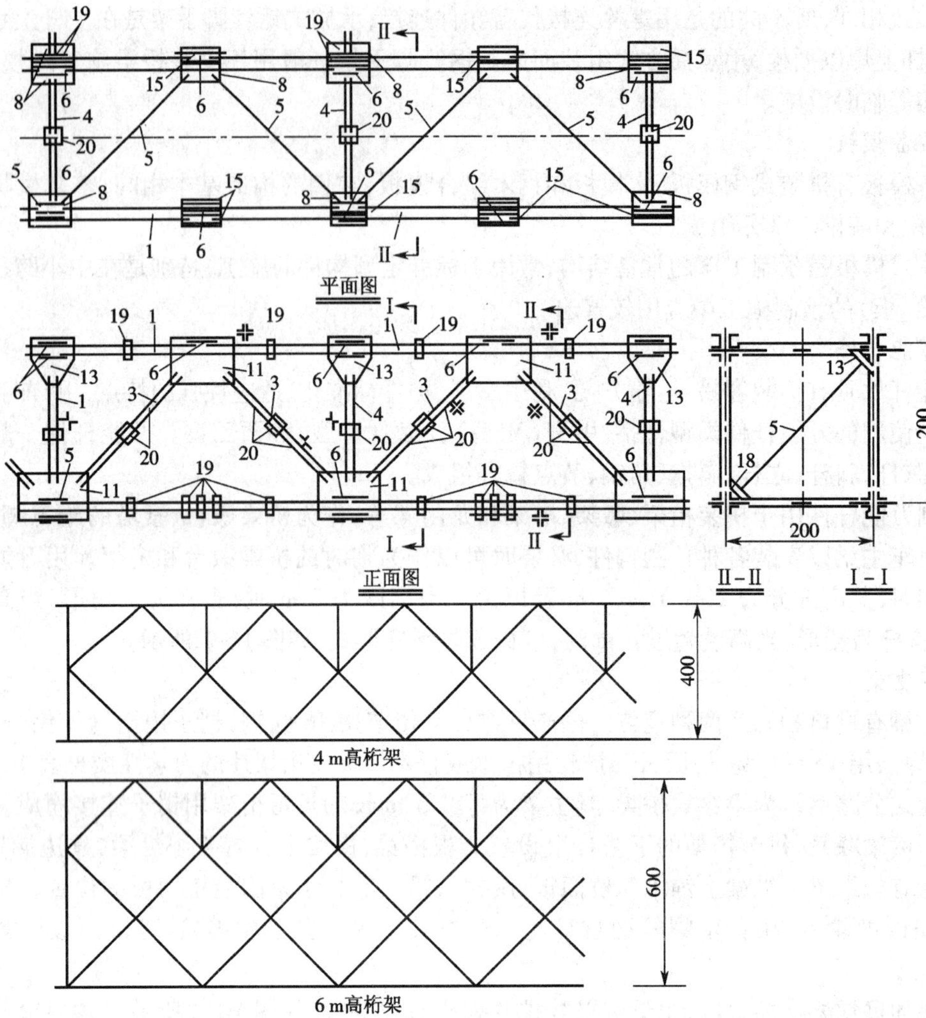

图 16.1　万能杆件拼装桁架示意(长度单位:cm)

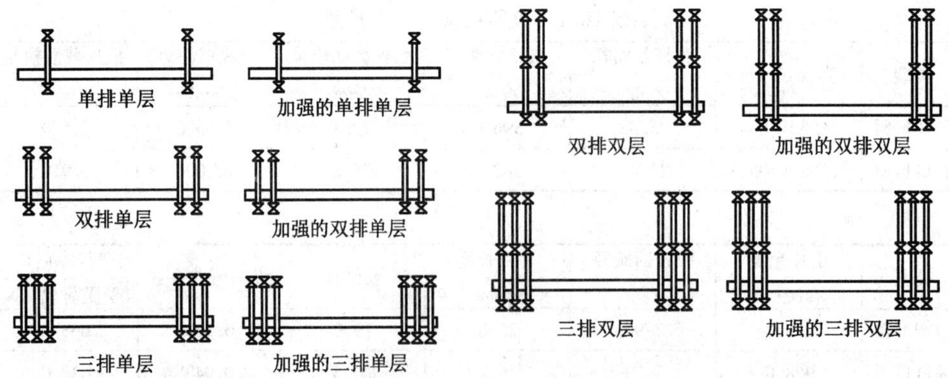

图 16.2　各种桁架组合

成。下面以万能杆件为例,说明挂篮设计与构造的基本要求。

挂篮设计应满足自重轻的要求;充分利用常备构件;结构简单、受力明确;运行方便;坚固稳定;便于装拆;工艺操作安全、方便。

图16.3为一悬臂浇筑用的挂篮构造图,挂篮纵向长15 m,横向宽9 m,高3.6 m。主桁架横向由4片组成,用万能杆件拼成。在主桁架前面一节段设置主横梁,作为模板梁前吊点的传力结构。

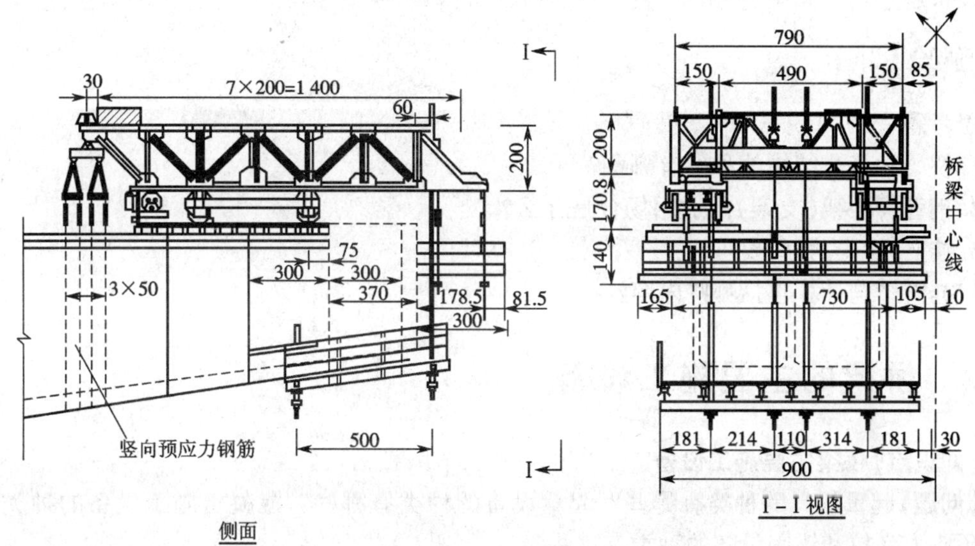

图16.3 挂篮构造(长度单位:cm)

挂篮结构计算内容包括以下几点。

1)设计荷载

设计荷载包括模板重力计算、最大节段混凝土重力、施工人群荷载、振捣器重力及振动力、千斤顶和油泵的重力。

2)各主要部件计算

挂篮计算图式如图16.4所示,按照简支悬臂梁计算。

3)主桁架受力计算

在浇筑混凝土时,主桁架受力情况按照两片桁架承受施工荷载考虑;各杆件的内力计算按照桁架杆件力学计算方法计算单片桁架各杆件的受力,确定构件的组成。

4)挂篮移动时及浇筑混凝土时的安全度

(1)挂篮移动时的安全度。在挂篮上浇筑混凝土节段,当一系列的预应力工艺完成后,挂篮便解除锚固系和模板梁后吊点。

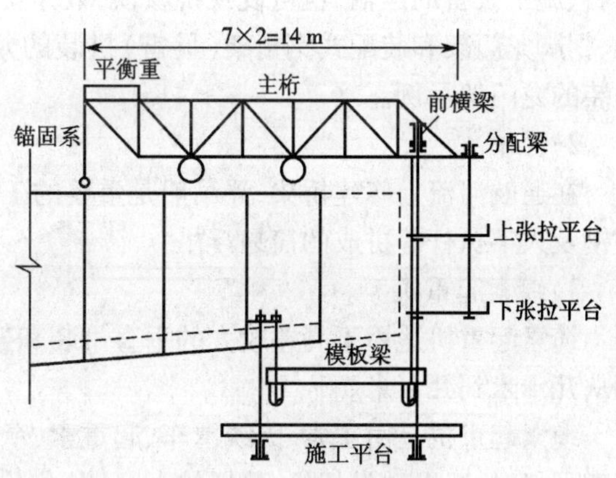

图16.4 挂篮计算图式

在新浇筑节段上铺好枕木和钢轨,并装好制动装置,挂篮便可前移。在移动过程中挂篮依靠后端的平衡重来保持平衡稳定，因此，在移动时应确保挂篮的抗倾覆稳定性。前移过程中前轮的倾覆稳定安全系数应不小于1.5。

(2)浇筑混凝土时的安全度。混凝土浇筑过程中，需依靠挂篮尾、锚固装置平衡施工荷载，锚固力应满足浇筑混凝土时前轮的倾覆稳定安全系数不小于1.5的要求。

挂篮的移动和装拆是借助于卷扬机进行的。卷扬机设于主桁架的后侧，如图16.3所示。辅助设备还包括锚固系、平衡重、台车系、张拉平台和模板梁等。

【小测验】

思考题

1. 桥梁常备式结构的种类有哪些？
2. 钢管脚手架（支架）的适用场合是什么？
3. 挂篮设计有哪些要求？
4. 挂篮结构计算包括哪些内容？

16.2 桥梁的主要施工设备

【知识点】桥梁主要施工设备

【问题】起重机具的种类有哪些？起重设备的种类有哪些？混凝土施工设备的种类有哪些？预应力张拉和锚固设备的种类有哪些？

【名词解释】龙门架　浮吊　缆索　起重机　架桥机　锚具　连接器　制孔器　穿索机

1. 起重机具

1）龙门架

龙门架是一种最常见的垂直起吊设备。在龙门架顶横梁上设行车时，可横向运输重物、构件；在龙门架两腿下缘设有滚轮并置于铁轨上时，可在轨道上纵向运输；如在两腿下设能转向的滚轮时，可在任何方向实现水平运输。龙门架通常设于构件预制场，进行构件的移运和施工材料、施工设备的运输，也可设在桥墩顶、墩旁安装梁体。常见的龙门架种类有钢木混合龙门架、拐脚龙门架和装配式钢桁架（贝雷）拼装的龙门架。图16.5为公路装配式钢桁架（贝雷）拼装的龙门架示例。

2）浮吊

在通航河流上修建桥梁，浮吊船是重要的工作船。常用的浮吊有铁驳轮船浮吊和用木船、型钢及人字扒杆等拼成的简易浮吊。

3）缆索起重机

缆索起重机适用于高差较大的垂直吊装和架空纵向运输，吊运量从几吨到数百吨，纵向运距从几十米到几百米。

缆索起重机是由主索、天线滑车、起重索、牵引索、起重及牵引绞车、主索地锚、塔架、风缆、主索平衡滑轮、电动卷扬机、手摇绞车、链滑车及各种滑轮等部件组成的。在吊装拱桥时，缆索吊装系统除了上述部件外，还有扣索、扣索排架、扣索地锚、扣索绞车等部件。

(1)主索。主索亦称承重索或运输天线。它横跨桥墩，支撑在两侧塔架的索鞍上，两端锚固于地锚。吊运构件的行车支撑于主索上。

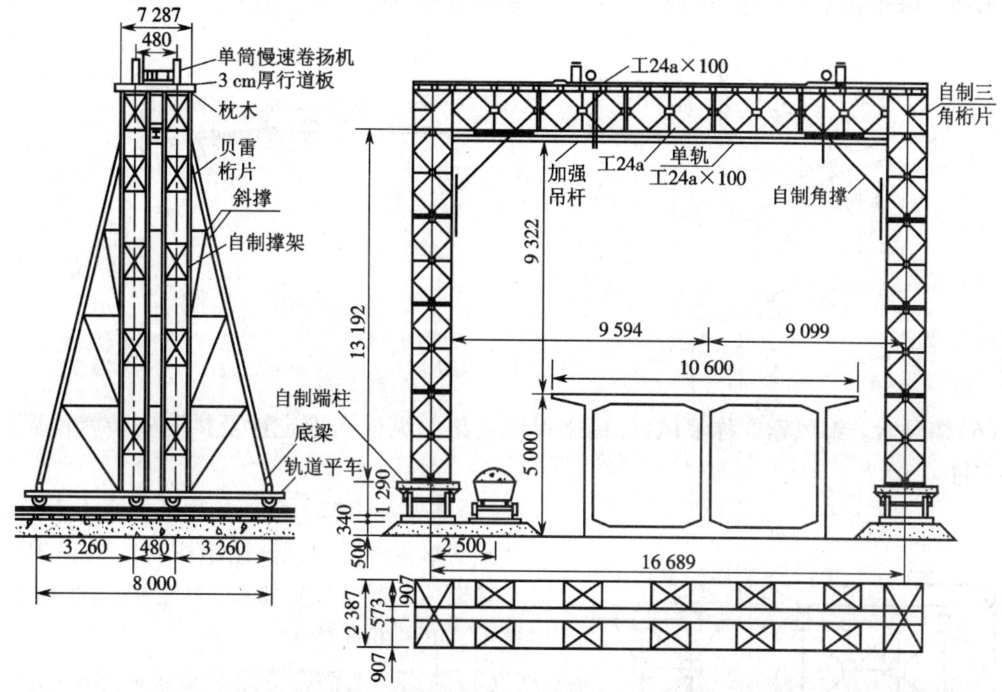

图 16.5　装配式钢桁架(贝雷)拼装的龙门架(长度单位:mm)

(2)起重索。起重索主要用于控制吊装构件的升降(即垂直运输),一端与卷扬机滚筒相连,另一端固定于对岸的地锚上。当行车在主索上沿桥跨往复运行时,可保持行车与吊钩间的起重索长度不随行车的移动而变化,如图 16.6 所示。

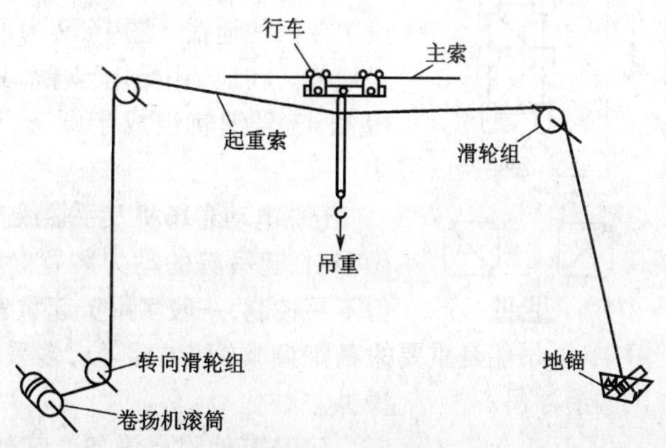

图 16.6　起重索

(3)牵引索。为使拉动行车沿桥跨方向在主索上移动(即水平运输),故需一对牵引索。既可分别连接在两台卷扬机上,也可合栓在一台双滚筒卷扬机上,便于操作。

(4)结索。结索用于悬挂分索器,使主索、起重索、牵引索不致相互干扰。它仅承受分索器重量及自重。

(5)扣索。当拱箱(肋)分段吊装时,为了暂时固定分段拱箱(肋)所用的钢丝绳称为扣索。扣索的一端系在拱箱(肋)接头附近的扣环上,另一端通过扣索排架或塔架固定于地锚上。为便于调整扣索的长度,可设置手摇绞车及张紧索,如图 16.7 所示。

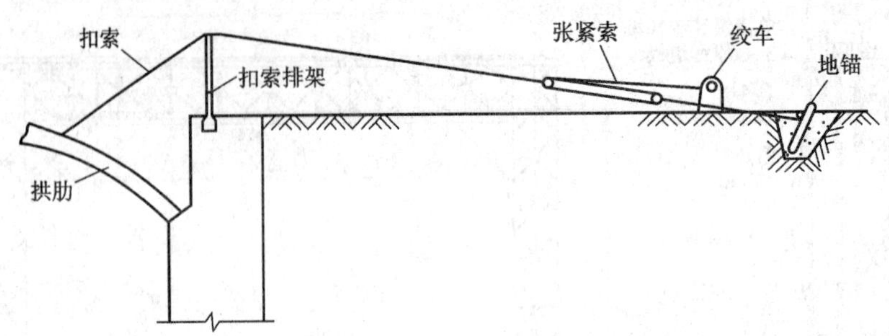

图 16.7 扣索

(6)缆风索。缆风索亦称浪风索,用来保证塔架的纵横向稳定性及拱肋安装就位后的横向稳定性。

(7)塔架及索鞍。塔架是用来提高主索的临空高度及支撑各种受力钢索的结构物,一般采用钢结构。塔架顶上通常设置索鞍,为放置主索、起重索、扣索用,如图 16.8 所示。

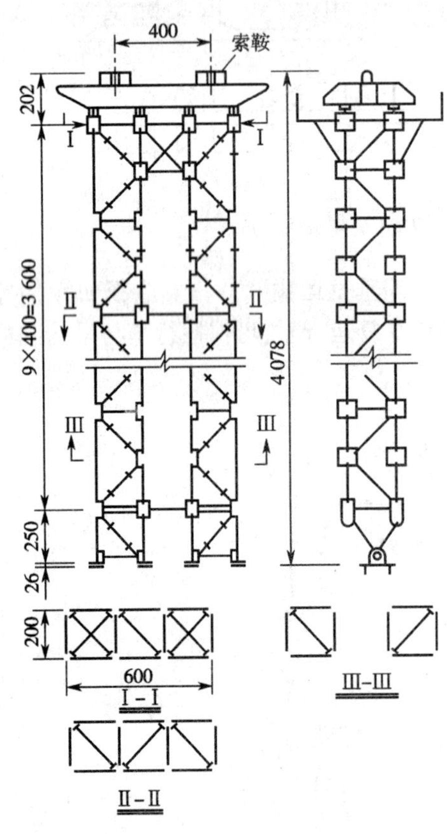

图 16.8 塔架(长度单位:cm)

(8)地锚。地锚亦称地垄或锚碇,用于锚固主索、扣索、起重索及绞车等。地锚的可靠性对缆索吊装的安全性有决定性影响,在设计和施工中都必须高度重视。依承载能力的大小及地形、地质条件的不同,地锚的形式和构造也是多种多样的。还可以利用桥梁墩、台做锚碇,这样能节约材料,否则需设置专门的地锚。图 16.9 为片石混凝土构成的卧式地锚。在地锚中预留索槽,其尾锚碇板后锚梁用 19 根 43 号钢轨组成半圆形,轨面用 Φ20 圆钢嵌实。

(9)电动卷扬机及手摇绞车。该设备主要用于做牵引、起吊等的动力装置。电动卷扬机速度快,但不易控制,一般多用于起重索和牵引索。对于要求精细调整钢束的部位,多采用手摇绞车,以便于操纵。

(10)其他附属设备。其他附属设备有在主索上行驶的行车(又称跑马车)、起重滑车组、各种倒链葫芦、法兰螺栓、钢丝卡子(钢丝轧头)、千斤绳、横移索等。

4)架桥机

目前我国使用的架桥机类型很多,其构造和性能也各不相同。最常见的有单梁式架桥机和双梁式架桥机两种。

采用架桥机架设桥梁,主要特点有:①架桥机支撑在桥梁墩台上,并自行前移,施工机械化程度高,施工方便;②轴重小,能自动在桥上行驶并进行纵横向对位;③梁体直接通过运梁平车运输至架桥机处,不需中间换梁,减少起吊设备;④架桥施工速度快;⑤不受地形限制。

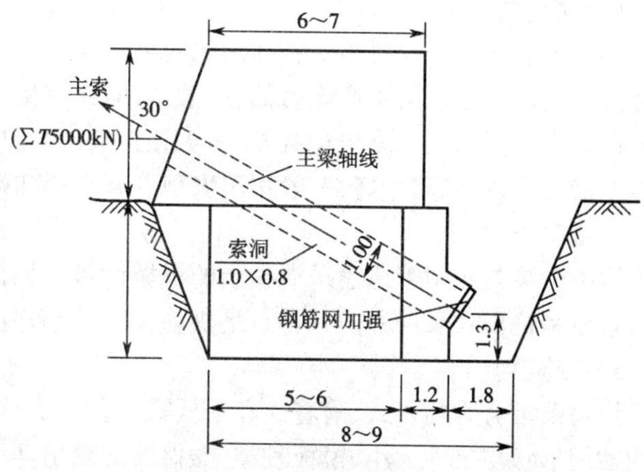

图 16.9 地锚(长度单位:m)

2. 起重设备

1)千斤顶

千斤顶用于起落高度不大的起重,例如顶升梁体。千斤顶按其构造不同可分为螺旋式千斤顶、油压式千斤顶和齿条式千斤顶三大类。

使用油压千斤顶时,可用几台同型千斤顶协同共顶一重物,使其同步上升。其方法是将各千斤顶的油路以耐高压管连通,使各顶的工作压力相同,均分起重。

2)千斤绳

千斤绳用于捆绑重物起吊或固定滑车、绞车。

3)卡环

卡环也称卸扣或开口销环,一般用圆钢锻制而成,用于连接钢丝绳与吊钩、环链条及千斤绳捆绑物体时固定绳套。卸扣装卸方便,较为安全可靠。卡环分螺旋式、销子式和半自动式三种。

4)滑车

滑车又称滑轮或葫芦。

5)滑车组

滑车组由定滑车和动滑车组成,它既省力又可改变力的方向。滑车组种类如图 16.10 所示。

6)钢丝绳

钢丝绳一般由几股钢丝子绳和一根绳芯拧成。绳芯由防腐、防锈润滑油浸透过的有机纤维芯或软钢丝芯组成,每股钢丝绳是由许多根直径为 0.4 ~ 3.0 mm、强度为 1.4 GPa ~ 2.0 GPa 的高强度钢丝组成的。

7)卷扬机

卷扬机亦称绞车,分为手摇绞车和电动绞车。

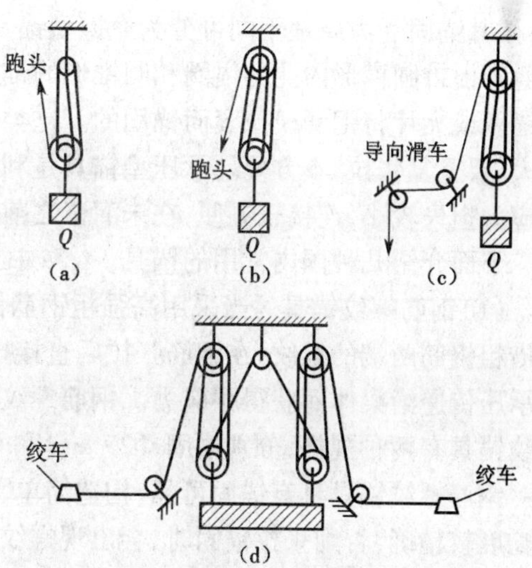

图 16.10 滑车组示意

(a)跑头从动滑车引出 (b)跑头从定滑车引出

(c)有导向滑车的滑车组 (d)双联滑车组

3. 混凝土施工设备

桥梁施工中,常用的混凝土施工设备有混凝土搅拌机、混凝土泵和振捣器等。

1)混凝土搅拌机

混凝土搅拌机分为自落式和强制式两种。自落式混凝土搅拌机一般用于拌制塑性混凝土和低流动性混凝土。其生产能力低、质量差,但具有机动灵活的特点,多用于施工现场拌制小批量混凝土。强制式混凝土搅拌机一般用于拌制干硬性、轻骨料混凝土或低流动性混凝土。其生产能力大,拌和质量好,一般用于大型混凝土拌和站。

2)混凝土泵

混凝土泵是利用管道输送混凝土的机械设备。根据工作原理可分为机械式活塞泵、液压式活塞泵和挤压式泵三种。其特点是机动灵活,所需劳动力少,管道布置方便。

3)振捣器

振捣器可分为插入式、附着式和平板式三种。振捣器的种类、功率与配置受混凝土稠度、梁的截面形状与尺寸大小、模板种类、振捣器的输出功率以及振捣频率等多种因素影响,所以必须根据工作条件选择适宜的振捣器与相应的布置方法。

4)混凝土运输机具

混凝土的运输机具设备应根据结构物特点、混凝土浇筑量、运距、现场道路情况以及现有机具设备等条件进行选择。

混凝土的水平运输机具包括手推车、翻斗车、自卸汽车、搅拌车和输送泵等。

混凝土的垂直运输机具包括升降机、卷扬机、塔式起重机、吊车和输送泵等。

4. 预应力张拉和锚固设备

1)锚具与连接器

锚具是保证预应力混凝土结构安全可靠的关键因素之一,尤其是对于后张法预应力,主要借助锚具传递和承受。因此,要求锚具必须有可靠的锚固性能,足够的刚度和强度,使用简便迅速。

锚具的形式繁多,按其所锚固的预应力筋不同可分为粗钢筋锚具、钢丝束锚具和钢绞线锚具;按其锚固受力原理不同可分为摩擦型锚具、承压型锚具和靠黏结力锚固的锚具。摩擦型锚具通常由带圆模形内孔的锚圈和圆锥形的锚塞或圆锥形夹片组成,是借助张拉钢筋的回缩带动锚塞或夹片将钢筋模拉紧而锚固的。这类锚具应用较广,吨位较大,但这类锚具预应力损失较大,要重复张拉,不方便。承压型锚具是利用钢筋的镦粗头或螺纹承压进行锚固的。这类锚具应力损失较小,连接较方便,在未灌浆之前可重复张拉,但它对预应力钢材下料要求很精确。

下面介绍几种国内常用的锚具。

(1)钢筋螺纹锚具。当采用高强粗钢筋作预应力钢筋时,可采用螺纹锚具(轧丝锚)锚固。即借粗钢筋两端的螺纹,在钢筋张拉后直接拧上螺帽进行锚固,钢筋的回缩力由螺帽经支撑垫板承压传递给梁体而获得预应力。钢筋螺纹锚具结构如图 16.11 所示。目前国内生产的钢筋螺纹锚具有两种规格,分别锚固 Φ25 mm 和 Φ32 mm 两种冷拉钢筋。

钢筋螺纹锚具具有锚固可靠,构造简单,钢筋受力明确及施工方便等优点,但要求钢筋下料长度较精确,否则张拉锚固时,会出现螺纹不够用的情况。

(2)镦头锚具。镦头锚具主要用于锚固钢丝束,也可用于锚固直径较小的钢筋或钢绞线。这种锚具是利用预应力筋镦粗头来锚固预应力筋的一种承压型锚具。这种锚具在国际上属于 BBRV 体系锚具,如图 16.12 所示。镦头锚具工作原理为先将预应力钢筋逐一穿过锚杯或锚板的孔洞,然后用特制的镦头机将钢筋端头镦粗,借镦粗头将钢筋锚固于锚杯或锚板上。锚杯

图 16.11　钢筋螺纹锚具

图 16.12　镦头锚具

内外壁均有螺纹，穿束后，在固定端将锚圈（螺帽）拧上。在张拉端，先将与千斤顶连接的拉杆旋入锚杯内，之后可进行张拉，待张拉到设计张拉力时，将锚圈（螺帽）拧紧，再缓慢放松千斤顶，退出拉杆，这样钢筋的回缩力通过锚圈、垫板传给构件。

镦头锚具加工简单、张拉方便、锚固可靠，但对钢丝下料要求很精确。此外，锚杯型锚具的锚杯外径较大，张拉前锚杯要伸入到构件内，故端部孔道必须扩大。

（3）群锚。该类锚具是在一块有多个锥形孔的锚板上，利用每个锥形孔装一个带齿槽的圆锥形夹片（由 2 片或 3 片组成）单独锚固一根钢绞线的一种楔紧式锚具。其特点是每根钢绞线分开锚固，任何一根钢绞线锚固失效，都不会引起整束锚固失效，失效易单独处理。目前国内使用的群锚体系有 XM、QM（图 16.13）及 OVM 等型号。

QM注锚板与夹片

图 16.13　QM 型锚具图

（4）压花锚具。压花锚具是利用液压压花机将钢绞线端头压成梨形散花状的一种黏结式锚具，如图 16.14 所示。梨形头的尺寸对于中小钢绞线不小于 95 mm × 150 mm。多根钢绞线梨形头应分别埋置在混凝土内。为提高压花锚具四周混凝土及散花头根部混凝土抗裂强度，在散花头的头部配置构造钢筋，在散花头的根部配置螺旋筋，压花锚具构件截面边缘不小于 300 mm。第一排压花锚的锚固长度，对 Φ15 钢绞线不小于 950 mm，每排至少相隔 300 mm。

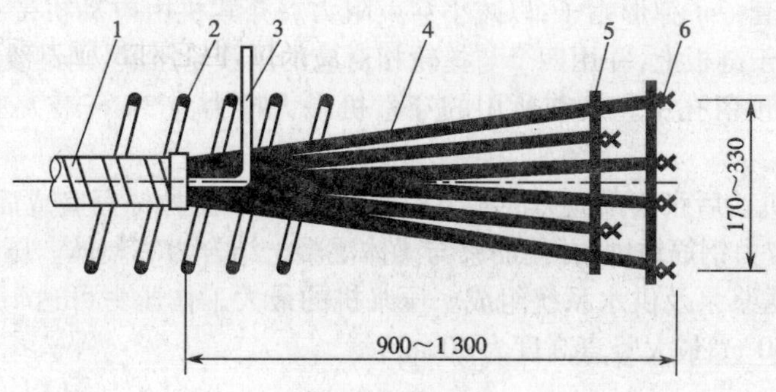

16.14　压花锚具

1—波纹管；2—螺旋筋；3—灌浆管；4—钢绞线；
5—构造筋；6—压花锚具

（5）连接器。连接器用来接长预应力筋，有锚头连接器和接长连接器两种，如图 16.15

所示。

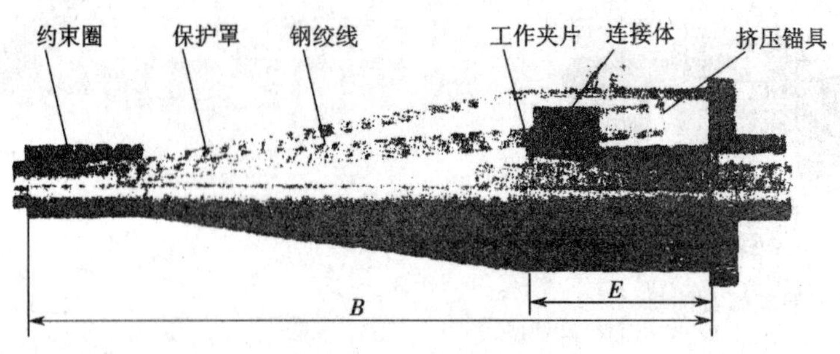

图 16.15 连接器构造

2）千斤顶

各种锚具必须配置相应的张拉设备，它们分别有各自适用的张拉千斤顶。

3）预应力施工其他设备

（1）制孔器。目前，国内桥梁预应力混凝土构件预留孔道所用的制孔器主要有抽拔橡胶管与螺旋金属波纹管两种。

（i）抽拔橡胶管。浇筑混凝土前，在钢丝网胶管内事先穿入钢筋（称芯棒），再将胶管连同芯棒一起放入模板内，与钢筋骨架绑扎成整体，待浇筑混凝土达到一定强度后，抽去芯棒，再拔出胶管，形成预留孔道。采用抽拔橡胶管形成预留孔道时，要选择合适的抽拔时间。一般抽拔时间要在混凝土初凝和终凝之间，若过早抽拔，混凝土容易塌陷而堵塞孔道；过迟则抽拔困难，甚至会拔断胶管。

（ii）螺旋金属波纹管。在浇筑混凝土之前，将波纹管按筋束设计位置，利用定位筋将波纹管与钢筋骨架绑扎牢固，再浇筑混凝土，混凝土结硬后即可形成孔道。这种金属波纹管，一般采用铝材经卷管机压波后卷成。具有重量轻、纵向弯曲性能好、径向刚度大、弯折方便、接头少、连接简单、与混凝土黏结性好等优点，它是后张法预应力混凝土孔道成形用的理想材料。

（2）穿索机。在桥梁悬臂施工和尺寸较大的构件中，一般都采用后穿法穿束。对于大跨桥梁，有的筋束很长，人工穿束十分吃力，故采用穿索机穿束。

穿索机有液压式和电动式两种类型，桥梁中多用前者。它一般采用单根钢绞线穿入，穿索时应在钢绞线前端套一子弹形帽子，以减小穿束阻力。穿索机由电动机带动用四个托轮支撑的链板将钢绞线置于链板上，并用四个与托轮相对应的压紧轮压紧，则钢绞线就可借链板的转动向前穿入构件的预留孔中。目前所用的穿索机最大推力为 3kN，最大水平传递距离可达 150 m。

（3）孔道压浆机。后张法预应力混凝土构件，预应力筋张拉锚固完成后，应尽早进行孔道压浆工作，以防预应力钢筋锈蚀，并使筋束与梁体混凝土结合为一整体。压浆机是由水泥浆搅拌桶、贮浆桶和压送浆泵及供水系统组成。压浆机的最大工作压力可达 1.50 MPa，可压送的最大水平距离为 150 m、最大竖直高度为 40 m。

【小测验】

问答题

1. 桥梁悬臂施工用挂篮设计的基本原则是什么？设计时应考虑哪些荷载？
2. 预应力筋常见的锚固方式有哪些？

实训 17 熟悉梁式桥的上部结构施工

预习内容	梁式桥采用预制安装、就地浇筑、悬臂施工、顶推施工、滑移模架施工等方法。
重　　点	预制安装、就地浇筑、预应力混凝土结构、预制梁的安装方法、悬臂拼装和悬臂浇筑、顶推法施工、移动模架逐孔施工法、斜拉桥施工。
难　　点	悬臂施工的基本原理、施工技术，顶推法施工的顶推装置，移动模架逐孔施工法。
考　　点	预应力混凝土结构、预制梁的安装方法、悬臂法、顶推法。
学习指导	本实训主要介绍梁式桥的上部结构施工方法，通过学习，使学员能领会设计与施工的密切联系，并懂得应用已学的知识解决施工中各种具体的实际问题。

桥梁施工是体现设计思想、实现设计意图的一个过程，最终目的是将一定的建筑材料通过各种施工过程形成符合设计标准、满足运营要求的桥梁实体。本实训主要介绍混凝土梁式桥上部结构常用的施工方法。

17.1 支架、拱架、模板

就地浇筑是一种古老的施工方法，由于施工需用大量的模板支架，一般仅在小跨径桥或交通不便的边远地区采用。随着桥梁结构形式的发展，出现了一些变宽桥、弯桥等复杂的预应力混凝土结构，又由于近年来临时钢构件和万能杆件系统的大量应用，在采用其他施工方法都比较困难或经过比较施工方便、费用较低时，也在中、大桥梁中采用就地浇筑的施工方法。如上海市区高架道路，其中的简支箱梁、连续箱梁，大多采用就地浇筑施工。

在支架上砌筑施工多用于石拱桥、混凝土预制块等圬工拱桥的施工。砌筑施工需要在桥位搭设较强大的拱架，然后在拱架上进行砌筑，所以施工期长、劳动力需求量大、辅助设备材料用量大，通常只在小跨径桥梁、交通不便的边远地区和盛产石料的地区使用。

【知识点 1】支架、拱架

【问题】常用的支架形式有哪些？支架的预拱度如何设置？

【名词解释】支架　拱架　钢木混合支架　万能杆件拼装支架

支架是施工过程中的临时性结构，用以支撑模板、浇筑的混凝土梁体结构以及施工设备、人员等其他施工荷载。支架形式应根据桥孔跨径、桥位处地形和地质条件、水位高低及漂流物影响等因素合理选择。支架及其构件和连接要具有足够的强度、刚度和稳定性，支架基础要稳固，同时构造和制作力求简单，既要拆装方便又要尽可能减少构件的损伤，以提高装、拆、运的速度，增加其周转使用的次数。

1. 常用的支架形式

支架按材料可分为木支架、钢支架、钢木混合支架和万能杆件拼装支架等。按其构造可分为立柱式、梁式和梁-柱式等几种主要形式。图 17.1 为按构造分类的几种支架的构造示意图。其中,图 17.1(a)、(b)为立柱式支架,适用于旱桥、不通航河道以及桥墩不高的小桥施工;图 17.1(c)为梁式支架,承重梁可用万能杆件或贝雷桁架拼装,跨径小于 20 m 时可采用钢板梁;图 17.1(d)为梁-柱式支架,适用于桥墩较高、跨径较大且支架下需要排洪的情况。

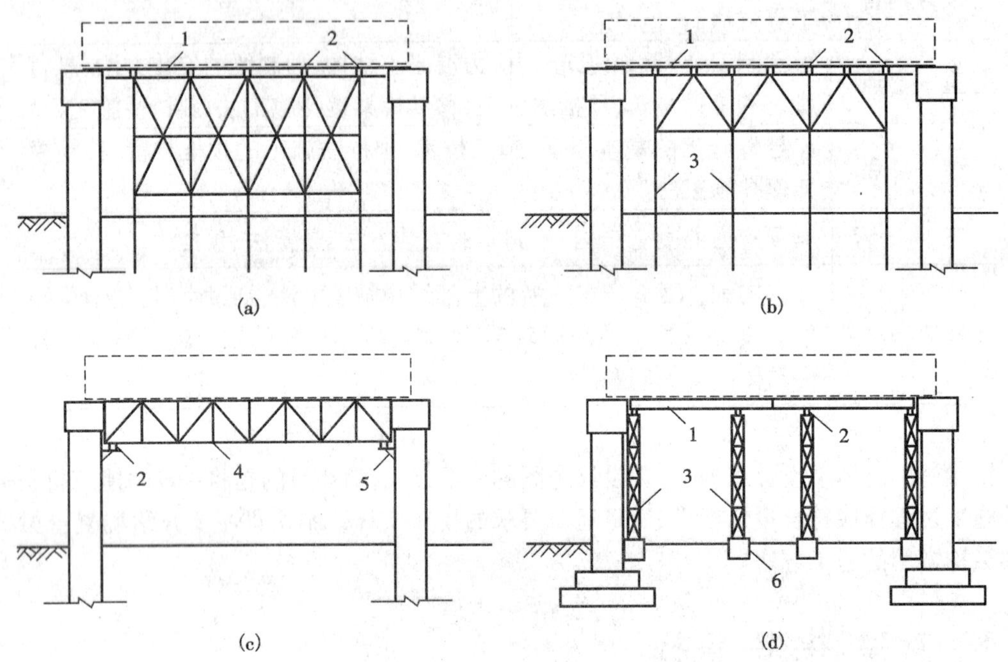

图 17.1　常用支架形式构造示意

(a),(b)立柱式支架　(c)梁式支架　(d)梁-柱式支架

1—支架纵梁;2—卸架设备;3—立柱;4—承重梁;5—托架;6—支架基础

图 17.1 中卸架设备可采用木楔、砂筒及千斤顶等装置。木楔和砂筒的构造如图 17.2 所示。木楔可分为简单木楔和组合木楔。简单木楔由两块 1:10 ~ 1:6斜面的硬木楔形块组成(图 17.2(a))。落架时用锤轻轻敲击木楔小头,将木楔取出,支架即下落。它的构造最简单,但缺点是敲击时震动较大,易造成下落不均匀,因此一般用于中、小跨径桥梁。组合木楔由三块楔形木和拉紧螺栓组成(图 17.3(b))。卸架时只需扭松螺栓,则木楔徐徐下降,它的下落较均匀。跨径较大时,宜用砂筒作卸架设备。砂筒是由内装砂子的金属(木)筒及活塞(木制或混凝土制)组成(图 17.3(c))。卸落时靠砂子从筒下部的预留泄砂孔流出,要求筒里的砂子干燥、均匀、清洁。砂筒与活塞间用沥青填塞,以免砂子受潮而不易流出。通过砂子泄出量可控制支架卸落高度,这样就能通过泄砂孔的开与关,分数次进行卸架,并能使支架均匀下降而不受震动。

2. 支架的基础

为了保证现浇的梁体不产生大的变形,除了要保证支架本身的强度、刚度以及整体性外,支架的基础必须坚实可靠,以将其沉陷值控制在容许范围内。桥孔跨径不大且采用满堂支架时,可将支架基脚设置在枕木上,枕木下设置垫层并夯实;对于梁式或梁-柱式支架,因其荷载

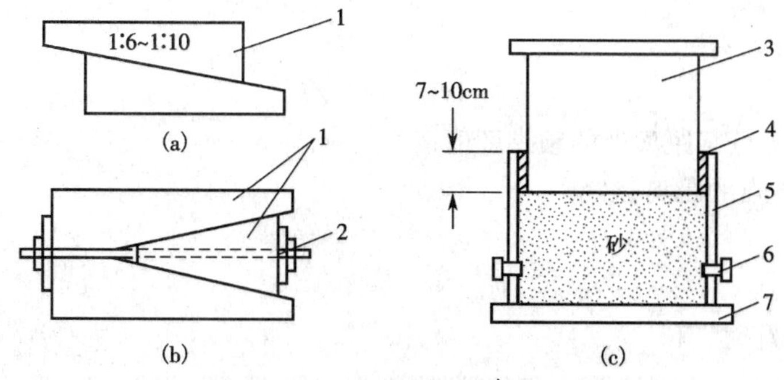

图 17.2 木楔、砂筒构造示意

(a)简易木楔 (b)组合木楔 (c)砂筒

1—硬木楔形块;2—拉紧螺栓;3—活塞;4—沥青填塞;5—金属(木)筒;6—泄砂孔;7—垫板

较集中,应设置桩基础或混凝土扩大基础,也可直接支撑在墩台身或其永久性基础上。

3. 支架的预拱度

现浇施工过程中和卸架后,梁体要产生一定的挠度,为了使上部结构在卸架后能保持设计规定的外形,须在施工时设置与挠度反向的预拱度。在确定预拱度时应考虑下列因素。

(1)卸架后,上部结构自重及一半静活载所产生的挠度 δ_1。

(2)施工期间支架结构在恒载及施工荷载作用下的弹性变形 δ_2 和非弹性变形 δ_3。

对于满布式支架,当其杆件长为 L、压应力为 δ、杆件材料弹性模量为 E 时,弹性变形为

$$\delta_2 = \delta L/E \tag{17-1}$$

当支架为桁架等形式时,应按具体情况计算其弹性变形。

支架在每一个接缝处的非弹性变形,一般情况下,顺纹木料为 2 mm,横纹木料为 3 mm,木料与金属或圬工的接缝为 2 mm,顺纹与横纹木料接缝为 2.5 mm,则

$$\delta_3 = 2k_1 + 3k_2 + 2k_3 + 2.5k_4 \tag{17-2}$$

式中 k_1——顺纹木料接头数目;

k_2——横纹木料接头数目;

k_3——木料与金属或圬工接头数目;

k_4——顺纹与横纹木料接头数目。

(3)支架基底土在荷载作用下的非弹性沉陷。支架基底的沉陷,可通过试验确定或参考表 17.1 估算。

表 17.1 支架基底沉陷(长度单位:mm)

土壤 \ 基础形式	枕梁	桩
砂土	5 ~ 10	5
黏土	15 ~ 20	10

(4)混凝土收缩及温度变化引起的挠度 δ_5。梁的挠度和支架变形之和就是简支梁预拱度的最大值,它应反向设在梁的跨中,而在两端支点处为零,其他各点的预拱度,可按直线或二次

抛物线比例分配。

按抛物线分配时，有

$$\delta_x = 4x(L-x)\delta/L^2 \tag{17-3}$$

式中 δ_x——距左支点某距离处的预拱度值；

x——距左支点的距离；

L——跨长；

δ——压应力。

按直线进行分配时，有

$$\delta_x = 2x\delta/L \tag{17-4}$$

式中符号同前，仅计算半跨，且右半跨与左半跨对称设置。

4. 常用支架的设计和计算方法

1) 设计原则

支架整体、杆配件、节点、地基、基础和其他支撑物应进行强度和稳定性验算。

2) 计算方法

应考虑设计荷载、预拱度、沉落值等因素。

设计荷载包括：①模板、支架和拱架自重；②新浇混凝土等重量；③施工中，工、料、机等重量；④振捣混凝土产生的荷载；⑤其他荷载。

支撑板、支架及拱计算时的荷载组合如下。

强度计算：①+②+③+④+⑤。

刚度验算：①+②+③。

3) 施工预拱度计算

施工预拱度计算应考虑支架（拱架）承受施工荷载而引起的温度变形；混凝土收缩、徐变及温度变化引起的挠度；墩台水平位移引起的拱圈挠度；结构自重和1/2汽车荷载引起的梁和拱圈的弹性挠度；杆件接头的挤压和卸落设备压缩产生的非弹性变形。

4) 沉落值

接头承受的弹性变形、卸落设备的压缩变形、支架基础沉陷。

5) 计算支架（拱架）的强度和稳定性

计算支架（拱架）的强度和稳定性时，应考虑作用在支架和拱架上的风力。设于水中的支架，尚应考虑水流的压力、流冰压力和船只漂流物冲击力等荷载。

6) 验算支架（拱架）的刚度

验算支架（拱架）的刚度时，支架、拱架受载后挠曲的杆件（盖梁、纵梁），其弹性挠度不超过相应结构跨度的1/400。

【小测验】

一、单选题

1. 支架计算时，应考虑的荷载有：①模板、支架的自重；②圬工结构物自重；③施工时，人、料、机的重力；④振捣混凝土产生的荷载；⑤其他可能产生的荷载。支架强度计算应考虑的荷载组合是（　　）。

A. ①　　B. ①+②

C. ①+②+③　　D. ①+②+③+④

E. ①+②+③+④+⑤

2. 支架计算时,应考虑的荷载有:①模板、支架的自重;②圬工结构物自重;③施工时,人、料、机的重力;④振捣混凝土产生的荷载;⑤其他可能产生的荷载。支架刚度计算应考虑的荷载组合是(　　)。

A. ①　　B. ①+②

C. ①+②+③　　D. ①+②+③+④

E. ①+②+③+④+⑤

3. 在验算支架刚度时,不需要计入的荷载是(　　)。

A. 模板、支架和拱架自重　　B. 新浇混凝土的重力

C. 施工人员及机具等荷载　　D. 振捣混凝土产生的荷载

4. 在计算支架或拱架的强度和刚度时,除了考虑支架或拱架的设计荷载外,还应计入(　　)。

A. 风力　　B. 温度变化力　　C. 冲击力　　D. 摩擦力

5. 验算支架的刚度时,支架受载后挠曲的杆件的弹性挠度不应超过相应结构跨度的(　　)。

A. 1/200　　B. 1/300　　C. 1/400　　D. 1/500

6. 在计算拱架施工预拱度时,下列哪个因素不需要考虑(　　)。

A. 拱架承受施工荷载而产生的弹性变形

B. 受载后杆件接头的挤压和卸落设备压缩引起的非弹性变形

C. 主拱圈因混凝土收缩、徐变及温度变化引起的挠度

D. 由结构重力以及汽车荷载引起的拱圈弹性变形

二、多选题

1. 常用支架计算时,需要考虑(　　)等因素。

A. 设计荷载　　B. 计算荷载　　C. 预拱度　　D. 沉落值

2. 常用支架计算时,考虑的设计荷载有(　　)。

A. 支架自重　　B. 圬工结构物的重力

C. 施工时,人、料、机的重力　　D. 振捣混凝土产生的荷载

E. 其他可能产生的荷载

3. 计算施工预拱度时,应考虑的因素有(　　)。

A. 施工荷载引起的支架弹性变形

B. 混凝土的收缩徐变及温度变化引起的挠度

C. 墩台水平位移引起的拱圈挠度

D. 结构重力和一半汽车荷载引起的拱圈的弹性挠度

E. 杆件接头挤压引起的非弹性变形

4. 支架施工预留沉落值包括(　　)。

A. 支架接头非弹性变形　　B. 卸落设备的压缩变形

C. 支架基础沉陷　　D. 支架弹性变形

5. 计算支架的强度和稳定性时，应考虑(　　)。

A. 风力　　B. 水压力

C. 流冰压力　　D. 船只漂流物冲击力

6. 常用支架设计中应对(　　)进行强度和稳定性验算。

A. 支架整体　　B. 杆配件　　C. 节点　　D. 地基

E. 其他支撑物

【知识点2】模板

【问题】模板的类型有哪些？肋梁的模板安装步骤是什么？

【名词解释】模板

模板的作用是使混凝土按照设计的形状、尺寸和位置成型，它不仅控制着梁体的尺寸和外观，也直接影响施工进度和混凝土浇筑质量。

1. 模板的类型

模板按其面板所用材料可分为木模板、钢模板、钢木结合模板、钢丝网水泥模板、竹木模板和玻璃钢模板等；按模板的装拆方法可分为拼装式和整体式等。目前就地现浇桥梁的模板常用木模和钢模。

2. 模板的安装

采用现浇法施工的桥梁，其横截面形式多为实心板或肋梁式，实心板的模板比较简单，这里着重介绍肋梁式模板。

跨径不大的肋梁模板，一般用木料制作，安装时，首先在支架纵梁上安装横木，横木上钉底板，然后在其上安装肋梁的侧模和桥面板底模(图17.3(a))。当梁肋的高度较高时，其模板一般采用框架式，肋梁的侧模及桥面板的底模可用镶板钉在框架上(图17.3(b))。模板的制作与安装，除了要满足强度、刚度、稳定性以及制作安装方便、安全等方面的要求外，还应符合一定的设计原则。

3. 常用模板的设计和计算方法

1)设计原则

宜优先使用胶合板和钢模板；在计算荷载作用下，对模板、支架及拱架结构按受力程序分别验算其强度、刚度及稳定性；模板板面之间应平整，接缝严密，不漏浆，保证结构物外露面美观，线条流畅，可设倒角；结构简单，制作、装拆方便。

2)计算方法

需要考虑设计荷载和模板刚度。

设计荷载包括：①模板自重；②新浇筑混凝土、钢筋混凝土或其他圬工结构物的重力；③施工人员和施工材料、机具等行走运输或堆放的荷载；④振捣混凝土产生的荷载；⑤新浇筑混凝土对侧面模板的压力；⑥倾倒混凝土时产生的水平荷载；⑦其他可能产生的荷载，如雪荷载、冬季保温设施荷载等。

模板结构的荷载组合主要有以下几种。

(1)梁、板和拱的底模板。

强度计算：①+②+③+④+⑦。

刚度验算：①+②+⑦。

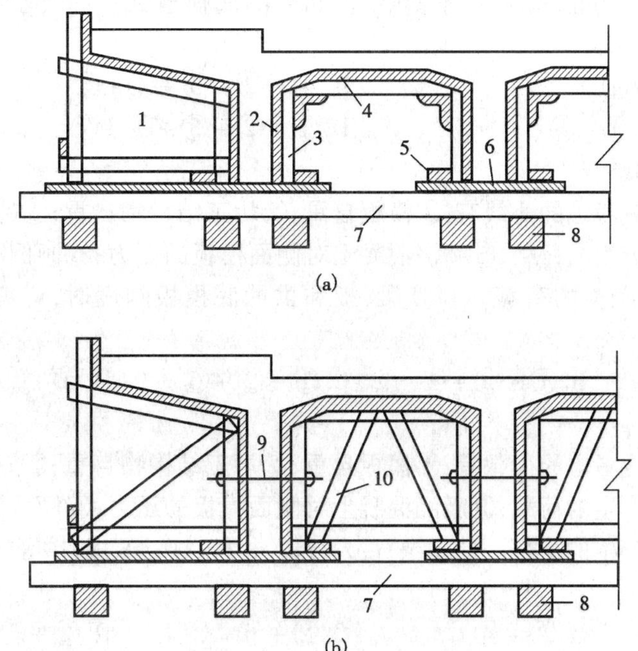

图 17.3　现浇肋梁模板系统示意

(a)安装肋梁的侧模和桥面板底模　(b)用镶板将肋梁的侧模和桥面板的底模钉在框架上

1—小柱架;2—肋梁侧模;3—肋木;4—桥面板底模;5—压板;

6—底板;7—横木;8—支架纵梁;9—拉杆;10—模板框架

(2)梁、板和拱的侧模板。

强度计算:④+⑤。

刚度验算:⑤。

(3)厚大建筑物的侧模板。

强度计算:⑤+⑥。

刚度验算:⑤。

验算模板的刚度时,其变形值不得超过下列数值:结构表面外露的模板,挠度为模板构件跨度的1/400;结构表面隐蔽的模板,挠度为模板构件跨度的1/250;钢模板的面板变形为1.5 mm;钢模板的钢棱和柱箍变形为计算跨径和柱宽的1/500。

【小测验】

一、单选题

1. 在选用模板时,宜优先选用(　　)。

A. 组合模板　　B. 钢模板　　C. 木模板　　D. 自制模板

2. 常用模板设计需要考虑设计荷载和(　　)。

A. 模板刚度　　B. 计算荷载　　C. 预拱度　　D. 沉落值

3. 模板计算时,应考虑的荷载有:①模板自重;②圬工结构物自重;③施工时,人、料、机的重力;④振捣混凝土产生的荷载;⑤新浇混凝土对侧面模板的压力;⑥倾倒混凝土时产生的水平荷载;⑦其他可能产生的荷载。计算梁、板和拱的底模板强度时,应考虑的荷载组合是(　　)。

A. ①+②+③+④　　B. ①+②+③+④+⑤

C. ①+②+③+④+⑥　　D. ①+②+③+④+⑦

E. ①+②+③+⑤

4. 模板计算时,应考虑的荷载有:①模板自重;②圬工结构物自重;③施工时,人、料、机的重力;④振捣混凝土产生的荷载;⑤新浇混凝土对侧面模板的压力;⑥倾倒混凝土时产生的水平荷载;⑦其他可能产生的荷载。验算梁、板和拱的底模板刚度时,应考虑的荷载组合是(　　)。

A. ①+②+③　　B. ①+②+④　　C. ①+②+⑥　　D. ①+②+⑥

E. ①+②+⑦

5. 模板计算时,应考虑的荷载有:①模板自重;②圬工结构物自重;③施工时,人、料、机的重力;④振捣混凝土产生的荷载;⑤新浇混凝土对侧面模板的压力;⑥倾倒混凝土时产生的水平荷载;⑦其他可能产生的荷载。计算缘石、人行道、栏杆、柱、梁、板、拱等的侧模板强度时,应采用的荷载组合是(　　)。

A. ①+②　　B. ②+④　　C. ②+⑥　　D. ②+⑤

E. ②+⑦

6. 在验算基础、墩台等厚大建筑物的侧模板刚度时,应计算的荷载是(　　)。

A. 振捣混凝土产生的荷载　　B. 新浇混凝土对侧面模板的压力

C. 倾倒混凝土时产生的水平荷载　　D. 新浇混凝土的重力

7. 在验算梁或板的侧模板刚度时,应计算的荷载是(　　)。

A. 振捣混凝土产生的荷载　　B. 新浇混凝土对侧面模板的压力

C. 倾倒混凝土时产生的水平荷载　　D. 新浇混凝土的重力

二、多选题

1. 在选用模板时,宜优先选用(　　)。

A. 组合模板　　B. 钢模板　　C. 木模板　　D. 胶合板

2. 在计算梁或板的侧模板强度时,应考虑的荷载有(　　)。

A. 振捣混凝土产生的荷载　　B. 新浇混凝土对侧面模板的压力

C. 倾倒混凝土时产生的水平荷载　　D. 新浇混凝土的重力

3. 常用模板设计时,在计算荷载作用下,应对(　　)分别进行强度、刚度及稳定性验算。

A. 模板　　B. 支架　　C. 拱架　　D. 地基

4. 常用模板设计时,要求模板板面之间应(　　)。

A. 平整　　B. 接缝严密　　C. 不漏浆　　D. 外露面美观

5. 常用模板设计需要考虑(　　)。

A. 设计荷载　　B. 模板刚度　　C. 预拱度　　D. 沉落值

三、思考题

1. 有支架施工时,为什么要对支架设置预拱度?应考虑哪些因素?

2. 模板的制作、安装有什么基本要求?拆除模板时应注意哪些问题?

3. 桥梁模板与支架的基本要求有哪些?支架(拱架)应考虑哪些设计荷载?如何考虑支

架(拱架)的预拱度?

17.2　混凝土与钢筋

【知识点1】钢筋工程

【问题】钢筋工程包括哪些工作？钢筋骨架成型有哪些构造要求？

【名词解释】钢筋工程

钢筋工程包括钢筋整直、切断、除锈、弯制、焊接或绑扎成型等工序。混凝土梁中钢筋的规格和型号尺寸比较多,而且钢筋的加工、布置在混凝土浇筑之后再也无法检查,属于隐蔽工程,因此必须严格控制钢筋工程的施工质量。

1)钢筋加工的准备工作

首先应对进场的钢筋进行抽样检验,质量合格方可使用。抽样检验主要作抗拉、冷弯和可焊性试验。

钢筋的整直可根据钢筋直径的大小采用不同的方法。直径10 mm以上的钢筋一般采用锤打整直,直径小于10 mm的常用手摇或电动绞车通过冷拉整直(伸长率不大于1%),冷拉还可以提高钢筋的屈服强度并清除铁锈。

整直后的钢筋用钢丝刷或喷砂枪喷砂除锈去污后,即可按设计图纸要求进行划线下料工作。为了保证下料精度,应计算图纸上所注明的折线尺寸与弯折处实际弧线尺寸之差值,同时还应计入钢筋在冷拉弯折过程中的伸长量(通常可查阅现成的计算表格)。下料截断钢筋时,视钢筋直径的大小,可用手动剪切机或电动剪切机进行。

2)钢筋的弯制和接头

下料后的钢筋可在工作平台上用手工或钢筋弯曲机按规定的弯曲半径弯制成型,钢筋的两端亦应按设计图纸或施工规范要求弯成所需的标准弯钩。对于需要接长的钢筋,宜先进行连接然后再弯制,这样较易控制尺寸。

钢筋的接头应采用焊接,并以闪光接触对焊为宜,这种接头的传力性能好,且节省钢材。当缺乏闪光对焊条件时,可采用电弧焊。钢筋接头采用搭接或帮条电弧焊时,宜采用双面焊缝,焊缝的长度不应小于$5d$(d为钢筋直径),双面焊缝困难时,可采用单面焊缝,焊缝长度不应小于$10d$。

采用搭接电弧焊时,两钢筋搭接端部应预先折向一侧,使两接合钢筋轴线一致。采用帮条电弧焊时,帮条应采用与主筋同级别的钢筋,其总截面面积不应小于被焊钢筋的截面积。

焊接时,对施焊场地应有适当的防风、雨、雪、严寒设施。气温低于-20 ℃时不得施焊。

直径不大于25 mm的受力钢筋,也可采用绑扎搭接,受拉钢筋绑扎接头的搭接长度,应符合表17.2的规定;受压钢筋绑扎接头的搭接长度,应取受拉钢筋绑扎接头搭接长度的0.7倍。

表17.2　受拉钢筋绑扎接头的搭接长度

钢筋类别	混凝土强度等级		
	C20	C25	高于C25
HRB 235	35 d	30 d	25 d
HRB 335	45 d	40 d	35 d
HRB 400	55 d	50 d	45 d

受力钢筋焊接或绑扎接头应设置在内力较小处，并错开布置，对于绑扎接头，两接头间距离不小于1.3倍搭接长度；对于焊接接头，在接头长度区段内，同一根钢筋不得有两个接头。配置在接头长度区段内的受力钢筋，其接头的截面面积占总截面面积的百分率应符合表17.3的规定。

表17.3 接头长度区段内受力钢筋接头面积的最大百分率

接头形式	接头面积最大百分率/%	
	受拉区	受压区
主钢筋绑扎接头	25	50
主钢筋焊接接头	50	无限制

3）钢筋骨架成型和安装

钢筋多以骨架的形式存在于混凝土结构中。骨架成型是将加工好的钢筋按照设计要求进行焊接或绑扎形成钢筋网或钢筋骨架。钢筋骨架中包括纵向主筋、弯起筋或斜筋、箍筋、架立筋和分布钢筋等。

骨架拼装时，应考虑焊接变形和预留拱度。为了减少在支架上的钢筋安装工作，宜预先在工厂或工地制成平面或立体骨架，焊接或绑扎牢固，并采取必要的临时加固，以防运输和吊装过程中发生变形。当不能预先成型时，钢筋的接头应尽可能预先完成。

用焊接方式拼装骨架时，施焊顺序宜由中间对称地向两端进行，并应先焊下部，后焊上部。相邻的焊缝采用分区对称跳焊，不得顺一个方向一次焊成。

绑扎或安放钢筋骨架时，应在钢筋与模板间设置垫块，以保证保护层厚度符合设计或规范要求。垫块可采用砂浆垫块、混凝土垫块、钢筋头垫块或三角UPVC垫块等。垫块应与钢筋扎紧，并互相错开，不得贯通全部断面。绑扎的铁丝头不得指向模板。

浇筑混凝土前，应对已安装好的钢筋的规格、数量、尺寸间距和保护层厚度以及预埋件（钢板、锚固钢筋等）进行检查。

【知识点2】混凝土工程

【问题】混凝土工程包含哪些工作？混凝土分层浇筑时有哪些要求？混凝土振捣有哪些要求？混凝土养护有哪些要求？

【名词解释】混凝土工程

混凝土工程包括混凝土拌制、运输、浇筑、振捣密实、养护等工序。水泥、集料、水等原材料应通过质量检验合格后方可使用。

1）混凝土拌制

混凝土一般应采用机械搅拌，人工搅拌只用于少量混凝土工程的塑性混凝土或半干硬性混凝土，有条件的情况下可使用商品混凝土。混凝土搅拌应严格控制配合比，并掌握好搅拌时间，使石子表面包满砂浆，拌和料混合均匀、颜色一致。

2）混凝土运输

混凝土应以最少的转运次数、最短的距离迅速从搅拌地点运往浇筑位置。运输道路要平整，防止混凝土因颠簸振动而发生离析、泌水和灰浆流失现象。

混凝土的运输能力应适应混凝土浇筑速度和凝结速度的需要，使浇筑工作不间断并使混凝土运到浇筑地点时仍保持均匀性和规定的坍落度。从加水搅拌至入模的时间不宜超过表17.4的规定。

表17.4　混凝土拌和物运输时间限制

气温/℃	无搅拌设施运输/min	有搅拌设施运输/min
20~30	30	60
10~19	45	75
5~9	60	90

采用泵送混凝土应符合下列规定。

(1)混凝土的供应必须保证混凝土输送泵能连续工作。

(2)输送管线宜直，转弯宜缓，接头应严密，如管道向下倾斜，应防止混入空气，产生阻塞。

(3)泵送前应先用适量的、与混凝土成分相同的水泥浆润滑输送管内壁。混凝土出现离析现象时，应立即用压力水或其他方法冲洗管内残留的混凝土，泵送间歇时间不宜超过15 min。

(4)在泵送过程中，受料斗内应具有足够的混凝土，以防止吸入空气产生阻塞。

3)混凝土浇筑

模板、钢筋以及预埋件等经检查无误后，即可浇筑混凝土。

跨径不大的梁桥，可将梁肋与桥面板沿跨长用水平分层法浇筑(图17.4(a))，或者用斜层法从梁的两端对称地向跨中浇筑，在跨中合拢。

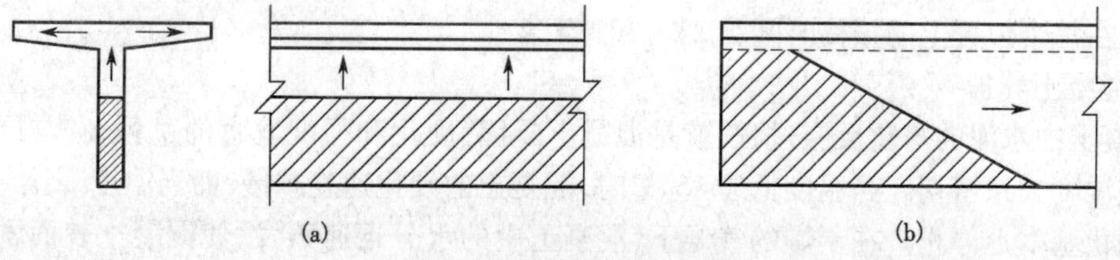

图17.4　分层法浇筑混凝土

(a)水平分层浇筑　(b)斜层浇筑

较大跨径的梁桥，可用水平分层法或斜层法先浇筑纵横梁，然后沿桥的全宽浇筑桥面板，此时桥面板与纵横梁之间应设置工作缝，如图17.4(b)中的虚线所示。

分层浇筑时，必须在前一层混凝土开始凝结之前，将次一层混凝土浇筑完毕。当气温在30 ℃以上时，前后两层浇筑间隔时间不宜超过1 h；当气温在30 ℃以下时，前后两层浇筑间隔时间不宜超过1.5 h，或由试验资料来确定容许的间隔时间。当无法满足上述间隔时间时，就必须预先确定施工缝预留的位置，一般选择在受剪力和弯矩较小且便于施工的部位，并应按下列要求进行处理。

(1)在浇筑接缝混凝土之前，先凿除老混凝土表层的水泥浆和较弱层，并将混凝土表面凿毛，用水洗干净。

(2)浇筑次层混凝土之前,对垂直施工缝宜刷一层净水泥浆,对于水平缝宜铺一层厚为10~20 mm的1:2的水泥砂浆。

(3)斜面施工缝应凿成台阶状再进行浇筑。

(4)接缝处于重要部位或者结构物位于地震区时,浇筑之前应增设锚固钢筋,以防开裂。

4)混凝土振捣

混凝土振捣是借助拌和料受振时产生暂时流动的特性,使粗骨料靠重力向下沉落并互相滑动挤紧,骨料间的空隙被流动性大的水泥砂浆所充满,而空气则形成小气泡浮到混凝土表面被排出。这样会增加混凝土的密实度,从而大大提高混凝土的强度和耐久性,并使之达到内实外光的要求。

混凝土的振捣可分为人工振捣和机械振捣两种。人工振捣适用于坍落度大、混凝土数量少或钢筋过密部位的场合。大规模的混凝土浇筑,必须使用机械振捣。

混凝土振捣设备有插入式振捣器、附着式振捣器、平板式振捣器和振动台等。

平板式振捣器用于大面积混凝土施工,如桥面、基础等;附着式振捣器是挂在模板外部振捣,借振动模板来振捣混凝土,对模板要求较高,但振动的效果不是太好,常用于薄壁混凝土构件,如梁肋部分等;插入式振捣器常用的是软管式的,只要构件断面有足够的地方插入振捣器,而钢筋又不太密时采用,其振捣效果较好。

选用振捣器时,对于石料粒径较大的混凝土,选用频率较低、振幅较大的振捣器效率较好,反之则宜选用频率高、振幅较小的振捣器,因为振幅太大容易使较小集料作无规则的翻动,造成混凝土的离析。

严禁利用钢筋振动进行振捣,振捣的时间要很好掌握,不宜过短或过长,一般以混凝土不再下沉、无显著气泡上升、混凝土表面出现薄层水泥浆并达到平整为宜。采用附着式振捣器时,因振捣效率较差,一般约需2 min;采用插入式振捣器时,一般只要15~30 s;采用平板式振捣器时,在每个位置上的振捣时间为25~40 s。

5)混凝土养护

混凝土中水泥的水化反应过程,就是混凝土凝固、硬化和强度发育的过程,它与周围环境的温度、湿度关系密切。当温度低于15 ℃时,混凝土的硬化速度减慢,而当温度降至-2 ℃以下时,硬化基本上停止。在干燥的气候下,混凝土中的水分迅速蒸发,使混凝土表面剧烈收缩而导致裂缝,同时当游离水分全部蒸发后,水泥水化反应停止,混凝土即停止硬化。因此,混凝土浇筑后即需进行适当的养护,以保持混凝土硬化发育所需要的温度和湿度。

目前在现浇桥梁施工中采用最多的是在自然气温条件下(5 ℃以上)的自然养护方法。此法是在混凝土表面收浆后,在构件上覆盖草袋、麻袋、稻草或沙子,经常洒水,以保持构件处于湿润状态。

自然养护的时间与水泥品种以及是否掺用塑化剂有关。一般情况下,用普通硅酸盐水泥的混凝土为7昼夜以上,用矿渣水泥、火山灰质水泥或掺用塑化剂的混凝土为14昼夜以上。每天浇水的次数,以能使混凝土保持充分潮湿为度。

覆盖时不得损伤或污染混凝土表面,养护期间应防止雨淋、日晒、受冻及受荷载的振动、冲击。

6)模板拆除及支架卸落

非承重侧模板在混凝土强度能保证其表面及棱角不致因拆模而受损坏时方可拆除,一般应在混凝土抗压强度达到2.5 MPa时方可拆除侧模板。承重模板、支架应在混凝土强度能承受其自重力及其他可能的叠加荷载时方可拆除。当构件跨度不大于4 m时，在混凝土强度达到设计强度标准值的50%后方可拆除；当构件跨度大于4 m时，在混凝土强度达到设计强度标准值的75%后方可拆除。

支架的卸落应从梁体挠度最大处的支架节点开始，逐步卸落相邻两侧的节点，并要求对称、均匀、有序地进行。各节点应分多次进行卸落，以使梁的沉落曲线逐步加大到梁的挠度曲线。简支梁和连续梁桥可从跨中向两端进行。

【小测验】

一、判断题

1. 模板与构件接触的一侧，应涂刷肥皂水、废机油等隔离剂。(　)

2. 现场T形薄壁梁肋浇捣时，一般应选用平板式振捣器。(　)

3. 混凝土的拌和时间越长，则混凝土拌和物越均匀、质量越高。(　)

4. 混凝土拌和物运送到浇筑现场，测出的坍落度如果满足构件浇筑所要求的坍落度，则该混凝土拌和物即可使用。(　)

5. 混凝土浇筑工作因故间歇，只要前层混凝土未发生终凝，则无需按工作缝处理。(　)

6. 混凝土的工作缝处，在重新浇筑之前，应凿除下层混凝土表面的水泥砂浆、松软层，不得冲洗。(　)

7. 使用插入式振捣器振捣混凝土时，不得使振捣器插入下层混凝土。(　)

8. 对于无筋构件，若混凝土浇筑工作因故间歇而形成工作缝，则必须在下层混凝土达到足够的强度后设置锚固钢筋或石榫。(　)

9. 混凝土拌和物运送到浇筑现场后，不但要检查其坍落度是否满足构件浇筑要求，还应比较浇筑现场实测坍落度与运输前的坍落度的差值，该差值应符合规定。(　)

10. 混凝土的拌和时间并非越长越好。(　)

二、思考题

1. 混凝土工程的施工工序有哪些？各工序的施工要点是什么？

2. 混凝土构件制作包括哪几个基本作业工序？主要的控制要点包括哪些？

3. 混凝土振捣的目的是什么？常用的振捣设备有哪几种，各自适用于哪些部位？

4. 混凝土梁施工过程中，在什么情况下需要设置施工缝、工作缝，各应设在什么位置，为什么？接缝处理应采取哪些措施？设置工作缝的目的是什么？

17.3　装配式构件的预制工艺

【知识点】装配式构件的预制工艺、先张法预应力、后张法预应力

【问题】预制装配法的优点有哪些？先张法预应力混凝土简支梁的制作步骤是什么？后张法预应力混凝土简支梁的制作步骤是什么？

【名词解释】预制装配法　先张法　台座　张拉工艺　放松预应力筋　后张法锚具

预制装配法是目前中小跨径桥梁常用的施工方法，它是在桥梁工地附近的预制场或专门的构件预制厂内生产梁体构件，待桥梁墩台施工完成后，将预制梁运到桥位处起吊安装并成整

体上部结构的施工方法。这种方法的特点有:①桥梁上下部结构可以平行施工,加快施工进度,缩短工期;②预制构件便于工厂化批量生产,质量容易控制,成本相对较低;③需要专门的预制场地和大型的起重、运输设备;④构件之间存在拼装接缝,结构整体性相对较差。

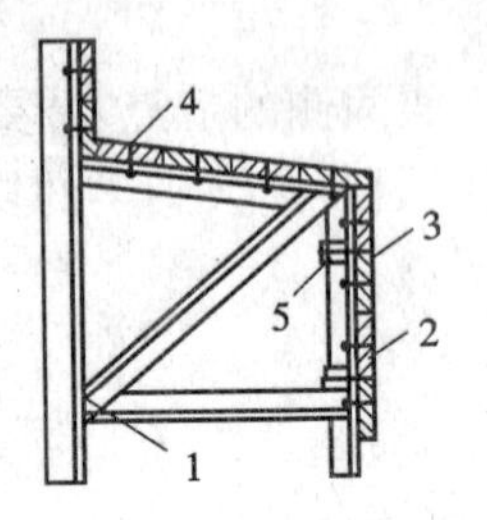

图 17.5 钢木组合模板
1—角钢框架;2—木模板;3—铁皮镶面;4—紧固螺栓;5—振动木

预制的钢筋混凝土简支梁多为中小跨径的空心板和T形梁等形式,目前多采用标准跨径的定型设计。预制梁的模板常采用钢模板和钢木组合模板(图 17.5)以及充气橡胶芯模。木模板常用于没有定型设计的构件或小跨径预制梁,有时为了节约钢材和木材,也可因地制宜利用土模或砖模来制梁。

一般情况下,预制梁的模板有底模、侧模、端模,空心板和箱形梁还需有内模。底模支撑在预制场地的台座上,常用12 ~16 mm 厚的钢板制成。预制过程中,底模不必拆除,只需在下次周转使用前进行整平和校正。底模在构造上应设置与侧模、端模以及底模接长的联系构件,此外底模与台座之间应设置减振垫。侧模沿梁长置于梁体两侧,由侧板、水平加劲肋、竖向加劲肋、斜撑等构件组成,模板常选用4 ~8 mm 钢板。侧模可采用整体式模板或大模板拼装,考虑起吊重量和简化构造,单元长度取4 ~5 m,可在横隔梁处分隔。侧模板在构造上应考虑安置侧模振捣器,同时加强联结构造并设置拆卸模板的装置。端模设置在梁的两端,与底模、侧模联结,用于形成两端形状,常用4 ~8 mm 钢板加工而成。

空心板预制应考虑使内模的立模和拆装方便,不易损坏,可重复利用。内模亦可采用木模或钢模,但其构造较为复杂。目前多使用充气橡胶芯模,具有施工方便、容易拆除的优点,其缺点是芯模容易上浮和偏位,甚至漏气。橡胶芯模所充气压的大小与芯模直径、新浇混凝土压力、气温等因素有关。浇筑混凝土时,为防止芯模上浮和偏位,应用定位箍筋、压块等加以固定,浇筑过程中经常观察芯模是否漏气,发现问题及时采取补救措施。芯模放气时间与气温有关,应根据施工经验或通过试验确定。

此外,内模还可以采用不抽拔的芯模,如混凝土管、纸管、钢丝网管等。

1. 先张法预应力混凝土简支梁的制作工艺

先张法制梁工艺是在浇筑混凝土之前先进行预应力筋的张拉,并将其临时锚固在张拉台座上,然后立模浇筑混凝土,待混凝土达到规定强度(不得低于设计强度的70%)时,逐渐将预应力筋放松,利用预应力筋的弹性回缩及其与混凝土之间的黏结作用,使构件获得预应力。一般用于直线布筋的中小型构件,其工艺流程如图 17.6 所示。

先张法生产可采用台座法或流水机组法。采用流水机组法时,构件在移动式的钢模中生产,按流水方式通过张拉、浇筑、养护等各个固定机组完成每道工序。流水机组法可加快生产速度,但需要大量钢模和较高的机械化程度,且需配合蒸汽养护,适用于工厂内预制定型构件。采用台座法时,构件施工的各道工序全部在固定台座上进行,因其不需复杂机械设备,施工适用性强,故应用较广。这里仅对台座法进行介绍。

1)台座

台座是先张法生产中的主要设备之一,要有足够的强度和稳定性。按构造形式不同,台座可分为墩式和槽式两类。

(1)墩式台座。墩式台座亦称重力式台座,是靠自重和土压力来平衡张拉力所产生的倾

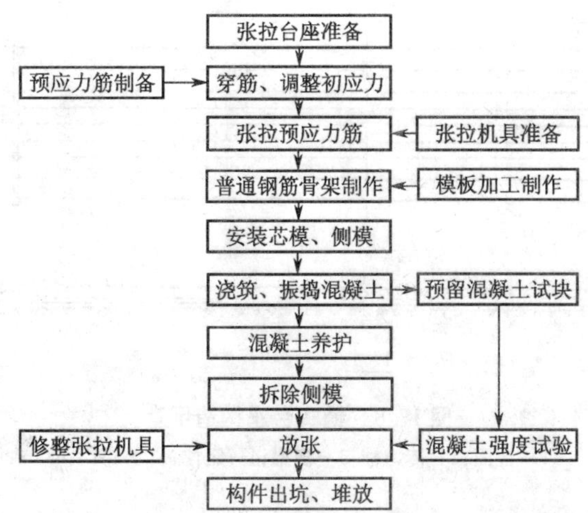

图 17.6　先张法工艺流程

覆力矩，并靠土壤的反力和摩擦力抵抗水平位移。台座由台面、承力架、横梁和定位钢板等组成(图 17.7)。

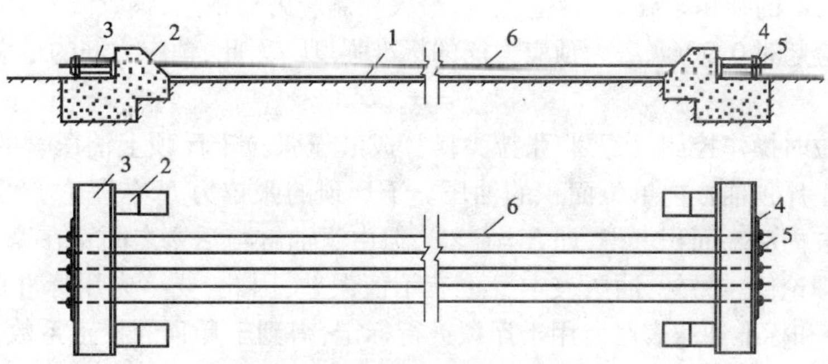

图 17.7　墩式台座构造示意

1—台面；2—承力架；3—横梁；4—定位板；5—夹具；6—预应力筋

台面有整体式混凝土台面和装配式两种，它是制梁的底模。承力架要承受全部的张拉力，因此必须保证有足够的强度、刚度，操作安全、方便。横梁将预应力筋张拉力传给承力架，常用型钢制成。定位板用来固定预应力筋的位置，其厚度必须保证承受张拉力后具有足够的刚度。定位板的圆孔位置按梁体预应力筋的设计位置确定，孔径比预应力筋大 2 ~ 5 mm，以便穿筋。

(2)槽式台座。当现场地质条件较差，台座长度不大时，可采用槽式台座(图 17.8)。槽式台座由台面、传力柱、横梁、横系梁等组成。传力柱和横系梁一般采用钢筋混凝土结构，其他部分与墩式台座相同。

2)预应力筋的张拉

先张法预应力筋可采用钢绞线、高强钢丝、精轧螺纹钢筋等。预应力筋的下料长度应根据预应力筋种类的不同通过计算确定，计算时应考虑台座长度、夹具厚度、千斤顶长度、焊接接头或镦头的预留量、冷拉伸长值、弹性回缩值、张拉伸长值和外露长度等因素。

(1)张拉前的准备工作。先在端横梁上安装预应力筋的定位钢板，检查其孔位和孔径是否符合设计要求，同时要保证最下层和最外侧预应力筋的混凝土保护层厚度。

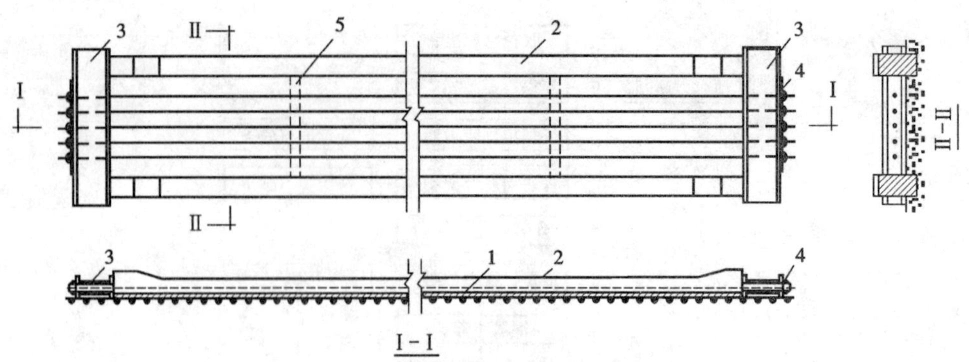

图 17.8　槽式台座构造示意

1—台面;2—传力柱;3—横梁;4—定位板;5—横系梁

检查无误后在台座上安装预应力筋,将其穿过端横梁和定位板后用夹具固定,穿筋时应注意不要碰掉台面上的隔离剂和沾污预应力筋。

采用长线法同时预制多片梁时,梁与梁间的预应力筋可用连接器临时串联。

预应力筋的控制张拉力是张拉前需要确定的一个重要数据。它由预应力筋的张拉控制应力 σ_{con} 与截面积 A_p 的乘积来确定,规范规定,最大控制应力对钢丝、钢绞线不应超过 $0.75f_{pk}$,对冷拉粗钢筋不应超过 $0.90f_{pk}$,f_{pk} 为预应力筋的标准强度。因此,预应力筋的最大控制张拉力为

$$N_{con} = \sigma_{con} \times A_p \tag{17.5}$$

为便于张拉时操作控制,还要将张拉力换算成液压张拉千斤顶上油压表的读数。油压表上的读数表示千斤顶油缸内单位面积的油压。千斤顶的张拉力 N 在理论上可由油压表读数乘以千斤顶油缸内活塞面积求得,即 $N = C \times A$,但由于油缸与活塞之间存在摩擦损失,实际的张拉力要小于理论值。另外,油压表本身也有示值误差,因此,要事先用标准压力计(如压力环或传感器等)和标准油压表对所用千斤顶进行标定,得到千斤顶的校正系数 K_1 和油压表的校正系数 K_2,则需要达到的张拉力值为 N_{con} 时,换算的油压表读数应为

$$C' = K_1 K_2 N_{con}/A \tag{17.6}$$

式中,K_1 为所用千斤顶理论计算吨位与标准压力计实测吨位之比,它随拉力值的不同而变化,一般为 1.02～1.05,如大于 1.05,则应检修活塞与垫圈;K_2 为所用油压表读数与标准油压表读数之比,它不应有 ±0.5% 上的偏差,过大时宜换新油压表。

对于张拉设备的各个部件在张拉前均应仔细检查,只有在一切无误的情况下才能开始张拉。

(2)张拉工艺。为了减少预应力筋的应力松弛损失,通常采用超张拉的方法,如果设计无明确要求,可按照表 17.5 的规定进行张拉。其中应力由 $1.05\delta_k$ 退至 $0.9\delta_k$,主要是为了设置预埋件、绑扎钢筋时的安全。初应力值一般取 δ_k 的 10%,以保证成组张拉时每根钢筋应力均匀。

表 17.5　先张法预应力筋张拉程序

预应力筋种类	张拉程序
钢筋	0→初应力→$1.05\delta_k$(持荷 2 min)→$0.9\delta_k$→δ_k(锚固)
钢丝、钢绞线	0→初应力→$1.05\delta_k$(持荷 2 min)→0→δ_k(锚固)
	对于夹片式等具有自锚性能的锚具： 普通松弛力筋 0→初应力→$1.03\delta_k$(锚固) 低松弛力筋 0→初应力→δ_k(持荷 2 min,锚固)

为了避免台座承受过大的偏心力,应先张拉靠近台座截面重心处的预应力筋。

图 17.9 所示为多根预应力筋成批张拉的平面布置图。为了使每根预应力筋受力均匀,必须使它们的初始长度保持一致。为此,可在钢筋的一端选用螺纹锚具,另一端选用墩头夹具与张拉千斤顶连接。这样就可以利用螺丝端杆上的螺帽来调整各根钢筋的初始长度。对于直径较小的钢筋,在保证精确下料长度的情况下,两端都可采用墩头夹具。

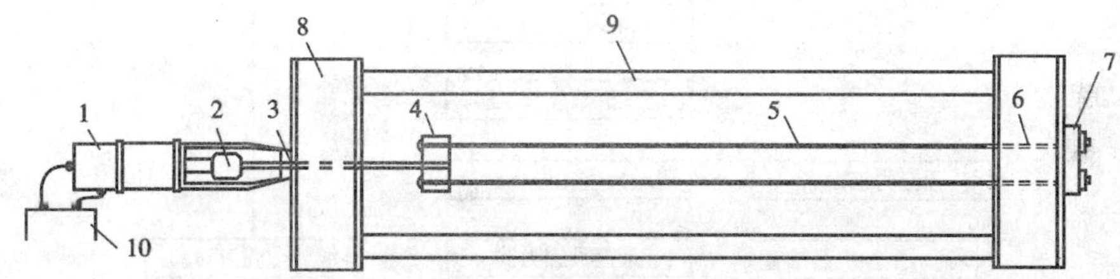

图 17.9　多根预应力筋成批张拉

1—拉杆式千斤顶;2—连接器;3—固定螺帽;4—墩头夹具;5—预应力筋;6—螺丝杆端锚具;7—定位板;8—横梁;9—传力柱;10—高压油泵

张拉时,台座两端不得站人,操作人员要站在台座侧面的油泵外侧进行工作,以保安全。达到张拉力后,要静停 2 ~ 3 min,待稳定后再锚固。

3)预应力筋的放松

预应力筋张拉并安放普通钢筋骨架、支立侧模后,即可进行混凝土浇筑工作。预应力混凝土梁的混凝土工程,除了因强度等级较高而在拌制、浇筑、振捣和养护等方面更应严格要求外,基本操作与钢筋混凝土结构相仿。此外,在台座内每条生产线上的构件,其混凝土必须一次连续浇筑完成,振捣时,应避免碰击预应力筋。

混凝土经养护达到设计规定的强度后,如设计未明确规定,应达到设计强度等级值的 75% 以上,方可放松预应力筋(称为"放张")。放松过早会造成较多的预应力损失(主要是收缩、徐变损失),或因混凝土与钢筋的黏结力不足而造成预应力筋弹性收缩滑动和在构件端部出现水平裂缝的质量事故;放松过迟则影响台座和模板的周转。放松操作时应缓慢、均匀,只有待放张结束后,才能切割每个构件端部的预应力筋。

放张的方法有多种,这里仅介绍两种常用的方法。

(1)千斤顶放松:首先要在台座上重新安装千斤顶,先将力筋稍张拉至能够逐步扭松端部固定螺帽的程度,然后逐渐放松千斤顶,让钢筋慢慢回缩完毕为止。

(2)砂筒放松:在张拉预应力之前,在承力架和横梁之间放置灌满干燥细砂的砂筒,张拉时筒内砂子被压实。当需要放张时,将出砂口打开,砂子慢慢流出,活塞徐徐顶入,直至张拉力全部放松。放张用的砂筒与图 17.2(c)所示类似。这种方法易于控制放松速度,故应用较广。

2. 后张法预应力混凝土简支梁的制作工艺

后张法制梁工艺是先制作留有预应力筋孔道的梁体,待其混凝土达到规定强度后,再在孔道内穿入预应力筋,并进行张拉和锚固,最后进行孔道压浆并浇筑梁端封头混凝土。后张法工艺较复杂,除要有与钢筋混凝土梁相同的工序外,还要增加预留孔道、预应力筋下料、穿筋、张拉锚固、压浆、封锚等工序,而且需要专用锚具和埋设件,增加了制作成本。但后张法不需要强大的张拉台座,便于在现场施工,适用于配置曲线形预应力筋的大型和重型构件,因此目前在桥梁工程中得到广泛应用。后张法的工艺流程如图 17.10 所示。

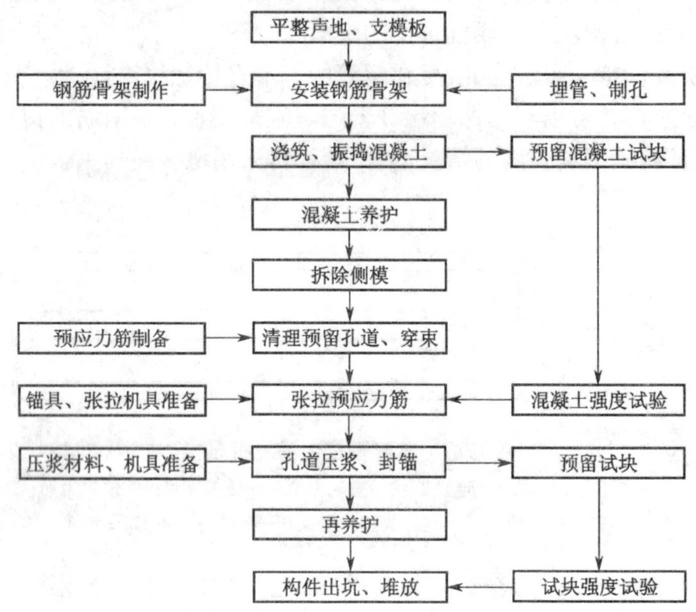

图 17.10 后张法工艺流程

1)预应力孔道的成型

预应力孔道是通过在浇筑混凝土前,按梁内预应力筋的设计位置安放制孔器形成的。制孔器可分为埋置式和抽拔式两大类。

埋置式制孔器可采用铁皮管、铝合金波纹管等,浇筑混凝土前将其预埋在预应力筋的设计位置,梁体制成后留在梁内,形成孔道壁。这种制孔器使用方便,但加工成本高,不能重复使用。铁皮管用薄铁皮制作,安装时分段连接,由于加工困难,接缝和接头处易漏浆,影响以后穿束和张拉,目前已较少采用。铝合金波纹管由制管机卷制而成,横向刚度大,不易变形和漏浆,纵向也便于弯成各种线形,与混凝土的黏结较好,目前应用较广。近年来,塑料波纹管也逐渐得到了较多的应用。

抽拔式制孔器常用的有橡胶抽拔管、金属伸缩抽拔管和钢管等。在浇筑混凝土前,将其安放在预应力筋的设计位置上,待混凝土浇筑完成并终凝后将其拔出,即在梁体内形成孔道。这种制孔器的最大优点是能够周转重复使用,经济省料,以前使用较广,目前由于波纹管的普及,已较少采用。

2)预应力筋的穿束

预应力筋可在浇筑混凝土之前或之后穿入管道,称为“穿束”。对钢绞线,可将一根钢束中的全部钢绞线编束后整体装入管道中,也可逐根将钢绞线穿入管道。穿束前,可用空压机吹风等方法清理孔道内的污物和积水,以确保孔道畅通。一般可采用人工穿束,也可借助卷扬机牵引进行。

3)预应力筋的张拉

预应力筋张拉时,构件的混凝土强度应符合设计要求,设计未规定时,不应低于设计强度等级值的75%。

张拉应按顺序对称地进行,以防偏心压力过大导致梁体出现较大的侧弯。分批张拉时,先张拉的预应力筋应考虑因后张拉其他预应力筋所引起弹性压缩的预应力损失。

预应力筋的具体张拉程序和操作方法与所用的预应力筋种类、锚具类型和张拉机具有关,应按照设计要求进行,设计无规定时,其张拉程序可参照表17.6进行。

表17.6　后张法预应力筋张拉程序

<table>
<tr><th colspan="2">预应力筋种类</th><th>张拉程序</th></tr>
<tr><td colspan="2">钢筋、钢筋束</td><td>0→初应力→1.05δ_k(持荷2 min)→δ_k(锚固)</td></tr>
<tr><td rowspan="2">钢绞线束</td><td>夹片式等具有自锚性能的锚具</td><td>普通松弛力筋0→初应力→1.03δ_k(锚固)
低松弛力筋0→初应力→δ_k(持荷2 min,锚固)</td></tr>
<tr><td>其他锚具</td><td>0→初应力→1.05δ_k(持荷2 min)→δ_k(锚固)</td></tr>
<tr><td rowspan="2">钢丝束</td><td>夹片式等具有自锚性能的锚具</td><td>普通松弛力筋0→初应力→1.03δ_k(锚固)
低松弛力筋0→初应力→δ_k(持荷2 min,锚固)</td></tr>
<tr><td>其他锚具</td><td>0→初应力→1.05δ_k(持荷2 min)→δ_k(锚固)</td></tr>
<tr><td rowspan="2">精轧螺纹钢筋</td><td>直线配筋时</td><td>0→初应力→1.03δ_k(持荷2 min,锚固)</td></tr>
<tr><td>曲线配筋时</td><td>0→δ_k(持荷2 min)→0(上述程序可反复几次)→初应力→δ_k(持荷2 min,锚固)</td></tr>
</table>

在张拉工序中需特别注意安全,尤其在张拉或退楔时千斤顶后方不得站人,以防预应力筋拉断或锚具、楔块弹出伤人。高压油泵在有压情况下,不得随意拧动油泵或千斤顶各部位的螺丝。油管接头处应加防护套,以防喷油伤人。已张拉完而尚未压浆的梁,严禁剧烈震动,以防预应力筋断裂而酿成重大事故。

4)孔道压浆与封锚

孔道压浆是为了保护预应力筋不致锈蚀,并使力筋与混凝土黏结成整体,从而减轻锚具的受力,提高梁的承载能力、抗裂性能和耐久性。孔道压浆用专门的压浆泵进行,压浆时要求密实、饱满,并应在张拉后尽早完成。

(1)准备工作。压浆前切断锚外钢丝时,应采取降温措施,以免锚具和预应力筋因过热而产生滑丝;用环氧砂浆或棉花和水泥浆填塞锚塞周围的钢丝间隙;用压力水冲洗孔道,排除孔内粉渣杂物,确保孔道畅通,并吹去孔内积水。

(2)水泥浆的制备。宜采用硅酸盐水泥或普通水泥。水泥的强度等级不宜低于42.5,水泥不得含有任何团块。火山灰质水泥与矿渣水泥由于凝固慢、泌水率高,均不宜使用。水泥浆强度应符合设计规定,设计无具体规定时,应不低于30 MPa。

水泥浆的水灰比应为0.4～0.45。为了防止腐蚀预应力筋，掺加外加剂时需验明其中不含氯盐，不得掺用加气剂，可掺入适量的塑化剂以增强水泥浆的流动性，也可掺加铝粉（膨胀剂），但其自由膨胀率应小于10%。当孔道直径较大而预应力筋的直径较小时，可掺适量细砂以减少水泥用量，减小水泥浆体积收缩并提高强度。

水泥浆自拌制至压入孔道的延续时间，视气温情况而定，一般在30～45 min。水泥浆在使用前和压注过程中应连续搅拌。对于因延迟使用而导致流动度降低的水泥浆，不得通过加水来增加其流动度。

(3)压浆程序和操作方法。压浆工艺有“一次压注法”和“二次压注法”两种，前者用于长度不大的直线形孔道，后者用于较长的孔道或曲线形孔道。

压浆压力以0.5 MPa～0.7 MPa为宜，如压力过大，易胀裂孔壁。压浆顺序应为先下孔道后上孔道，以免上孔道漏浆把下孔道堵塞。直线孔道压浆时，应从构件的一端压到另一端，曲线孔道压浆时，应从孔道最低处开始向两端进行。

二次压浆时，第一次从甲端压入，直至乙端流出浓浆时将乙端的阀门关闭，待灰浆压力达到要求且各部再无漏水现象时再将甲端的阀门关闭。待第一次压浆后30 min，打开甲、乙端的阀门，自乙端再进行第二次压浆，重复上述步骤，待第二次压浆完成30 min后，卸除压浆管，压浆工作便完成了。

(4)封锚。为了避免锚头锈蚀，并防止其在运营过程中松动，应将锚固端用混凝土封固。

孔道压浆后应立即将梁端水泥浆冲洗干净，并将端面混凝土凿毛。在绑扎端部钢筋网和安装封端模板时，要妥善固定，以免在浇筑混凝土时因模板变位而影响梁长。封端混凝土的强度应不低于梁体的强度。混凝土浇筑完成后，应进行养护。

【小测验】

一、选择题

1. 后张法预应力施工是利用(　　)进行预应力钢筋张拉。

A. 构件本身作为张拉台座　　B. 临时设置的张拉台座

C. 模板支架作为张拉台座　　D. 预制场永久性的张拉台座

2. 现场T形薄壁梁肋浇捣时，一般应选用(　　)。

A. 附着式振捣器　B. 平板式振捣器　C. 振动台　D. 插入式振捣器

二、判断题

1. 预应力结构使用的混凝土，在拌和时添加适当的加气剂或氯盐，可改善混凝土的工作性能。(　)

2. 预应力结构浇筑混凝土时，对锚固处的振捣应给予特别注意，以确保浇筑质量。(　)

3. 孔道压浆前，应先压水冲洗孔道。(　)

三、思考题

1. 简述先张法、后张法预应力混凝土构件的基本作业工序。

2. 预应力筋张拉采用“双控”的含义是什么？

3. 预应力张拉前对张拉设备有何要求？

4. 简述先张法预应力混凝土构件的制作工艺。

5. 简述后张法预应力混凝土构件的制作工艺。

17.4　装配式简支梁的运输与安装

【知识点】现浇施工法，简支式梁、板构件的安装

【问题】现浇施工法有哪些特点？简支式梁、板构件的安装方法有哪些？

【名词解释】自行式吊车架梁　跨墩龙门吊架梁　浮运架梁　架桥机架梁

1.现浇钢筋混凝土简支梁桥的施工

现浇施工法是一种传统的桥梁施工方法，它是在桥位处搭设支架作为工作平台，并在支架上安装模板，绑扎及安放钢筋骨架，现场浇筑混凝土以形成梁体结构的施工方法。

现浇施工法的特点有：①无需专门的预制场地和大型起重、运输设备；②梁体结构中横桥向的主筋不中断，结构的整体性好；③支架、模板等周转材料用量大、周期长，施工工期长、费用高；④施工受季节影响大，质量不易控制，施工管理较复杂。

目前这种方法多用于中小跨径桥梁或交通不便的偏远地区，在一些结构复杂的异型桥、弯桥等混凝土桥中也经常采用。图17.11所示为现浇钢筋混凝土简支梁桥的施工工艺流程。

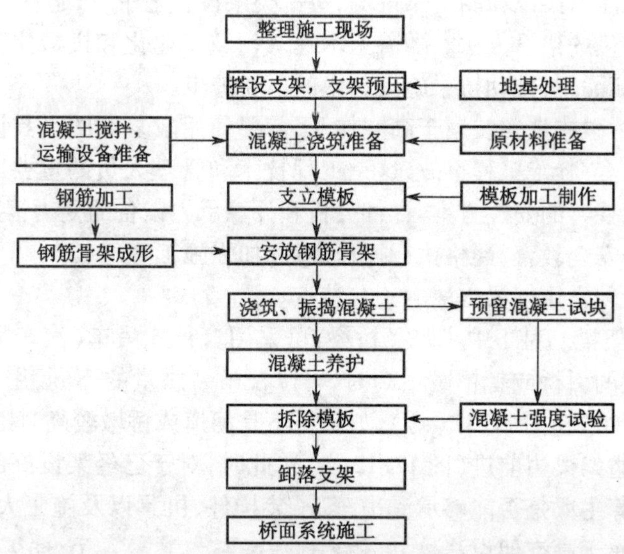

图17.11　现浇钢筋混凝土简支梁桥的施工工艺流程

2.装配式简支梁的运输与安装

为了将构件预制厂或桥梁施工现场预制的梁板构件安放到桥孔设计位置，还需要完成两个重要的施工过程，即构件的水平运输和垂直安装。

1)预制构件的运输

从工地预制场至桥头的运输称场内运输，通常需铺设钢轨便道，由预制场的龙门吊车或木扒杆将梁装上平车后用绞车牵引运抵桥头。对于小跨径梁或规模不大的工程，也可设置木板便道，利用钢管或硬圆木作滚子，使梁靠两端支撑在几根滚子上用绞车拖曳，边前进边换滚子运至桥头。为使构件平稳前进以确保安全，通常在用牵引绞车徐徐向前拖拉的同时，后面的制动索应跟着慢慢放松，以控制前进的速度。

从构件预制厂至施工现场的运输称场外运输，当预制工厂距桥梁工地较远时，通常可用大型平

板拖车、火车或驳船将梁运至工地存放,或直接运至桥头或桥孔下进行架设。

当采用水上浮吊架梁而需要使预制梁上船时,运梁便道应延伸至河边,并修筑临时栈桥(码头)。

运输过程中,构件的放置要符合受力方向,一般应竖立放置,为了防止构件发生侧倾、滑动或跳动等现象,需要在构件两侧采用斜撑和木楔等进行临时固定。

构件运输之前,首先要将其从预制底模上移出来,称为“出坑”或“出槽”,然后在预制场地内合适的位置堆放待运。出坑的方法视构件重量、外形尺寸和设备条件而定,通常可采用龙门吊、汽车吊、扒杆等起吊设备,或横向滚移出坑。梁在起吊和堆放时,应按设计规定的位置布置吊点或支撑点。

2)预制构件的安装

预制梁的安装是装配式桥梁施工中的关键工序,应结合施工现场条件、工程规模、桥梁跨径、工期条件、设备能力等具体情况,以安全、可靠、经济、适用、快速为原则,合理选择架梁的方法。

简支式梁、板构件的安装,一般包括起吊、纵移、横移、落梁就位等工序。从架梁的工艺类别来分,有陆地架设、浮吊架设和高空架设等,每一类架设工艺中,按起重、吊装等机具的不同,又可分成各种独具特色的架设方法。随着土木建筑领域工业化和机械化程度的不断提高,新的架桥工艺、设备不断涌现,推动桥梁施工技术的不断进步。

必须强调指出,桥梁构件安装属于高空作业,需要使用较复杂的机具设备,施工过程中必须确保施工人员的安全,杜绝工程事故,这是工程技术和管理人员的重要职责。因此,在施工前应研究制订周到而妥善的安装方案,详细分析和计算承力设备的受力情况,采取周密的安全措施。在施工中加强安全教育,严格执行操作规程,加强施工管理工作。

下面简要介绍几种常用架梁方法的工艺特点。

(1)自行式吊车架梁。对于中小跨径桥梁,可采用自行式吊车(汽车吊或履带式吊车)安装构件。如果是岸上的引桥或者桥墩不高时,可以视吊装质量的不同,用一台或两台(抬吊)吊车直接在桥下进行吊装(图17.12(a));如果桥下是河道或桥墩较高时则将吊车直接开到桥上,利用吊机的伸臂边架梁边前进(图17.12(b)),此时,对于已经架设好的主梁,当横向尚未联成整体时,必须验算主梁是否能够承受吊车、吊装构件、机具以及施工人员的重力。前者属于陆地架设法,后者属于高空架设法。

自行式吊车架梁的特点是机动性好,不需要其他动力设备,不需要准备作业,架梁速度快,因此应用较为广泛。

(2)跨墩龙门吊架梁。对于桥梁高度不大,孔数较多,沿桥墩两侧铺设轨道不困难的情况,可以采用跨墩龙门吊来架梁(图17.13)。除了吊车行走轨道外,在其内侧尚应铺设运梁轨道,或者设便道用包车运梁。梁运到后,用龙门吊起吊、横移,并安装在预定位置。一孔架设完成后,吊车前移,再架设下一孔。

河滩上如有浅水,可在水中填筑临时路堤,水较深时可修建临时便桥,在临时路堤或便桥上铺设轨道,供龙门吊行走。此时应与其他方法进行技术经济比较。

本法属于陆地架设法,其优点是架设安装速度较快,不需要特别复杂的技术工艺,作业人员较少,河滩无水时也较经济。但龙门吊机的设备费用较高,尤其是桥墩较高的情况。

(3)浮运架梁。浮运架梁法是将预制构件移装到浮船上,浮运到架设桥孔后用吊装设备

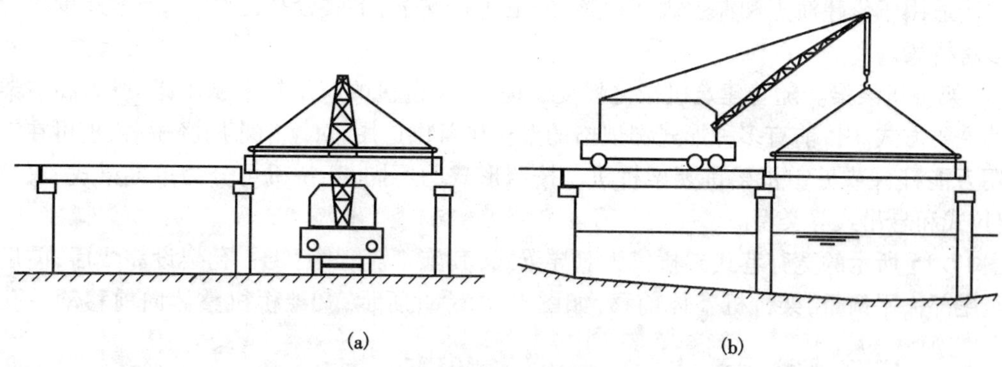

图 17.12　自行式吊车架梁示意

(a)陆地架设　(b)高空架设

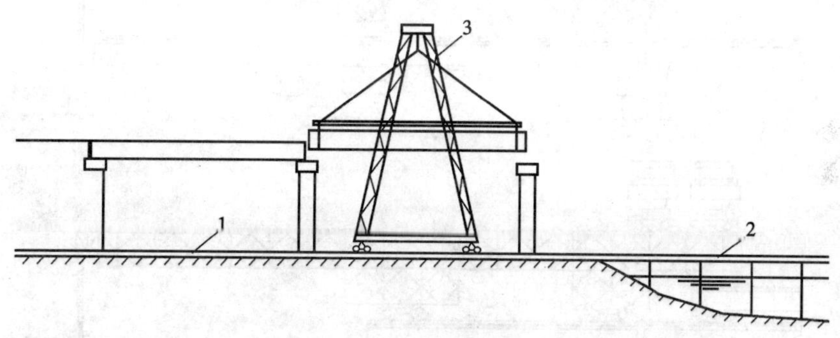

图 17.13　跨墩龙门吊架梁示意

1—轨道;2—便桥;3—龙门吊

将梁安装就位。采用浮运架梁法的适用条件:需有适当的水深,一般宜大于 2 m;水位平稳或涨落有规律;流速及风力不大;河岸能修建适宜的构件装卸码头;具有坚固适用的船只和起吊设备。

浮运架梁可采用几种方法:①预制梁装船浮运至架设孔,用船载吊机吊装就位;②若装载预制梁的船本身无起吊设备,可用另外的浮吊吊装就位(图 17.14);③用装设在墩顶的起吊设备吊装就位。

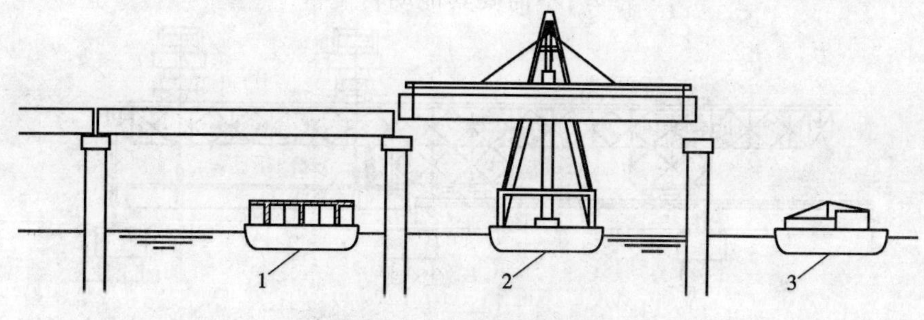

图 17.14　浮吊架梁示意

1—装梁船;2—浮吊;3—牵引船

本法适用于修建海上和深水大河桥梁,施工比较安全,工效较高,可用一套浮运设备架设安装多跨桥梁。

(4)架桥机架梁。随着建筑机械化程度的提高,架桥机的应用越来越广泛,成为高空架梁法中的主要方式。目前有多种形式和规格的架桥机可供选用,对于中小跨径桥梁,也可在工地现场用万能杆件或贝雷桁架拼装架桥机。按照形式的不同,架桥机可分为单导梁式、双导梁式、斜拉式和悬吊式等类型。

图 17.15 所示的宽穿巷式架桥机为双导梁式,其施工流程为:①一孔架设完成后,前后横梁移至尾部作平衡重,架桥机整体前移,如图 17.15(a)所示;②架桥机整体向前移动一孔位

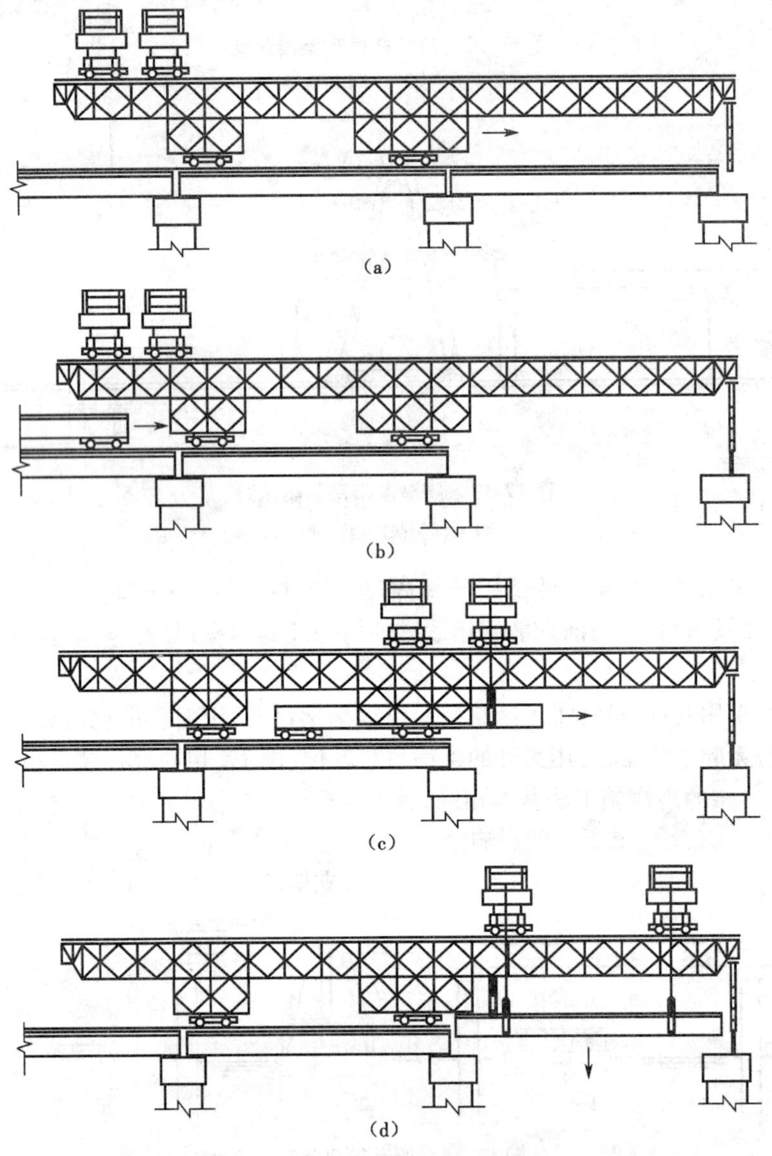

图 17.15 宽穿巷式架桥机的构造及施工流程示意

(a)架桥机整体前移 (b)架梁装载在运梁平车上向前移动

(c)继续前移 (d)落梁就位

置，将前支腿支撑在墩顶上，待架梁装载在运梁平车上向前移动，如图 17.15(b)所示；③待架梁前端接近吊装孔时，前横梁吊机将其吊起，梁的后端仍放在运梁平车上，继续前移，如图 17.15(c)所示；④后横梁吊机吊起梁的后端，缓慢前移，纵向对准梁位后，固定前后横梁，吊机沿横梁横移，落梁就位，如图 17.15(d)所示。

采用架桥机架梁的优点是不受水深和墩高的影响，并且在作业过程中不影响桥下泄洪、通航或通车。但其作业比较复杂，需要熟练的操作人员，而且架梁前的准备工作和架梁后的拆除工作比较费时，因此，用于孔数较多的桥梁比较经济。

【小测验】

思考题

1. 混凝土简支梁桥的施工方法有哪几种，各自的特点和适用条件是什么？
2. 现浇施工法有哪些特点？

17.5　连续梁桥施工

【知识点】连续梁桥施工

【问题】简述逐孔施工法的施工步骤？简述移动模架施工的方法？简述装配-整体施工的施工步骤？悬臂施工法的分类有哪些？顶推施工法的施工要点有哪些？

【名词解释】逐孔施工法　节段施工法　移动模架施工　支架施工　装配-整体施工　悬臂施工法　悬臂浇筑法　悬臂拼装法　顶推施工法

连续梁桥的构造和受力特点与简支梁桥有很大的区别，由于其主梁的长度和重量大，除采用整体支架现浇的方法外，一般很难像简支梁那样将整根梁一次浇筑或架设完成。目前连续梁桥常用的施工方法主要有逐孔施工法、悬臂施工法和顶推施工法等，这几种方法也可统称为“节段施工法”。本节主要介绍逐孔施工法，并简要介绍悬臂施工法和顶推施工法。

1. 逐孔施工法

1)支架施工

在支架上浇筑连续梁时，其支架、模板、钢筋工程、混凝土工程等各主要施工过程与本章第1节关于简支梁桥的现浇施工法基本相同，所不同的是连续梁在中墩支点处结构连续，为超静定结构，所以必须重视以下因素的影响。

(1)不均匀沉降的影响。墩、台的刚度比临时支架的刚度大得多，支架及其基础的不均匀沉降往往导致主梁在支点截面处开裂。

(2)混凝土收缩的影响。由于每次浇筑的梁段较长，混凝土的收缩受到桥墩、支座摩擦力和先浇部分混凝土的约束，也容易引起主梁开裂。为了在施工过程中消除上述影响，可采用设置工作缝或者分段浇筑的方法。工作缝应设在主梁弯矩和剪力较小的部位，一般可设在墩台的顶部(图 17.16(a))。若支架采用了较大跨径的梁式构件，则在其两端支点上方也应设置工作缝(图 17.16(b))。

梁段间工作缝宽度一般为 0.8～1.0 m，两端用木板与梁体隔开，并留出钢筋通过的孔洞。待梁体混凝土浇筑完成，沉降和收缩稳定后，再拆除隔板，凿毛并清洗端面，然后浇筑接缝混凝土。

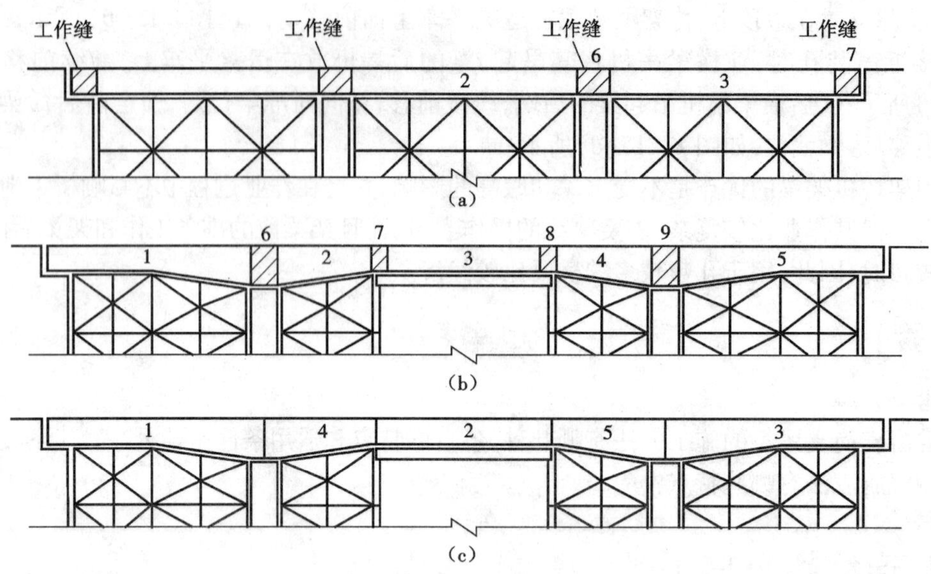

图 17.16 工作缝设置及浇筑次序

(a)工作缝设在墩台的顶部 (b)两端支点设置工作缝 (c)不设工作缝

有时为了避免设置工作缝的麻烦,也可以采取不设宽工作缝的分段浇筑法,如图 17.16(c)所示。其中的 4、5 段需待 1、2、3 段达到足够强度后才能浇筑。

每个分段应根据实际情况采用水平分层法或斜层法浇筑混凝土。当桥面较宽、混凝土数量较大时,可将梁分成若干纵向单元分别浇筑。

2)移动模架施工

移动模架施工法是利用机械化支架和装配式模板逐跨移动,现浇混凝土施工。它像一座设在桥孔上的活动预制场,随着模架的不断移动实现连续浇筑施工。常用的移动模架可分为支撑式模架和悬吊式模架两大类。

图 17.17 所示为支撑式移动模架的构造简图。它由承重梁、导梁、台车、桥墩托架和模架等构件组成。在桥墩两侧各设置一根承重梁,用来支撑模架和承受施工重力。承重梁的长度要大于桥梁跨径,浇筑混凝土时承重梁支撑在桥墩托架上。导梁主要用于运送承重梁和模架,因此,其长度应大于两倍桥梁跨径。前端台车在导梁下行走,后端台车在已建成的梁上行走。其施工流程为:浇筑混凝土,混凝土达到规定强度后施加预应力;脱模卸架,用台车将承重梁和模架运送至下一桥孔;承重梁就位后,再将导梁向前移动,准备下一循环的浇筑工作。

施工时,应通过计算确定,连续梁分段时的接头部位应放在弯矩最小的部位,若无详细计算资料,可以取离桥墩 1 m 处。预应力筋锚固在浇筑缝处,浇筑下一孔梁段前再用连接器将预应力筋接长。

移动模架法适用于 20 ~ 50 m 跨径的等截面连续梁桥,也可以用来修建多跨简支梁桥。此法有以下特点:不需要设置地面支架,施工不受河流、道路、桥下净空和地基等条件的影响;机械化程度高,劳动力少,质量好,施工速度快,安全可靠;要下部结构稍提前施工,之后上下部结构可同时平行施工,缩短工期,而且施工从一端推进,梁建成后就可用作运输便道;整套设备投资较大,准备工作较复杂,要求施工人员具有较熟练的操作技术,用于长度较大、孔数较多的桥

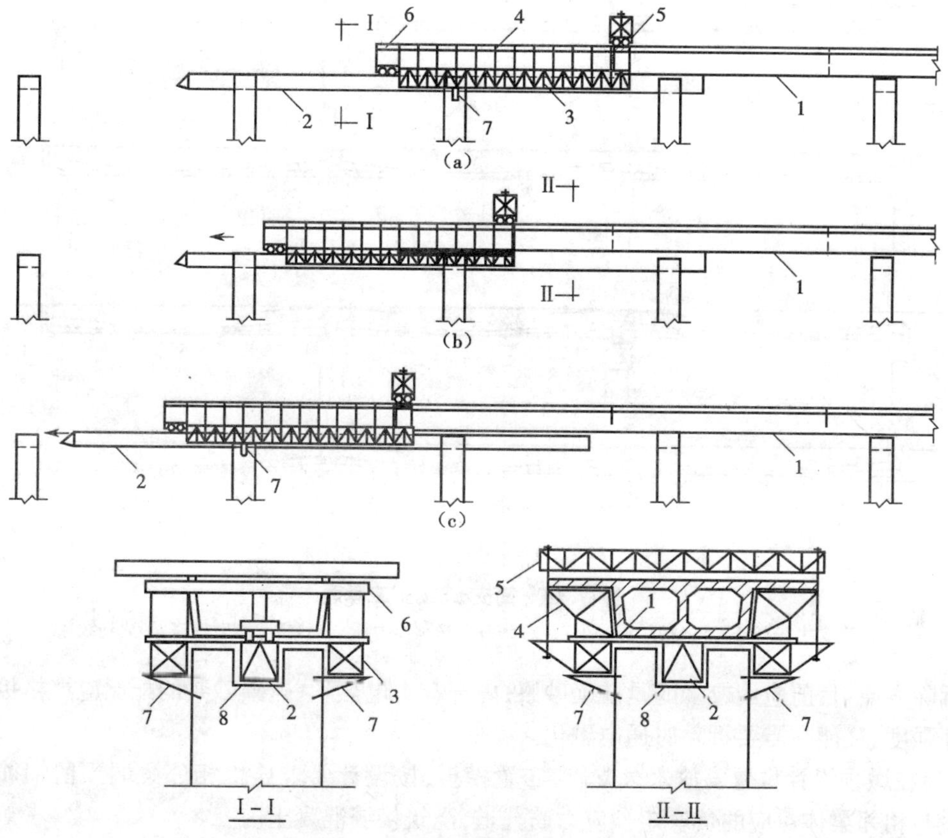

图 17.17　移动模架构造及施工流程示意

(a)浇筑混凝土,施加预应力　(b)脱模移动承重梁　(c)移动导梁

1—已浇筑的梁;2—导梁;3—承重梁;4—模架;5—后端横梁和悬吊台车;

6—前端横梁和支撑台车;7—桥墩支撑托架;8—墩台留槽

梁较经济。

3)装配-整体施工

装配-整体施工法的基本构思是:将整根连续梁按吊装能力先分段预制,然后用各种安装方法将预制构件安装至墩、台或临时支架上,再现浇接头混凝土,最后通过张拉部分预应力筋,使梁体集整成连续体系。用此法施工可以避免采用满堂支架,最大限度地减少在桥上现浇混凝土的数量,并能使上部结构的预制工作和下部结构的施工同时进行,显著缩短工期。在施工中可采用简支-连续、单悬臂-连续以及双悬臂-连续三种分段方式。

其中简支-连续的方式(图 17.18)为代表形式,其施工方法简单,质量可靠,可适应空心板、T 形梁、箱形梁等多种截面形式,便于工厂化生产、装配式施工,可用简支梁的施工工艺达到建造连续梁桥的目的,因此近年来在中小跨径连续梁桥中得到了广泛应用。其施工过程如下。

(1)按简支梁预制梁体构件,并张拉正弯矩预应力筋;预制时应预留顶板负弯矩预应力孔道,并预设齿板,预留工作入孔。

(2)根据施工条件用各种方法将梁体安装就位,支撑在墩顶两侧的临时支座上;为使临时

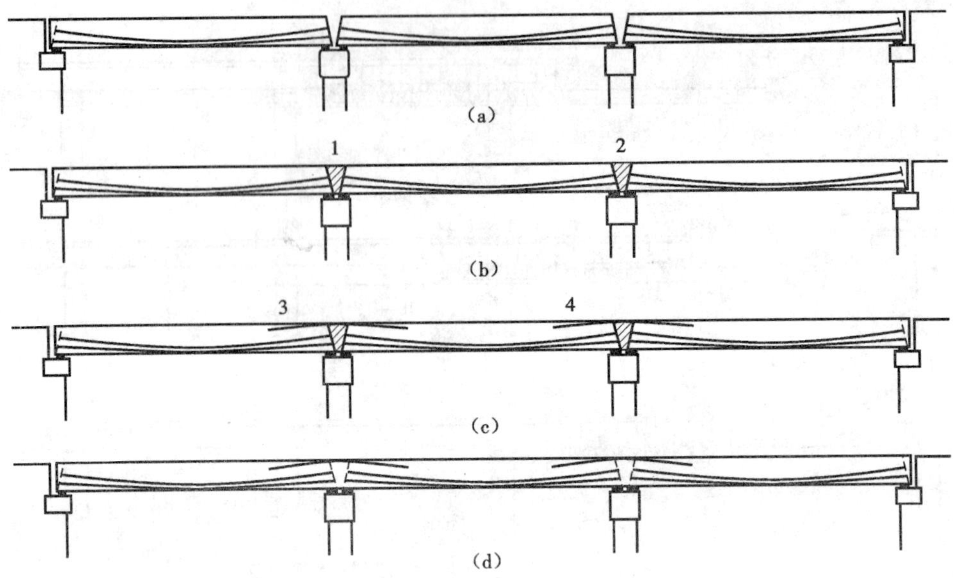

图 17.18 简支-连续施工示意

(a)简支状态 (b)现浇接缝混凝土 (c)张拉上缘预应力筋 (d)拆除临时支座,形成连续梁

支座拆除方便,目前应用较多的是硫磺砂浆,内部盘有电热丝;硫磺砂浆的配比应严格控制,既要保证强度,又能在需要拆除时通电融化。

(3)在墩顶设计位置安放永久支座,布置模板,按设计要求连接相邻梁端预留钢筋,在顶部布设与相邻梁体对应的负弯矩预应力筋孔道,浇筑接缝混凝土。

(4)接缝混凝土养护达到规定强度后,拆除模板,穿束张拉承受墩顶负弯矩的预应力筋并锚固,拆除临时支座,使结构转换成连续体系。接缝大样见图 17.19。

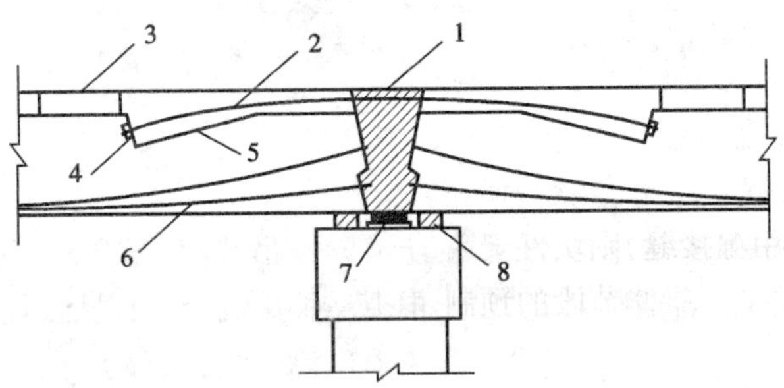

图 17.19 简支-连续接缝大样

1—现浇钢筋混凝土(普通钢筋未示出);2—上缘预应力筋;3—人孔;4—锚具;5—齿板;6—下缘预应力筋;7—永久支座及垫石;8—临时支座

2. 悬臂施工法

悬臂施工法是以桥墩为中心,向两岸对称地进行逐节悬臂接长的施工方法。现代的悬臂施工法最早主要用来修建预应力混凝土 T 形刚构桥。由于其独特的优越性,后来又被推广应用于建造预应力混凝土连续梁桥、连续刚构桥、斜拉桥和拱桥等。

按照悬臂接长的方式不同,悬臂施工法可分为悬臂浇筑法和悬臂拼装法两大类。

1)悬臂浇筑法

悬臂浇筑是以桥墩为中心,在悬吊模架(挂篮)上向两岸对称平衡地浇筑梁端混凝土,待每段混凝土养护并达到规定强度后,张拉预应力筋并锚固,再将挂篮前移,以供浇筑下一节段之用。图 17.20 所示为悬臂浇筑法的施工概貌。

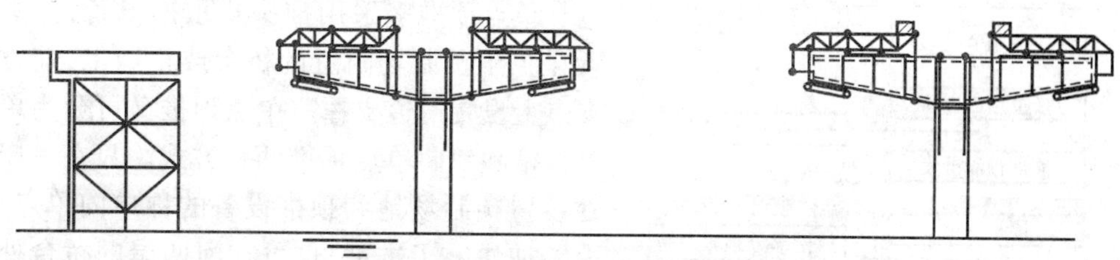

图 17.20　悬臂浇筑法施工概貌

悬臂浇筑的每个节段长度一般为 3 ~ 4 m,特大桥也不宜超过 6 m。节段太长,将增加混凝土自重与挂篮结构的重量,同时还要相应增加平衡重或挂篮后的锚固设施;节段过短,影响施工进度。因此应根据设备条件、受力情况以及工期等因素,选择合适的节段长度。

挂篮是悬臂浇筑的主要施工设备,它是一个能够沿轨道行走的活动模架,悬挂在已经张拉锚固的梁段上。在挂篮上可进行下一节段的模板、钢筋的安装,预留孔道,混凝土浇筑和预应力张拉、压浆等工作。完成一个循环后,挂篮即可前移一个节段,再固定在新的节段位置上,如此循环直至悬臂梁浇筑完成。

2)悬臂拼装法

悬臂拼装法施工是在工厂或桥位附近将梁体沿轴线划分成适当长度的节段进行预制,然后将预制节段运至架设地点,用悬拼吊机起吊后向桥墩两侧对称均衡地拼装就位,张拉预应力筋,重复这些工序直至拼装完全部节段为止。

悬拼施工适用于预制场地及吊运条件好、工程量大、工期较短的连续梁、刚构桥的施工。其主要优点是梁体块件的预制和下部结构的施工可同时进行,拼装成桥的速度较现浇的快,可显著缩短工期;块件在预制场内集中制作,质量较易保证;混凝土收缩、徐变的影响小,可减少预应力损失;施工不受气候影响。其缺点是需要占地较大的预制场地;为了移运和安装,需要大型的机械设备,如不用湿接缝,则块件安装的位置不易调整。

悬拼施工工序主要包括梁体节段的预制、移位、堆放、运输,节段起吊和拼装,合拢段施工以及结构体系转换。

3. 顶推施工法

顶推施工是在沿桥纵轴方向的台后设置预制场地,分节段预制梁体,并用纵向预应力筋将预制节段与施工完成的梁体联成整体,然后通过水平千斤顶施力,将梁体向前顶推出预制场地,之后继续在预制场进行下一节段梁的预制,循环操作直至施工完成。图 17.21 所示为连续梁桥采用顶推法施工的主要工序。

由于不需要大型起重设备,梁体预制节段的长度可适当增加,一般可取 10 ~ 20 m。在顶推过程中为了减少悬臂负弯矩,一般要在梁的前端安装一节长度为顶推跨径 0.6 ~ 0.7 倍的钢导梁,导梁应自重轻而刚度大。当跨径较大时,可能需要在桥墩间设置临时支墩。顶推装置和滑道是顶推法中重要的施工设备。

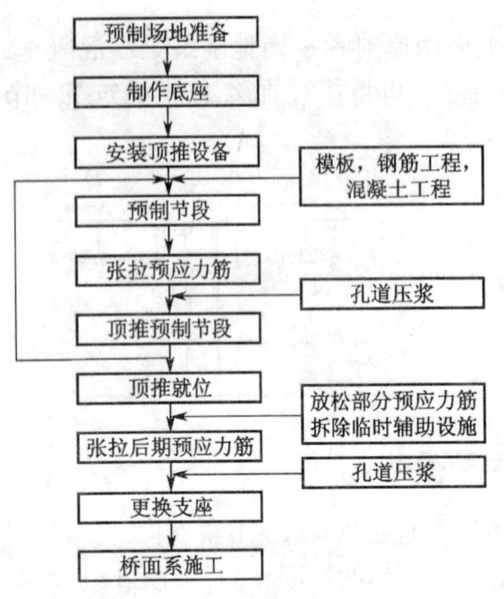

图 17.21　顶推施工工艺流程

顶推法施工按照顶推设备的布置方式可分为单点顶推和多点顶推;按照顶推的方向可分为单向顶推和双向顶推。

1)单点顶推

单点顶推多采用推头式顶推设备,并集中布置在主梁预制场附近的桥台或桥墩上,前方墩各支点上设置滑道支撑。单点顶推又可分为单向单点顶推和双向单点顶推两种方式。只在一岸桥台处设置预制场地和顶推设备的称单向单点顶推;为了加快施工进度,也可在河两岸的桥台处设置预制场地和顶推设备,从两岸向河中顶推,这样的方法称为双向单点顶推。

图 17.22(a)为单向单点顶推施工的示意图,图 17.22(b)为三跨不等跨连续梁采用双向单点顶推施工的示意图,用此法可以不设临时墩而修建中跨跨径较大的连续梁桥。

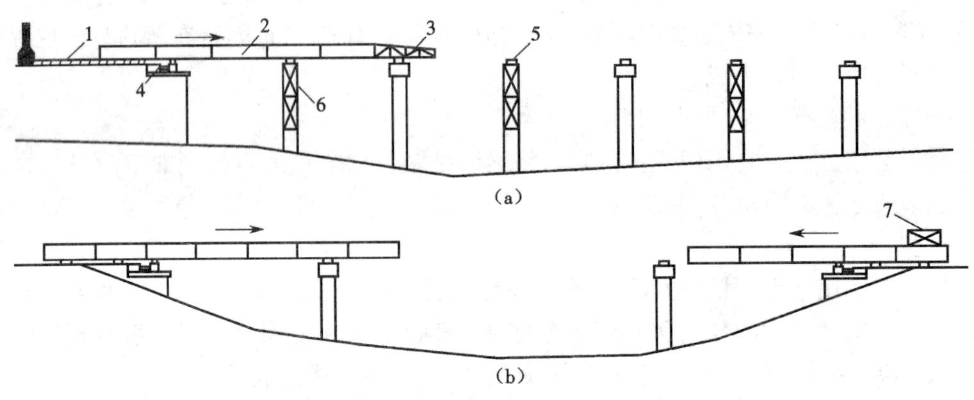

图 17.22　单点顶推施工示意

(a)单向单点顶推施工　(b)双向单点顶推施工

1—制梁场;2—梁段;3—导梁;4—顶推装置;5—滑道支撑;6—临时墩;7—平衡重

2)多点顶推

多点顶推是在每个墩台上设置一对小吨位的水平千斤顶,将集中的顶推力分散到各墩上。由于利用水平千斤顶传给墩台的反力来平衡梁体滑移时在桥墩上产生的摩擦力,从而使桥墩在顶推过程中承受较小的水平力,因此可以在柔性墩上采用多点顶推施工。同时,多点顶推所需的顶推设备吨位小,容易获得,因此在采用顶推法施工的预应力混凝土连续梁桥中应用较多。顶推装置一般多采用拉杆式。

图 17.23 所示为多联多跨桥梁采用多点顶推方式使每联单独顶推就位的施工示意图。在此情况下,在每个墩顶上均需设置顶推装置,且梁的前后端都应安装导梁。

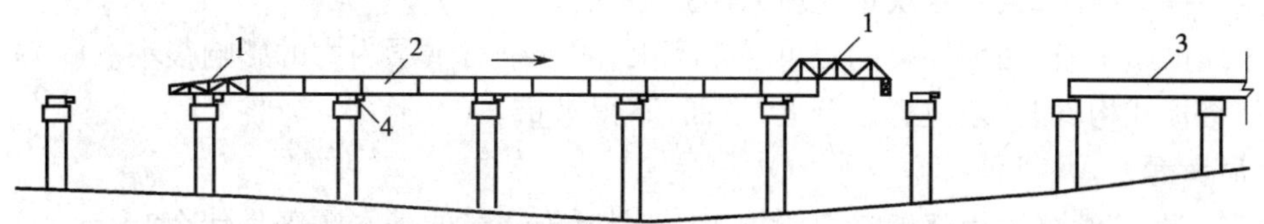

图 17.23 多点顶推施工示意

1—导梁;2—梁段;3—已施工完成的梁;4—顶推装置

【小测验】

一、选择题

1. 顶推法施工中采用4点顶推时,各顶推装置应(　　)运行。

A. 2步　　B. 3步　　C. 4步　　D. 同步

2. 在浇筑箱梁顶板和翼板混凝土时,为防止混凝土开裂,浇筑顺序应为(　　)。

A. 从内侧向外侧分两次完成　　B. 从内侧向外测一次完成

C. 从外侧向内侧分两次完成　　D. 从外侧向内侧一次完成

3. 下列(　　)不是钢筋混凝土连续梁的施工方法。

A. 悬臂浇筑法　　B. 先简支后连续的施工方法

C. 转体施工法　　D. 顶推法

二、多选题

1. 桥梁上部结构既可用预制法,又可用现浇法施工的技术有(　　)。

A. 逐段悬臂平衡施工　　B. 逐孔施工

C. 顶推法施工　　D. 转体施工

E. 缆索吊装施工

2. 桥梁上部结构只能用预制法施工的技术有(　　)。

A. 逐段悬臂平衡施工　　B. 逐孔施工

C. 顶推法施工　　D. 转体施工

E. 缆索吊装施工

3. 桥梁上部结构的转体施工按转动方向分为(　　)施工法。

A. 斜向转体　　B. 竖向转体　　C. 平面转体　　D. 空间转体

4. 桥梁上部结构采用缆索吊装施工时,其缆索吊装设备按用途和作用可以分为(　　)等基本组成部分。

A. 主索　　B. 工作索　　C. 塔架　　D. 锚固装置

5. 简支梁桥常用的施工方法主要有(　　)。

A. 顶推施工　　B. 现浇施工　　C. 悬臂施工　　D. 预制安装施工

6. 悬臂拼装施工的主要工序包括(　　)。

A. 块件预制　　B. 吊装定位　　C. 预应力张拉　　D. 施工接缝处理

三、判断题

1. 挂篮是一个能沿着轨道行走的活动脚手架。(　)

2. 悬臂浇筑施工时,合拢工作宜在高温时进行。(　)

3. 悬臂拼装施工,其0号块也大多采用拼装施工。( )

4. 在顶推施工时,因为导梁的自重通常不大,故导梁对主梁内力的影响很小。( )

5. 吊移板式构件时,须注意区分上、下面,不得吊错。( )

四、思考题

1. 简支梁、连续梁采用就地浇筑法施工时,混凝土浇筑的基本顺序是什么?

2. 简述简支梁、连续梁采用就地浇筑法施工时,支架拆除的要求。

3. 悬臂浇筑与悬臂拼装各有何特点?

4. 说明桥梁上部结构施工时,就地浇筑与预制拼装这两种方法的特点。

5. 采用平衡悬臂法施工的三跨连续梁,计算其主梁自重内力应经过哪五个主要阶段?请画出各阶段主梁自重内力计算图。

17.6 斜拉桥施工

【知识点】斜拉桥施工

【问题】拉索技术主要围绕哪三个方面展开?斜拉索的引架作业方法有哪些?

【名词解释】引架作业　拉索技术　张拉作业

斜拉桥的斜拉索由两端的锚具、中间的拉索传力件及防护材料三部分组成,称为拉索组装件。拉索的材料有钢丝绳、粗钢筋、高强钢丝和钢绞线等。

拉索技术主要围绕三个方面展开,其一是如何使拉索与锚具的组装件能在斜拉桥整个使用年限内经受得起高幅度的应力变化,即锚具应具备优良的抗疲劳性能;其二,如何保证拉索组装件具备绝对可靠的、永久性的防护;其三,在保证拉索组装件可靠、耐久的前提下,力争施工方便,造价低廉。

斜拉索的安装大致分为引架作业和张拉作业两步。斜拉索的引架作业是将斜拉索引架到桥塔锚固点和主梁锚固点之间的位置上,其作业方法一般有以下四种。

(1)在工作索道上引架。该方法是先在斜拉索的位置下安装一条索道,斜拉索沿着工作索道引架就位。

(2)由临时钢索及滑轮吊索引架。该方法在待引架的斜拉索之上先安装一根临时钢索,称为导向索,斜拉索沿着导向索滑动并与牵引索相连接在滑动吊钩上,用吊车引架就位。

(3)利用吊装天线引架。如图17.24所示。

(4)利用卷扬机或吊车直接引架。该方法最为简捷,特别适合于密索体系悬臂施工。在施工时,先在塔顶预埋扣件,挂上滑轮组,利用桥面上的卷扬机和牵引绳通过转向滑轮和塔顶滑轮将斜拉索起吊,一端塞进箱梁,一端塞进桥塔。该方法在吊装过程中可能损伤拉索外防护材料,需在施工过程中采取措施加以保护。

斜拉索的张拉作业大致有以下三种。

(1)用千斤顶将塔顶索鞍顶起。每对索鞍都支撑在各自的鞍座上,鞍座先就位在低于其最终位置处,当斜拉索引架就位后,将鞍座顶到其预定的高程,使斜拉索张拉达到其承载力。

(2)在支架上将主梁前端向上顶起。斜拉索引架时处于不受力状态,比受力状态时要短,为此,于主梁与斜拉索的连接点上将梁顶起。斜拉索引架就位后放下千斤顶使斜拉索受力。

(3)千斤顶直接张拉。该方法是最方便的方法,其张拉工艺同前。

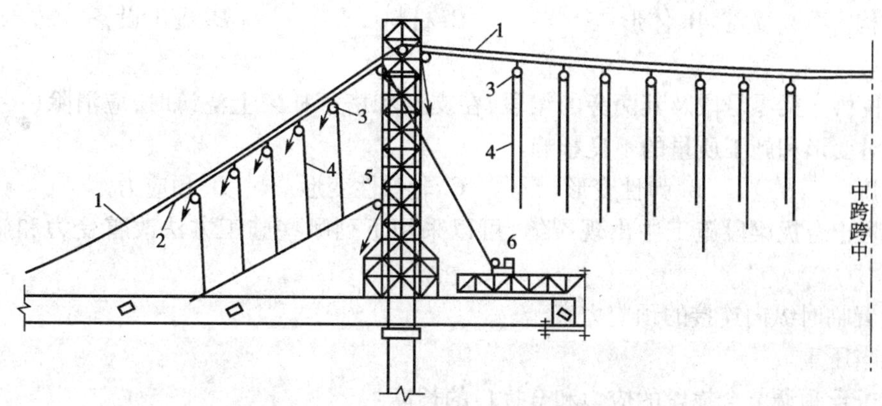

图 17.24　吊装天线布置

1—主索;2—拉索;3—单门滑车;4—白棕绳;5—滑车;6—电动绞车

【小测验】

一、单选题

1. 索塔的施工可视其结构、体形、材料、施工设备和设计综合考虑选用合适的方法。裸塔施工宜采用(　　)。

A. 挂篮施工　　B. 爬摸法

C. 提升法　　D. 劲性骨架挂模提升法

2. 裸塔施工应考虑塔高,横梁较多的高塔宜采用(　　)。

A. 挂篮施工　　B. 提升法

C. 爬摸法　　D. 劲性骨架挂模提升法

3. 挂篮的悬臂梁及挂篮全部构件制作后均应进行检验和试拼,合格后再于现场整体组装检验,并按(　　)及技术要求进行预压。

A. 标准荷载　　B. 设计荷载　　C. 验算荷载　　D. 施工荷载

4. 挂篮设计和主梁浇筑时应考虑抗风振的(　　)。

A. 刚度　　B. 位移　　C. 挠度　　D. 变形

5. 为减少对塔与梁的位移和内力影响,拉索张拉时应(　　)进行。

A. 对称　　B. 同步　　C. 对称同步　　D. 对称异步

6. 预制梁段拼装中多段积累的超误差,可用(　　)调整。

A. 平接缝　　B. 湿接缝　　C. 压重　　D. 胶接缝

7. 斜拉桥混凝土主梁在支架和塔下托架上浇筑时,应消除(　　)、弹性和非弹性变形及支撑等因素的不良影响。

A. 温度　　B. 荷载　　C. 支架位移　　D. 支架拼接

8. 斜拉桥挂篮设计和主梁浇筑时应考虑(　　)的刚度要求。

A. 抗高温　　B. 抗地震　　C. 抗风振　　D. 抗倾覆

二、多选题

1. 斜拉桥索塔的施工可视其(　　)综合考虑选用合适的方法。

A. 结构　B. 体形　C. 材料　D. 施工设备

E. 设计

2. 斜拉桥主梁零号段及其两旁的梁段，在支架和塔下托架上浇筑时，应消除(　　)及支撑等因素对变形和施工质量的不良影响。

A. 温度　B. 弹性变形　C. 非弹性变形　D. 预应力

3. 为防止合拢梁段施工中出现裂缝，可以采用下列哪些施工方法改善受力和施工状况(　　)。

A. 设置临时纵向连接的预应力束

B. 适当压重

C. 用千斤顶调节合拢段的应力和合拢口的长度

D. 选择适当的合拢浇筑时间

4. 采用挂篮悬浇斜拉桥主梁前必须对挂篮进行预压，其目的在于(　　)。

A. 验证设计参数和承载能力　B. 测定挂篮的弹性变形

C. 提高挂篮的承载能力　D. 改善挂篮的变形

三、思考题

1. 斜拉桥施工用短平台复合型牵索挂篮有哪些设计特点？

2. 拉索技术主要围绕哪三个方面展开？

3. 斜拉索的引架作业方法有哪些？

实训 18　熟悉拱桥的施工

预习内容	石拱桥拱圈的砌筑以及其他类型拱桥的施工方法。
重　　点	拱桥的缆索吊装施工和转体施工。
难　　点	拱桥的缆索吊装施工。
考　　点	拱桥的缆索吊装施工、转体施工的原理和方法。
学习指导	熟悉石拱桥的施工方法，掌握拱桥的缆索吊装施工和转体施工方法。

18.1　石拱桥施工

【知识点 1】石（混凝土砌块）拱桥拱圈砌筑

【问题】块、料石拱圈砌筑的方法有哪些？片石拱圈砌筑应注意哪些问题？砌筑方法有哪些？

【名词解释】坐浆法　抹浆法　连续砌筑法　分段对称砌筑法　分环分段砌筑法　拱圈合拢

石拱桥拱圈的砌筑主要包括以下几方面。

1. *砌筑材料*

(1)拱圈可按设计要求采用粗料石、块石、片石或混凝土预制砌块等。如果有镶面要求时，应按规定加工镶面石。一般可在砌筑时，选择较规则和平整的同类石料稍经加工后作为镶面石。石拱桥的砌筑材料，石质应均匀、不易风化、无裂纹，石料强度、试件规格及换算应符合设计要求。各种砌块和镶面石的强度要求详见《公路桥涵施工技术规范》(JTJ 041—2000)的有关规定。

(2)拱圈砌缝可用砂浆或小石子混凝土砌筑、填塞。砌筑拱圈用的砂浆，一般为水泥砂浆，小桥涵拱圈可采用水泥石灰砂浆。砂浆中所用的水泥、砂、水等材料质量标准应符合混凝土工程相应的质量标准，砂浆强度等级应符合规定，生石灰应成分纯正、煅烧均匀透彻，一般熟化成消石灰粉或石灰膏使用，也可磨成细生石灰粉使用。

小石子混凝土的配合比设计、材料规格和质量检验标准应符合《公路桥涵施工技术标准》的有关规定。小石子混凝土拌和物应具有良好的和易性和保水性。为改善小石子混凝土拌和物的和易性和保水性并节约水泥，可通过试验在拌合物中掺入一定数量的减水剂或粉煤灰等混合材料。

2. 砌筑工艺

1)块、料石拱圈砌筑

拱圈砌筑应按编号顺序取用石料。砌缝时砌缝砂浆应铺填饱满,砂浆强度等级对于大、中跨拱桥不得小于M7.5,小跨径拱桥不得小于M5。应先坐浆再放拱石砌筑,以利用石料自重将砂浆压实。侧面砌缝可填塞砂浆,用插刀捣实。当砌缝较陡时,可在拱石间先嵌入与砌缝同宽的木条或用撬棍拔垫,然后分层填塞砂浆捣实,填塞完毕后再抽出木条或撬棍。对于不同拱段可分别采用以下方法。

(1)坐浆法。坐浆法适用于拱脚至拱跨1/4点附近段,或其余各段上下环的砌缝上。砌筑时,先在下层拱石面上铺一层厚薄均匀的砂浆,然后将上层拱石压下,借料石的重力将其压紧,并在灰缝上加以必要的插捣和用木锤敲击拱石,使其完全稳定在砂浆层上,直至灰缝表面出现水膜为止。

(2)抹浆法。抹浆法适用于拱跨1/4点附近,因拱架模板坡度已渐渐缓和,坐浆法不便使用,而改为抹浆法。先用抹灰板在下层拱石面上用力涂上一层砂浆,然后将上层拱石放下,用撬棍扒紧,并加以插捣和用木锤敲击使浆挤出。

(3)灌浆法。灌浆法适用于拱跨1/4点至拱顶一段,因拱石受力面已经接近垂直,不便采用坐浆法和抹浆法,而改为灌浆法。先安砌拱石,然后在灰缝中灌以砂浆,并加以捣实,使之密实。

2)片石拱圈砌筑

片石拱圈砌筑应注意以下几点。

(1)立砌面轴。砌筑时石块最好竖直,称为立砌。石块大面朝向拱轴方向,称为面轴。

(2)错缝咬马。当拱石高度不够时,将不同形状的石块经过适当的选配结合,彼此以最小空隙和间距相互衔接嵌挤成一整体,称为咬马。在咬马的同时,相邻石块间灰缝应相互交错形成错缝,不得贯通,避免出现单纯的灰缝。

(3)嵌缺平脚。将大石块之间的空隙以适当大小的石块及砂浆填塞,称为嵌缺。在立砌时,拱石下端凸角可略加锤敲打平,并以砂浆及石块填塞缺口,称为平脚。

(4)坐浆挤实。先铺砂浆,然后安放石块,称为坐浆。在垂直灰缝处抹砂浆至石块厚的1/4~1/3处,然后紧靠石块,并在缝中灌砂浆(如灰缝过大应填塞石块)捣实,称为挤实。

(5)宁高勿低。用片石砌拱圈,拱圈厚度不易掌握,因此,砌筑时拱石可略高于拱背线,以保证拱圈的有效截面。

3. 砌筑方法

砌筑拱圈时,随荷载的增加拱架变形不断加大,有可能使已砌部分拱圈砌缝开裂。为了保证在整个施工过程中拱架受力均匀、变形最小,使拱圈砌筑质量符合设计要求,必须选择适当的砌筑方法和砌筑顺序。一般根据拱圈跨径大小、构造形式(矢高、拱圈厚度)、拱架种类等分别采用下列不同的施工方法和施工顺序。砌筑时,必须随时注意观测拱架的变形情况,必要时,对砌筑顺序进行调整以控制拱圈变形。

1)连续砌筑法

跨径16 m以下的拱圈,当采用满布式拱架砌筑时,可按拱圈的全宽和全厚,由两拱脚同时按顺序对称均匀地向拱顶砌筑,最后砌拱顶石合拢。跨径10 m以下的拱圈,当采用拱式拱架时,应在砌筑拱脚的同时,预压拱顶及拱跨1/4部位。

2)分段对称砌筑法

采用满布式拱架砌筑跨径在16～25 m的拱圈和采用拱式拱架砌筑跨径在10～25 m的拱圈,可采用每半跨分成三段的分段对称方法。分段位置一般在拱顶、跨径1/4点、拱脚及拱架节点等处,每段长度不宜超过6 m。砌筑顺序如图18.1所示,先对称地砌筑Ⅰ段和Ⅱ段,后砌Ⅲ段,或各段同时向拱顶方向对称砌筑,最后砌筑拱顶石合拢。

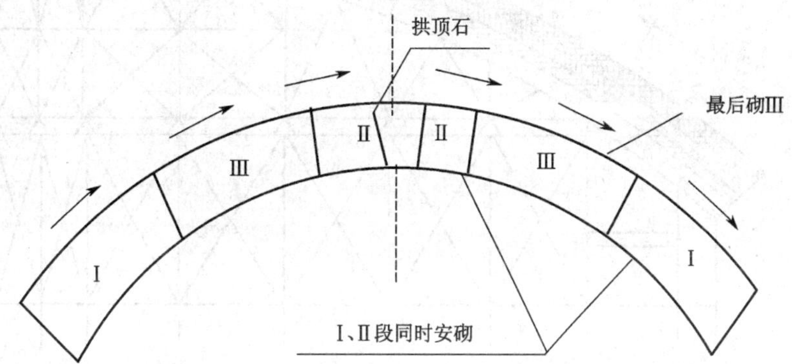

图18.1　跨径小于25 m的拱圈分段砌筑顺序

跨径大于25 m的拱圈,应按跨径大小及拱架类型等情况,在两半跨各分成若干段,均匀对称砌筑,每段长度一般不超过8 m。具体分段方法应按设计规定,无设计规定时,应通过验算确定。

拱圈分段砌筑时,各段间应预留空隙,以防止拱圈因拱架变形而开裂。空缝数量视分段长度而定,一般在拱脚、跨径1/4点、拱顶及满布式拱架的节点处必须设置空缝。

3)分环分段砌筑法

跨径较大的石拱桥(或混凝土砌块拱桥),当拱圈厚度较大时或由三层以上拱石组成时,可将全部拱圈分成几环砌筑,每一环可分成若干段对称、均衡地砌筑,砌一环合拢一环。当下环砌筑完成并养护数日,砌缝砂浆达到一定强度时,再砌筑上一环。按此方法砌筑时,下环可与拱架共同承受上环的重力,因而可减小拱架荷载,节省拱架用料。其多能减小拱架荷载的值,依所分环数、上下环厚度及砂浆硬化程度等情况而定。

分环砌筑时,各环的分段方法、砌筑顺序及空隙的设置等与一次砌筑完成时相同,但上下环间应以犬牙状相接。

4)分阶段砌筑法

砌筑拱圈时,为争取时间并使拱架荷载均匀对称、拱架变形正常,有时在砌筑完一段或一环拱圈后的养护期间,砌筑工作并不间歇,而是根据拱架荷载平衡的需要,紧接着将下一拱段或下一环砌筑一部分。此种前后拱段、上下环层分阶段交叉进行的砌筑方法,称为分阶段砌筑法。

不分环砌筑拱圈的分阶段方法,通常先砌筑拱脚几排,然后同时砌筑拱顶、拱脚及跨径1/4点等拱段。上述三个拱段砌筑到一定程度后,再均匀地砌筑其余拱段。

分环砌筑的拱圈,可先将拱脚各环砌筑几排,然后分段分环砌筑其余环层。在砌筑完一环后,在其养护期间,砌筑次一环拱脚段,然后砌筑其余各段。图18.2所示为一孔跨径65 m、矢跨比为1/6的石拱圈分阶段砌筑示例。

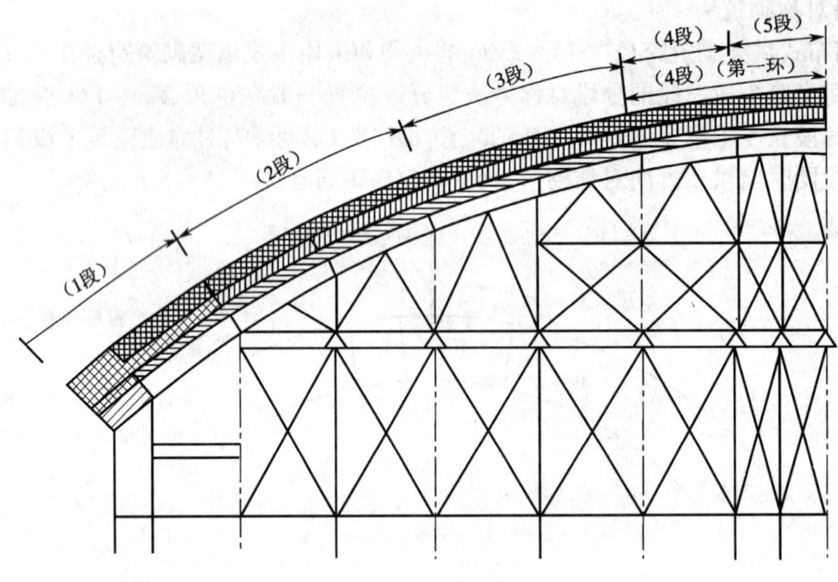

图 18.2 分阶段砌筑拱圈

较大跨径拱圈的分阶段砌筑顺序一般在设计文件中均有规定,应按设计文件的规定进行施工。

4. 拱圈合拢

砌筑拱圈时,常在拱顶预留一缺口,在各拱段砌筑完成且所有缺口和空隙全部填封后,再封闭拱顶缺口,称为合拢。

1)合拢温度

为防止拱圈内因温度变化产生过大的附加应力,拱圈合拢应按设计规定的温度和时间进行。如无设计规定,则拱圈合拢宜选择在接近当地年平均温度时或 5 ~ 15 ℃ 时进行。

2)合拢方法

可在拱顶缺口内直接用拱顶石及砂浆砌筑,也可以采用刹尖封顶和预施压力封顶进行合拢。

(1)安砌拱顶石合拢。在各拱段砌筑完成后,安砌拱顶石完成拱圈合拢。分段较多的拱圈以及分环砌筑的拱圈为使拱架受力对称均匀,可在拱圈两半跨的 1/4 或在几处同时完成拱圈合拢。

(2)刹尖封顶合拢。对于小跨径拱圈,为提高拱圈应力,利于拱架的卸落,可采用刹尖封顶完成拱圈合拢。此法是在砌筑拱顶石前,先在拱顶缺口中打入若干组木楔,使拱圈挤紧、拱起,然后嵌入拱顶石合拢。刹尖木楔需用硬木制作,每组木楔由三块硬木组成,两侧木块宽约 10 cm,中间木块宽 15 ~ 30 cm,组与组之间的距离视拱顶石长度而定。槌击木楔可用木锤或木夯。槌击时,应先轻后重,各自夯力应均匀,槌至拱圈脱离拱架,不再有显著拱起为止。木楔槌击完成后立即在木楔组与组之间空挡中嵌入拱顶石,并用铁片和稠砂浆挤紧、塞严。第一批拱顶石嵌入后即可移出木楔,在其空挡内嵌入第二批拱顶石,完成拱圈合拢。刹尖封顶应在拱圈砌筑砂浆达到设计强度的 75% 后方可进行。

(3)预施压力封顶合拢。用千斤顶施加压力来调整拱圈应力,然后进行拱圈合拢,此法应严格按照设计规定程序，如设计文件中无此要求时，不得采用预施压力封顶来完成拱圈合拢。

5. 砌体养护

拱圈砌筑完成后应立即用草帘或麻袋覆盖，并于4 h后（砂浆初凝后）经常洒水，使砌体保持湿润。养护时每天洒水的次数及养护天数应视水泥品种和气温情况而定，一般为7～14 d。

【知识点2】拱上建筑施工

【问题】拱上建筑包括哪些项目？拱上防水设施包括哪些？

主拱圈拱背以上的结构物称为拱上建筑，主要有横墙座、横墙、横墙帽或立柱座、立柱、盖梁、腹拱圈或梁板、侧墙、拱上结构伸缩缝及变形缝、护拱、拱上防水层、拱腔填料、泄水管、桥面铺装、栏杆系等。

1. 伸缩缝及变形缝的施工

伸缩缝缝宽1.5～2 cm，要求笔直，两侧对应贯通。如无圬工砌体，缝壁要凿到粗料石规格，外漏料石要挂线砌筑；如为现浇混凝土侧墙，须预先安装塑料泡沫板，将侧墙和墩台分开，缝内采用锯末沥青，按1∶1（质量比）配合配置填料填塞。

变形缝不留缝宽，其缝可以干砌或用低强度等级砂浆砌筑，现浇混凝土时用油毛毡隔断，以适应主拱圈变形。当护拱、缘石、人行道和混凝土桥面跨越伸缩缝或变形缝时，在相应位置要设置贯通桥面的伸缩缝或变形缝（栏杆扶手一端做成活动的）。

2. 拱上防水设施

1）拱圈混凝土自防水

拱圈采用优良品质的粗、细集料和优质粉煤灰或硅灰制作高耐久性的混凝土，同时严格控制施工工艺。

2）拱背防水层

小跨径拱桥可采用石灰土防水层。对于具有腹拱的拱腔防水可采用砂浆或小石子混凝土防水层；大型拱桥及冰冻地区的砖石拱桥一般设沥青毡防水层，其做法常为三油二毡或二油一毡。

当防水层经过拱上结构物伸缩缝或变形缝时，要进行特殊处理。一般采用U形防腐白铁皮过缝、U形防水土工布过缝或橡胶止水带过缝。泄水管处的防水层，要紧贴泄水管漏斗之下铺设，防止漏水。在拱腔填料填充前，要在防水层上填筑一层砂性细粒土，以保证防水层完好。

3. 拱圈排水处理

拱桥的台后要设排水设施，集中于盲沟或暗沟排出路基。拱桥的桥向设有纵向、横向的坡度，以顺畅排水，行车道两侧离护轮带边缘1.5～2 m处设泄水管。拱桥除桥面和台后应设排水设施外，对渗入到拱腹内的水应通过防水层汇集于预埋在拱腹内的泄水管排出。泄水管可采用铸铁管、混凝土管或陶管，内径一般为6～10 cm，严寒地区需适当增大，但不宜大于15 cm。应尽量避免采用长管和弯管，泄水管进口处周围防水层应做积水坡度，并用大块碎石做成倒滤层，以防堵塞。

4. 拱背填充

拱背填充应采用透水性强和安息角较大的材料，一般可用天然沙砾、片石、碎石夹砂混合料及矿渣等材料。填充时应按拱上建筑的顺序和时间，对称而均匀地分层填充并碾压密实，但须防止损坏防水层、排水管和变形缝。

【小测验】

思考题

1. 块、料石拱圈砌筑应注意哪些问题?

2. 片石拱圈砌筑应注意哪些问题?

3. 拱上建筑包括哪些项目? 拱上防水设施包括哪些?

18.2 缆索吊装施工

【知识点】缆索吊装施工

【问题】缆索吊装设备有哪些组成部分? 拱肋预制的方式有哪些? 拱肋的接头形式有哪些? 拱座形式有哪些? 吊装程序步骤是什么?

【名词解释】主索 工作索 塔架 锚固装置

1. 概述

在峡谷或水深流急的河段上,或在通航的河流上需要满足船只的顺利通行,缆索吊装由于具有跨越能力大、水平和垂直运输机动灵活、适应性广、施工比较稳妥方便等优点,已成为拱桥施工中应用最为广泛的方案。

在采用缆索吊装的主桥上,为充分发挥缆索的作用,拱上建筑应尽量采用预制装配式构件,这样就能提高桥梁工业化施工水平,有利于加快桥梁建设的速度。

采用缆索吊机吊装拱肋时,为在起重锁的偏角不超过15°的限度内减少主锁横向移动次数,可采用两组主锁或加高主锁塔架高度的施工方法。

拱桥缆索吊装施工大致包括拱肋(箱)的预制、移运和吊装,主拱圈的砌筑,拱上建筑的砌筑,桥面结构的施工等主要工序。

2. 缆索吊装设备

缆索吊装设备按其用途和作用可以分为主索、工作索、塔架和锚固装置四个基本组成部分。其中主要机具设备包括主索、起重索、牵引索、结索、扣索、浪风索、塔架(包括索鞍)、地锚、滑轮、电动卷扬机或手摇绞车等,其布置形式可参见图18.3。

(1)主索亦称为承重索或运输天线。它横跨桥墩,支撑在两侧塔架的索鞍上,两端锚固于地锚,吊运构件的行车支撑于主索上。横桥向主索的组数,可根据桥面宽度、塔架高度及设备供应情况等合理选择,一般可选1~2组。每组主索可由2~4根平行钢丝绳组成。

(2)起重索用来控制吊物的升降(即垂直运输),一端与卷扬机滚筒相连,另一端固定于对岸的地锚上。当行车在主索上沿桥跨往复运行时,可保持行车与吊钩间的起重索长度不随行车的移动而改变(图18.4)。

(3)牵引索用来牵引行车在主索上沿桥跨方向移动(即水平运输),故需在行车两端各设置一根牵引索。这两根牵引索的另一端既可以分别连在两台卷扬机上,也可合拴在一台双滚筒卷扬机上,便于操作。

(4)结索用于悬挂分索器,使主索、起重索、牵引索不致相互干扰。它仅承受分索器(包括临时作用在它上面的工作索)的重量及自重。

(5)扣索。当拱箱(肋)分段吊装时,需用扣索悬挂端段箱(肋)及中段箱(肋),并可利用

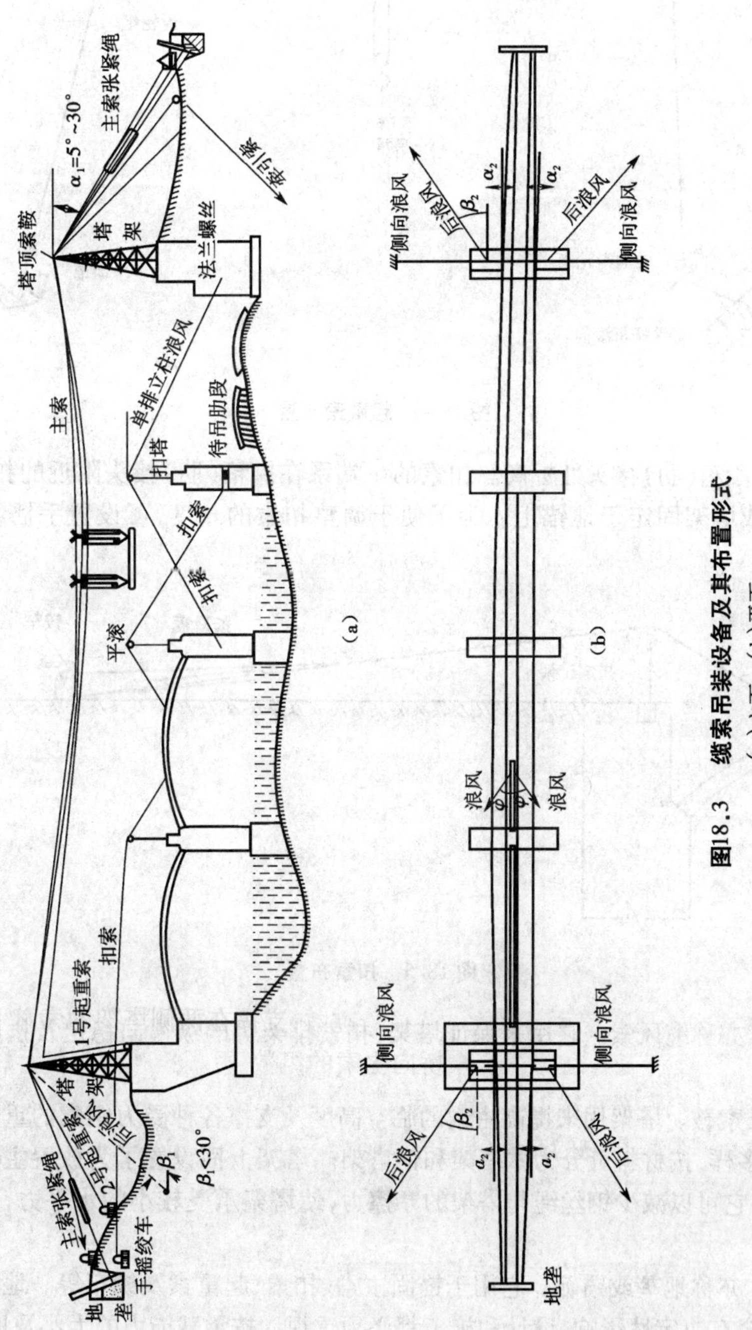

图18.3　缆索吊装设备及其布置形式

(a)立面　(b)平面

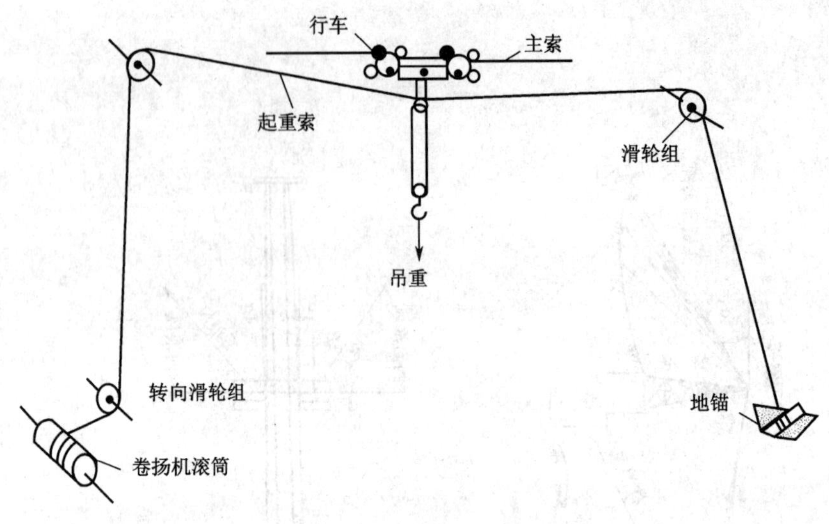

图 18.4 起重索布置

扣索调整端、中段箱(肋)接头处标高。扣索的一端系在拱箱(肋)接头附近的扣环上,另一端通过扣索排架或塔架固定于地锚上。为了便于调整扣索的长度,可设置手摇绞车及张紧索(图 18.5)。

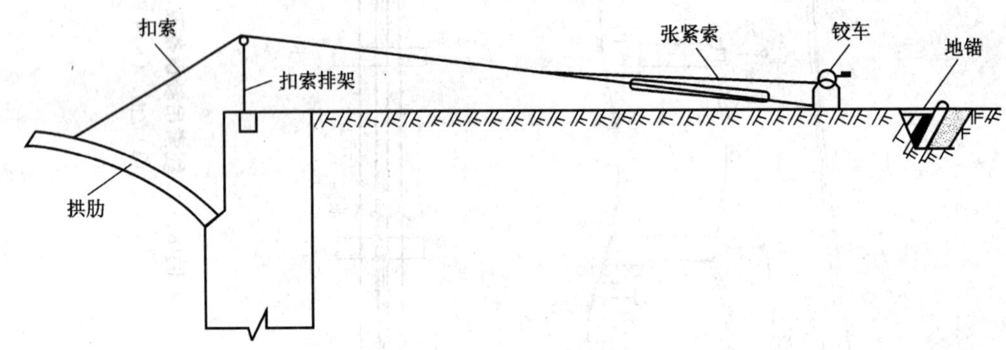

图 18.5 扣索布置

(6)浪风索亦称缆风索。它用来保证塔架、扣索排架等的纵横向稳定及拱肋安装就位后的横向稳定。

(7)塔架及索鞍。塔架用来提高主索的临空高度及支撑各种受力钢索的重要结构物。塔架的形式多种多样,按材料可分为木塔架和钢塔架。塔架上面设置了为放置主索、起重索、扣索等用的索鞍,它可以减少钢丝绳与塔架的摩擦力,使塔架承受较小的水平力,并减小钢丝绳的磨损。

(8)地锚。亦称地垄或锚碇。它用于锚固主索、扣索、起重索及绞车等。地锚的可靠性对缆索吊装的安全有决定性影响,设计和施工都必须重视。按承载能力的大小及地形、地质条件的不同,地锚的形式和构造可以多种多样。条件允许时,还可以利用桥梁墩、台作锚碇,这样能节约材料,否则需设置专门的地锚。

(9)电动卷扬机或手摇绞车。它是用作牵引、起吊的动力装置。电动卷扬机速度快,但不易控制。对于要求精细调整钢索长度的部位,多采用手摇绞车,以便于操作。

(10)其他附属设备。如各种倒链葫芦、法兰螺丝、钢丝卡子、千斤绳、横移索等。

缆索吊装设备的形式及规格非常多,必须因地制宜地结合各工程的具体情况合理选用。

3. 构件的预制

1)预制方法

(1)拱肋立式预制。采用立式浇筑方法预制拱肋,具有起吊方便、节省木材的优点。常用的预制方法有土牛拱胎立式预制(图 18.6)、木架立式预制和条石台座立式预制(图 18.7),条石台座由数个条石支墩、底模支架和底模等组成。

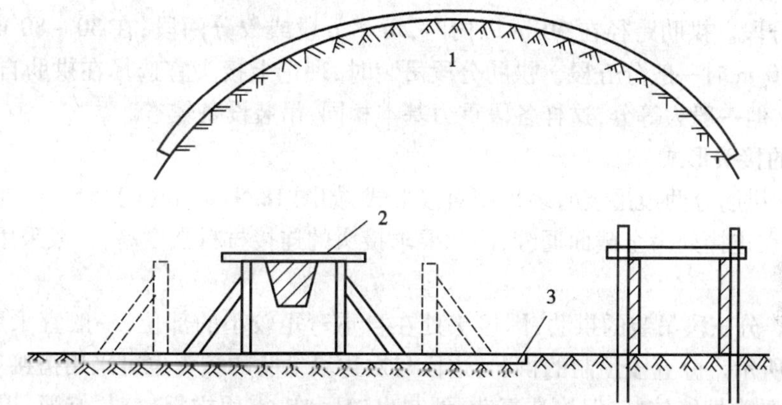

图 18.6　土牛拱胎立式预制拱肋

1—土牛拱胎;2—凹形拱肋扶手;3—横木

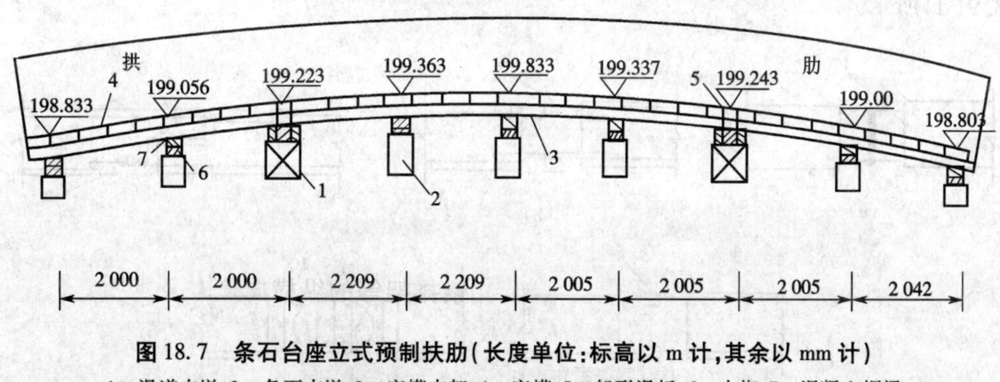

图 18.7　条石台座立式预制扶肋(长度单位:标高以 m 计,其余以 mm 计)

1—滑道支墩;2—条石支墩;3—底模支架;4—底模;5—船形滑板;6—木楔;7—混凝土帽梁

(2)拱肋卧式预制。卧式预制一般有下列几种方法。

(i)木模卧式预制。预制拱肋数量较多时,宜采用木模。浇注截面为 L 形或者倒 T 形时(双曲拱拱肋),拱肋的缺口部分可用黏土砖或其他材料垫砌。

(ii)土槽卧式预制。在平整好的土地上,根据放样尺寸,挖出与拱肋尺寸大小相同的土槽,然后将土槽壁仔细抹平、拍实,铺上油毛毡或水泥袋,便可浇注拱肋。

(iii)卧式叠浇。如图 18.8 所示,采用卧式预制的拱肋混凝土强度达到设计强度的 30%以后,在其上安装侧模,浇注下一片拱肋,如此连续浇筑称为卧式叠浇。

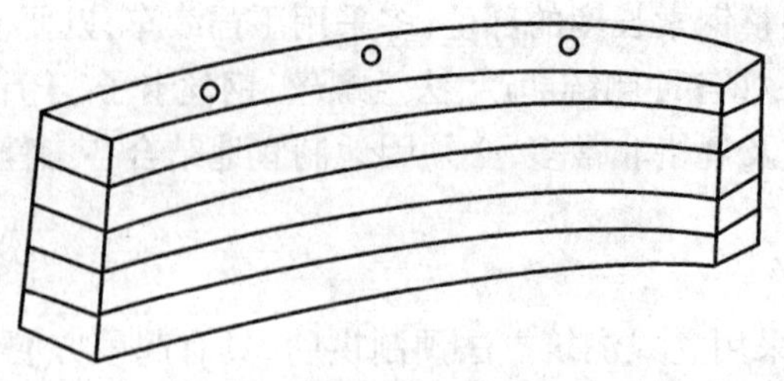

图 18.8 拱肋卧式叠浇

2)拱肋分段与接头

(1)拱肋分段。拱肋跨径在 30 m 以内时,可不分段或仅分两段;在 30 ~ 80 m 范围时,可分三段;大于 80 m 时一般分五段。拱肋分段吊装时,理论上接头宜选择在拱肋自重弯矩最小的位置及附近,但一般为等分,这样各段重力基本相同,吊装设备较省。

(2)拱肋的接头形式。

(i)对接。拱肋分两段吊装时多采用对接形式,如图 18.9(a)和(b)所示。

对接接头在连接处为全截面通缝,因此要求接头的连接材料强度高,一般采用螺栓或电焊钢板等。

(ii)搭接。分三段吊装的拱肋,因接头处在自重弯矩较小的部位,一般宜采用搭接形式,如图 18.9(c)所示。分五段预制的拱肋,边段与次边段拱肋的接头也可采用搭接形式。

搭接接头受力性能较好,但构造复杂,预制也较困难,需用样板校对、修凿,以保证拱肋安装质量。

(iii)现浇接头。用简易排架施工的拱肋,可采用主筋焊接或主筋环状套接的现浇接头,如图 18.9(d)所示。

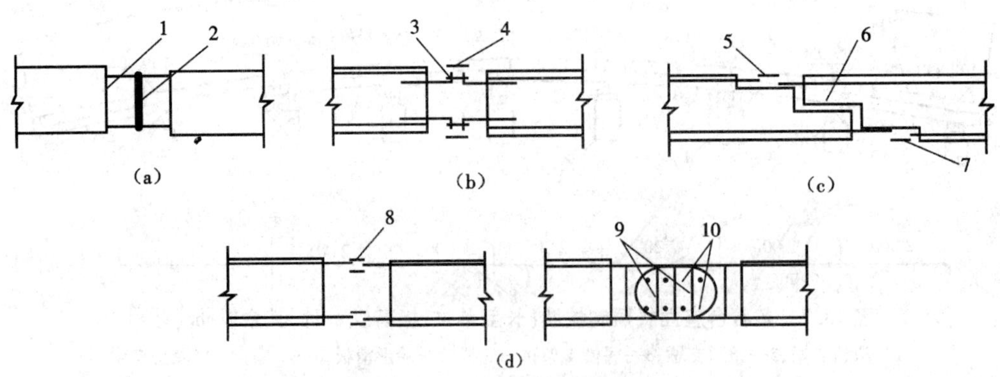

图 18.9 拱肋接头形式

(a)电焊钢板或型钢对接接头 (b)法兰盘螺栓对接接头
(c)环氧树脂黏结及电焊主筋搭接接头 (d)主筋焊接或主筋环状套接绑扎现浇接头
1—预埋钢板或型钢;2—电焊缝;3—螺栓;4,5,7—电焊;
6—环氧树脂;8—主筋对接和绑扎;9—箍筋;10—横向插销

(3)接头连接方法及要求。用于拱肋接头的连接材料,有电焊型钢、螺栓连接、电焊拱肋钢筋、环氧树脂水泥胶等,其优缺点见表 18.1。

表 18.1　连接材料优缺点

连接材料	优　点	缺　点
电焊型钢	接头基本固结,强度高	钢材用量多,高空焊接量大,焊固后不能调整标高
螺栓连接	拱肋合拢时不需要电焊,安装方便,可反复调整,接头能承受部分弯矩	拱肋预制时精度要求高
电焊拱肋钢筋	拱肋受力具有连续性,钢材用量少,施工方便	拱肋钢筋未电焊前,接头不能承受拉力
环氧树脂水泥胶	加强接头混凝土接触面的黏结,填补钢结构的空隙	硬化时间不能受力,要严格控制配合比,不能单独作连接措施

接头处的混凝土强度等级比拱肋混凝土强度等级高一级。对连接钢筋、钢板的截面要求,应按计算确定。钢筋的焊接长度,应满足《公路钢筋混凝土及预应力混凝土桥涵设计规范》(JTG D60—2004)的有关规定。

3)拱座

拱肋与墩台连接,称为拱座。拱座主要有如图 18.10 所示的几种形式,其中插入式及方形拱座因其构造简单、钢材用量少、嵌固性能好等优点,采用较普遍。

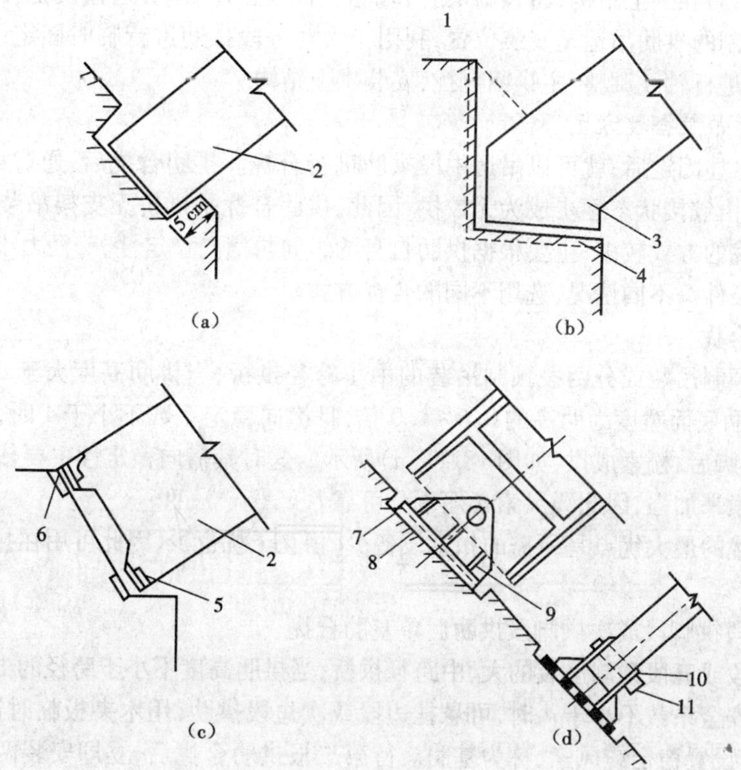

图 18.10　拱座形式

(a)插入式　(b)预埋钢板式　(c)方形拱座　(d)钢铰连接式

1—预留槽;2—拱肋;3—肋座;4—铸铁垫板;5—预埋角钢;6—预埋钢板;7—铰座底板;8—预埋钢板;9—加劲钢板;10—铰轴支撑;11—钢铰轴

4. 吊装程序

根据拱桥的吊装特点，一般吊装程序为边段拱肋吊装与悬挂；次边段拱肋吊装及悬挂（对五段吊装）；中段拱肋吊装及拱肋合拢；拱上构件的吊装或砌筑安装等。

全桥拱肋的安装可按下列原则进行。

(1)单孔桥吊装拱肋顺序常由拱肋合拢的横向稳定方案确定；多孔桥吊装应尽可能在每孔合拢几片拱肋后再推进，一般不少于两片拱肋。对于肋拱桥，在吊装拱肋时，应尽早安装横系梁，为加强拱肋的稳定性，需设横向临时连接系，加快施工进度。合拢的拱肋片数所产生的单向推力不超过桥墩的承受能力。

(2)对于高墩，应以桥墩的墩顶位移值控制单向推力，位移值应小于 $l/600 \sim l/400$。

(3)设有制动墩的桥跨，可以制动墩为界分孔吊装，先合拢的拱肋可提前进行拱肋接头、横系梁及拱波等的安装等工作。

(4)采用缆索吊装时，为减少主索的横向移动次数，可将每个主索位置下的拱肋全部吊装完毕后再移动主索。一般将起吊拱肋的桥孔安排在最后吊装，必要时该孔最后几段拱肋可采用在两肋之间“穿孔”的方法起吊。

(5)为减少扣索往返拖拉次数，可按吊装推进方向顺序进行吊装。缆索吊装施工工序为：在预制场预制拱肋和拱上结构，将预制拱肋和拱上结构通过平车等运输设备移运至缆索吊装位置，将分段预制的拱肋吊运至安装位置，利用扣索对分段拱肋进行临时固定，吊装合拢段拱肋，对各段拱肋进行轴线调整，主拱圈合拢，安装拱上结构。

5. 拱肋缆索吊装合拢方式

边段拱肋悬挂固定后，就可以吊运中段拱肋进行合拢。拱肋合拢后，通过接头、拱座的连接处理，使拱肋由铰接状态逐步成为无铰拱，因此，拱肋合拢是拱桥无支架吊装中的一项关键工作。拱肋合拢的方式较多，主要根据拱肋自身的纵向与横向稳定性、跨径大小、分段多少、地形和机具设备条件等不同情况，选用不同的合拢方式。

1)单基肋合拢

拱肋整根预制吊装或分两段预制吊装的中小跨径拱桥，当拱肋高度大于 $0.009l \sim 0.012l$（l 为跨径），拱肋底面宽度为肋高的 0.6～1.0 倍，且横向稳定系数不小于 4 时，可以进行单基肋合拢，嵌紧拱脚后，松索成拱，如图 18.11(a)所示。这时其横向稳定性主要依靠拱肋接头附近所设的缆风索来加强，因此缆风索必须十分可靠。

单基肋合拢的最大优点是所需的扣索设备少，相互干扰也少，因此可用在扣索设备不足的多孔桥跨中。

2)悬挂多段拱脚段或次拱脚段拱肋后单基肋合拢

拱肋分三段或五段预制吊装的大、中跨径拱桥，当拱肋高度不小于跨径的 1/100 且其单肋合拢横向稳定安全系数不小于 4 时，可悬挂边段或次边段拱肋，用木夹板临时连接两拱肋后，单根拱肋合拢，设置稳定缆风索，称为基肋。待第二根拱肋合拢后，立即安装两肋拱顶段及次边段的横夹木，并拉好第二拱肋的风缆。如横系梁采用预制安装，应将横系梁逐根安上，使两肋及早形成稳定、牢固的基肋。其余拱肋的安装，可依靠与“基肋”的横向连接，达到稳定，如图 18.11(b)和(c)所示。

3)双基肋同时合拢

当拱肋跨径大于等于 80 m，或虽小于 80 m 但单肋合拢横向稳定安全系数小于 4 时，应采

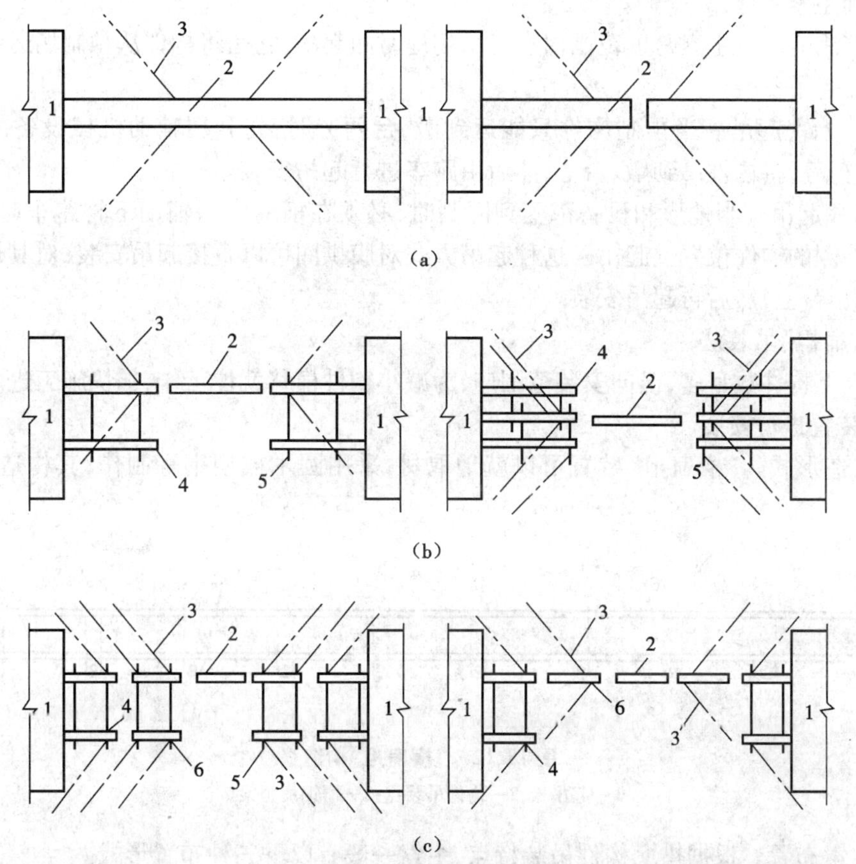

图 18.11 拱肋合拢示意

(a)单基肋合拢 (b)三段吊装单肋合拢 (c)五段吊装单肋合拢

1—墩台;2—基肋;3—风缆;4—拱脚段;5—横尖木;6—次拱脚段

用“双基肋”合拢的方法。即当第一根拱肋合拢并调整轴线,楔紧拱脚及接头缝后,松索压紧接头缝,但不卸掉扣索和起重索,然后将第二根拱肋合拢,并使两根拱肋横向连接固定。拉好风缆后,再同时松卸两根拱肋的扣索和起重索,这种方法需要两组主索设备。

4)留索单肋合拢

在采用两组主索设备吊装而扣索和卷扬机设备不足时,可以先用单肋合拢方式吊装一片拱肋合拢,待合拢的拱肋松索成拱后,将第一组主索设备中的牵引索、起重索用卡子固定,抽出卷扬机和扣索移到第二组主索中使用。等第二片拱肋合拢并将两片拱肋用木夹板横向连接、固定后,再松起重索并将扣索移到第一组主索中使用。

6. 拱上构件吊装

主拱圈以上的结构部分均称为拱上构件。拱上构件的砌筑同样应按规定的施工程序对称均衡地进行,以免产生过大的拱圈应力。为了能充分发挥缆索吊装设备的作用,可将拱上构件中的立柱、盖梁、行车道板、腹拱圈等做成预制构件,用缆索吊装施工,以加快施工速度,但因这些构件尺寸小、质量小、数量多,其吊装方法与吊装拱肋有所不同。常用的吊装方法有以下几种。

1)运到主索下起吊

这种方法适用于主索跨度范围内有起吊场地时的起吊,它是将构件从预制场运到主索下,由跑车直接起吊安装。

(1)墩、台上起吊。当预制构件只能运到墩、台两旁时,先利用辅助机械设备,如摇头扒杆、履带吊车等,将构件吊到墩、台上,然后由跑车进行起吊安装。

(2)横移起吊。当地形和设备都受到限制时,必须在横移索的辅助下将跑车起吊设备横移到桥跨外侧的构件位置上起吊。这种起吊方式对腹拱圈可以直接起吊安装;对其他构件,则需先吊到墩、台上,然后再起吊安装。

2)“横扁担”吊装法

由于拱上构件数目多,横向安装范围广,为减小构件横移就位工作,加快施工进度,可采用“横扁担”装置进行安装。

(1)构造形式。“横扁担”装置可以就地取材,采用圆木或型钢等制作,其构造形式如图18.12所示。

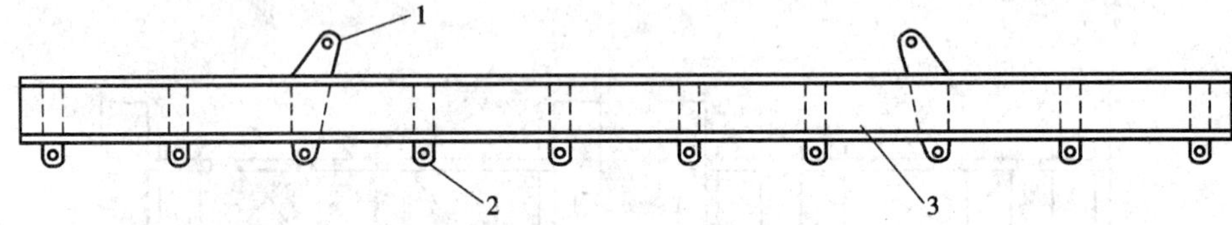

图18.12 “横扁担”构造

1—起吊板;2—构件吊装点;3—槽钢扁担梁

(2)主索布置。根据拱上构件吊装特点,主索一般有以下三种布置形式。

(i)将主索布置在桥的中线位置上,跑车前后布置,并用千斤绳连接。每个跑车的吊点上安装一副“横扁担”,如图18.13所示。这种布置比较简单,但吊装稳定性较差,起吊构件需左右对称、质量相等,多用在一组主索的桅杆式塔架的吊装方案中。

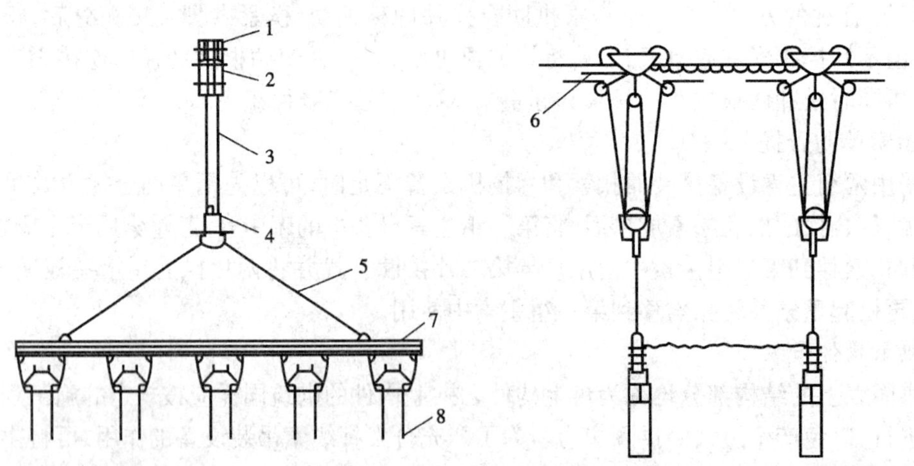

图18.13 一组主索吊装

1—跑车;2—主索;3—起吊索;4—吊点;5—千斤顶;6—牵引索;7—横扁担;8—构件

(ii)将一根主索分成两组布置，每组主索上安置一个跑车，横向并联起来。“横扁担”装置直接挂在两跑车的吊点上，如图18.14所示。这种吊装的稳定性好，吊装构件不一定要均匀对称、灵活性大，但主索布置工作量稍大，且只能安装一副“横扁担”。

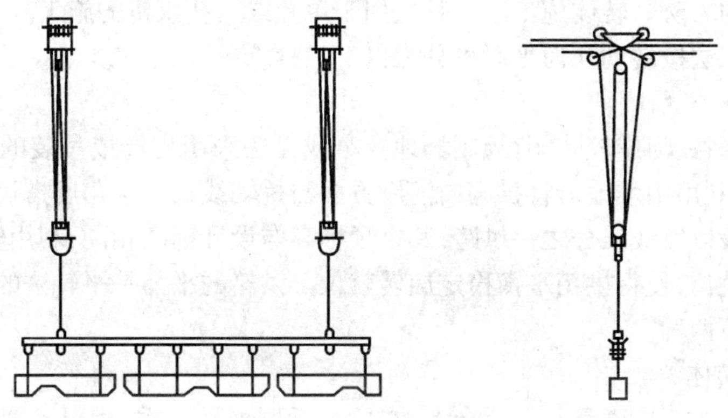

图18.14 两主索吊装

(iii)在双跨缆索吊装中，将两跑车拆开，每一跨缆索中安装一个，用一根长钢丝绳联系起来。这种布置，由于两跑车只能平行运行，因此两跨不能同时吊装构件，如图18.15所示。

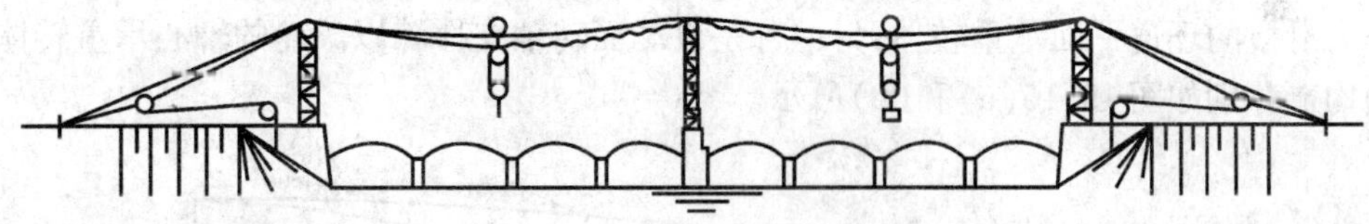

图18.15 双跨缆索单跑车吊装

(3)吊装。用“横扁担”吊装时，应根据构件的不同形状和大小采用不同的吊装方法。对于短立柱，可直接直立吊运。对于长立柱，因受到吊装高度的限制，常需先进行卧式吊运，待运到安装位置后，再竖立起来，放下立柱的下端进行安装。对于盖梁，一般可直接采用卧式吊运和安装的方法。对腹拱圈、行车道板的吊装，为减小立柱所承受的单向推力，应在横桥方向上分组，沿桥跨方向逐次安装。

【小测验】

思考题

1. 缆索吊装设备分为哪些组成部分？
2. 拱肋预制的方式有哪些？
3. 拱肋的接头形式有哪些？
4. 拱座形式有哪些？
5. 吊装程序步骤是什么？

18.3 拱桥的转体施工法

【知识点】拱桥的转体施工

【问题】拱桥转体施工法分为几种？平面转体施工适用于哪些情况？竖向转体施工适用

于什么情况?

【名词解释】无平衡重平面转体　竖向转体施工　平竖结合转体施工

转体施工是先在桥位处岸边(或路边及适当位置)预制拱肋,待混凝土达到设计强度后旋转构件就位施工的方法。转体施工法一般适用于单孔或三孔拱桥的施工。

拱桥转体施工法按转动几何平面可分为以下三种。

1. 平面转体施工

本法适用于深谷、河岸较陡峭、预制场地狭窄或无法采用现浇或吊装的施工现场,在桥墩台的上、下游两侧利用山坡地形将拱洞向河岸方向与桥轴线成一定角度搭设拱架,在拱架上现浇拱箱或组拼箱段以完成二分之一拱跨,其拱顶标高与设计标高相同,利用转动体系将两岸拱箱相继旋转合拢就位,使得拱箱平衡稳定旋转就位。拱箱的平衡是平转法的关键,使拱箱旋转平衡的方法有以下两种。

1)有平衡重转体

拱箱在旋转中利用扣索悬扣于桥台上,在桥台后要加平衡重,用以平衡拱箱的质量,以达到平衡转体的目的。平衡重一般是通过计算利用桥台圬工或在桥台配置一定质量(条块石或其他重物),待拱箱合拢,转动体系封固后再拆除配重。所以正确的转体设计是制作灵活可靠的转体装置并布设牵引驱动系统的关键。目前国内使用的转体装置有两种,第一种是以四氟乙烯作为滑板的环道平面承重转体;另一种是以球面转轴支撑辅以滚轮的轴心承重转体,两种装置的构造分别如图 18. 16(a)和(b)所示。

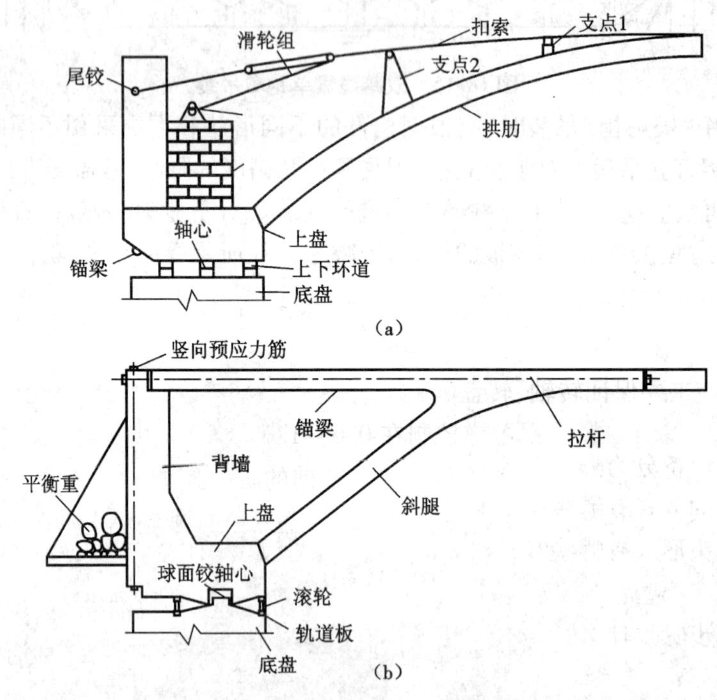

图 18. 16　转动装置的一般构造

(a)四氟乙烯滑板环道转体　(b)球面转轴辅以滚轮转体

有平衡重平面转体拱桥的施工程序:制作底盘→制作上转盘→试转上转盘到预制轴线位

置→浇筑背墙→浇筑主拱圈上部结构→张拉拉杆，使上部结构脱离支架，并且和上转盘、背墙形成一个转动体系，通过配重基本把重心调到磨心处→牵引转动体系，使半拱平面转动合拢→封上下盘，夯实桥台填土，封拱顶，松拉杆，实现体系转换。

2）无平衡重转体

把有平衡重平面转体施工中的拱圈扣索拉力锚在两岸岩体中，从而节省了庞大的平衡重。锚碇拉力由尾索预加应力传给引桥桥面板，以压力的形式储备。桥面板的压力随着拱箱转体角度的变化而变化，当转体到位时达到最小。

根据桥位两岸地形，无平衡重平面转体可以把半跨拱圈分为上、下游两个部件，同步对称转体；或在上、下游分别在不对称的位置上预制，转体时先转到对称位置，再对称同步转体，以使扣索产生的横向力相互平衡；或直接做成半跨拱体，一次转体合拢。

无平衡重转体采用锚固体系代替平衡重平转法施工，充分利用了锚固、转动、位控三大体系构成了平衡的转体系统，其一般构造如图18.17所示。

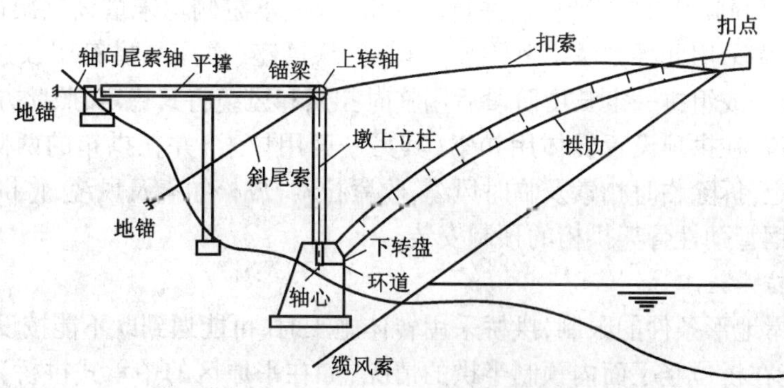

图18.17　拱桥无平衡重平面转体一般构造

拱桥无平衡重平面转体施工工艺如下。

（1）转体体系施工：安装下转轴、转盘及浇筑下环道→浇筑转盘混凝土→安装拱脚铰；浇筑拱脚混凝土→拼装拱体→设必要的支架、模板；设置立柱→安装扣索→安装锚梁、上转轴、轴套、环套。

这一部分的施工要保证转轴、转盘、轴套、环套的制作安装精度及环道水平高差的精度。转轴与轴套应转动灵活，其配合误差应控制在0.6～1.0 mm，环道上的滑道采用固定式，其平整度应控制在±1 cm以内，并做好安装完毕到转体前的防护工作。

（2）锚碇系统施工：制作桥轴线上的开口地锚→设置斜向洞锚→安装轴向、斜向平撑→尾索张拉→扣索张拉。

这一部分的施工应绝对可靠，以确保安全。尾索张拉是在锚块端进行，扣索张拉在拱顶段拱箱内进行。张拉时，要按设计张拉力分级、对称、均衡地加力，要密切注意锚碇和拱箱变形、位移和裂缝，发现异常现象应仔细分析研究，处理后再转入下一工序，直至拱箱张拉脱架。

（3）转体施工：正式转体前再次对桥体各部分进行系统、全面的检查，检查通过后方可转体。拱箱的转体是靠上、下转轴事先预留的偏心值形成的转动力矩来实现的。启动时放松外缆风索，转到距桥轴线约60°时，开始收紧内缆风索，索力逐渐增大，但应控制在20 kN以下，如转不动则用千斤顶在桥台上顶推马蹄形下转盘。为了使缆风索受力角度合理，可设置两个转向滑轮。

(4)合拢卸扣施工:拱顶合拢后的高差通过张紧扣索提升拱顶或放松扣索降低拱顶来调整。封拱宜选择低温时进行,先用八对钢楔楔紧拱顶,焊接钢筋、预埋构件,然后先封桥台拱座混凝土,再浇拱顶混凝土。当台座和拱顶合拢口混凝土达到70%设计强度后,即可卸扣索,卸索应对称、均衡、分级进行。

2. 竖向转体施工

本法适用于桥址地势平坦、桥孔下无水或水浅的情况,在一孔的两端桥墩、台处从拱座开始顺桥向各搭设半孔拱架,在其上浇筑或组拼拱箱,利用设在两岸桥台上的扣索(扣索一端系在拱顶端,另一端通过桥台顶进入卷扬机),先收紧一端扣索,拱箱即以拱座铰为中心竖直旋转,使拱顶达到设计标高,同法收紧另一端扣索,合拢。

竖向转体视拱箱(肋)预制或现浇的方式不同分为以下两种。

(1)俯卧预制后向上转体(如上述)。

(2)竖直向上预制后再向下转体。在桥孔或墩、台上下游侧均未搭设拱架进行拱箱现浇、组拼的施工现场,多采用此种方法。其主要原理是:从拱座(拱座与拱箱用铰连接)向上现浇或组拼拱箱,每现浇或组拼一定长度阶段后用临时扣索和风缆将其稳定,照此方法进行直至拱箱完成二分之一跨,在拱顶设置转体用扣索(其另一面用拉索)并在拱箱的两侧设顶缆,将二分之一跨拱箱稳定,拆除临时扣索及临时风缆,收紧拉索,放松扣索及风缆,将拱箱徐徐向下转体。本法适用于钢管劲性骨架拱桁的预制安装。

3. 平竖结合转体施工

由于受到河岸地形条件的限制,拱桥采用转体施工时,可能遇到既不能按设计标高在两边预制半拱,也不能在桥位竖平面内预制半拱的情况(如在平原区的中承式拱桥)。此时拱体只能在适当位置预制后既平转又竖转才能就位。这种平竖结合转体施工基本方法与前述施工方法相似,但其转轴构造较为复杂。当地形、施工条件适合时,混凝土肋拱、钢架拱、钢管混凝土均可选用此法施工。

【小测验】

一、选择题

1. 无支架施工拱肋吊装时,除拱顶段以外,各段应设(　　)组扣索悬挂。

A. 1　　B. 2　　C. 3　　D. 4

2. 缆索吊装施工时,应对预制的拱肋在吊装、搁置、安装等状况下进行(　　)验算。

A. 稳定　　B. 应力　　C. 挠度　　D. 强度

3. 既适用于平转又适用于竖转施工的桥梁是(　　)。

A. 刚构梁式桥　　B. 刚架桥

C. 钢管混凝土拱桥　　D. 钢筋混凝土箱板拱桥

4. 大跨度劲性骨架混凝土拱桥拱圈的混凝土浇筑常用的方法有(　　)。

A. 分环多工作面均衡浇筑法　　B. 水箱压载分环浇筑法

C. 斜拉扣索分环连续浇筑法　　D. 预应力锚索分环浇筑法

5. 装配式混凝土、钢筋混凝土拱圈适用于(　　)的少支架或无支架施工。

A. 平拱　　B. 肋拱　　C. 箱形拱　　D. 双曲拱

6. 平转施工法主要适用于(　　)的施工。

A. 刚构梁式桥　B. 连续梁桥　C. 斜拉桥　D. 简支梁桥

7. 钢管拱肋的安装常采用(　　)施工。

A. 无支架吊装　B. 转体施工法　C. 斜拉扣索悬拼法　D. 平衡悬臂法

8. 采用少支架安装施工时,应对支架的(　　)进行观测。

A. 变形　B. 位移

C. 节点的压缩　D. 支架基础的沉陷

9. 采用无支架安装施工时,应随时观测吊装设备的(　　)的变形和位移。

A. 塔架　B. 主索　C. 扣索　D. 锚碇

二、思考题

1. 简述拱圈砌筑材料的要求。
2. 简述拱圈砌筑程序。
3. 缆索吊装有什么特点？适用条件是什么？
4. 缆索吊装施工的设备主要有哪些？
5. 各种转体施工的特点及适用条件是什么？

实训19 了解涵洞与墩台施工

预习内容	涵洞的施工准备、工作内容和施工放样内容;涵洞施工工艺及方法,涵洞附属工程施工内容;混凝土墩台的施工内容和工艺要求。
重　点	各类涵洞的施工工艺;混凝土墩台的施工内容和工艺要求。
难　点	混凝土墩台施工中的桩基础施工。
考　点	桩基础的施工。
学习指导	熟悉涵洞的施工准备及施工放样工作,掌握各种类型涵洞及桥梁墩台的施工内容及工艺要求。

19.1 涵洞施工

【知识点】涵洞的施工

【问题】施工放样内容包括哪些?管涵施工程序是什么?

【名词解释】施工放样　工地预制安装　沉降缝　保护层

1. 施工放样

涵洞施工设计图是施工放样的依据,根据设计中心里程,在地面上标定位置并设置涵洞纵向轴线。正交涵洞的轴线垂直于路线中线,斜交涵洞的轴线与路线中线前进方向的右侧成斜交角 θ,θ 与90°的度数之差称为斜度 φ(图19.1)。

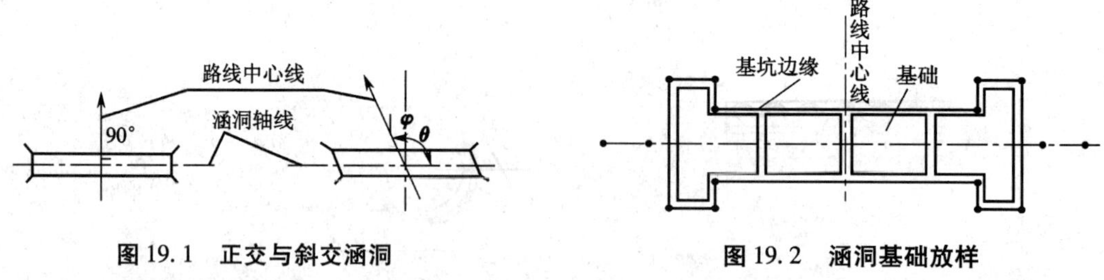

图19.1 正交与斜交涵洞　　图19.2 涵洞基础放样

涵洞轴线确定后量出上下游涵长,考虑进出口是否顺畅,当无需改善时,用小木桩标定涵端,用大木桩控制涵洞轴线,并以轴线为基准测定基坑和基础在平面上的所有尺寸,用木桩标出(图19.2)。

测量放样时,应注意涵洞长度、涵底标高的正确性。对位于曲线和陡坡上的涵洞还应考虑加宽、超高和纵坡的影响。

2. 各种类型涵洞施工技术

1)混凝土和钢筋混凝土管涵

(1)管涵施工程序。

(i)单孔有圬工基础管涵的施工程序为:①挖基坑并准备修筑管涵基础的材料;②砌筑圬工基础或浇筑混凝土基础;③安装涵洞管节,修筑涵洞出入口端墙、翼墙及涵底(端墙外涵底铺装);④铺设管涵防水层及修整;⑤铺设管涵顶部防水黏土(设计需要时),填筑涵洞缺口填土及修建加固工程。

(ii)单孔无圬工基础管涵(图19.3)的施工工序为:①挖基备料;②在捣固夯实的天然土表层或矿砂垫层上修筑截面为圆弧状的管座,其深度等于管壁的厚度;③在圆弧管座上铺设垫层的防水层,然后安装管节,管节间接缝宜留1 cm宽,缝中填塞防水材料;④在管节的下侧再用天然土或砂砾垫层材料作培填料,捣实至设计高程,并切实保证培填料与管节密贴,再将防水层向上包裹管节,防水层外再铺设黏质土,水平径线以下的部分应立即填筑,以免管节下面的砂垫层松散,并保证其与管节密贴,在严寒地区这部分特别填土必须填筑不冻胀土料;⑤修筑管涵出入口端墙、翼墙及两端涵底和进行整修工作。

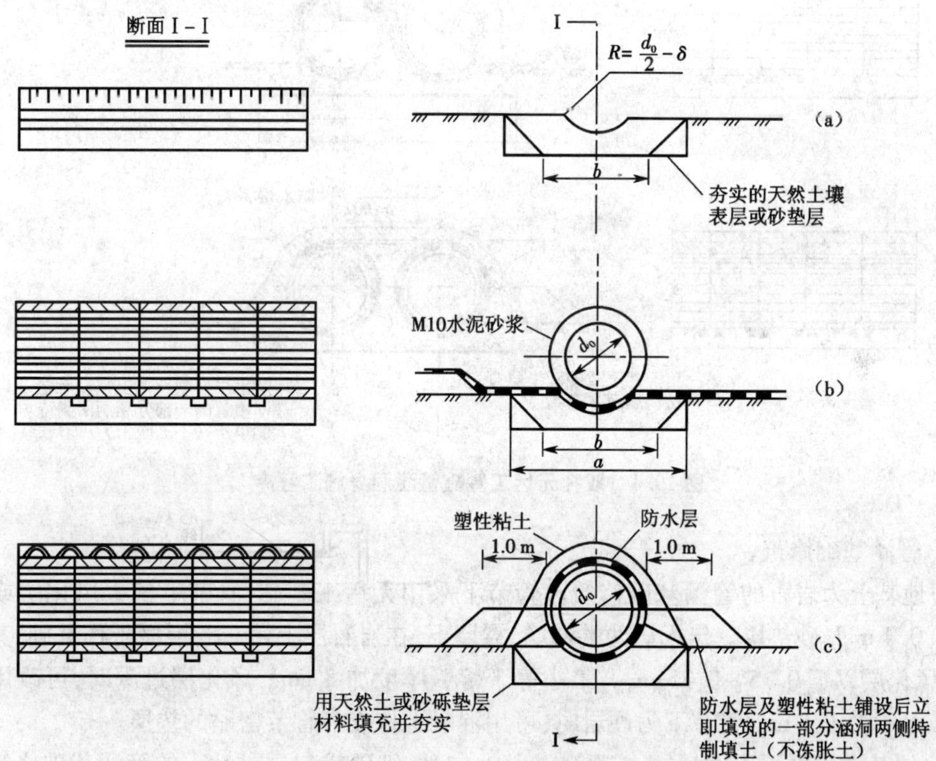

图19.3 单孔无圬工基础管涵洞身安装施工

(iii)双孔有圬工基础管涵可参考单孔有圬工基础管涵和双孔无圬工基础管涵施工程序进行施工。

(iv)双孔无圬工基础管涵(图19.4)施工程序为:①挖基备料;②在捣固夯实的天然土表层或矿砂垫层上修筑截面为圆弧状的管座,其深度等于管壁的厚度;③按图19.4的程序,先安装右边管并铺设防水层,在左边一孔管节未安装前,在砂垫层上先铺设垫底的防水层,然后按同样方法安装管节,管节间接缝尽量抵紧,管节内外接缝均以 M10 水泥砂浆填塞;④在管节的下侧再用天然土或砂砾垫层材料作培填料,夯实至设计高程,并切实保证培填料与管节密贴,左孔防水层铺设完后,用贫混凝土填充管节间的上部空腔,再铺设软塑状黏性土,防水层及黏土铺设后,管涵两侧水平径线以下的部分填土应立即填筑,以免管节下面的砂垫层松散,在严寒地区此部分填土必须填筑不冻胀土料;⑤修筑出入口端墙、翼墙及涵底,并整修。

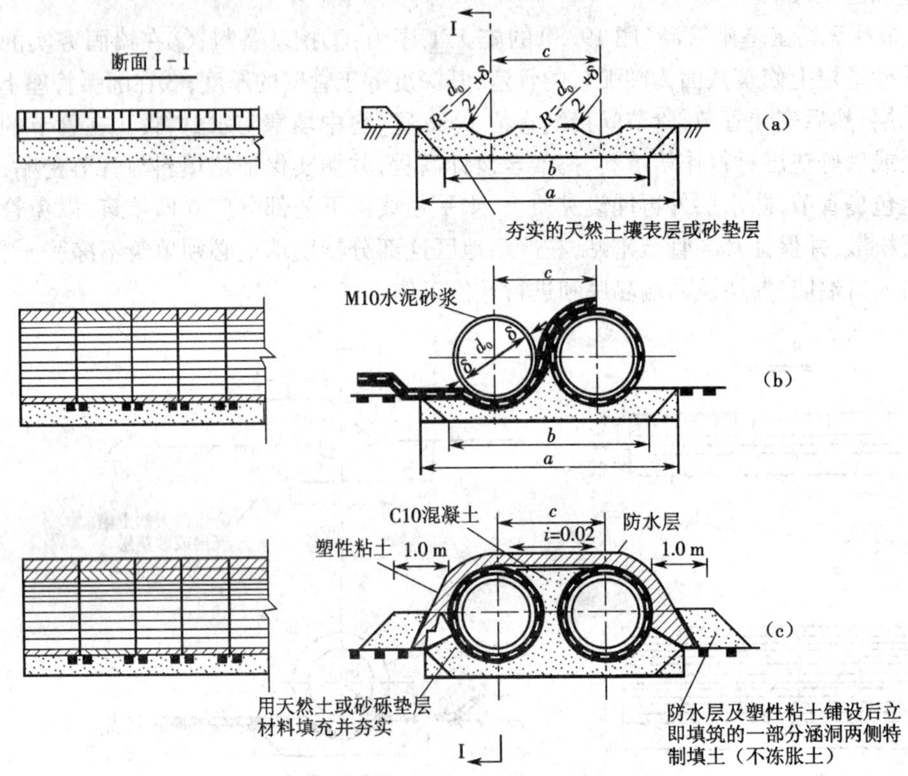

图 19.4 双孔无圬工基础管涵洞身施工程序

(2)管涵基础修筑。

(i)地基土为岩石的管涵基础修筑。管节下采用无圬工基础,管节下挖去风化层或软层后,填筑0.4 m厚砂垫层。出入口两端端墙、翼墙下,在岩石层上用C15混凝土作基础,其埋置深度至风化层以下0.15~0.25 m,并最小等于管壁厚度加5 cm。风化层过深时,可改用片石圬工,最深不大于1 m。管节下为硬岩时,可用混凝土抹成与管节密贴的垫层。

(ii)地基土为砾石土、卵石土或砾砂、粗砂、中砂、细砂或匀质黏性土的管涵基础修筑。管节下一般采用无圬工基础,对砾、卵石土先用砂填充地基土空隙并夯实,然后填筑0.4 m厚砂垫层。对粗、中、细砂地基土表层应夯实;对匀质黏性地基土,负温时的地下水位在冻结深度以上时,出入口两端端墙、翼墙的圬工基础埋置深度为1.0~1.5 m,当冻结深度不深时,基础埋深宜等于冻结深度的0.7倍,当此值大于1.5 m时,可采用砂加卵石在圬工基础下换填至冻结深度的0.7倍。

(iii)地基土为黏性土的管涵基础修筑。管节下应采用0.5 m厚的圬工基础,出入口两端端墙、翼墙基础埋置深度为1.0～1.5 m,当地下水冻结深度不深时,埋深应等于冻结深度,当冻结深度大于1.5 m时,可在圬工基础下用砂夹卵石换填至冻结深度。

2)混凝土和钢筋混凝土拱涵、盖板涵和箱涵

混凝土和钢筋混凝土拱涵(包括半环涵即无涵台身的各种曲线的拱涵)、盖板涵、箱涵的施工分为现场浇筑和在工地预制安装两大类。在此介绍后一种施工方法。

(1)预制构件结构要求。

(i)拱圈、盖板、箱涵节等构件预制长度,应根据起重设备和运输能力决定,但应保证结构的稳定性和刚性,一般不小于1 m,亦不宜太长。

(ii)拱圈构件上应设吊装孔,以便起吊。吊孔应考虑平吊及立吊两种,安装后可用砂浆将吊孔填塞。箱涵节、盖板和半环节等构件,可设吊孔,也可与顶面设立吊环。吊环位置、孔径大小和制环用钢筋应符合设计要求,并要求吊钩深入吊环内和吊装时吊环筋不断裂。安装完毕,环筋应锯掉或气割掉。

(iii)若采用钢丝绳捆绑起吊可不设吊孔或吊环。

(2)构件运输。构件达到设计强度并经检查质量和尺寸大小符合要求后,才能搬运。

(3)施工和安装。

(i)基础、拱涵和盖板涵的涵台身。

基础根据地基土类别和基础类型采用就地浇筑的施工方法。台身大都采用砌筑结构,可参看有关的施工技术规范。

(ii)上部构件的安装。拱圈、盖板、箱涵节的安装技术要求为:①安装之前应先检查构件尺寸、涵台尺寸和涵台间距离,并核对其高程,调整构件大小位置使其于沉降缝重合;②拱座接触面及拱圈两边均应凿毛(沉降缝处除外)并浇水湿润,用灰浆砌筑,灰浆塌落度宜小一些,以免流失;③构件砌缝宽度一般为1 cm,拼装每段的砌缝应与设计沉降缝重合;④构件可用扒杆、链滑车或汽车吊进行吊装。

3.涵洞附属工程的施工

1)防水层

防水层的设置部位如下。

(1)各式钢筋混凝土涵洞。此类涵洞的洞身和端墙在基础以上,凡被土掩埋部分,均需涂以热沥青两道,每道厚1～1.5 m,不另抹砂浆。

(2)混凝土及石砌涵洞。此类涵洞的洞身、端墙和翼墙的被土掩埋部分,只需将圬工表面凿平,无凹入存水部分可不设防水层,但北方严寒地区的混凝土结构仍需设防水层。

(3)钢筋混凝土圆管涵。管接头采用平头对接时在接缝中用麻絮浸以热沥青塞满,管节上部分从外往内填塞,下部分从管内向外填塞。管外靠接缝裹以热沥青浸透的防水层8层,宽度15～20 cm。包裹方法为在现场用热沥青逐层黏合在管外壁上的接缝处,再在全长管外裹以塑性黏土。

(4)钢筋混凝土盖板明涵。此类涵洞的盖板部分表面可先涂抹热沥青两次,再于其上设2 cm厚的防水水泥砂浆或4～6 cm厚的防水混凝土。

2)沉降缝

涵洞洞身、洞身与端墙、翼墙、进出水口急流槽交接处必须设沉降缝,但无圬工管涵仅于交接处设置沉降缝,洞身范围不设。具体位置设置视结构物和地基土的情况而定。

洞身沉降缝一般每隔 4 ~6 m 设置 1 处,但无基础涵洞仅在洞身涵节与出入口涵节间设置,缝宽一般 3 cm。两端与附属工程连接处也各设置一处。凡地基土质发生变化,基础埋置深度不一,基础对地基的荷载发生较大变化处,基础填挖交接处,采用填石垫高基础交界处,均应设置沉降缝。

沉降缝的施工,要求做到使缝两边的构造物能自由沉降,又能严密防止水分渗漏,故沉降缝必须贯穿整个断面(包括基础)。沉降缝具体施工方法如下。

(1)基础部分。可将原基础施工时嵌入的沥青木板或沥青砂板留下,作为防水之用。如基础施工时不用木板,也可用黏土填入捣实,并在流水面边缘以 1:3水泥砂浆填塞,深度约为 15 cm。

(2)涵身部分。缝外侧以热沥青浸制的麻筋填塞,深度约为 5 cm,内侧以 1:3水泥砂浆填塞,深度约为 15 cm,视沉降缝处圬工的厚薄而定。缝内可以用沥青麻絮与水泥砂浆填满;如太厚,亦可将中间部分先填以黏土。

(3)沉降缝的施工质量要求。沉降缝端面应整齐、方正,基础和涵身上下不得交错,应贯通,嵌塞物应紧密填实。

(4)保护层。各式有圬工基础涵洞的基础襟边以上,均顺沉降缝周围设置黏土保护层,厚约 20 cm,顶宽约 20 cm。对于无圬工基础涵洞,保护层宜使用沥青混凝土或沥青胶砂,厚约 10 ~20 cm。

沉降缝的构造如图 19.5 所示。

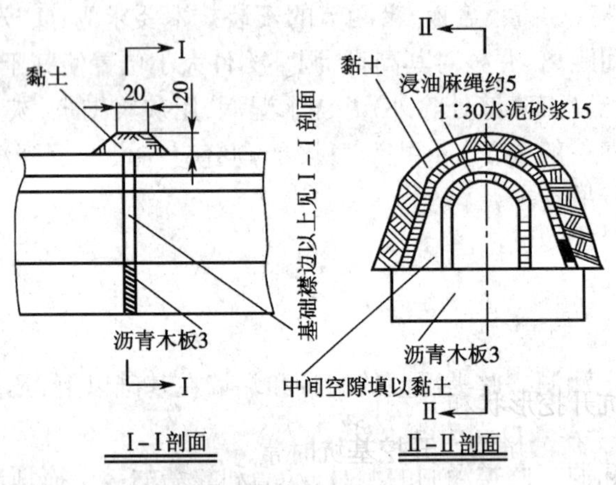

图 19.5 涵洞沉降缝(长度单位:cm)

【小测验】

一、填空题

1. 涵洞按构造形式分为:______、______、______、拱涵和倒虹吸管等。

2. 就地浇筑的拱涵基础主要有______式基础、______式基础、______式基础三种形式。

3. 圆管涵主要是由______、______、______和防水层构成。

4. 拱圈和盖板浇筑或砌筑施工应注意:拱圈和端墙的施工,应由两侧拱脚向拱顶同时______进行;拱圈和盖板混凝土的现场浇筑施工,应______进行,尽量避免______。

5. 涵洞______、洞身与______、______、进出水口急流槽交接处必须设置沉降缝。

6. 涵管强度试验应按规范要求进行，涵管试验数量应为涵管总数的______，但每种孔径的涵管至少要试验______个。在进行大量涵管检验性试验时，是以试验大于或等于裂缝荷载______ mm 时还没有出现裂缝者为达到标准。

二、判断题

1. 管顶填土高度超过 5 m 时，应采用有圬工基础管涵。(　)

2. 斜交涵洞洞口正做时，其沉降缝应与涵洞中心线垂直。(　)

三、问答题

1. 涵洞为何要设置沉降缝？涵身部分沉降缝怎样施工？

2. 涵洞为什么要设防水层？钢筋混凝土圆管涵怎样设置防水层？

3. 防水层的作用是什么？沉降缝设置的目的是什么？

4. 软土地区管涵地基处理应注意的事项是什么？

19.2　墩台的砌筑

【知识点 1】墩台的砌筑

【问题】明挖扩大基础施工顺序和主要工作包括哪些？水中浅基础施工的步骤是什么？桩基础按承受荷载的工作原理分为哪几类？

【名词解释】明挖扩大基础　下降漏斗　土石围堰　草(麻)袋围堰　钢板桩围堰　套箱围堰　摩擦桩　柱桩　嵌岩桩

1. 明挖扩大基础

明挖扩大基础施工顺序和主要工作包括：基础定位放样、基坑开挖、基坑排水、基坑检验与处理、基础浇筑与基坑回填。下面分别从旱地浅基础施工和水中浅基础施工两方面叙述。

1)旱地浅基础施工

(1)基础的定位放样。基础定位放样是将设计图纸上的墩、台位置和尺寸标到实际工地上去，主要是测量问题。定位工作可分为垂直定位和水平定位两个方面。垂直定位是定出基础墩台各部分的高程，可借助施工现场的水准点进行；水平定位是定出基础在平面上的位置，一般先定出基础的主轴线，然后再定出墩台轴线，最后详细定位，确定基础各部分尺寸。

(2)基坑开挖。基坑开挖形状和开挖面的大小可视墩台基础及下部结构的形式、施工条件的要求挖成矩形或长条形的坑槽。开挖基坑时常采用机械和人工结合的方法，基底应避免超挖，一般挖至距设计标高 0.3 m 时，应采用人工补挖修整，以保证地基土结构不被扰动，并迅速检验，随即进行基础施工。

在岩石地基或者基坑不深又无地下水的黏土地基中，基坑开挖可将坑壁挖成竖直或斜坡形。在一般土质条件下开挖时，应采用放坡开挖的方法，在基坑深度不超过 5 m、地基土质湿度正常、开挖暴露时间不超过 15 d 的情况下，可参照表 19.1 选定基坑坑壁坡度。

表 19.1 基坑坑壁坡度表

坑壁土类	坑壁坡度		
	基础边缘无荷载	基础边缘有荷载	基础顶缘有动载
砂类土	1:1	1:1.25	1:1.5
碎、卵石类土	1:0.75	1:1	1:1.25
亚砂土	1:0.67	1:0.75	1:1
亚黏土、黏土	1:0.33	1:0.5	1:0.75
极软岩	1:0.25	1:0.33	1:0.67
软质岩	1:0	1:0.1	1:0.25
硬质岩	1:0	1:0	1:0

注:挖基经过不同土层时,边坡可分成设定,并酌情设置平台。

基坑底面应满足基础施工的要求,为了保证坑壁边坡稳定,当基坑深度较大时,应在边坡中段加设宽0.5~1 m的平台。必要时坑顶周围要挖截水沟,以免地面水流入坑内。坑顶与动载之间至少要留1 m宽的护道。

当坑壁土质松软,边坡不易稳定,放坡开挖受到现场的限制,或放坡开挖造成土方量过大时,宜按具体情况采用挡板支撑、钢木结合支撑、板桩支撑、混凝土护壁(喷射混凝土护壁、现浇混凝土护壁)、锚杆支护等加固坑壁的临时性措施,这样既保证了施工的安全,同时又可大量减少土方。

(3)基坑排水。排水的方法一般有表面排水法和人工降低地下水位法两种。

表面排水法是施工中应用最普遍的方法。在基坑开挖时,坑底四周挖好边沟,并挖1~2个集水井,使坑内积水由边沟流至集水井,然后用抽水机向外排出。

如果估计到用表面排水法有可能发生严重流砂现象时,可考虑用轻型井点法排水。此法主要是利用“下降漏斗”降低地下水位,基坑开挖前在基坑四周打入若干根井管,井管下端1.5 m左右为滤管,上面钻有若干直径为2 mm的滤水孔,各个井管用集水管连接,并不断抽水。由于抽水使井管两侧一定范围内的水位逐渐下降,形成了向井管附近弯曲的下降曲线,即“下降漏斗”。地下水位逐渐下降到坑底设计标高以下,使施工能在干燥无水的情况下进行。井点排水法适用于渗透性较大的砂性土(渗透系数为0.1~80 m/d),对于淤泥或软黏土地基效果较差。用这种方法降低地下水位,使井管范围内的地下水不从基坑的四侧边坡和底面流出,而是以相反的方向流向井管,因此可避免流砂和边坡塌方现象。

(4)基坑检验与处理。挖好基坑,在基础浇筑前应进行基坑检验,检查其是否符合设计要求,检验内容包括:基坑底面标高和平面位置及平面尺寸是否与设计资料相符;检查基底地质情况和承载力与设计资料是否相符,如有出入,应取样做土质分析试验,同时由施工单位及时会同有关部门共同研究处理方法。

(5)基础浇筑与基坑回填。基坑的浇筑一般都在干燥无水的情况下进行,只有当渗水量很大,排水很困难时,才采用水下灌注混凝土的方法。排水浇筑时,应防止渗水浸泡圬工,以免降低混凝土强度。此外,还应注意,石砌基础在砌筑过程中应使石块大面朝下,外圈块石必须坐浆,要求丁顺相间,以加强石块之间的连接;混凝土基础的浇筑,应在终凝后才允许浸水,不浸水部分仍需继续养护。

基础浇筑完后,应检验质量和各部位尺寸是否符合设计要求,如无问题,则可选择好土回填基坑,并分层夯实,回填层厚不大于 30 cm。

2)水中浅基础施工

水中浅基础施工,一般先在基坑外围设置一道封闭的临时性挡水结构物,即围堰。围堰修筑好后,即排水开挖基坑,或在静水条件下进行水下开挖基坑,并继续下部工作。

(1)土石围堰(图 19.6)。这种围堰适用于水深小于 1.5 m、流速小于等于 0.5 m/s、河床土质渗水较小的情况。堰顶宽 1 ~ 2 m,堰外边坡为 1:3 ~ 1:2,堰内边坡为 1:1.5 ~ 1:1,坡脚与基坑边缘距离根据河床土质及基坑深度而定,但不得小于 1 m。筑堰宜采用黏性土或砂类土,填出水面后应进行夯实。筑堰前应将堰底河床上的树根、石块、杂物等清除,自上游开始填筑至下游合拢。流速过大有冲刷危险时,可在外坡面用草皮、柴排、片石、草袋或土工织物等加以防护。

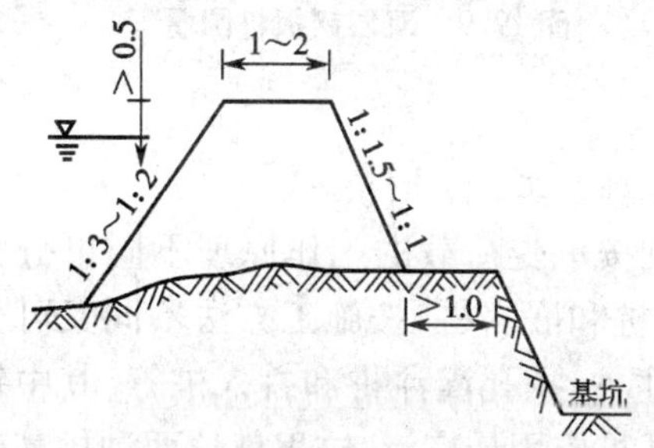

图 19.6 土石围堰(长度单位:m)

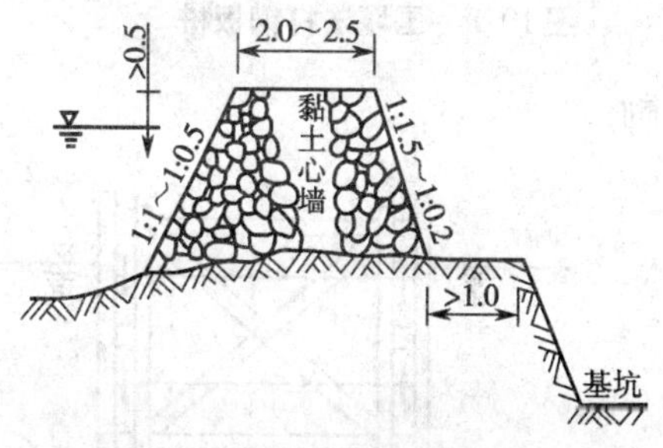

图 19.7 草(麻)袋围堰(长度单位:m)

(2)草(麻)袋围堰(图 19.7)。这种围堰适用于水深不超过 3.5 m、流速小于 2.0 m/s、河床土质渗水较小的情况。堰顶宽一般为 1 ~ 2 m,有黏心墙时为 2 ~ 2.5 m,堰外边坡为 1:1 ~ 1:0.5,堰内边坡为 1:0.5 ~ 1:0.2,内坡脚距基坑边缘不小于 1 m。袋装松散黏土,黏土量为袋容量的 1/2 ~ 2/3 时缝合袋口。如用砂土装袋,堰身中间必须夯填黏土心墙,以防围堰渗漏。

(3)钢板桩围堰。这种围堰适用于砂类土、黏性土、碎石土及风化岩石等河床的深水基础,它具有材料强度高,防水性能好,穿透土层能力强,阻水面积小,并可重复使用等优点。因此,当水深超过 5 m 或土质较硬时,可选用这种围堰。

当钢板桩围堰较高、水深较大时,常用围堰(即用钢或者钢木构成的框架)作为板桩定位和支撑。先在岸上或驳船上拼装好围堰,托运至基础位置定位后,在围堰中插打定位桩(图 19.8),使围堰挂在定位桩上,即可在围堰四周的导桩间插打钢板桩。在插打时应先从上游打起,以确保安全。根据起吊能力,尽可能将二、三块钢板桩预先拼焊在一起,逐组或逐块插打到稳定的深度(2 ~ 3 m),待全部板桩插打完毕后再依次打到设计标高。

在深水处修筑围堰,为确保围堰不渗水,或基坑范围大,不便设置支撑,可采用双层钢板桩围堰(图 19.9)。

(4)套箱围堰(图 19.10)。这种围堰适用于无覆盖层或覆盖层较薄的水中基础。

套箱为无底的围堰,内部设木或钢支撑,组成支架。木板套箱在支架外面钉装两层企口木板,用油灰捻缝以防漏水;钢套箱则设焊接或铆合而成的钢板外壁。

木套箱采用浮运就位,然后加重下沉;钢套箱利用船运起吊就位下沉。在下沉套箱之前,应清除河床覆盖层并整平岩层。套箱沉至河底后,宜在箱脚外侧填以黏土或用草(麻)袋

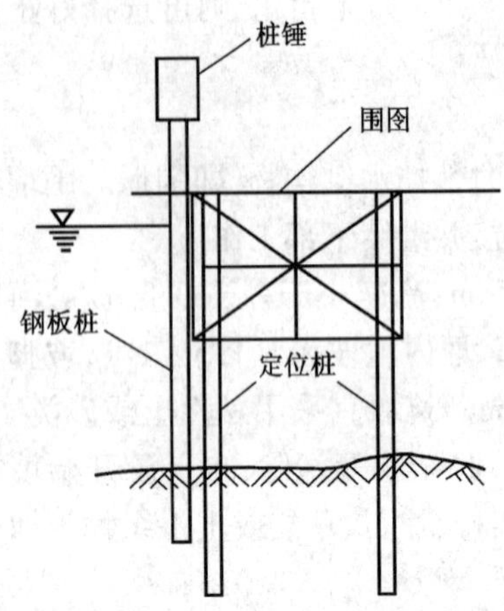

图 19.8 围堰法打钢板桩

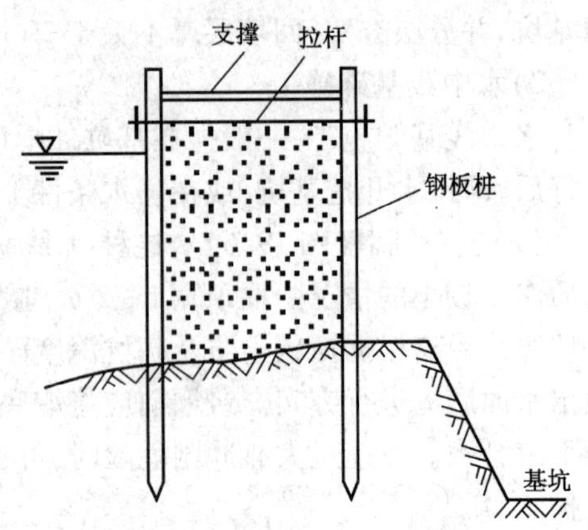

图 19.9 双层钢板桩围堰

护脚。

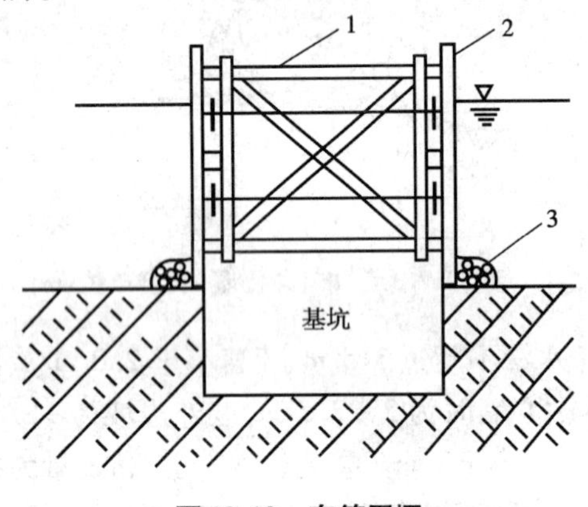

图 19.10 套箱围堰

1—套箱支架;2—套箱外壁;3—土袋护脚

2. 桩基础施工

桩基础按承受荷载的工作原理不同可分为摩擦桩、柱桩和嵌岩桩;按施工方法不同又可分为钻孔灌注桩、挖孔灌注桩和打入桩等,其中钻孔桩和挖孔桩应用最广泛,这里就这两种桩基础施工方法进行介绍。

1)钻孔灌注桩的施工

目前我国常使用的钻具有旋转钻、冲击钻和冲抓钻三种类型。为稳固孔壁在孔口埋设护筒和在孔内灌入黏土泥浆,并使孔内液面高于孔外水位,以在孔内形成向外的静压力而起到护壁、固壁的作用。现按施工顺序介绍其主要工序。

(1)准备工作。

(i)场地准备。施工前应将场地平整好,以便安装钻架进行钻孔。

(ii)埋置护筒。埋置护筒要求稳固、准确,护筒制作要求坚固、耐用。护筒的作用:固定钻孔位置;开始钻孔时对钻头起导向作用;保护孔口,防止孔口土层坍塌;隔离孔内孔外表层水,并保持钻孔内水位高出施工水位以产生足够的静水压力稳固孔壁。

(iii)制备泥浆。钻孔泥浆一般由水、黏土(或膨胀土)和添加剂按适当配合比配制而成,其相对密度、黏度、含砂率、胶体率等性能指标要满足有关规定要求。

(iv)安装钻机或钻架。钻机(架)安装就位时,应详细测量,底座应用枕木垫实塞紧,顶端应用缆风绳固定平稳,并在钻进过程中经常检查。

(2)钻孔施工。

(i)旋转钻进成孔。旋转钻进成孔是利用钻具旋转切削土体钻进,并在钻进的同时采用循环泥浆的方法护壁排渣,继续钻进成孔。我国现用旋转钻机按泥浆循环的程序不同分为正循环和反循环两种。

所谓正循环是在钻进的同时，泥浆泵将泥浆压进泥浆龙头，通过钻杆中心从钻头喷入钻孔内，泥浆携带钻渣沿钻孔上升，从护筒顶部排浆孔排出至沉淀池，钻渣在此沉淀而泥浆仍进入泥浆池进行循环使用，如图19.11所示。

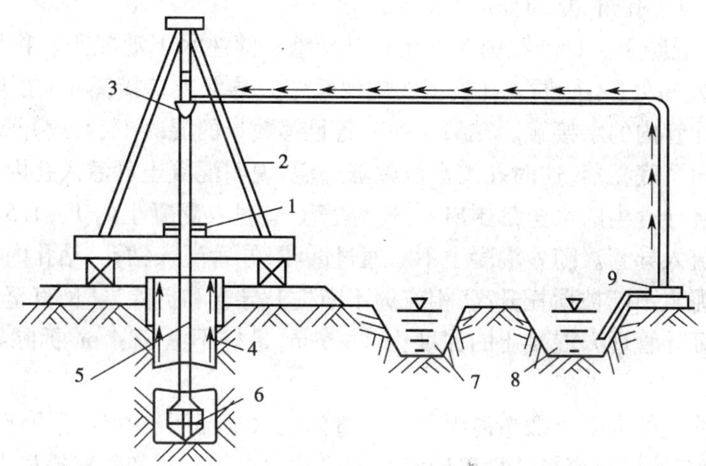

图19.11　正循环钻机

1—钻机；2—钻架；3—泥浆龙头；4—护筒；5—钻杆；6—钻头；
7—沉淀池；8—泥浆池；9—泥浆泵

反循环与正循环程序相反，将泥浆用泥浆泵送入钻孔内，然后从钻头的钻杆下口吸进，通过钻杆中心排出到沉淀池，泥浆沉淀后再进行循环使用。反循环钻机的钻进和排渣效率较高，但在接长钻杆时装卸较麻烦，如钻渣粒径超过钻杆内径（一般为120 mm）易堵塞管路，不宜采用。

（ii）冲击钻进成孔。冲击钻进成孔是利用钻锤（重量为10 kN～35 kN）不断地提锤、落锤，反复冲击孔底土层，把土层中的泥砂、石块挤向四壁或打成碎渣，钻渣悬浮于泥浆中，利用掏渣桶取出，重复上述过程冲击钻进成孔。

冲击钻孔适用于含有漂卵石、大块石的土层及岩层，也能用于其他土层，成孔深度一般不宜大于50 m。

（iii）冲抓钻进成孔。冲抓钻进成孔是用兼有冲击和抓土作用的抓土瓣，通过钻架，由带离合器的卷扬机操纵，靠冲锤自重（重量为10 kN～20 kN）冲下使抓土瓣锤尖张开，插入土层，然后由卷扬机提升锤头，收拢抓土瓣将土抓出，弃土后继续冲抓钻进而成孔。

冲抓钻进适用于淤泥、紧密黏性土、砂性土及夹有碎卵石的砂砾土层，成孔深度一般小于30 m。

（3）清孔。清孔的目的是将孔内钻渣清除干净，保证孔底沉淀土层厚度满足要求，保证浇筑混凝土的质量。清孔方法有掏渣清孔法、换浆清孔法和抽浆清孔法等几种。

掏渣清孔法是用掏渣桶、大锅锤或冲抓锤清掏孔底粗钻渣，仅适用于机动推钻、冲抓、冲击钻孔的各类土层摩擦桩的初步清孔。换浆清孔法是正、反循环钻机在钻孔完成后，不停钻、不进尺，继续循环换浆清渣，直至达到清理泥浆的要求，适用于各类土层的摩擦桩。抽浆清孔法是用空气吸泥机吸出含钻渣的泥浆而达到清孔的目的，适用于孔壁不易坍塌的各种钻孔方法的柱桩和摩擦桩。

(4)吊装钢筋骨架。钢筋骨架吊装前应检查孔底深度是否符合设计要求,孔壁是否有妨碍骨架吊放和正确就位的情况,钢筋骨架吊装可利用钻架或另立扒杆进行。吊放时应避免骨架碰撞孔壁,并保证骨架外混凝土保护层厚度,应随时校正骨架位置。钢筋骨架达到设计标高后,将骨架牢固定位于孔口,立即浇筑混凝土。

(5)灌注水下混凝土。目前我国多采用直升导管法灌注水下混凝土。将导管居中插入到离孔底约 0.4 m 左右处(不能插入孔底沉积的泥浆中),导管上口接漏斗,在接口处设隔水栓,以隔绝混凝土和导管内的水接触。在漏斗中贮备足够数量的混凝土后,放开隔水栓,贮备的混凝土连同隔水栓向孔底猛落,这时孔内水位骤涨外溢,说明混凝土已灌入孔内。若落下有足够数量的混凝土则将导管内的水全部压出,并使导管下口埋入混凝土内 1 ~ 1.5 m 深,保证钻孔内的水不能重新流入导管。随着混凝土不断通过漏斗、导管灌入钻孔,钻孔内初期灌注的混凝土及上面的水或泥浆不断被顶托升高,相应地不断提升导管和拆除导管,直至钻孔灌注混凝土完毕。这时应保证导管埋入混凝土的深度为 2 ~ 6 m,最好不大于 4 m,拆除导管的时间不超过 15 min。

为了首批灌注桩的混凝土数量能保证将导管内的水全部压出并保证导管初次埋入深度需要,应计算漏斗应有的最小容量从而确定漏斗的尺寸大小。漏斗和贮料槽最小容量为

$$V = h_1 \times \pi d^2/4 + H_c \times \pi D^2/4$$

$$h_1 = H_w r_w / r_c$$

式中 V——漏斗和贮料槽最小容量(首批混凝土所需数量),m^3;

h_1——孔内混凝土达到 H_c 时,导管内混凝土柱与导管外水压平衡所需要的高度,m;

H_c——导管初次埋深加开始时导管底离孔底的间距,m;

D,d——桩孔、导管的直径,m。

式中 H_w——孔内水面到混凝土面的高度,m;

r_w,r_c——孔内水(或泥浆)、混凝土的密度,kN/m^3。

漏斗顶端应比桩顶或水面(桩顶在水面以下时)高出至少 3 m,以保证灌注混凝土最后阶段时,管内混凝土能满足管外混凝土及其上水压或泥浆重量的需要。

灌注水下混凝土是钻孔灌注桩施工的最后一道关键性的工序,其施工质量将严重影响桩的质量,施工中应注意:混凝土拌和必须均匀,尽可能缩短运输距离,减少颠簸,防止混凝土离析而发生卡管事故;灌注混凝土必须连续作业,避免任何原因造成的中断灌注;在灌注过程中,要随时测量和记录孔内混凝土灌注标高和导管埋入混凝土内的长度,导管的埋置深度宜控制在 2 ~ 6 m,防止导管提升过猛造成管底提离混凝土面或埋入过浅,而使导管内进水造成断桩夹泥,也要防止导管埋入过深而造成导管内混凝土压不出或导管被混凝土埋住而不能提升,导致终止浇注而断桩;灌注的桩顶标高要比设计标高预加一定高度,此范围内的浮浆和混凝土应凿除,以确保桩顶混凝土的质量,预加高度一般为 0.5 ~ 1 m,深桩应酌情增加。

桩身混凝土达到设计强度后,按规定检查后才能进行后续施工。

2)钻孔事故处理

常见的钻孔事故有:塌孔、钻孔偏斜、扩孔与缩孔、钻孔漏浆、掉钻落物、糊钻以及形成梅花孔、卡钻、钻杆折断等等,其处理方法如下。

(1)遇有塌孔,应认真分析原因,查明位置,然后进行处理。塌孔不严重时,可回填至塌孔位置以上,并采取改善泥浆性能、加高水头、埋深护筒等措施,继续钻进。塌孔严重时,应立即

将钻孔全部用砂或小砾石夹黏土回填,暂停一段时间后,查明塌孔原因,采取相应措施重钻。塌孔部位不深时,可采取深埋护筒法,将护筒周围填土夯实,重新钻孔。

(2)遇有孔身偏斜、弯曲时,一般可在偏斜处吊住钻锥反复扫孔,使钻孔正直。偏斜严重时,应回填黏性土到偏斜处,待沉积密实后重新钻进。

(3)遇有扩孔、缩孔时,应采取防止塌孔和钻锥摆动过大的措施。缩孔是钻锥磨损过甚、焊补不及时或地层中有遇水膨胀的软土、黏土泥岩造成的。对前者应及时补焊钻锥,对后者应用失水率小的优质泥浆护壁。对已发生的缩孔,宜在该处用钻锥上下反复扫孔以扩大孔径。

(4)钻孔漏浆时,如护筒内水头不能保持,宜采取将护筒周围回填土筑实、增加护筒埋置深度、适当减小水头高度或加稠泥浆、倒入黏土慢速转动等措施。用冲击法钻孔时,还可填入片石、碎卵石土,反复冲击以增强护壁。

(5)由于钻锥的转向装置失灵,泥浆太稠,钻锥旋转阻力过大或冲程太小,钻锥来不及旋转,易发生梅花孔(或十字槽孔,多见于冲击钻孔),可采用片石或卵石与黏土的混合物回填钻孔,重新冲击钻进。

(6)糊钻、埋钻常出现于正、反循环(含潜水钻机)回转钻进和冲击钻进中,遇此应对泥浆稠度、钻渣进出口、钻杆内径大小、排渣设备进行检查计算,并控制适当的进尺。若已严重糊钻,则应停钻,提出钻锥,清除钻渣。冲击钻锥糊钻时,应减小冲程、降低泥浆稠度,并在黏土层上回填部分砂、砾石。遇到塌方或其他原因造成埋钻时,应使用空气吸泥机吸出埋钻的泥砂,提出钻锥。

(7)卡钻常发生在冲击钻孔中,卡钻后不宜强提,只宜轻提,轻提不动时,可用小冲击钻锥冲击或用冲、吸的方法将钻锥周围的钻渣松动后再提出。

(8)掉钻落物时,宜迅速用打捞叉、钩、绳套等工具打捞。若落物已被泥砂埋住,应按前述各条,先清除泥砂,使打捞工具接触落体后再行打捞。

处理钻孔事故时,在任何情况下,严禁施工人员进入没有护筒或其他防护设施的钻孔中处理故障。

3)挖孔灌注桩施工

挖孔灌注桩适用于无水或少水的密实土层或岩层,桩径不小于 1.4 m,孔深不宜大于 20 m。其特点是设备投入少、成本低,成孔后可直观检查孔内土质情况,基桩质量有可靠保证,但施工速度较慢。

位于无水地层的桩基,埋好护筒后可直接人工开挖,遇岩石采用浅层小药量电雷管爆破,人工清渣掘进,用辘轱将渣石调运出井,手推车运送弃渣。位于有水地基时,要边开挖边用水泵排水。在过深的井孔中作业时,要用鼓风机通过传风管向孔底吹入新鲜空气,保障施工安全。在孔壁可能坍塌、渗水的情况下,应及时增加护壁。护壁方法有安装木框架、竹篱、柳条,预制混凝土井圈或钢井圈支护,现浇或喷射混凝土护壁等,应根据实际情况慎重选用。夜间停工时,要在进口设置标志或覆盖物,防止人员不慎落入。

其灌注混凝土的方法与钻孔桩相同。无水、空气中灌注的桩如为摩擦桩应在灌注过程中逐步由下至上拆除支护。井中有水时,要采用水中灌桩法先向孔中灌水(至少与地下水位相同),再用导管灌注混凝土。随着灌注混凝土升高,孔内水位上升时逐层拆除支护。柱桩、嵌岩桩的混凝土护壁可以不拆除。

4)基桩的检验

桩基础属隐蔽工程,对其质量检验必须严格掌握。

钻(挖)孔在终孔和清孔后应使用仪器对成孔的孔位、孔深、孔形、孔径、竖直度、泥浆相对密度、孔底沉淀厚度、有否缩孔和坍塌等进行检验,应满足表 19.2 中各项技术指标。

表 19.2 钻孔灌注桩成孔质量允许偏差

编号	项 目	允许偏差	附 注
1	孔的中心位置	群桩:不大于 10 cm 单排桩:不大于 5 cm	群桩以水平面偏差值计算
2	孔径	不小于设计桩径	
3	倾斜度	直桩:小于 1/100; 斜桩:小于设计斜度的 ±2.5%	
4	孔深	摩擦桩:不小于设计规定 柱桩:此设计深度超深不小于 5d cm*	柱桩是支撑在岩面及嵌入岩层的桩
5	孔内沉淀层厚度	摩擦桩:不大于 0.4d ~0.6d cm* 柱桩:不大于设计规定	尽量争取不大于 0.4d cm*
6	清孔后泥浆指标	相对密度:1.05 ~1.2 黏度:17 ~20 Pa · s 含砂率:< 4%	在钻孔的顶、中、底分别取样检验,以其平均值为准

* d 为设计桩径,cm。

钻孔桩水下混凝土的质量应符合以下要求。

(1)强度不低于设计强度。除用预留试块做抗压强度试验外,还应凿平桩头,并取桩头试块做抗压试验。

(2)桩身混凝土不能有断层或夹层。应仔细检查分析混凝土记录,并用无破损方法检验桩身,对质量可疑的桩,要钻芯取样进行试验。

(3)桩头除预留部分不能有残余松散层和薄弱混凝土层外,嵌入承台或盖梁内的桩头及锚固钢筋长度要符合规范要求。

【知识点 2】石砌墩台施工

【问题】墩台砌筑的定位放样方法有哪几种?基础砌筑和墩台身砌筑的方法是什么?

1. 墩台砌筑的定位放样

1)垂线法

当墩台身和基础较低时,可依平面轮廓线砌筑圬工。对于直坡墩台可用吊垂球方法来控制定位石的位置。为了吊垂球方便,吊点和轮廓线间应留 1 ~2 cm 的距离,如图 19.12 所示。对于斜坡墩台可用规板控制定位石的位置,规板构造如图 19.13 所示。使用规板时,将其斜边靠近墩台面悬垂线,若与所画墨线重合,则表示所砌墩台斜度符合要求。

2)瞄准法

当墩台身较高时,可采用瞄准法控制定位石的位置,如图 19.14 所示。墩台身每升高 1.5 ~2.0 m,沿墩台平面棱角埋设铁钉,使上下铁钉位于一个垂直平面上,并挂以铅丝。砌筑时,拉直铅丝,使与下段铅丝瞄成一直线,即可以此安砌定位石于正确位置。

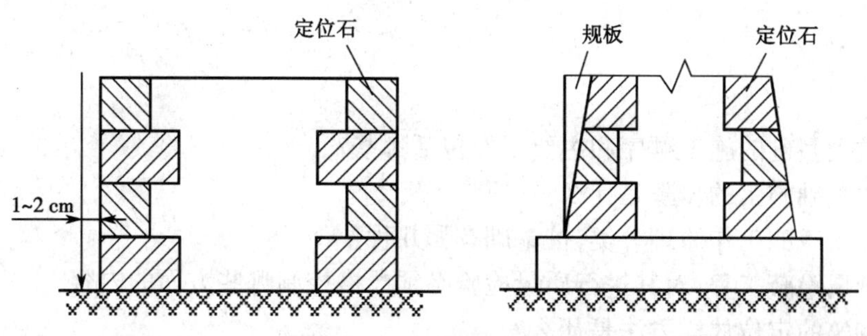

图 19.12　垂线法定线

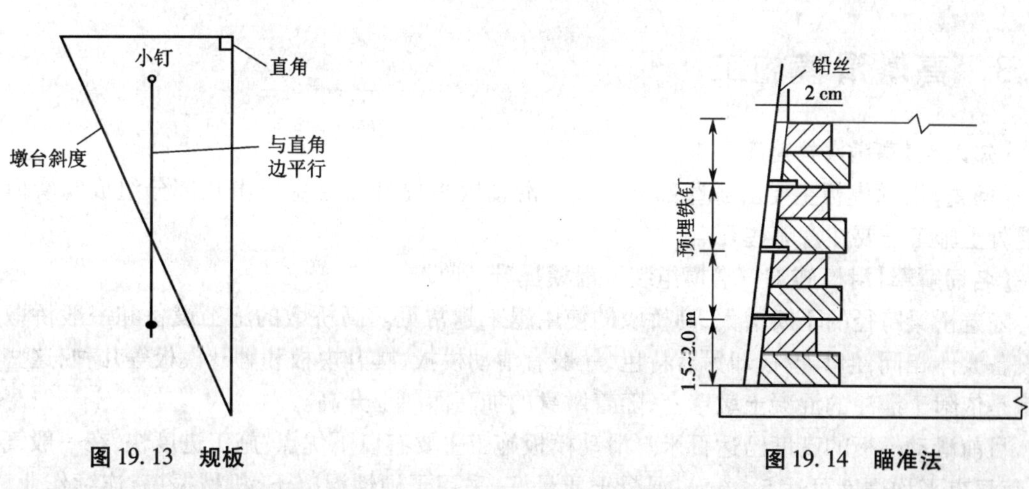

图 19.13　规板

图 19.14　瞄准法

2. 墩台砌筑

1）基础砌筑

基础开挖完毕并进行处理后，便可砌筑基础。砌筑时，应自最外边缘开始，砌好外圈后填筑腹部。

基础一般采用片石砌筑。当基底为土质时，基础底层石块直接干铺于地基土上；当基底为岩石时，应先将基底表面清洗、湿润，再坐浆砌筑。第一层砌筑的石块应尽可能挑选大块的，平放铺砌，且丁顺相交，并用小石块将空隙填满，灌以砂浆，然后开始一层一层平砌。片石砌体宜以 2 ~3 层砌块组成一工作层，每层水平缝应大致找平，各层竖缝应相互错开。

2）墩台身砌筑

当基础砌筑完毕，检查平面位置和标高均符合设计要求后，即可砌筑墩台身。砌筑前应将基础顶面清洗干净。砌筑时，桥墩先砌筑上下游圆头石或分水尖；桥台先砌筑四角转角石，然后在已砌石料上挂线，砌筑边部外露部分，最后填砌腹部。

墩台身可采用浆砌片石、块石或粗料石砌筑（内部均用片石填腹）。表面石料一般采用一丁一顺的排列方法，使之连接牢固。墩石砌筑时应均匀升高，高低不应相差过大，每砌 2 ~3 层应大致找平。

【小测验】

思考题

1. 明挖扩大基础的施工顺序和主要工作包括哪些?
2. 水中浅基础施工的步骤是什么?
3. 按承受荷载的工作原理分类,桩基础有哪几种?
4. 桩基础属隐蔽工程,对其进行质量检验必须严格控制哪些方面的内容?
5. 墩台砌筑的定位放样方法是什么?
6. 基础砌筑和墩身砌筑的方法是什么?

19.3 高墩滑模施工

【知识点】高墩滑模施工

【问题】滑动模板主要由哪些部分组成? 滑动模板提升设备主要由几部分组成? 滑模浇筑混凝土施工需要注意哪些要点?

【名词解释】滑模施工　滑模组装　滑模提升　收坡

随着桥梁跨径的不断增大,高桥墩的使用越来越常见。高桥墩的施工设备和一般桥墩施工设备大体相同,但其模板却另有特色,一般有滑动模板、爬升模板和翻升模板等几种,这些模板都是依附于灌注的混凝土墩壁上,随着墩身的加高而向上升高。

目前滑动模板的高度已达百米。滑动模板施工主要有以下优点:施工进度快,在一般气温下,每昼夜平均进度可达 5 ~ 6 m;混凝土质量好,采用干硬性混凝土,机械振捣,连续作业,可提高墩台质量,节约木材和劳力,有资料统计表明,采用此法可节省劳动力 30%,节约木材 70%;滑动模板可用于直坡墩身,也可用于斜坡墩身,模板本身附带有内外吊篮、平台与拉杆等,以墩身为支架,墩身混凝土的浇筑随模板缓慢滑升而连续不断地进行,故而安全可靠。

1. 滑动模板构造

滑动模板将模板悬挂在工作平台的围圈上,沿着所施工的混凝土结构截面的周界组拼装配,并随着混凝土的灌筑由千斤顶带动向上滑升。由于桥墩类型、提升工具类型的不同,滑动模板的构造也稍有差异,但其主要部件与功能则大致相同,一般主要由工作平台、内外模板、混凝土平台、工作吊篮和提升设备等组成,如图 19.15 所示。

1)工作平台

工作平台除提供施工操作的场地外,还将滑模的其他部分与顶杆相互连接起来,使整个滑模结构支撑在顶杆上。可以说工作平台是整个滑模结构的骨架,因此,它应具有足够的强度和刚度。

2)内外模板

内外模板用薄钢板制作,用于上下壁厚相同的直坡空心桥墩的滑模。内外模板均通过立柱固定在工作平台的辐射梁上。用于上下壁厚相同的斜坡空心墩的收坡滑模,内外模板仍固定在立柱上,但立柱架不是固定在辐射梁上,而是通过滚轴悬挂在辐射梁上,并利用收坡丝杆沿辐射方向移动立柱架及内外模板位置。用于斜坡式不等壁厚空心墩的收坡滑模,则内外立柱固定在辐射梁上,而在模板与立柱间安装收坡丝杆以便分别移动内外模板的位置。

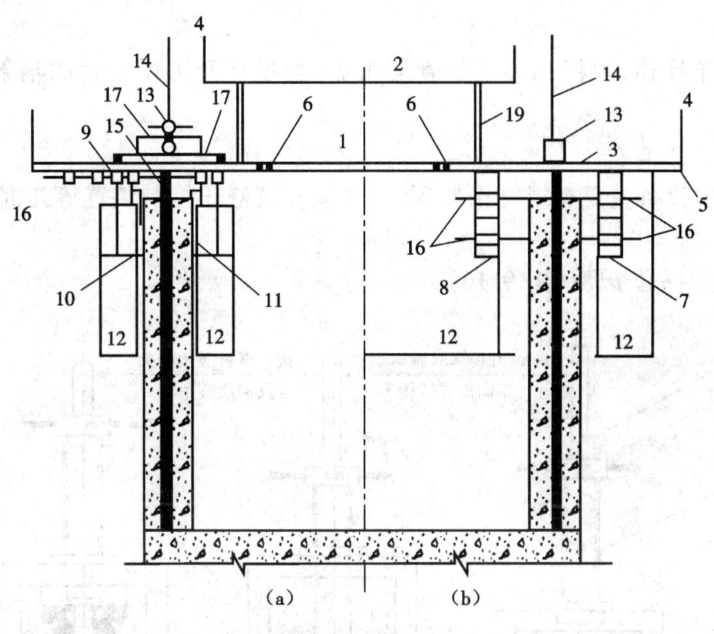

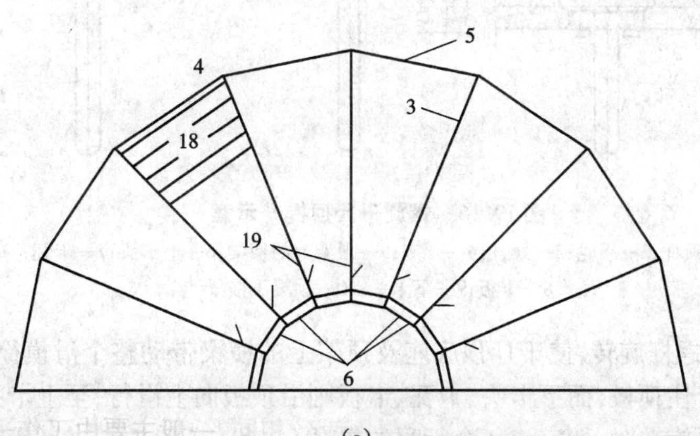

图 19.15 滑动模板构造示意

(a)等壁厚收坡滑模半剖面(螺杆千斤顶) (b)不等壁厚收坡滑模半剖面(液压千斤顶) (c)工作平台半平面

1—工作平台;2—混凝土平台;3—辐射梁;4—栏杆;5—外钢环;6—内钢环;7—外立柱;
8—内立柱;9—滚轴;10—外模板;11—内模板;12—吊篮;13—千斤顶;14—顶杆;15—导管;
16—收坡丝杆;17—顶架横梁;18—步板;19—混凝土平台立柱

3)混凝土平台

混凝土平台由辐射梁、步板和栏杆等组成,利用立柱支撑在工作平台的辐射梁上,供堆放及灌注混凝土的施工操作之用。

4)工作吊篮

工作吊篮悬挂在工作平台的辐射梁和内外模板的立柱上,它随着滑模的提升而向上移动,供施工人员对刚脱模的混凝土进行表面修饰和养生等施工操作之用。

5)提升设备

提升设备由千斤顶、顶杆和顶杆导管等组成,通过顶升工作平台的辐射梁使整个滑模提升。

2. 滑动模板提升工艺

滑动模板提升设备主要有提升千斤顶、支撑顶杆及液压控制装置等几部分,其提升过程如下。

1)螺旋千斤顶提升步骤(图19.16)

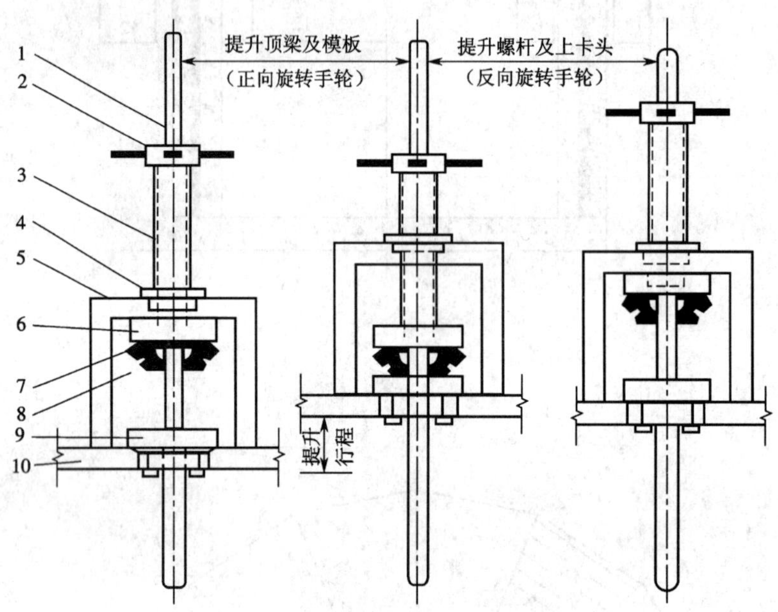

图19.16 螺旋千斤顶提升示意

1—顶杆;2—手轮;3—螺杆;4—顶座;5—顶架上的横梁;6—上卡头;7—卡瓦;8—卡板;9—下卡头;10—顶梁下横梁

(1)转动手轮使螺杆旋转,使千斤顶底座及顶架上的横梁带动整个滑模徐徐上升。此时,上卡头、卡瓦、卡板卡住顶板,而下卡头、卡瓦、卡板则沿顶板向上滑行,至上卡头与顶架上的横梁接触或螺杆不能再旋转时,即完成一个行程的提升。

(2)向相反方向转动手轮,此时下卡头、卡瓦、卡板卡住顶杆,整个滑模处于静止状态。仅上卡头、卡瓦、卡板连同螺杆、手轮沿顶杆向上滑行,至上卡头与顶架上的横梁接触或螺杆不能再旋转时为止,即完成整个一个循环。

2)液压千斤顶提升步骤(图19.17)

(1)进油提升。利用油泵将油压入缸盖与活塞间,在油压作用时,上卡头立即卡紧顶杆,使活塞固定于顶杆上。随着缸盖与活塞间进油量的增加,使缸盖连同缸筒、底座及整个滑模结构一起上升,直至上、下卡头顶紧时,提升暂停。此时,缸筒内排油弹簧完全处于压缩状态。

(2)排油归位。开通回油管路,解除油压,利用排油弹簧推动下卡头使其与顶杆卡紧,同时推动上卡头将油排出缸筒,在千斤顶及整个滑模位置不变的情况下,使活塞回到进油前位置,至此,完成一个提升循环。为了使各液压千斤顶能协同一致工作,应将油泵与各千斤顶用高压油管连通,由操作台统一集中控制。

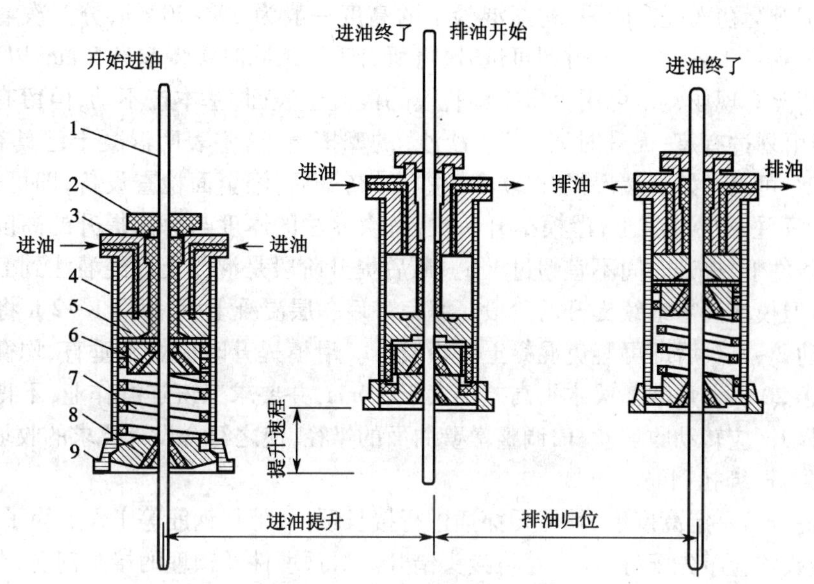

图 19.17　液压千斤顶提升示意

1—顶杆;2—行程调整帽;3—缸盖;4—缸筒;5—活塞;6—上卡头;
7—排油弹簧;8—下卡头;9—底座

提升时,滑模与平台上的临时荷载全由支撑顶杆承受。顶杆多用 A3 与 A5 圆钢制作,直径 25 mm,A5 圆钢的承载能力约为 12.5 kN(A3 则为 10 kN)。顶杆一端埋置于墩、台结构的混凝土中,一端穿过千斤顶芯孔,每节长 2.0 ~4.0 m,用工具式或焊接连接。为了节省钢材,使支撑顶杆能重复使用,可在顶杆外安上套管,套管随同滑模整个结构一起上升,待施工完毕后,可拔出支撑顶杆。

3. 滑模浇筑混凝土施工要点

1)滑模组装

在墩位上就地进行组装时,安装步骤如下:在基础顶面搭枕木垛,定出桥墩中心线;在枕木垛上先安装内钢环,并准确定位,再依次安装辐射梁、外钢环、立柱、千斤顶、模板等;提升整个装置,撤去枕木垛,再将模板落下就位,随后安装余下的设施;内外吊架待模板滑升至一定高度,及时安装;模板在安装前,表面需涂润滑剂,以减少滑升时的摩擦力;组装完毕后,必须按设计要求及组装质量标准进行全面检查,并及时纠正偏差。

2)灌注混凝土

滑模宜灌注低流动度或半干硬性混凝土,灌注时应分层、分段对称地进行,分层厚度以 20 ~30 cm 为宜,灌注后混凝土表面距模板上缘宜有不小于 10 ~15 cm 的距离。混凝土入模时,要均匀分布,应采用插入式振捣器捣固,振捣时应避免触及钢筋和模板,振捣器插入下一层混凝土的深度不超过 5 cm;脱模时混凝土强度应为 0.2 ~0.5 MPa,以防其在自重压力下坍塌变形。为此,可据气温、水泥标号试验后掺入一定量的早强剂,以加速提升。脱模后 8 h 左右开始养护,用吊在下吊架上的环绕墩身的带小孔的水管来进行。养护水管一般设在距模板下缘 1.8 ~2.0 m 处效果较好。

3)提升与收坡

整个桥墩灌注过程可分为初次提升、正常提升和最后提升三个阶段。从开始灌注混凝土到模板首次试升为初次提升阶段，初灌混凝土的高度一般为 60 ~ 70 cm，分三次灌注，在底层混凝土强度达到 0.2 ~ 0.4 MPa 时即可试升，将所有千斤顶同时缓慢起升 5 cm，以观察底层混凝土的凝固情况。现场鉴定可用手指按刚脱模的混凝土表面，基本按不动，但留有指痕，砂浆不黏手，用指甲划过有痕，提升时能听到“沙沙”的摩擦声，这些表明混凝土已具有 0.2 ~ 0.4 MPa 的脱强度，可以开始再缓慢提升 20 cm 左右。初升后，经全面检查设备，即可进入正常提升阶段，即每灌注一层混凝土，滑模提升一次，每次灌注的厚度与每次提升的高度基本一致。在正常气温条件下，提升时间不宜超过 1 h。最后提升阶段是混凝土已经灌注到需要高度，不再继续灌注，但模板尚需继续提升的阶段。灌完最后一层混凝土后，每隔 1 ~ 2 h 将模板提升 5 ~ 10 cm，滑动 2 ~ 3 次后即可避免混凝土模板胶合。滑模提升时应做到垂直、均衡一致，顶架间高差不大于 20 mm，顶架横梁水平高差不大于 5 mm，并要求三班连续作业，不得随意停工。随着模板的提升，应转动收坡丝杆，调整墩壁曲面的半径，使之符合设计要求的收坡坡度。

4）接长顶杆、绑扎钢筋

模板每提升至一定高度后，就需要穿插进行接长顶杆、绑扎钢筋等工作。为了不影响提升时间，钢筋接头均应事先配好，并注意将接头错开。对预埋件及预埋的接头钢筋，滑模抽离后，要及时清理，不使之外露。

在整个施工过程中，如由于工序的改变或发生意外事故，使混凝土的灌注工作停止较长时间，即需要进行停工处理。例如，每隔半小时左右稍微提升模板一次，以免黏结；停工时在混凝土表面要插入短钢筋等，以加强新老混凝土的黏合；复工时还需将混凝土的表面凿毛，并用水冲走残渣，湿润混凝土表面，灌注一层厚度为 2 ~ 3 cm 的 1∶1水泥砂浆，然后再灌注原配合比的混凝土，继续滑模施工。

爬升模板施工与滑动模板施工相似，不同的是支架通过千斤顶支撑于预埋在墩壁中的预埋件上。待浇筑好的墩身混凝土达到一定强度后，将模板松开，千斤顶上顶，把支架连同模板升到新的位置，模板就位后，再继续浇筑墩身混凝土，如此往复循环，逐节爬升，每次升高约 2 m。目前，爬升模板的应用还不太普遍。

【小测验】

思考题

1. 试述管涵施工程序。
2. 涵洞为何要设置沉降缝？如何设置？
3. 天然地基上扩大基础施工时，基底检查内容有哪些？
4. 灌注桩钻孔前必须设置护筒，护筒的作用是什么？
5. 泥浆在钻孔中的重要作用是什么？
6. 钻孔桩施工中，常见的钻孔事故有哪些？应如何处理？
7. 桥台附属工程包括哪些内容？其施工要点分别是什么？

复习和总结

本篇介绍桥梁结构常用的施工方法和特点，各施工方法的工艺流程，以及桥梁结构受力与所采用的施工方法之间的关系。

选择确定桥梁的施工方法需要充分考虑桥位的地形、环境、安装方法的安全性、经济性、施工速度等。桥梁的类型、跨径、施工的技术水平、机具设备条件也是相当重要的因素。

现代大型桥梁施工设备和机具主要有：各种常备式结构，包括万能杆件、贝雷梁等；各种起重机具设备，包括千斤顶、吊机等；混凝土施工设备，包括拌和机、输送泵、振捣设备等；预应力锚具及张拉设备，包括张拉千斤顶、锚夹具、压浆设备等。

桥梁上部结构的施工方法总体上分为现场浇筑法和预制安装法。现场浇筑法是在桥位处搭设支架，在支架上浇筑桥体混凝土，达到强度后拆除模板、支架。预制安装法施工一般用于钢筋混凝土或预应力混凝土简支梁的预制安装，分预制、运输和安装三部分。简支梁的预制安装方法包括起重机架设法、架桥机架设法、支架架梁法、简易机具组合法和塔架架设法。其他体系梁桥具体又分固定支架就地浇筑法、悬臂施工法、转体施工法、顶推施工法、逐孔施工法、横移施工法、提升与浮运施工法。

悬臂施工法是从桥墩开始，两侧对称进行现浇梁段或将预制节段对称进行拼装。前者称悬臂浇筑施工，后者称悬臂拼装施工，有时也将两种方法结合使用。

顶推施工是在沿桥纵轴方向的台后设置预制场地，分节段预制，并用纵向预应力筋将预制节段与施工完成的梁体连成整体，然后通过水平千斤顶施力，将梁体向前顶推出预制场地，之后继续在预制场地进行下一节段梁的预制，循环操作直至施工完成。

逐孔施工是中等跨径预应力混凝土连续梁中的一种施工方法，它使用一套设备从桥梁的一端逐孔施工，直到对岸。有用临时支撑组拼预制节段的逐孔施工法、移动支架逐孔现浇施工法以及整孔吊装或分节段施工法等。

拱桥常用施工方法有支架施工和无支架施工。支架施工包括就地砌筑（满堂支架、拱架）、预制安装（简易排架 + 吊装设备）、就地砌筑（满堂支架、劲性骨架）。无支架施工包括悬臂法（悬拼法、悬浇法）、缆索吊装法、转体施工法（竖转、平转、竖转和平转结合）。

桥梁墩台施工是建造桥梁墩台的各项工作的总称。其主要工作有：墩台定位，放样，基础施工，在基础襟边上立模板和支架，浇筑墩（台）身混凝土或砌石，扎顶帽钢筋，浇顶帽混凝土并预留支座锚栓孔等。

桥梁墩台施工方法通常分为两大类：一类是现场就地浇筑与砌筑，一类是拼装预制的混凝土砌块、钢筋混凝土或预应力混凝土构件。前者工序简便，机具较少，技术操作难度较小，但是施工期限较长，需消耗较多的劳力和物力。后者的特点是可确保施工质量，减轻工人劳动的强度，又可加快工程进度，提高经济效益，对施工场地狭窄，尤其是缺少砂石地区或十旱缺水地区建造桥墩有着更重要的意义。

石砌墩台是用片石、块石及粗料石以水泥砂浆砌筑的，具有就地取材和经久耐用等优点，在石料丰富地区建造墩台时，在施工期限允许的条件下，为节约水泥，应优先考虑石砌墩台方案。

装配式墩台施工适用于山谷架桥，跨越平缓无漂流物的河沟、河滩等的桥梁，特别是在工地干扰多、施工场地狭窄、缺水与砂石供应困难地区，其效果更为显著。

桥梁基础包括扩大基础、桩及管柱基础、沉井基础、地下连续墙基础、锁口钢管桩基础。

附件 I
《桥梁工程》课程设计任务书

一、课程设计的目的和要求

根据培养目标和教学计划的要求，课程设计是整个教学中不可缺少的重要环节。学员在完成《桥梁工程》的学习后，应该能综合运用基础理论、专业知识与技能，在教师的指导下，独立、系统、全面地完成一般复杂程度的设计内容，基本掌握设计计算的过程，进一步巩固已学过的课程与专业知识，掌握和理解“标准”、“规划”、“手册”的应用，培养考虑问题、分析问题与解决问题的能力。

二、设计的要求任务

完成某独立桥简支梁的计算。

1. 主梁的计算

1）横向分布系数计算（支点：杠杆原理法；跨中：偏心压力法）

2）恒载内力计算

3）活载内力计算

4）荷载组合

2. 横隔梁内力计算

3. 行车道板内力计算

三、题目 1：装配式钢筋混凝土简支 20 m T 梁桥计算

设计资料

（1）桥面净宽：净 - 8 + 2 × 0.75 m 人行道。

（2）主梁跨径及全长：

标准跨径 l_b = 20.00 m（墩中心距离）；

计算跨径 l = 19.50 m（支座中心距离）；

主梁全长 $l_{全}$ = 19.96 m（主梁预制长度）。

（3）设计荷载：公路 I 级；人群荷载 3 kN/m^2。

（4）材料：钢筋，主筋用 HRB335，其他用 HPB235；混凝土用 25 号。

（5）结构尺寸参考原有标准图尺寸，如图 1 和 2 所示，其中横梁用五根。

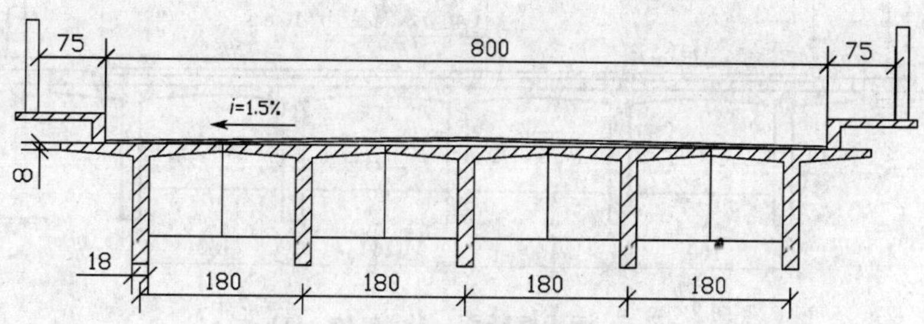

图 1　横断面示意（长度单位：cm）

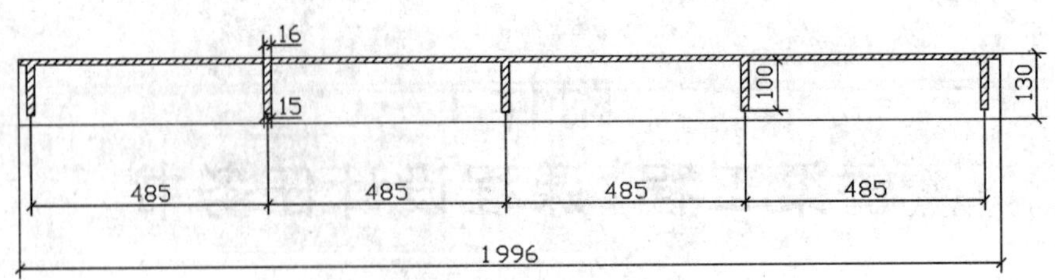

图2 纵剖面示意(长度单位:cm)

四、题目2:装配式钢筋混凝土简支16 m T梁桥计算

设计资料

(1)设计荷载:公路—II级,人群荷载3 kN/m^2。

(2)桥面净空:净-7+2×0.75 m人行道。

(3)主梁跨径和全长:

标准跨径l_b=16 m;

计算跨径l_p=15.5 m;

主梁全长$l_{全}$=15.96 m。

(4)材料:C25混凝土;钢筋,主筋用HRB335,其他用HPB235;桥面铺装,沥青混凝土6 cm,C40防水混凝土10 cm。

(5)桥梁纵横断面及主梁构造。

横断面共5片主梁,间距1.6 m。纵断面共5道横梁,间距3.875 m。尺寸拟定如图3,4,5和6所示,T梁的尺寸见表1。

表1 T梁尺寸 (长度单位:m)

主梁长度	计算跨径	主梁高度	梁肋宽度	横隔梁高度	横隔梁宽度	横隔梁间距	翼板厚度	翼板宽度
15.96	15.50	1.30	0.18	1.00	0.15~0.16	3.875	0.08~0.14	1.60

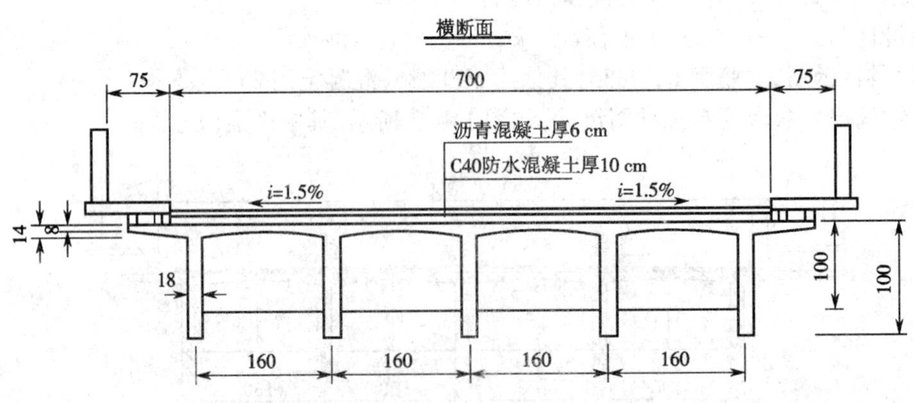

图3 桥梁横断面(长度单位:cm)

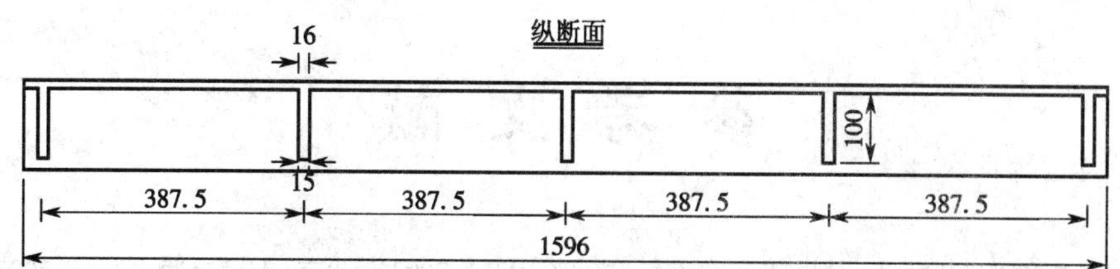

图4 桥梁纵断面(长度单位:cm)

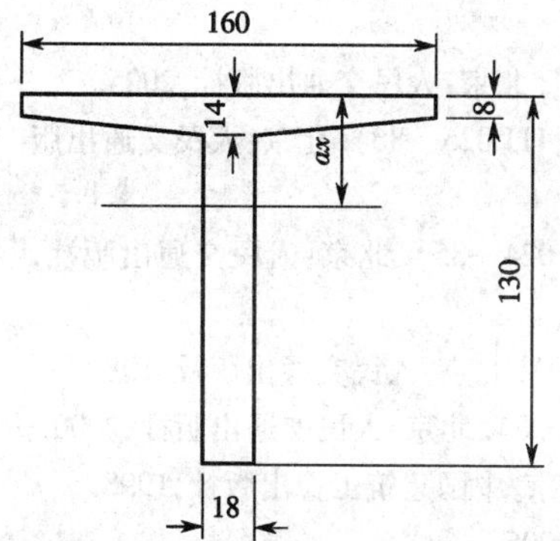

图5 主梁断面(长度单位:cm)

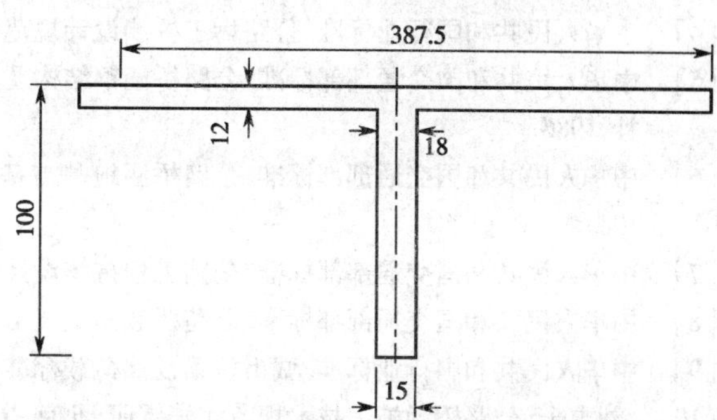

图6 横梁断面(长度单位:cm)

参 考 文 献

[1] 中华人民共和国行业标准.公路工程技术标准(JTG B01—2003).北京:人民交通出版社,2003.

[2] 中华人民共和国行业标准.公路桥涵设计通用规范(JTG D60—2004).北京:人民交通出版社,2004.

[3] 中华人民共和国行业标准.公路钢筋混凝土及预应力混凝土桥涵设计规范(JTG D62—2004).北京:人民交通出版社,2004.

[4] 中华人民共和国行业标准.公路圬工桥涵设计规范(JTG D61—2005).北京:人民交通出版社,2005.

[5] 中华人民共和国交通部部标准.公路桥涵钢结构及木结构设计规范(JTJ 025—86).北京:人民交通出版社,1986.

[6] 中华人民共和国交通部部标准.公路桥涵地基与基础设计规范(JTJ 024—85).北京:人民交通出版社,1985.

[7] 中华人民共和国交通部部标准.公路工程抗震设计规范(JTJ 004—89).北京:人民交通出版社,1989.

[8] 中华人民共和国交通部部标准.公路桥涵施工技术规范(JTJ 041—2000).北京:人民交通出版社,2000.

[9] 中华人民共和国行业标准.城市桥梁设计荷载标准(CJJ 77—98).北京:中国建筑工业出版社,1998.

[10] 刘吉士.公路桥涵施工技术规范实施手册.北京:人民交通出版社,2005.

[11] 王解军,周先雁.桥梁工程.长沙:中南大学出版社,2009.

[12] 周先雁,王解军.桥梁工程.北京:北京大学出版社,2008.

[13] 邵旭东.桥梁工程.北京:人民交通出版社,2004.

[14] 范立础.桥梁工程(上册).北京:人民交通出版社,2001.

[15] 顾安邦.桥梁工程(下册).北京:人民交通出版社,2000.

[16] 雷俊卿,郑明珠,徐恭义.悬索桥设计.北京:人民交通出版社,2002.

[17] 李勇.钢-混凝土组合桥梁设计与应用.北京:科学出版社,2002.

[18] 马保林.高墩大跨连续刚构桥.北京:人民交通出版社,2002.

[19] 葛耀君.分段施工桥梁分析与控制.北京:人民交通出版社,2003.

[20] 李国平.桥梁预应力混凝土技术及设计原理.北京:人民交通出版社,2004.

[21] 马国峰,王保群.桥梁工程.北京:机械工业出版社,2007.

[22] 李清.桥梁工程概论.北京:机械工业出版社,2009.